博雅人文读本

美国革命读本

American Revolution Reader

盛 嘉 主编

图书在版编目(CIP)数据

美国革命读本/盛嘉主编. —北京:北京大学出版社,2016.8
(博雅人文读本)
ISBN 978-7-301-27401-9

Ⅰ.①美… Ⅱ.①盛… Ⅲ.①美国独立战争—研究 Ⅳ.①K712.41

中国版本图书馆 CIP 数据核字(2016)第 188328 号

书　　　名	美国革命读本 MEIGUO GEMING DUBEN
著作责任者	盛　嘉　主编
责 任 编 辑	陈　甜　李学宜
标 准 书 号	ISBN 978-7-301-27401-9
出 版 发 行	北京大学出版社
地　　　址	北京市海淀区成府路205号　100871
网　　　址	http://www.pup.cn　新浪微博:@北京大学出版社
电 子 信 箱	pkuwsz@126.com
电　　　话	邮购部 62752015　发行部 62750672　编辑部 62752025
印 刷 者	三河市博文印刷有限公司
经 销 者	新华书店 965 毫米×1300 毫米　16 开本　26.5 印张　448 千字 2016 年 8 月第 1 版　2016 年 8 月第 1 次印刷
定　　　价	62.00 元

未经许可,不得以任何方式复制或抄袭本书之部分或全部内容。
版权所有,侵权必究
举报电话: 010-62752024　　电子信箱: fd@pup.pku.edu.cn
图书如有印装质量问题,请与出版部联系,电话: 010-62756370

目 录

导言：重新认识美国革命的历史 …………………………… 盛　嘉/1

美国革命历史叙事的建构

意识形态与美国革命的历史叙事 …………………………… 李剑鸣/21
美国革命时代的成年经历 …………………………… 迈克尔·朱克曼/67
谁造就了华盛顿的不朽英名？ …………………………… 张　光/80
走出中国美国革命历史叙述的困境 …………………………… 盛　嘉/95

革命的起源与反抗

作为帝国的英国 …………………………… 彼得·马歇尔/107
英国议会对北美殖民地控制的
　　强化及其意义 …………………… 埃德蒙·摩根，海伦·摩根/117
美国革命的先决条件 …………………………… 杰克·格林/127
民众政治的出现 …………………………… 理查德·毕曼/139
商人革命者的复杂动机 …………………………… 托马斯·道尔弗林格/152
联合抵制促进了美国革命的激进化 …………………………… 蒂莫西·毕林/160
北美民兵的优势与劣势 …………………………… 唐·希金博特姆/173
宣布独立 …………………………… 波林·梅尔/184

革命中的民众

革命与女性的权利 …………………………………… 琳达·科博/195
黑人与美国革命 ……………………………………… 伊拉·柏林/206
内战、革命和党派之争视角下的效忠派 ………… 罗伯特·卡尔霍恩/218
注定失败的印第安人 ………………………………… 格里高利·唐德/226

宗教与美国革命

宗教在美国革命中的作用 ………………………… 威廉·麦克洛克林/241
存在一个革命的千禧年吗？ ………………………… 乔恩·巴特勒/247

革命的意识形态与启蒙

美国革命中激进主义的转变 ………………………… 伯纳德·贝林/259
作为一场启蒙运动的美国革命 ……………………… 戈登·伍德/273

宪政革命

推动宪法制定的观念与利益 ………………………… 杰克·雷克夫/287
制宪会议上发生了什么？ …………………………… 兰斯·拜宁/297
宪法辩论的主题 …………………………… 伊萨克·克莱曼尼克/307
权利法案的政治 ……………………………………… 伦纳德·莱维/318

美国革命的激进与保守

美国革命维持了社会不平等 ………………………… 芭芭拉·史密斯/331
革命摧毁了君主制，为民主铺平了道路 ……………… 戈登·伍德/336
美国革命推进了男性和女性权利的发展 ………… 罗斯玛丽·扎格里/343
改变美国北部人文形态的革命 ……………………… 爱德华·康特里曼/355

美国革命的激进与保守 ·················· 阿尔弗雷德·扬/365

附　录
　　美国革命大事年表 ·················· 盛嘉　廖平　编译/385
延伸阅读 ··· /389

后　记 ··· /417

导言:重新认识美国革命的历史

革命在世界近代史中占有重要的地位。它往往标志着一个新的历史阶段的开端,一种新的政治文化的最初形态。作为一种持久的历史力量,革命往往还以各种方式规范和制约后来许多事务的势态和社会变化的走向。美国革命(The American Revolution,1763—1791)是美国历史上最为重大的历史事件。不论是在18世纪的历史语境中,还是在当下,这场革命的原创性和所取得的业绩都令人惊叹。首先,这场革命的意义远远超出了一场独立战争的格局。它既是一场旨在争取独立的战争,又是一场争取自由的政治革命,还是一场深刻改变北美社会性质和结构的社会革命。与此同时,它也是一场具有特殊意义和特征的启蒙运动。其次,在这场革命中,世界历史上第一个大规模的民主共和政体的国家得以创建;分散在北美各殖民地的不同文化、不同族裔和不同宗教背景的多元群体得以逐渐凝聚为一个新的民族。美国革命还为美国政治文化的形成奠定了基础,为美国文明价值体系的建立创造了条件。从全球视野来看,美国革命还是18世纪世界历史上的一场重大国际事件,是世界历史的一个转折点。这场革命不仅改变了当时世界的格局,而且还影响了以后世界历史的进程。

然而,长期以来,中国历史学界对美国革命的历史叙事却有不少误读之处。比如,只是简单地将其视为一场独立战争,或者笼统武断地贴上"资产阶级革命"的标签,忽视革命中一些重要的议题等等。因此,我们编辑出版这个《读本》,希望能够为中国读者更好地认识美国革命的历史提供一个有价值的参考。

一般说来,要认识一场革命的历史主要有三种途径:一是历史的方法,二是比较的方法,三是批评的方法。在对美国革命历史的认识上,所谓历史的方法,就是沿着美国革命本身的历史脉络来认识这场革命,在解读可信历史文献史料的基础上,以革命当时所处的历史语境为考量,关注革命本身所面临的具体问题和困境。而比较的方法则是将美国革命与世界近代史上的其他革命进行比较研究,这是认识和鉴别革命的性质和特征的一种方法。批评的方法则是对美国革命的不同历史叙事进行解构和批评分析。为了能够沿着美国革命本身的历史脉络来认识这场革命,本书主要采用历史的方法来选编文章。又因为美国革命的历史研究一直是美国历史学领域中的显学,几乎每一代历史学者都以自己的方式和风格丰富了美国革命的历史叙事。因此,《读本》从近二三十年来美国史学界发表的关于美国革命的一些历史叙事文本中选编了29篇文章,分为七个主题。它们是:(1)美国革命历史叙事的建构;(2)革命的起源与反抗;(3)革命中的民众;(4)宗教与美国革命;(5)革命的意识形态与启蒙;(6)宪政革命;以及(7)美国革命的激进与保守。

根据历史学的性质和原则,革命的历史叙事与革命本身的历史过程是有区别的。革命的历史一般在关于革命的历史叙事中得以再现。要重新认识美国革命的历史,首先就要认识和把握美国革命历史叙事中所建构的历史过程和内容。《读本》中,李剑鸣的文章《意识形态与美国革命的历史叙事》可以帮助读者了解美国对于美国革命历史叙事的建构过程及其深层原因。这篇文章讨论了两百多年以来,美国革命历史写作与意识形态之间的相关性,涉及内容丰富,分析详尽,脉络清晰。特别是对近年来美国史学界关于美国革命历史叙事的介绍和分析,尤其值得关注。迈克尔·朱克曼(Michael Zucherman)在他的文章《美国革命时代的成年经历》中,围绕美国革命中曾流行的一种"成长的比喻"来考察美国革命历史叙事的一个重要心理特征和叙事建构的特征。也就是说,这种比喻不仅反映了革命时期的一种较为流行的心态,也影响着从美国革命走过来的那一代人,不断地借助这一比喻来建构革命的叙事。与上述两篇文章不同,张光的文章《谁造就了华盛顿的不朽英名?》则讨论了对于美国革命中的一位核心领导人——华盛顿的神话建构过程。文章关注的是意识形态与革命历史叙事的相关性,论述了从"成长的比喻"到华盛顿神话建构的过程。通过这篇文章,读者可以了解到美国革命历史叙事在建构过程中的多元性和局限性。在中国的学术语境中,重新认识美国革命历史的一个关键步骤就是解构过去对"他者革命"的误读。盛嘉的文章《走出中国美国革命历史叙述的困境》讨论了政治文化对认识他者革命历史的影响和制约。走出这一困境的途径在于,对历史学原则的敬重、对他者历史的审慎,以及对自我政治文化的反思。

美国革命的历史叙事与18世纪英帝国的政治历史背景是分不开的。最初,革命似乎只是一场英帝国内部的抗税冲突,后来转变成了一场政治与社会革命,并超越了历史地理边界,演变成了一场国际性的历史大事件。这与当时北美殖民地在英帝国的地位和权重,以及英帝国当时的内部结构和外部环境有着密切关系。彼得·马歇尔(Peter James Marshall)的《作为帝国的英国》一文可以帮助读者从军事、宗教、认同、情感和地缘政治等多重视角了解当时这个野心勃勃的帝国在膨胀过程中所面临的困境和挑战。美国革命爆发的一些结构性原因可以在英帝国所面临的这些困境和挑战中找到。摩根夫妇(Edmund Sears Morgan and Helen M. Morgan)的文章《英国议会对北美殖民地控制的强化及其意义》则从英帝国政府的内部结构和运作程序来讨论北美各项税法的制定及其遭遇失败的原因。在一定程度上说,是英国政府造就了美国革命。然而,仅仅根据政府管理的内部结构及其所出台的政策,还不能完全解释北美殖民地与英国冲突的各种复杂原因。

当然,外部条件的变化往往不足以引起一场革命。杰克·格林(Jack Philip Greene)的《美国革命的先决条件》一文从殖民地内部的变化来讨论革命的起源。英国与殖民地民众曾经并肩奋战了七年,在1763年赢得战争的胜利。可仅仅十几年的光景,原来的共同体,至少"想象的共同体"内部就出现了分裂。殖民地与英国爆发了多重冲突。格林认为,这其中的一些原因要从殖民地内部的社会与政治变化中去寻找。他列举革命前发生在北美殖民地的五项变化,尤其值得注意。这五项变化既构成了革命的先决条件,也是革命爆发的原因。它们是:(1)一批坚定、有凝聚力、高效务实、得到承认的本地政治和社会精英的出现。(2)各种民间的或半官方的社会中心和机构得以建立。(3)高度弹性化和形式多样的政治体系的建立,逐渐形成一种自治的社会机制。(4)各类社会经济、文化和宗教机构的兴起。(5)财富的增长、商业文化的形成和商业经济规模的扩大。

社会精英或许可以进行革命的鼓动,但往往无法成就一场全面的社会革命。任何革命的动员和展开都必须落实到社会民众的层面上。比较而言,美国革命作为一场成功的革命的标志之一,就是这场革命有不同社会阶层民众的多重参与。而民众政治的出现则是这一变化的基础和重要标志。理查德·毕曼(Richard R. Beeman)的文章《民众政治的出现》从革命前的政治语言修辞与社会实际情形,以及政治领袖与民众之间的互动等多个视角讨论当时殖民地民众政治文化的形成和特征。18世纪后半叶的北美殖民地是一个地处世界政治版图边缘的宗教社会,但民众政治意识被唤醒了,政治变成了"对各种利益集团公开的、积极的保护、宣传和动员"的一个资源。值得注意的是,在民众政治出现的过程中,各个殖民地政治文化一开始就呈现出多元化的特征。换言之,讨论殖民地民众政治文化,必须要关注不同殖民地的政治文化特征。其实,这也是美国革命的历史叙事中颇具挑战性的部分。

最初,北美殖民地与英国的冲突集中表现在殖民地民众对英国一系列税法的抵抗,这是武装冲突爆发之前最为激进的行为。托马斯·道尔弗林格(Thomas Main Doerflinger)的文章《商人革命者的复杂动机》则考察了一个特定的群体,即商人革命者参与美国革命的复杂动机。根据他的观察,殖民地商人对革命所持的态度是谨慎和温和的。尽管他们当中有许多人都不满于英国的殖民地政策,但他们并没有在革命中担任重要的领导。像波士顿的约翰·汉考克(John Hancock)那样激进的商人并不多见。在宾夕法尼亚,革命的政治领袖"一般是由一些富有的律师、神职人员和拥有土地的绅士担任,而不是商人"。经济上的利己主义、个人与商业方面与英国的联系、地方性政治的多变性,加上宗教的取向等,这些都是影响商人对待革命态度的因素。尽管商人对革命大多采取了谨慎和温和的态度,但他们还是以各种方式参与了对英国各项政策的抵抗运动。进一步讲,当时各种政治势力常借助民众对英国当局的愤恨,获得更多的地方政治权力和势力范围。所有的反抗都被政治化了,商人作为一个社会群体,自然也不例外。

美国革命中的民族认同感,最初主要源自于外部的威胁,而非单纯的内部凝聚力。一场对抗英国税收政策的联合抵抗行动竟演变成了一场政治意义上的革命,这是美国革命的不可预测性。在参与当时抵抗运动的人中有相当一部分不仅不愿意与英帝国决裂,而且也没有想到这一抵抗运动竟会变成一场彻底改变他们命运的革命。蒂莫西·毕林(Timothy Hall Breen)的文章《联合抵制促进了美国革命的激进化》一文为人们了解这一转变提供了一些线索。在当时的多种反抗势力和模式中,他着重分析了当时北美商业文化在最初的抗税过程中所产生的影响。他认为,北美殖民地流行的商业文化是一个促进抵抗运动向激进的革命转变的重要因素,甚至是造成英国与殖民地"文化误解的深刻渊源"。根据他的观察,当时北美大众意识的一些重要变化往往是围绕他们的商业经验而产生的。他认为,"消费市场中的民众政治动员彻底地改变了人们对共同体的认知,以致到1770年代,民众的实践将它们引向了一个独立的、强大的商业帝国的想象"。在一定程度上,这种想象强化了殖民地民众追求自由的动机,也界定了革命的最初目的。这或许是美国革命与其他革命的一个重要区别。纵观世界近代史上的其他几场革命,还没有哪一场革命像美国革命这样,其动员和反抗最初是以消费者为中心而组织起来的。革命最初的许多政治主张和诉求往往是在商业的公共语境中提出来的。具体地说,在激烈的抗税和抵制英国货的运动中,商业和市场行为与大众的政治紧密地结合了起来。这既是美国革命的特征之一,也是革命那一代人的现代性的一种表现。

独立战争为美国的立国奠定了关键性的基础,开启了革命后续发展的多种可能性。唐·希金博特姆(Don Higginbotham)的文章《北美民兵的优势与劣势》为读者观察这场战争提供了一个内在的视角。如果不考虑国际上的外援因素,美国革命战争是近代世界战争史上一个以弱胜强的典例。北美爱国者所对抗的是当时世界上最强大的军队。这一弱势的武装力量曾几度崩溃,但最后还是坚持了下来。其中一个重要原因要从这支军队的内部去寻找。华盛顿所领导的大陆军的内部结构和官兵的心理动机,是这支军队能够经历艰难险阻、最终取得胜利的关键。同时,还必须认识到,大陆军并不是一个单纯军事意义上的组织,它是将十三个分散的殖民地维系在一起的特殊的社会与政治组织,是北美民众争取独立的统一符号和民族情感的载体。只要这支军队没有溃散,革命的希望就不会泯灭。除了大陆军之外,各地民兵的作用也不容忽视。毕竟在美国革命中,对英军的第一枪是由他们打响的。他们除了与英军作战之外,有时还与印第安人和效忠派的军队作战。

这场革命战争是英帝国内部的一场全面的、格局复杂的武装冲突,同时,由于外国势力不同程度的参与,这场内战又演绎成一场18世纪的国际战争。几乎当时欧洲的主要强国都参与其中。这场战争不仅改变了北美的政治版图,也改变了当时世界的政治格局,甚至间接影响了远在东方的中国之后的命运。试想一下,当时若不是英国国会决定放弃北美的战争,英、法海军这两个宿敌就免不了要在大西洋的北美海域有一场恶战。若英国海军被法国海军重创,就可能导致英国国力的式微,那么40多年后,英国就不见得会派出一只耀武扬威的舰队与中国进行那场彻底改变古老中国命运的鸦片战争。

1776年7月4日《独立宣言》的发表是美国革命的重要转折点,也是美国革命的一个高潮。波林·梅尔(Pauline Alice Maier)的《宣布独立》一文从一个内部的视角来考察《独立宣言》发表前的社会政治背景。它使读者可以从殖民地内部、殖民地与英国之间的关系来了解《独立宣言》产生和发表所要克服的心理障碍和政治阻力。梅尔特别介绍了《独立宣言》发表前的一系列历史事件,使读者得以了解这一文献产生的实际过程。同时还应注意到,作为美国革命的一部重要政治经典,《独立宣言》的公布标志着美国作为一个政治实体和一个主权独立的国家登上了世界历史的舞台。这也是当年约翰·亚当斯一直坚持尽早发表《独立宣言》的考虑。正是借助于《独立宣言》,美国"在国际上有了平等的一席之地"。而这一步是获取其他欧洲国家,如法国和荷兰支持美国革命的关键。《独立宣言》的世界性意义还体现在它对以后世界其他地方社会转型和革命实践所产生的影响。它甚至对亚洲后来的一些革命者,如中国的毛泽东、越南的胡志明都产生过影响。以跨国(transnational)的视域在世界语境中重新审视《独立宣言》的历史与政治意义,实际上开启了一个美国革命历史叙事的新方向。

在过去相当长的一段时间里,美国革命的历史叙事大多围绕着所谓的"种子居民",即白人中的男性而展开,呈现出一种明显的精英和种族的偏向。而革命民众中的其他群体,如妇女、黑人和印第安人的生存状态,以及她(他)们对革命的贡献(不论是正面还是负面),常常不是被忽略,就是被空泛、笼统、抽象地提及。1960年代以来,受美国多元文化的影响,美国革命的历史叙事逐渐形成了一个"从下向上审视"的倾向。愈来愈多的历史学者开始关注革命中的普通民众和边缘群体。他(她)们的研究丰富了美国革命历史叙事的维度、张力和可信度。"人民"在美国革命的历史叙事中不再是一个可以滥用的概念,也不再局限于白人男性精英的狭小范围。只有在更为具体和细致的层面上讨论"人民",这种革命叙事才具有意义,这已经成为学术界的共识。但这还不够,即使是在一个特定的社会群体之中,也还有更为细微且重要的区分。例如,妇女作为一个群体,从社会经济地位上,有上层、中层和下层之分;在革命立场和态度上,有爱国者、效忠派和中立派之分;在种族上,有白人妇女、黑人妇女、印第安人妇女和混血妇女之分;在地域上,有北方妇女、南方妇女和中部妇女之分;此外还有宗教信仰和教育程度之分等。

为了使读者了解妇女在美国革命中的状态以及革命带给她们的命运的变化,本书收录了女性历史学者琳达·科博(Linda K. Kerber)的《革命与女性的权利》一文。科博从美国革命对家庭的冲击,特别是夫妻之间、父母与子女之间的关系变化来考察革命对妇女的影响。她指出,在早期与英国的抗税斗争中,妇女不得不与政治发生了联系。前所未遇的社会与政治变化使殖民地的妇女有机会设计自己参与公共活动的方式。不仅如此,妇女参与革命战争的程度要比人们所了解的大得多,尽管当时的爱国者对是否允许妇女正式随军犹豫不决。在革命后期,社会对共和国女性公民角色的提倡也为妇女社会地位的提高营造了氛围。美国革命时期,在妇女自我意识觉醒的同时,男性对女性的期许和态度也发生了转变。这些变化不仅改变了革命后妇女在美国社会中的地位,也改变了美国社会的性别关系。这或许是美国革命激进性的一个具体表现。美国革命中妇女的社会与政治存在还表现在后来宪法中与妇女命运相关的政治概念的含义,及其相关文本的语言特征之中。从制宪的那一代人,特别是其中的几位核心人物,如詹姆斯·威尔逊(James Wilson)和詹姆斯·麦迪逊(James Madison)对待妇女的态度可以看出,当他们建构新的、共和性质的"想象的共同体"时,并没有将妇女完全地排除在外。由于他们在制定宪法时,常常是在一个"更广阔的层面思考国家",因而妇女的一些权利已经包含在宪法的条款和意义中。当后人指责革命的那一代人没有给妇女选举权时,不应忽视这一历史过程。

在废除奴隶制和给予黑人奴隶以平等与自由上,美国革命常常遭受批评。但实际上,若将黑人的状况置于当时的社会历史背景之下,人们就可发现这场革命在许多方面改变了当时美国黑人的命运。伊拉·柏林(Ira Berlin)的文章《黑人与美国革命》论述了美国革命在三个具体的层面上改变了当时黑人的生存状态:(1)北方的一些殖民地通过颁布法令,基本上废除了奴隶制。在南方的一些地方,不论是由于逃跑,还是奴隶主的仁慈,有相当数量的黑人奴隶获得了自由。(2)美国革命爆发时,北美殖民地已有相当数量生长于本土的黑人。他们不同于刚刚被贩运来的黑人奴隶,这些在美国生长的奴隶的自由思想意识在革命浪潮的冲击下有了明显的增强。(3)革命期间,白人对待黑人的态度出现了分化。若从长时段的历史来看,美国革命为后来的南北战争埋下了伏笔。南北战争甚至可以视为美国革命的延续。至少在亚伯拉罕·林肯(Abraham Lincoln)的思想深处可以看到这一痕迹。这也是为什么在领导解放黑人奴隶制的斗争中,林肯不断从美国革命历史中汲取道德勇气和精神力量的深层原因之一。他实际上是在完成美国革命未竟的一项事业。

具有反讽意味的是,为殖民地黑人奴隶的解放做出最初推动的恰是那些反对和镇压美国革命的英国人。相比较而言,与北美的殖民者不同,英国与北美奴隶制并没有多少直接的利益关联。真正使英国人介入北美奴隶制的是当时军事冲突的需要。1775年11月,英国弗吉尼亚总督邓莫尔(Lord Dunmore)率先提出参与英军的黑人奴隶可以获得自由身份。这一举动不仅使许多黑人奴隶逃离了奴隶主的控制而投入英国阵营,而且也给北美的白人殖民者,特别是南方奴隶主造成极大冲击。大批黑人奴隶直接参与英军阵营的行动,迫使华盛顿的大陆军也改变了政策,允许黑人参加大陆军。这就是为什么柏林认为,美国革命战争"几乎在每一方面都为黑人赢得自由增加了机会和可能性"。试想如果当时英方没有出台这样的政策,美国的独立战争可能就完全是一场白人之间的战争。英国的这一政策还使得原来一些对革命犹豫不决的白人殖民者投入到了爱国者的阵营。当然,英国国会对此深感不妙,很快就终止了这一政策的实施。

除了战争因素之外,美国革命时期宗教对奴隶制的冲击也值得关注。从历史的连续性上看,革命前的18世纪中叶发生的宗教觉醒运动所产生的基督教平等主义,补充和强化了革命中的平等观念。各类新教教会如卫理公会和浸礼会在南方的兴起,使相当数量的黑人皈依这些宣扬平等的教会。"在神的面前人人平等"变成了新教反对奴隶制相当富有革命性的口号。一些教会甚至成了反对奴隶制运动重要的领导势力。从这个意义上讲,北美的奴隶制最初是在教会里被瓦解的。

革命期间北美社会和经济结构的一些变化也给奴隶制带来了冲击,其中,农业生产结构性的变化、商业市场模式的转型、城镇化的扩大等导致了对奴隶人数需求的减少,加上黑人社会内部结构性的变化,这些都引起了白人对待黑人和奴隶制态度的转变。当时出现的一些释放奴隶和禁止诱拐奴隶的法规法令都与白人态度的转变有关。柏林文章中另一个有价值的部分是他在考察外部社会变化(如战争、宗教和经济因素)给黑人命运带来冲击的同时,还能从黑人本身的生存状态和黑人内部的社会结构来分析革命对黑人的冲击。这种内外相结合的方法为读者了解黑人在美国革命中的命运提供了有价值的参考。

美国革命凸显了南方奴隶制在道德上的荒谬性。这个问题其实反映了美国革命在黑人奴隶制上所面临的多重困境。这些困境主要体现在以下三个方面:(1)在一个有奴隶制存在的社会里,白人在为反抗英国统治而提出自由和平等口号的同时,也会唤起黑人奴隶们的自由意识;(2)在联合南方白人奴隶主形成抗英联合阵营的时候,又不得不对奴隶制采取一种妥协。这种妥协显然又与革命的原则相违背;(3)这种既宣扬平等自由、又护守丑陋奴隶制的行为,不可避免地给美国革命的道德原则以及革命形象造成尴尬,甚至负面的情境。同时也必须看到,北美奴隶制其实不单是北美殖民地的内部问题,它也是18世纪的特殊的国际问题。英国朝野对奴隶制的态度也影响了白人爱国者和南方奴隶主对奴隶制的态度,甚至还坚定了他们参与革命的决心。

要认识美国革命的整体性,还有必要关注效忠派这一特殊的群体。在革命的早期抗税阶段,曾有相当数量的效忠派是站在爱国者一边反抗英国各项税收政策的。当战争爆发后,又有近二万名效忠派拿起武器站到了英军一方。这说明革命中的效忠派是一个难以简单界定的复杂群体。罗伯特·卡尔霍恩(Robert McCluer Calhoon)的《内战、革命和党派之争视角下的效忠派》是一篇很有观察力度的文章。他以效忠派参与战争的方式和程度来甄别他们的各类动机和行为,进而评价这场革命对他们命运的影响。他将革命中的冲突分为三个层次,即内战、革命战争和党派之争,并分别考察了效忠派在这三种不同冲突中的状态与作用。与以往一些讨论效忠派的做法不同,卡尔霍恩特别关注效忠派在不同地区的差异性和效忠派内部社会构成的不同。他的分析使人们对效忠派这一特殊的社会与政治群体的认知进入新的层次。

由于北美大地上生存着印第安土著人,美国革命还成为世界近代史上较为罕见的一场复杂的、多维度的种族冲突。革命前,北美的印第安人已经同来自欧洲各国的殖民者打了一个半世纪的交道。在这个过程中,他们大多处于弱势和危势。革命带给印第安人的是一个毁火性效应。他们在革命中的遭遇是对美国革命的反讽。格里高利·唐德(Gregory Evans Dowd)在他的文章《注定失败的印第安人》中,从五个具体的层面讨论了美国革命对印第安人的冲击:(1)从与科肖克顿部落的和解看革命者在争取印第安人支持上的努力;(2)英国人和爱国者如何各自利用物质补给这一关键性筹码来争取印第安人部落的支持;(3)革命期间殖民者并未停止对印第安人土地的侵占,导致一些印第安人放弃了中立的立场;(4)战争如何导致了印第安人群体内部的两极分化;(5)革命并未消除白人对印第安人的敌意和对他们土地的掠夺,印第安人也没有放弃他们的抵抗。可见,革命并没有终结长达一个多世纪的血腥冲突。了解美国革命中印第安人命运的转变,人们还需要在一个更为开阔的背景下讨论美国革命对北美印第安人命运的冲击,以及印第安人命运的改变及其文明的式微是如何改变北美人文形态的。革命前,北美殖民地至少有三种文明,印第安人的土著文明、殖民者带来的欧洲文明和黑人奴隶带来的非洲文明。美国革命无疑加速了印第安文明的消亡过程。北美的人文形态被永久性地改变了,这是美国革命给人类文明史所造成的遗憾。

最能反映美国革命与世界近代史上其他几场革命的不同之处的,就是宗教在革命中的作用。近年来,愈来愈多的学者开始关注宗教对于美国革命的重要性。从社会文化的视角观之,美国革命爆发时,北美殖民地处于一个宗教文化流行的时期。宗教为美国革命时期的民众提供了一种特殊的文化、社会和政治的凝聚力。要了解宗教对美国革命的作用,首先要了解1720到1740年代,即革命前发生在北美的那场宗教大觉醒运动。大觉醒运动中所产生的一些变化,如强有力的福音传播、反正统教会权威的倾向、蔑视传统教区的势力范围、改革和摈弃教会的一些繁文缛节,以及跨越不同殖民地地理疆界的新教组织的建立和发展等,为后来革命的发生奠定了基础,并创造了机遇。威廉·麦克洛克林(William Gerald Mcloughlin)甚至认为,大觉醒运动是美国革命的起点。这是一个很有历史眼光的判断。在他的文章《宗教在美国革命中的作用》中,麦克洛克林指出,革命前期的许多变化首先是在宗教内部策动的,例如废除国教、抵制设置主教、教会的多元化和提倡信仰自由。正是宗教内部的这些变化使英国国王和主教的权力逐渐被转移到民众的手中。宗教变革与革命中的一些政治变化结合在了一起。"革命使不同教派剥去了它们非政治性的虔诚主义的外壳,走入了政治权力的新领域。"值得注意的另一点是,北美殖民地的宗教在革命前就呈现出一种多元化的格局,革命则加剧了多元分立的过程。这其实也是宗教自由能够被写进许多州的宪法和联邦权利法案的深层原因之一。美国革命最终能够实现政教分离,这是18世纪社会政治革命最为重要的一项业绩。

另一个值得注意的现象是,美国革命前,在北美社会上流行着"千禧年即将现世"的说法。尽管美国革命作为一场社会革命在本质上是一个世俗事件,但这一基于基督教教义而源发的千禧年之说,不论对于当时北美基督教的发展,还是革命事业的发展,都起到了重要的作用。在革命的动员和对革命目标的塑造中,"千禧年即将现世"的说法甚至变成了当时革命民众反抗英国统治的一种心理要素和道德基础。乔恩·巴特勒(Jon Butler)的文章《存在一个革命的千禧年吗?》将引导读者从宗教内部来观察"千禧年现世说"与美国革命复杂而微妙的关系。他特别关注当时流行的千禧年主义所具有的政治含义和促进革命转变的动力。巴特勒认为,不能简单地将美国革命视为一个完全世俗性的历史事件。上至《独立宣言》,下到一般教会里牧师们的布道,基督教影响的痕迹处处可见。同时还要注意神职人员的布道对当时政治辩论的影响,特别是牧师们的布道语言与革命修辞之间的关联。此外,关注宗教对美国革命影响的同时,还要看到革命给宗教带来的困境和教会在革命中的分化与重组。

研究美国政治思想史的学者所追寻的问题一般不会是谁创建了美国,而是何种思想意识,以什么形式,在多大程度上影响了美国革命的起源、走向与结果。美国革命意识形态是在特定的历史和社会背景下产生的特殊混合体系。同世界近代史上的其他几场革命不同,美国革命不是在一个单一的,或某种权威性意识形态的指导下完成的,也始终没有统一的思想格局,而是在多元甚至矛盾的意识形态的糅合发酵下促成的。美国革命的一些重要历史特征就体现在革命意识形态的多样复杂性之中。这种意识形态成分的多元性既反映了美国革命的复杂性,又说明这场革命是近代世界史上智识程度较高的一场革命。

美国革命不仅是一场各利益集团(包括宗主国与殖民地)之间所展开的政治、经济和军事斗争,还是一场意识形态的竞争与冲突。伯纳德·贝林(Bernard

Bailyn)甚至认为,美国革命"是一场在思想意识、宪政以及政治领域所展开的斗争"。比较革命的研究显示,近代世界史上的任何一场革命都不是一种自我封闭的行为,革命往往不能自行孕育和产生一个全然内部的思想意识。与外部世界(特别是欧洲)有着多元联系的北美殖民地所发生的美国革命,更是如此。美国革命的政治内涵要比人们想象的丰富得多、复杂得多。美国革命的思想文化史,在一定程度上,也是欧洲思想文化史的一部分。发动和领导美国革命的那一代人中,有相当一批人知识丰富,心胸开阔,视域宽广,有些人甚至就是欧洲大学培养出来的,他们有着跨地域和跨文化的学习与生活经历。这是美国革命的那一代人之所以能够在政治思想领域做出原创性革新的深层原因之一。也正是这些人,将当时原本处于世界边缘地带的北美变成了 18 世纪后半叶思想文化的活跃之地。这就是为什么埃德蒙·柏克(Edmund Burke)曾在英国国会呼吁不要低估北美造反的那些人的智识能力的原因。

伯纳德·贝林 1967 年发表的《美国革命的思想意识渊源》是一部开创性的经典。为了分析美国革命思想意识的多元复杂性及其对革命本身的影响,贝林提出了两个值得注意的问题。即,是什么因素将那些看似全然不同的思想汇集在一起?又是什么因素促使殖民地人士把所接触和掌握的多种知识塑造成一个相对连贯的整体?这里所选的《美国革命中激进主义的转变》是该书几个节选的汇编。希望读者能够了解贝林所讨论的以下四个方面的问题:在革命的过程中,革命的领袖们所读、所说、所写、所想和所做的具体内容是什么;他们思想观念的渊源可以追寻到何处;繁杂的思想观念是如何被连贯起来的;以及一些外来的思想观念是如何被用来解释革命所遇到的困境和针对性的解决方案的。他所采取的方法是后来新史学所提出的文本与语境相结合的方法,即在分析解读文本的基础上,再分析文本产生的历史与社会语境。他认为,对那个时代而言,美国革命中所出现的思想意识是当时极端激进的各种思想观念与信仰的结合。思想观念、信仰和态度的转变确切并及时地影响了革命的过程和走向。综合近年来一些学者关于美国革命思想意识的论述,人们可以大概窥见美国革命思想意识谱系的一些重要成分,其中包括英国自由主义的传统、清教主义传统、司法权利观念、共和主义理论、英国政治上的反政府和权威的理论、启蒙思想和 18 世纪苏格兰学派等。对其中每一项的研究都会丰富对美国革命思想意识的认知。

如果将 18 世纪发生在欧洲的启蒙运动与美国革命联系起来做历史性的考察,人们不难看出,在很大程度上,美国革命是启蒙运动真正的政治与社会成就。美国革命是发生在北美的一场特殊的启蒙运动,是18世纪欧洲启蒙运动在北美的延续和拓展。这场"启蒙运动"不仅改变了北美的政治和人文景观,甚至还对欧洲和世界其他地区产生了不同程度的影响。从这个意义上讲,美国革命从一开始就不单是一个地方性的历史事件,而是一场发生在18世纪的跨越大西洋地理和文化疆界的思想文化运动,是一场至今仍没有被完全认识的启蒙运动。《读本》所选的戈登·伍德(Gordon S. Wood)的《作为一场启蒙运动的美国革命》,就是要帮助读者理解启蒙运动与美国革命之间的联系,以及美国革命作为启蒙运动的一些特征。伍德对多年来针对美国建国者持续的批评、解构,甚至诽谤提出了质疑。他认为许多批评都对建国者那一代人所生活的社会和所处的文化语境缺乏设身处地的考虑,其实是陷入了一种"时代错置"。伍德认为,建国者们"是基于功绩和才能而自创的贵族阶层,而非18世纪英国社会的世袭贵族",他们是北美社会所产生的特殊的"绅士"阶层。人们可以在他们身上发现美国启蒙运动的文化精神和实践策略。美国革命之所以能够变成18世纪北美的一场特殊的社会启蒙运动与这批人的素质直接相关。

不仅如此,伍德还指出,革命那一代人坚信自己是处在一个可塑性很强的新世界中的年轻民族。与那些身陷旧世界陋习和偏见的欧洲人相比,他们有可能变得更为文雅和有教养。当时,北美人的识字率是世界最高的。在北美,成年白人的识字率接近80%,而英国成年白人的识字率只有65%。在本杰明·富兰克林的推动下,北美殖民地还建立了当时世界最早的邮政系统。这不仅促进了当时的书信文化,而且还使报纸的发行量剧增。革命前后,费城(Philadelphia)已经变成了北美启蒙运动的一个中心。革命前的北美殖民地还有近十所风格各异的学院,它们分布在不同的地区。这些学院以各自的方式为美国革命培养了各类精英和领袖人物。没有这批精英阶层的产生,美国革命是不可想象的。此外,与欧洲的贵族阶层不同,北美精英阶层还注重和推动大众教育。他们在不同的教育层面上推动美式英语的教育与普及。甚至当时就有人预言,美式英语将会成为"下一个世界语言"。现在看来这一预言似乎得到了某种应验。

如果要从整体史的角度来认识美国革命,就必须关注和了解当时十三个殖民地革命的实际发生过程。约翰·亚当斯在对美国革命的动员中曾将北美的十三个殖民地比喻为十三口钟,并呼吁这十三口钟要同时敲响。其实这十三口钟大小不一,材质不同,甚至奏鸣的节奏和音量也不尽相同。了解这十三个殖民地在革命前后的状况,是认识美国革命的关键。特别值得注意的是各个殖民地各自制宪的过程,以及后来关于批准联邦宪法的辩论。这是了解美国革命中的宪政革命的关键点。考察革命的地方性经验和地方的政治文化应成为重新认识美国革命的一个重要方向。

中国学界关于美国革命历史叙事的一个令人遗憾之处,就是常常将这场革命置于一个独立战争的格局之中。战争的胜利无疑是殖民地最终获得独立的关键,但并不是革命的全部内容,它其实只是伟大戏剧的第一幕。作为一场以追求自由为目的的革命,它的核心内容其实是制宪。美国革命的历史经验说明,仅凭枪杆子是不能出政权的。制宪是美国革命伟大戏剧中最为精彩的重头戏。汉娜·阿伦特(Hannah Arendt)曾指出,革命的那一代人需要一部宪法来界定新政治领域的边界,确定政治领域内部的规则。在这个新的政治制度中,"追求公共自由的激情"和"追求公共幸福"将得到自由发挥,代代相传。在这个过程中,革命的那一代人不仅讨论了自由的定义,也提出了维护自由的方式和规则,更通过建构一种独特的宪政,去实施维护自由的原则。如果没有完成这一步,就不能称之为一场成功的革命。

美国革命的制宪是一个自下而上、先部分后整体的过程。早在《独立宣言》发表之前,约翰·亚当斯就向大陆会议提出,各个殖民地要通过制宪来实现真正意义上的独立,并以宪政为基础组建政府。这一建议很快就得到了一些殖民地的响应。截止1787年费城的制宪会议召开之前,各个殖民地已经通过制宪转变为政治上独立的州。各个殖民地的制宪不仅象征着它们真正独立的开始,同时也使《独立宣言》有了实质性的革命内容。各个殖民地制宪的成功对后来在联邦层面上的制宪至关重要。首先,各个殖民地通过制宪转变成政治上独立的州为后来的联邦制宪奠定了基础。其次,在各个州制宪的过程中涌现出了一批有政治实践经验和智慧的政治人物,他们其中相当一批人参加了后来在费城的制宪会议。这些制宪者们的思想观念和政治经验,特别是他们在各自殖民地制宪的政治实践对联邦宪法的制定产生了重要的影响。还有,各州制宪所积累的经验和教训变成了联邦制宪的参照和宝贵资源。在制宪会议上,与会代表至少能够提出四个宪法方案供大会讨论是会议得以成功的关键。

制宪应当成为重新认识美国革命的重心。而了解美国宪法制定前的联邦主义形成的社会政治背景是一个关键步骤。早在1777年,大陆会议就制定了《邦联条例》(Articles of Confederation),但该法案被拖了很长时间,直到1781年才得到批准。从一开始这个法案就存在许多问题和明显的局限性。美国革命的联邦主义正是在试图不断对其修改的一系列失败中形成的,是政治绝望的产物。后来罗伯特·莫里斯(Robert Morris)和亚历山大·汉密尔顿(Alexander

Hamilton)推行财政改革所遭遇的困境又强化了联邦主义者们的失望、焦虑与激情。战争结束后,美国仍处于一种多重的危机状态。归结起来,当时的危机主要表现在八个方面:安置军队人员的转业问题、巨额债务的偿还问题、解决外交的困境问题、海外贸易的拓展问题、税收问题、国内的经济停滞问题、货币问题、政府的威信和执政能力问题,以及社会动荡问题。当时的大陆会议依据《邦联条例》已很难解决上述这些问题。一些联邦主义者伺机行动。他们认为,制定一个新的联邦宪法,并以此宪法为依据组建新的联邦政府是美国革命必须要解决的问题,否则革命将面临失败的命运。

美国革命中最伟大的政治事件就是1787年5月25日到9月17日在美国费城举行的制宪会议。它向世界展示了一种创造性的宪政和一种人类历史上前所未有的新型共和政府类型。在此前的人类历史上,还不曾有任何一个国家能够在一个人口众多的广袤领土范围内实现民主共和。为了帮助读者认识美国革命的制宪过程和特征,《读本》收录了四篇相关文章。这些文章从不同的角度论述了美国革命宪政的关键内容和具体步骤。杰克·雷克夫(Jack N. Rakove)的文章《推动宪法制定的观念与利益》较为详细地介绍了影响革命制宪的一些重要观念,特别是美国制宪核心人物詹姆斯·麦迪逊的宪政理念,并描述了制宪过程中各州代表为了保护各自利益竭尽所能进行的各种博弈。雷克夫认为,"伟大的妥协不过是名义上的妥协而已",为了利益所做的博弈才是制宪的实质。或许这一点正是美国制宪成功的奥秘。

制宪会议所要解决的问题主要有以下几项:政府的性质及其结构的设置;如何建立立法、行政和司法部门之间的权力平衡;大州与小州之间的关系;各州在联邦政府中的平等代表地位;实际代表制的建构和实施;联邦主义与地方主义之间的关系;总统制;个人权利的保护;以及黑人奴隶制问题。两百多年过去了,人们仍执迷于探究和讨论这次会议的内幕与过程。与会的55位代表大多是各州选派的具有一定政治经验和务实能力的人物。会议曾几度面临夭折,但他们的政治功利态度以及使命感和责任感使他们坚持了下来。兰斯·拜宁(Lance G. Banning)的文章《制宪会议上发生了什么》为读者了解这一重大历史事件提供了有价值的观察与分析。从他的文章里,读者可以了解到制宪会议的内部机制、具体过程和实际内容。其中包括,麦迪逊是如何通过提出和坚持《弗吉尼亚方案》而发起激进变革的;代表们是如何处理共同目标下所产生的基本利益的冲突的;小州与大州代表是如何在保护各自州的利益的同时又为建构一个中央的联邦政府进行博弈的;代表们是在什么背景下提出了四个不同宪法方案,他们又是如何讨论和修改这些方案,并最终形成一个联邦宪法的草案的;制宪会议程序的设置是如何保证会议得以持续而有效地进行的;代表们辩论的内容和投票的结果等等。

美国革命制宪的另一个特征是,宪法是由两个政治上的不同势力,即联邦者和反联邦者共同建构的。这是世界近代史上的革命中一个罕见的现象。在法国革命、俄国革命中,政治上的反对派,不是被冠以"反革命",就是被贴上"资产阶级敌人"的标签,要不就是以"路线斗争"的名义被赶尽杀绝。这些现象在美国革命中却难以见到。在《宪法辩论的主题》一文中,伊萨克·克莱曼尼克(Isaac Kramnick)介绍了美国革命中两个不同政治派别在宪法问题上的各种争论。克莱曼尼克并没有从政治主张上对他们进行简单的分类,而是关注他们在政治思想观念深处的差异与分歧。他提醒人们,眼光不要仅仅停留在联邦者功利主义的诉求和论辩的策略上,还要了解联邦者和反联邦者在论辩过程中所体现的不同的政治语言修饰特征以及主导和规范这些政治话语的政治思想意识。这些宪法辩论中的政治话语,至少显示出联邦者与反联邦者政治思想意识中的四种成分:共和主义的市民理想;洛克式的自由主义;新教伦理;以国家为中心的权力和主权理论。读者可将这篇文章与上面所谈的伯纳德的《美国革命中激进主义的转变》结合起来阅读。

围绕联邦宪法草案批准的论辩所产生的《联邦者文集》和《反联邦者文集》是美国宪政珍贵的历史文献,是美国革命给后人留下的极有价值的政治遗产。研究反联邦者的美国学者赫伯特·斯托林(Herbert J. Storing)曾指出,"尽管联邦者与反联邦者是相互分立的,但在更深层的意义上他们实为一体。他们之间并没有隔着不可调和的政治鸿沟,而是像家庭内部那样不那么严重的、并非黑白分明的对立,因为他们都同意政府的目的在于界定和保护个人权利,而实现这一目的的手段在于有限、共和政体。"实际上,没有反联邦者们的坚持和联邦主义者们的妥协就不会有后来《权利法案》的产生。正如伦纳德·莱维(Leonard W. Levy)所说,"《权利法案》所体现出来的个人自由对政府权力的胜利,是美国历史上最高尚也是最永恒的重要主题之一"。在他的《权利法案的政治》一文中,读者可以了解当时《权利法案》产生的复杂政治背景。当时若没有一批反联邦者们的据理力争,恐怕就不会有《权利法案》的产生。但这只是问题的一方面,倘若没有联邦者的妥协也同样不会有后来《权利法案》的通过。由此可见,美国革命的宪政是由政治上的两个对立派别——联邦者和反联邦者们共同营造的。这是美国革命让世界近代史上其他革命望尘莫及之处。

如何评价美国革命？谁拥有对这场革命的解释权？早在美国革命还未结束时，革命的那一代人就开始思考这个问题。约翰·亚当斯和托马斯·杰斐逊生前就对这个问题提出了自己的看法，他们的观点给后人如何评价美国革命设定了一个框架。两百多年来，历史学者围绕这个问题争论不休，一些人显然受到革命那一代人的启发，而另一些人则不断地试图突破革命那一代人的局限性。其中，值得关注的是关于"美国革命是否激进"这一问题的辩论。1991年，美国布朗大学历史学教授戈登·伍德出版《美国革命的激进主义》一书，又一次激化了学界对这一问题的争论。伍德认为：

> 如果我们仅用社会苦难和经济贫困的程度，或是用多少人被屠杀、多少家舍被焚毁的数量作为标准来衡量美国革命中的激进主义的话，那么，历来关于美国革命的保守性的说法似乎言之有理。但是如果用实际发生的社会变化的程度、用人们相互间关系转变的多少来衡量激进主义的话，美国革命就根本不是保守的；恰恰相反，这场革命如同历史上任何一场革命一样激进，一样"革命"。虽然，美国革命同其他革命有所不同，但其激进性和社会性毫不逊色。美国革命实际是世界上最伟大的革命之一，这一极为重要的剧变不仅从根本上改变了美国社会的特性，而且决定性地影响了随后的历史进程。

然而，另一位历史学者芭芭拉·史密斯（Barbara Clark Smith）则不认同伍德对美国革命激进性的这一评价。她认为，伍德这一评价无法令人满意。美国革命根本就不是共和主义的，因为在革命之后不久，这一乌托邦的理想就消失了，而自利变成了美国社会和政治生活的基础。考虑到美国黑人和妇女的命运，史密斯认为美国革命实际上维持了社会的许多不平等，过度赞美美国革命是不客观的。史密斯还批评道，伍德的"激进革命派"头衔也不能只给那些精英们，还应考虑那些参与和组织各种反抗英国统治运动的社会下层民众。这些民众的自由观念和他们参与政治的形式，其激进性一点也不比那些精英阶层差。

史密斯的批评实际上反映了近年来相当一部分人对美国革命局限性的责备与抨击。其中主要包括：美国革命没能够解决奴隶制问题，没能给黑人奴隶以自由；没有为妇女提供完全平等的政治权利；没能给印第安人以平等的公民身份；没能真正创建一个人人均可平等参与竞争的社会经济机制。伍德觉得史密斯的批评是以现代立场与现代思维来责备革命那一代人，这显然是不公道的。如果仅仅就历史上黑人和妇女所受到的压迫和不平等来责备革命的那一代人,往往会使人们脱离当时的历史语境,而忽视美国革命真正的激进性。1776年《独立宣言》的激进性体现在它所提倡的"人人生而平等"。尽管有人说那指的是白人男性的平等,但伍德认为,仅此一项,西方历史就耗费了几千年的时间才得以兑现。况且,在当时,只有白人男性的平等要求得以确立,其他方面的平等诉求才有可能实现。伍德的这一观点似乎得到了另一位女性历史学者的认同,罗斯玛丽·扎格里(Rosemarie Zagarri)在革命给男女权利带来的变化这一具体层面上讨论了美国革命的激进特征。她注意到,在美国革命的思想意识谱系中,有两种理论分别为当时男性权利和女性权利的讨论提供了思想观念上的支持。其中,英国洛克的权利思想为白人男性争取权利提供了思想力量,而来自苏格兰的权利观念也为北美女性在争取自身权利的斗争中提供了宝贵的资源。扎格里认为,美国革命不仅改变了男性的权利,也在思想观念层面上促进了女性权利的实现。

美国革命是否激进或保守多年以来一直是许多学者热衷的话题。阿尔弗雷德·扬(Alfred Fabian Young)在他的《美国革命的激进与保守》一文中简要介绍了近年来学界对这一问题论争的要点,并提出了自己的看法。根据他的观察,历史学界对此问题的观点是,美国革命激进主义的来源和特征主要表现在以下四个方面:(1)早在美国革命爆发前,激进主义就已扎根于普通民众的思想、价值观和传统习俗之中;(2)民间团体在自身利益的驱使之下,在革命中发挥了积极作用,他们是激进主义的推动者和实践者;(3)美国革命的激进主义还是长期革命实践的产物,是历史积累的结果。甚至后期的一些国际历史事件(如法国革命),也曾对美国革命的激进主义起到推波助澜的作用;(4)在革命的过程中,普通民众价值观的变化、对自身利益认识的增进也是革命激进主义的重要来源。

此外,扬还提醒读者,革命前后美国宗教的变化也是激进主义的一个重要来源。这一观点可以与上面谈到的麦克洛克林和巴特勒的两篇文章中的观点互为验证。扬同时还提醒读者,可以从革命时期的语言和修辞中认识美国革命激进主义的一些特征。他发现,美国革命的一些激进性主张,往往是由社会边缘群体和被压迫的群体提出来的。总之,美国革命的激进主义是形形色色的,没有一个固定的单一模式。未来,历史学者仍然会对此问题争论不休。诚如阿尔弗雷德·扬所说:

> 美国革命是一场殖民地脱离英帝国统治获得解放的斗争,新生"阶级"在其中合纵连横;美国革命又是一系列内部冲突,各自为战却又常常重叠。

它让我们在分析这些冲突的结果时,不是静止在一个点上,而是将其当作一个持续的过程,谈判常常重启,又时而消失。进一步说,它让我们能够考察公私生活领域的不同结果。而且它让我们认识到,美国革命的确激进。但美国革命有多激进?这问题并没有唯一的答案。

最后需要指出的是,尽管本书选取了29篇文章,涉及7个主题,但并不能涵盖美国革命的所有问题。这个《读本》只是一个引介,读者要对美国革命的历史有更多的了解,做进一步的探索,还需要至少从两个方面展开阅读:(1)阅读美国革命过程中所产生的各类历史文献。相对于法国革命和俄国革命,美国革命的历史文献有相当数量被较好地保存了下来,而且这些文献具有可信的原始性和完整性。(2)进一步关注和追踪阅读不断发表的各种学派关于美国革命历史的文章和著述。在美国,美国革命的历史研究是一个充满张力的显学。学术的进展不仅持续挑战和丰富人们对这场革命的认识,而且对理解人类的一般生存状态和特定的历史变迁也有重要价值。

最后建议读者,《读本》因系节选,有些文章的题目为译者所拟,若要对其中文章做学术引用,请务必核对原文。

盛 嘉
2013年6月20日写于厦门大学
2013年7月12日修改于美国康奈尔大学

美国革命历史叙事的建构

李剑鸣*

意识形态与美国革命的历史叙事

爱德华·萨义德曾谈到"纯粹知识"和"政治性知识"的区分,并特别指出,人们广泛相信"真正"的知识是非政治性的,但实际上知识的产生往往具有或隐或显的"有着严密秩序的政治情境"。[1] 如果用这种理论来考察关于现代革命的历史叙事,就不难看出革命史知识通常具有鲜明的"政治性"。在革命史知识产生的"政治情境"中,意识形态[2]往往发挥至关重要的作用。现代史上发生的革命,一般被视为政治事件、社会事件或军事事件,而它的意识形态内涵和意义容易遭到忽视。实际上,革命同时也是一种重大的意识形态事件。一方面,革命者通常利用边缘性或外源性的思想资源,精心构造一套系统的政治话语,对革命发挥动员、辩护、阐释和巩固的作用。另一方面,在通行的观念中,革命总是与"开端"相连,因而可能被后世"神圣化";而在这一"神圣化"的过程中,革命话语通常会经过整理、过滤和重新组合,进而转化为带有"神话"性质的意识形态元素,对于"后革命时代"的政治文化发挥持久的塑造性影响。进而言之,一个社会可能存在多种意识形态的竞争,而各种意识形态自身又往往处在变化和重构之中,革命的意识形态也随之不断受到重新诠释,并以不同的形式

---

* 李剑鸣,南开大学博士,现为复旦大学历史学系教授、教育部"长江学者"特聘教授,主要研究领域为美国早期史、社会政治史和种族关系史,代表作有《美国的奠基时代》(2001)、《历史学家的修养和技艺》(2007)等,主编《世界历史上的民主与民主化》(2011)等。

[1] 爱德华·W. 萨义德:《东方学》,王宇根译,三联书店,1999年,第12—14页。

[2] "意识形态"(ideology)是一个争议颇多的概念。英国社会学家约翰·汤普森对"意识形态"一词的缘起和演变做过讨论,并提出了自己的界定:"意识形态"是被用来"建立并支持统治关系"的"象征形式"。见约翰·汤普森:《意识形态与现代文化》,高铦译,译林出版社,2005年,第5—13、30—81页。中国学者关于"意识形态"概念的讨论,见王立新:《意识形态与美国外交政策:以20世纪美国对华政策为个案的研究》,北京大学出版社,2007年,第1—10页。本文所说的"意识形态",是指一个社会中对数量较多的成员的思维、言说和行动具有塑造性影响的成系统的思想观念。一个社会可能出现多种意识形态并存和竞争的局面。

在各种意识形态的竞争中扮演不同的角色。因此,任何革命史的写作不论作者的动机如何,总是难于摆脱与意识形态的复杂纠葛,革命史领域也就成了一个意识形态的战场。自美国革命发生以来,美国史学界关于它的历史叙事正是处于这样一种状况,而且最近半个多世纪的情形更是如此。

一、"辉格主义范式"的兴衰

在进步主义史学兴起以前,美国革命史写作的主导范式可以称作"辉格主义"。这里所说的"辉格主义",既不是指美国革命时期盛行的爱国思想,也非美国史学史上的"辉格学派",而更接近于英国历史学家巴特菲尔德所说的"辉格派历史解释"。[3] 具体说来,美国革命史写作中的"辉格主义",包括五个相互联系而各有侧重的方面:一是爱国主义,肯定美国革命的正当性,强调殖民地居民面对英国暴政的威胁,团结一致,万众一心争取和捍卫独立;二是民族主义,宣称美国革命建立了一个不同于世界上任何国家、特别是不同于欧洲各国的新型国家,开创了人类争取自由和共和政体的新纪元;三是自由主义,把美国革命描述为一个抗击暴政、维护自由的事件,美国革命使自由的旗帜得以高扬,人的权利获得了保障;四是种族意识,不假思索地把美国革命看成是大西洋两岸英格兰裔居民之间的内战,相信革命的过程和结果仅仅与白人有关;五是精英取向,关注"建国之父"的活动,颂扬他们的政治智慧和对革命的贡献。这五点恰好与建国初期美国的主流意识形态若合符节,所以,这种"辉格主义"的美国革命史,既是在当时的意识形态氛围中酝酿成形的,又有助于强化当时的意识形态。[4]

---

[3] 据巴特菲尔德所论,英国史学中长期存在这样一种倾向:史家站在新教和辉格派的立场来写作历史,以成败论英雄,"强调过去的某些进步的原则",并力图以历史来论证现实的正当性。他把这种倾向称作"辉格派历史解释"。H. Butterfield, *The Whig Interpretation of History*, London: G. Bell and Sons, LTD, 1968, pp. v, 1-8.

[4] 美国学者阿瑟·谢弗认为,美国建国初期的历史著述的最大特色是"nationalism",正是这种观念使历史学者赋予美国一个"可信的过去",也使他们的写作有别于启蒙时代的历史写作,即不再相信普遍的人类经历的观念,而关注不同的国民群体的经历(Arthur H. Shaffer, *The Politics of History: Writing the History of the American Revolution 1783-1815*, Chicago: Precedent Publishing, Inc., 1975, p. 36)。他这里所说的"nationalism",意为把分散的各个前殖民地整合为一个统一的国家,并为之构建一个统一的过去,从而形成统一的国民情感和国家认同。所以,这个"nationalism"只能理解成"国家主义",而不是本文所说的"民族主义"。而且,"国家主义"在很大程度上是谢弗本人对早期革命史写作意图的界定,并不能确切反映当时革命史写作的思想取向。

"辉格主义"的美国革命史写作在革命后期即已出现,经过19世纪一些有影响的历史学家的倡导,遂成美国革命史写作的主流。第一部站在美国人立场上写出的美国革命史,出自革命参与者戴维·拉姆齐(David Ramsay)之手。可以说,拉姆齐的著作构筑了"辉格主义"美国革命史写作范式的雏形。他在书中详细叙述了革命的过程,逐年介绍重要的军事行动、政治事件和外交活动,把革命说成是一种英雄壮举,把华盛顿、大陆军将领,以及参战的法国将领和英方将领,当成这个"伟大故事"的主角。他特别强调美国革命的必然性,声称脱离英国而独立乃是殖民地居民整体性格的必然产物,因为英属殖民地居民从一开始就投身于自由,而殖民地的地理环境、土地资源、宗教、社会构成以及各种制度和政策,都有利于培养"对自由的热爱"和"对独立的偏好"。他相信革命的正当性,因为殖民地本来就是殖民地居民自己建立的,并不存在臣属于英国的问题,而英国的政策与举措却威胁和损害了殖民地居民所珍爱的自由。他虽然在书中写到了印第安人以及战争带给他们的不幸,并对他们的遭遇表示同情,但他的主旨在于说明印第安人站在英国一边,阻挠美国独立的步伐,招灾致祸是在所难免的。他特别重视美国革命的历史意义,宣称革命改变了美国的面貌,开辟了一个伟大国家的光辉灿烂的前景:它确立了一种近乎完美的体制,美国人民如果不能获得幸福,那就是他们自己的过错。他还阐述了美国的世界历史使命,称美国革命是一场为了所有"人民"的"人民的革命",为美国人、也为全世界人民开辟了"追求幸福"的康庄大道,因而载入了世界历史的史册。[5]

　　稍后问世的另一部美国革命史著作,为默西·奥迪斯·沃伦这位女性作者所写。她出身名门,成年后又嫁入名门,耗费三十多年光阴,终于完成了一部多卷本美国革命史。尽管约翰·亚当斯这样的"才智之士"并不欣赏她的史学才华,[6]但是她的这部革命史却有自己鲜明的特点。较之拉姆齐的著作,这本书更富于文学和思辨的色彩,文辞优雅,语句繁复,其间穿插不少哲理性的议论,对革命时期的道德问题尤为关注,对革命所造成的社会风气变化忧心忡忡,在一定程度上体现了女性作者的细腻和敏感。[7] 当然,这并未妨碍她对革命的正

---

[5] David Ramsay, *The History of the American Revolution*, 2 vols., Foreword by Lester H. Cohen, Indianapolis: Liberty Fund, 1990, see especially pp. 1:14-29, 2:124-125. (http://oll.libertyfund.org)

[6] Rosemarie Zagarri, *A Woman's Dilemma: Mercy Otis Warren and the American Revolution*, Wheeling, Ill.: Harlan Davidson, Inc., 1995, p. 159.

[7] 沃伦的传记作者罗斯玛丽·扎格里认为,"公共美德的衰落和美国风习的转变"构成其革命史的一个主题;而沃伦著作的最大特色是"明确地从一个女人的立场写成的"。见Zagarri, *A Woman's Dilemma*, pp. 143, 145。

当性和重要性给予充分的肯定。她采用传统的历史写法，以编年为序，以北美和英国的重要人物为主角，以政府变动和上层活动为重要内容，逐年叙述革命中的主要政治和军事事件，其中关于军事行动的篇幅尤多，而对各州及合众国的制宪、邦联国会、社会变化则很少提及。她对革命领导人充满敬意，对他们经受的艰难困苦深表同情，并称赞大陆军官兵是在为个人和国家的自由而战。同拉姆齐一样，她把独立战争描绘为一场在世界范围内挽救自由、抗击暴政的运动。她还对革命的后果做了极为浪漫的表述：随着革命战争的结束，旧的政府纽带被割断，新的政府亦告成立，"个人独立的自豪情感温暖着每一个胸膛，社会和宗教自由的普遍观念远播四方"；士兵解甲归田，工匠和农人致力于改进生产，文艺的天才开始在文坛施展创造的才华；"在这种形势下，每一个自由的心灵都应坚定地支持国家特性的荣誉和独立的尊严"。她也带有强烈的精英主义取向，对于革命期间下层人在政治和经济上的崛起颇不以为然，宣称"美德的丧失"乃是"没有原则、没有教育、没有家世"之辈的贪婪和暴富所造成的。她还旗帜鲜明地谴责革命后新英格兰地区民众的各种"反叛"，对那些"放纵不羁、愚昧无知"的人大加抨击。[8]

这两部同时代人所写的美国革命史著作，具有若干显著的共同点：它们都肯定美国革命的必然性和正当性；强调它反对暴政、捍卫自由的性质；对革命者的业绩满怀敬意，高调揭示了革命创建新国家、引领世界历史新方向的重大意义；很少提及黑人、印第安人和妇女在革命中的经历以及革命对他（她）们的影响。可见，这两本书可以说是"辉格主义"的美国革命史写作的早期典范。在18世纪末和19世纪初，除这两人外，其作品涉及美国革命的作者还有数位，如杰里米·贝尔纳普、约翰·马歇尔、埃德蒙·伦道夫、塞缪尔·威廉斯、罗伯特·普劳德、威廉·戈登、乔治·迈诺特、本杰明·特朗布尔和休·威廉森等。他们的书大多是关于革命中的地方性事件或领导人物，不属于革命通史性质的著述，但其思想倾向和写作方式，则与拉姆齐和沃伦相当接近，大致可以归入"辉格主义"的范畴。

这些革命史著述的主旨，同建国之初美国人面临的许多问题密切相关：新生的合众国的性质是什么？美国立国的价值基础是什么？"美利坚人"如何界

---

[8] Mercy Otis Warren, *History of the Rise, Progress, and Termination of the American Revolution*, 2 vols., Indianapolis: Liberty Fund, 1994, see especially pp. 1:77, 2:6, 2:129-131. (http://oll.liberty.org)

定？对新国家的认同感如何形成和巩固？早期的美国革命史作者通过对革命的回顾和反思，力图就这些问题提供自己的答案。对他们来说，革命是他们亲身参与或经历过的事件，在一定意义上，写作革命的历史就是讲述他们自己的故事。他们一方面要用革命史写作来为革命正名，另一方面也希望通过他们对革命的理解和阐释，促成一种全体美利坚人都能接受的传统，从而形成国家认同，推动民主共和实验的顺利进行。据美国学者阿瑟·谢弗研究，早期的美国历史学家不仅把历史写作视为一种文学活动，而且也当作一种政治行为，一种培育民族认同、服务公共政策的方式；同时，他们的历史著述也受到了当时政治和思想意识的深刻影响。[9] 不过，这些作者并未承认自己具有意识形态的立场或意图，而宣称是站在人类公正的立场上来叙述和解释历史的。他们把美国革命写成一部英雄史诗，并力图让读者相信，这就是美国革命的本来面目。虽然他们也把革命描述为一场"民众运动"，但是实际关注的是精英人物，对于普通民众的活动并无多少具体的叙述或讨论。

19 世纪美国最有影响的历史学家乔治·班克罗夫特，接受了处在专业化进程中的欧洲史学的熏陶，其历史写作的规范和方法远比早期的革命史作者成熟，但是在思想取向上却与那些先行者如出一辙，也可以归入"辉格主义"的范畴。他的十卷本《美国史》，有四卷涉及美国革命。这四卷书以时间为经，以事件为纬，详细叙述了美国革命的兴起和进展。在解释美国革命的起因时，他突出强调了革命的必然性："美国革命不是来自于某些碰巧的意向。它是从人民的心灵生长出来的，乃是一种对自由的生动之爱的必然产物……"他虽然偶尔提及革命中的"不和谐"声音，但仍坚称独立战争是殖民地居民万众一心争取自由的事业。他同样强调美国革命的世界历史意义，认为美国革命是为了"人类的利益"，旨在捍卫"全世界的自由"；莱克星顿的行动不是偶然冲动的产物，而是"缓慢成熟的天意和时代的果实"。他关注共和主义实验的重要性，把共和制叫作美国的"天赐之物"。他对美国的未来充满信心，相信美国作为一个年轻的新国家，其愿望不是恢复过去，而是面向"无限的未来"。他还揭示了革命史对于塑造美国传统的经典意义，相信革命时代的"英雄故事"可以教导人们保持"谦逊"和"无私的爱国主义"。[10] 后世的学者用"辉格派"或"浪漫主义"来标

---

[9] Shaffer, *The Politics of History*, pp. 7-29.
[10] George Bancroft, *History of the United States, from the Discovery of the American Continent*, vol. 7-10, Boston: Little, Brown & Company, 1860-1874, vol. 7, pp. 301, 312, 295; vol. 8, p. 474; vol. 9, p. 33; vol. 10, p. 10.

识班克罗夫特的史学,旨在突出他那种高昂的"爱国"热忱,以及对革命成就的衷心颂扬。如果借用海登·怀特的术语,则不妨把班克罗夫特的美国革命史看成是一部"浪漫剧"。[11]

在班克罗夫特之后,关于美国革命的著作时有行世,其内容各有侧重,风格各具特点,只是在声望和影响方面不及前面提到的几本书。美国历史学家伯纳德·贝林谈到,革命一代人对于美国革命的解释是一种"英雄史观",他们写出的革命史是一种高度个人化和高度道德化的历史,是一部好人和坏人斗争的历史;而"辉格派解释"则与此不同,它强调结果的必然性和人类阻挡命定潮流的脆弱性。[12] 这种说法固然有其道理,但似乎淡化了班克罗夫特与拉姆齐、沃伦等人在思想观念上的一致性。实际上,带有"辉格主义"色彩的革命史写作,都对美国革命的内涵和意义做了类似的界定:英国在殖民地推行旨在剥夺英裔居民自由的暴政,引起了"美利坚人"(殖民地英裔居民的另一个称谓)的一致反对;他们在"建国之父"的带领下,团结起来,英勇反抗,终于摆脱了英国的统治,创建了一个新的共和制国家;美国革命代表了历史的方向,维护和伸张了人的自由与权利,开辟了人类历史的新时代,从此世界历史进入了自由反对暴政、共和制对抗君主制的时代。这就是说,美国革命主要是一场由英裔白人男性发动和进行的政治革命。

然则进入20世纪以后,"辉格主义"的美国革命史观却不断受到批判,最终基本上被抛弃掉了。从一定意义上说,美国20世纪的美国革命史研究,就是"辉格主义范式"受到批判、颠覆以致最终被"新美国革命史学"取代的过程。

对"辉格主义范式"的首次严重冲击,来自进步主义史学。工业化进程中社会结构的深刻变化,激烈的社会分化和对抗,以及各种理论和思潮的激荡,都对美国历史学家考察过去的视角和眼光产生了影响。他们开始关注美国历史中的冲突,留意普通民众的处境和所扮演的角色。进步主义史家从基于不同经济利益而产生的群体斗争着眼,发现以乡村居民为主体的民众与少数贵族精英及商业人士之间,围绕革命运动的领导权、革命的目标以及革命的结局等问题,展开了起伏不定的较量。在革命运动初兴时,民众力量和激进派取得了主动权,推动了革命运动的高涨;可是到1780年代,保守派和商业利益集团重新得势,并按照自己的意图制定了新宪法。直到托马斯·杰斐逊当选总统,占多数的农业

---

[11] 海登·怀特:《元史学:十九世纪欧洲的历史想象》,陈新译,译林出版社,2004年,第10、12页。
[12] Bernard Bailyn, *The Origins of American Politics*, New York: Alfred A. Knopf, 1968, pp. 4-5.

利益集团才最终取得胜利。这种说法冲击了美国革命是殖民地"万众一心"争取独立和自由的神话,也把观察革命的视角从殖民地与英国的关系转向了美国社会内部。同时,进步主义史家质疑"建国之父"的英雄神话,指出他们的立场偏向和私利欲望,特别是查尔斯·比尔德的著作,把"半人半神"的制宪者,说成是一些为了经济利益而讨价还价的凡夫俗子。进步主义史家还突破了"辉格主义"史学把美国革命单纯看成政治事变的观念,强调它作为一场政治、社会、经济和思想的全面变革的重大意义。J. 富兰克林·詹姆森提出了"作为社会运动的美国革命"的命题,对于重新审视美国革命的内涵,对于讨论革命在后来美国社会发展中的意义,都开辟了新的门径。[13]

及至二十世纪三四十年代,进步主义史学关于美国革命的解释路径,在美国史学界产生了支配性的影响,埃瓦茨·格林、柯蒂斯·内特尔斯和默尔·柯蒂等学者在论及美国革命史时,都采用了进步主义史学的话语方式。[14] 同时,梅里尔·詹森不仅继承了进步主义史学的基本观点,而且做出了重大的推进,通过更为扎实和深入的研究,提出了"内部革命"的假说。他提出,美国革命绝不仅仅是殖民地和英国之间的战争,而且是享有政治特权和没有政治特权的人们之间的斗争。从殖民地时期开始,少数政治寡头控制着权力,忽视民众要求,镇压民众反抗;而普通乡村居民和城镇无产者,对种植园主和商人的寡头统治进行了反抗。革命发生后,激进派首次有效地联合起来,一度占据了优势。可是在赢得独立以后,保守派就竭尽所能地消除"战争带来的政治和经济民主"。他们要求建立一个有利于商人阶级、可以控制西部土地的"全国性"政府,以防范和抵御"内部革命"。激进派则拥护《邦联条例》所创立的"联邦"政府,反对保守派制定的新宪法。因此,美国革命主要是一场"人民大众"反对"地方贵族"

---

[13] 进步主义史学中涉及美国革命的著作主要有:Carl L. Becker, *The History of Political Parties in the Province of New York, 1760-1776*, Madison, Wis., 1909; Charles A. Beard, *An Economic Interpretation of the Constitution of the United States*, New York: The Macmillan Company, 1913; J. Franklin Jameson, *The American Revolution Considered as a Social Movement*, Princeton: Princeton University Press, 1926; 等等。关于进步主义史家对美国革命的研究的评论,参见 Alfred F. Young, "American Historians Confront 'The Transforming Hand of Revolution'", in Ronald Hoffman and Peter J. Albert, eds., *The Transforming Hand of Revolution: Reconsidering the American Revolution as a Social Movement*, Charlottesville: The University Press of Virginia, 1995, pp. 373-374; Gordon S. Wood, *The Idea of America: Reflections on the Birth of the United States*, New York: The Penguin Press, 2011, pp. 6-7.

[14] Young, "American Historians Confront 'The Transforming Hand of Revolution'", in Hoffman, et al., eds., *The Transforming Hand of Revolution*, pp. 377-378.

的"内部革命"。[15] 詹森后来对自己的观点做了调整和修正,但并未放弃"内部革命"的说法。[16] 再者,他的解释不仅具有更加坚实的学理基础,而且通过他培养的一大批新一代学者而得以发扬光大。

可是到了1950年代,美国史学界涌起一股清算进步主义史学的潮流,"共识"取代"冲突",成为解释美国历史的主题词。在美国革命史的写作中,"共识"理念表现为对革命保守性的强调,认为革命并非旨在改造社会,而只是维护已经存在的东西,因为殖民地居民早已是"生而自由和平等的人民"。用丹尼尔·布尔斯廷的话说,美国革命根本就不是现代欧洲意义上的革命,而只是一次比较保守的"殖民地造反"。[17] 显然,当布尔斯廷对美国革命做这样的界定时,并没有考虑下层民众、妇女、黑人和印第安人在革命时期的经历,而仅仅把革命视为英裔白人男性的事情。"辉格主义"史家虽然也把革命看成英裔白人男性的事情,把革命等同于摆脱英国统治,但是强调其反对暴政、争取自由和实行共和制的创新性,也就说,他们把美国革命视为一场真正的革命。然而,在"共识"史家的笔下,美国革命不过是一个冒用革命之名的保守事件。[18]

不过,"共识"学派还没有来得及全面改写美国革命史,就成了强弩之末。随之兴起的"新左派"史学,在思想上受到各种激进思潮的滋养和激励,在学术上则与"新史学"桴鼓相应,由此启动了对"辉格主义"的新一轮冲击,并在新的基础上重塑了美国革命的激进形象。在研究美国革命的"新左派"史家中,斯托顿·林德和杰西·莱米什充当了急先锋。他们不仅注重革命中各种势力的冲突,而且把眼光聚焦在普通民众身上,林德重点研究佃农和技工,莱米什则关注海员。[19] 到20世纪末21世纪初,由"新左派"和"新史学"联手开创的研究美国革命的新路径,经过多次校正和调整,吸引了越来越多的激进史家。这种新路径可以说是对进步主义史学理念的传承,以这一派学者中的主将加里·纳什为例来说,他对进步主义

---

[15] Merrill Jensen, *The Articles of Confederation: An Interpretation of the Social-Constitutional History of the American Revolution 1774-1781*, Madison, Wisconsin: The University of Wisconsin Press, 1966 (1st ed. 1940), pp. 6-14.

[16] Young, "American Historians Confront 'The Transforming Hand of Revolution'", in Hoffman, et al., eds., *The Transforming Hand of Revolution*, pp. 380-383.

[17] Daniel Boorstin, *The Genius of American Politics*, Chicago: The University of Chicago Press, 1953, pp. 68, 70.

[18] Robert E. Brown, *Middle-Class Democracy and the Revolution in Massachusetts, 1691-1780*, Ithaca: Cornell University Press, 1955.

[19] Young, "American Historians Confront 'The Transforming Hand of Revolution'", in Hoffman, et al., eds., *The Transforming Hand of Revolution*, p. 427.

史学怀有敬意,对梅里尔·詹森更是赞许有加,宣称读过他的主要著作。[20] 不过,到纳什着手写作他的美国革命史时,受到挑战的已不仅仅是"辉格主义"的美国革命史范式,而是整个忽视普通民众和边缘群体、片面关注白人男性和建国精英的美国革命史写作传统。

一般说来,早期的史家通常尽量掩饰自己的意识形态立场,或者极力把特定的意识形态打扮为普遍主义主张。进步主义史家出于对社会现实的强烈关注,开始倡导以今视昔的"现时主义",并用历史哲学意义上的相对主义来为这种做法正名。[21] 到了20世纪五六十年代,社会政治高度"极化",几乎每个历史学者都主动或被迫选取某种政治立场,于是,意识形态就成为历史学者争夺话语权的一种有力武器。同时,对兰克式的客观主义史学理念的普遍蔑视,也导致年轻一代史家毫不隐讳自己的政治和思想立场。他们把个人或团体的政治偏好带进历史研究中,从题材到解释,从材料到观点,都有某种意识形态的线索可寻。在这时的美国革命史写作中,"辉格主义"的意识形态虽然没有销声匿迹,但早已改头换面或藏头露尾,而平民主义、多元文化主义和女性主义的声势愈来愈大。这三股思潮交织在一起而形成一股合力,推动了对美国革命的重新界定,使之从以"建国之父"为主角的革命,变成了以普通民众和边缘群体为主角的革命。由此形成的美国革命史写作范式,不妨称作"新美国革命史学"。

二、普通民众的革命

根据一般的说法,诞生于革命中的美国是一个现代民主国家。现代民主的基本含义,就是普通民众通过常规的合法途径,积极进入政治领域,选择政府官员,并对政府及其决策施加影响。然而,实际掌握政府权力的精英,往往对民众的政治理性和能力表示怀疑,对他们的积极行动疑虑重重,想方设法阻挠或限制他们在政治领域发挥作用。于是,民众和精英的关系,就成为美国民主的一

---

[20] Gary B. Nash, *Race and Revolution*, The Merrill Jensen Lectures in Constitutional Studies, Madison, Wis.: Madison House, 1990, p. x.

[21] Carl Becker, "Everyman His Own Historian", *The American Historical Review*, Vol. 37, No. 2 (January 1932), pp. 221-236; Charles A. Beard, "Written History as an Act of Faith", *The American Historical Review*, Vol. 39, No. 2 (January 1934), pp. 219-231.

个核心问题。从意识形态的角度说,精英主义和平民主义两种倾向之间的冲突,在美国社会以不同的形式表现出来,而且折射在美国史学中。具体到美国革命史的写作,历来有三个问题颇受关注:美国革命是为谁的革命?谁是革命的主力?它在什么意义上是一场"民主革命"?一些带有平民主义倾向的学者,对这三个问题做出了这样的回答:美国革命是真正的"人民的革命",是"人民"为了"人民"自己的革命;普通民众乃是革命的主角,他们的革命主动性推动和塑造了革命的历程;只有充分肯定民众在革命中的诉求和活动,才能把美国革命界定为一场"民主革命"。

在这些"平民主义"史家看来,美国革命史从来就是一个民众和精英较量的战场,双方为争夺美国革命的历史记忆而进行着激烈的斗争。不过,在很长时期里,精英凭借其权势和话语优势,在一定程度上控制了表述美国革命的权力。历史学家阿尔弗雷德·扬认为,从革命后期开始,掌权的精英群体就力图抹去革命的激进性和底层色彩,把它"驯化"为一场温和的精英革命。而且,此后精英一直没有停止这种努力。[22] 历史学家 T. H. 布林也说,美国革命史长期只讲少数几个名人,而多数美国人都不知道"人民的故事";可是,"要是没有人民,就不会有革命,也不会有独立的国家"。[23] 因此,民众乃是革命的天然主角。不过,扬也意识到,是否讲述"人民"的革命史,与历史学家自身有莫大的关系,因为"一个普通人如何在历史中赢得一席之地?这与保存过去的人的政治价值有莫大的关系";虽然民众乃是革命的主角,可是,"直到最近,职业历史学家才向普通人民打开了大门"。[24]

其实,扬说到的最后一点并不完全准确。美国革命史学的大门,在进步主义时代就向民众打开了一条小缝,后来的"老左派"历史学家,则把这扇门开得更大。这些学者虽然没有从根本上挑战盛行的美国革命史写作传统,但注重发掘与民众有关的历史资料,强调他们对革命的贡献。左派史家赫伯特·阿普特克曾立志用马克思主义的观点撰写一部"美国人民史",于 1960 年推出了其中第 2 卷,即《美国革命》。这本书挑战了"共识"史学的革命史观和以往关于美国革命的各种解释,强调革命的经济根源,关注革命中的阶级斗争,并重视底层劳

---

[22] Alfred F. Young, *The Shoemaker and the Tea Party: Memory and the American Revolution*, Boston: Beacon Press, 1999, pp. 108-113, 186-187.

[23] T. H. Breen, *American Insurgents, American Patriots: The revolution of the People*, New York: Hill and Wang, 2010, pp. 3, 10.

[24] Young, *The Shoemaker and the Tea Party*, pp. vii-viii.

动者、印第安人和妇女的经历,尤其是强调黑人在革命中的作用。[25] 不过,这本书受到了评论者的冷遇和讥讽,被轻蔑地称作对美国历史的"马克思式的考察",缺乏新意,存在时代倒错、误用概念和分析薄弱的毛病,其观点缺乏充足的证据支持。[26] 诚然,阿普特克的著作在学术深度、资料运用和理论的有效性方面确有欠缺,但是它触及了后来美国革命史学所关注的一些核心问题,特别是妇女、黑人、底层民众和印第安人在革命时期的经历。另一位"老左派"史家菲利普·方纳,虽然不以研究美国革命史见长,但他对忽视劳工作用的美国革命史深感不满,借助于"从下向上看美国革命"的视角,综合以往的研究,对劳工在革命中的活动做了梳理和定位。他也提到了黑人和妇女的作用。他强调,虽然革命并没有给所有劳工带来同样的好处,甚至在某些方面恶化了他们的处境,但革命激发了他们的"阶级意识",增强了他们"表达不满"的能力,使他们在此后的劳工运动中受益于革命时期的经验。[27] 然则方纳的研究也没有获得好评。有评论者认为,他的结论并无争议,但其材料和故事却缺乏新意;而且过于强调劳工在政治上的独立性,而忽略了他们在文化上和行动上与其他阶层的同一性。[28] 不过,如果考虑到后来美国革命史学的思想取向就不难发现,方纳这本书的特色恰恰在于,他没有把劳工作为上层阶级的传声筒和追随者来看待,这与"平民主义"史家的解释路径在思想上是高度一致的。

然则从学术的角度看,虽然进步主义史家和"老左派"史家注意到了民众在革命中的地位,但是关于民众中的具体群体在革命中的具体作用,以及革命对民众的具体影响,他们并没有进行深入细致的研究。在 20 世纪五六十年代,这一工作得到了新一代历史学者的大力推进。[29] 一般认为,美国学者对革命时期民众行动的研究,或者说从民众行动的角度来解释革命的起源和特征,受到了

---

[25] Herbert Aptheker, *The American Revolution, 1763-1783*, New York: International Publishers, 1960.

[26] Thad W. Tate, Review of *The American Revolution, 1763-1783* by Herbert Aptheker, *The William and Mary Quarterly*, Third Series, Vol. 18, No. 3 (Jul., 1961), pp. 445-446.

[27] Philip S. Foner, *Labor and the American Revolution*, Westport, Conn.: Greenwood Press, 1976, see especially pp. x, 33, 35, 36-39, 108, 201-202.

[28] Pauline Maier, Review of *Labor and the American Revolution* by Philip S. Foner, *The William and Mary Quarterly*, Third Series, Vol. 35, No. 2 (Apr., 1978), pp. 411-413.

[29] Bernard Friedman, Review of *Artisans for Independence: Philadelphia Mechanics and the American Revolution* by Charles S. Olton, *The Journal of American History*, Vol. 63, No. 2 (Sep., 1976), pp. 392-393.

埃里克·霍布斯鲍姆和乔治·鲁德的影响。[30] 这两位史家力图扭转以往蔑视或贬抑重大历史事变中的民众行动的倾向,强调民众暴力并非宣泄无理性的愤怒冲动,肯定民众行动对于社会变动的积极作用。实际上,在霍布斯鲍姆和鲁德写作他们的划时代著作以前,一些美国的年轻学者即已着手研究普通民众在革命中的作用。1962年,林德在哥伦比亚大学完成了博士论文《革命与普通人:1777—1788年间纽约政治中的佃农和技工》;同年,莱米什在耶鲁大学写出了博士论文《海员对约翰牛:纽约海员对促成革命的作用》。[31] 显然,他们的研究工作必定开始于此前数年,与鲁德和霍布斯鲍姆的研究大致是同步的。不过,只有在后两位欧洲学者的著作问世后,美国学者从中受到了更大的刺激和启发,对于民众的研究才得以全面铺开,逐步深入。[32]

把眼光从建国精英转向普通民众,并不仅仅是一种研究视角的转换,而实际上是意在重写美国革命史。在这方面,莱米什不仅身体力行,而且还把美国革命史研究的新路径概括为"从下向上看美国革命"。[33] 他提出这样的主张,一方面呼应了"新史学"的研究取向,另一方面也对后来的研究者产生了重大的影响。有评论者指出,纳什和其他许多学者可能都受到了莱米什论文的启发,只是他们没有明确承认这一点;而且,由于莱米什的博士论文未能及时出版,后来人的研究在很大程度上重复了他的工作,得出的结论也大同小异。[34] 经过一段时间的积累,种种新的尝试所造成的变化,逐渐在美国革命史学中显露出来。历史学家理查德·莫里斯在1977年观察到,美国革命史研究已经从精英转向了

---

[30] Eric Hobsbawm, *Primitive Rebels: Studies in Archaic Forms of Social Movement in the 19th and 20th Centuries*, Manchester: University Press, 1963; George Rude, *The Crowd in the French Revolution*, New York: Oxford University Press, 1959; George Rude, *The Crowd in History: A Study of Popular Disturbances in France and England, 1730-1848*, New York: John Wiley and Sons, 1965.

[31] 有书评作者认为,虽然在莱米什写作其博士论文期间,E. P. 汤普森、霍布斯鲍姆和鲁德等人的研究或在进行中,或已成书出版,但他不一定受到了这些人的影响,而很可能是独立地提出了自己的见解。Daniel Vickers, Review of *Jack Tar vs. John Bull* by Jesse Lemisch, *The William and Mary Quarterly*, Third Series, Vol. 55, No. 3 (July, 1998), p. 462.

[32] 到了1970年代,研究群众直接行动的学者大多受到鲁德、霍布斯鲍姆和汤普森等人的影响。See Dirk Hoerder, *Crowd Action in Revolutionary Massachusetts, 1765-1780*, New York: Academic Press, 1977, p. 3. 爱德华·康特里曼在一本书中也承认,他受到了 E. P. 汤普森、阿尔贝·索布尔、鲁德、克里斯托弗·希尔和霍布斯鲍姆的影响,还从马克思和列宁关于革命的理论中获得了启发。See Edward Countryman, *A People in Revolution: The American Revolution and the Political Society in New York, 1760-1790*, Baltimore: Johns Hopkins University Press, 1981, pp. xiii, xiv.

[33] Jesse Lemisch, "The American Revolution Seen from the Bottom Up", in Barton J. Bernstein, ed., *Towards a New Past: Dissenting Essays in American History*, New York: Vintage Books, 1969, pp. 3-45.

[34] Vickers, Review of *Jack Tar vs. John Bull*, *The William and Mary Quarterly*, p. 462.

普通民众。[35] 这是对美国革命史研究总体趋向的一个判断,大体上是准确的。由此形成了一种新美国革命史,一种以普通民众为主角而重构的美国革命史。

那么,这种以普通民众为中心的新美国革命史,到底具有一些什么特点呢?最突出的一点可以说是问题意识的转变。据扬的自述,他在 1960 年代开始研究革命时期波士顿的普通民众时,感兴趣的主要问题是:"普通人民"在革命的兴起过程中扮演了什么角色?他们除了与革命领导者持有同样的观念外是否还有自己的想法?他们在何种程度上影响了革命的进程,又在何种程度上受到了革命的影响?[36] 扬提到的这几个问题,正是所有关注普通民众的美国革命史家所共同关心的,只是各家的侧重点不一样而已。这些史家提出和思考这样的问题,其潜在的意图在于发掘新的史实,以便做出正面的回答。如果这种正面回答在学理上能够成立,那就意味着美国革命史的面貌会从根本上得到改变。可以说,20 世纪六七十年代以来以"平民主义"为思想取向的美国革命史研究,都在力图回答这些问题。而要回答这些问题,单纯从政治史着手是无法做到的,必须采用新社会史的视角和方法。

为了解答上面提到的问题,新一代美国革命史家首先要给民众及其行动正名。在以往的美国史论著中,当提及露天聚集并采取行动的民众时,大多用"乌合之众"(mob,或译"乱民")这种带有贬义的称呼;民众攻击官员、冲击政府机构的活动,则被叫作"乌合之众的暴力活动"(mob violence)。但是,同情普通民众的史家对这类词汇深为反感。菲利普·方纳在叙述独立运动中的民众活动时,明确反对"mob"的提法,而主张用"crowd"(群众)。[37] 长期在美国从事研究的德国学者迪尔克·霍尔德尔,也对这个问题做了具体的讨论。[38] 他受霍布斯鲍姆和鲁德的启发,觉得用"mob"来描述历史上的民众是不妥当的,而应当用"crowd"这种中性词。他认为,民众并不是非理性的乌合之众,而是具有自己的思想意识和斗争目标的群体。历史学家长期过度关注精英人物的政治哲学,而不去考虑普通人的政治理念,误以为他们只是"无力言表"的人;其实他们是有

---

[35] Richard B. Morris, "'We the People of the United States': The Bicentennial of a People's Revolution", *The American Historical Review*, Vol. 82, No. 1 (Feb., 1977), pp. 1-19.

[36] Young, *The Shoemaker and the Tea Party*, p. x.

[37] Foner, *Labor and the American Revolution*, p. 33.

[38] Dirk Hoerder, *Crowd Action in Revolutionary Massachusetts, 1765-1780*, New York: Academic Press, 1977. 此书的前身是霍尔德尔 1971 年在柏林自由大学完成的博士论文"People and Mobs: Crowd Action in Massachusetts During the American Revolution, 1765-1780"。由于他的研究主要是在美国完成的,自称得到了贝林和扬的帮助,其书又在美国出版,故可当作美国的革命史学对待。

自己的政治观念的,在具体的行动中,他们具有自己的意识形态支点,其行动和思想相互配合,以有利于实现自身的利益诉求。[39] 此后,"群众"基本上取代"乱民",成为历史表述中涉及积极行动的民众时的常用词。[40] 另外,1786 年马萨诸塞的民众造反,以往习惯称作"谢斯叛乱";而在新美国革命史著述中,被重新命名为"1786 年自订约章运动"(the Regulation of 1786)。同样,1794 年宾夕法尼亚西部的民众起事,一般史书上叫作"威士忌酒叛乱"。据说,这是亚历山大·汉密尔顿采用的说法,目的是让当时的美国人相信,宾夕法尼亚西部居民的不满与民主的萎缩和政府采取有利于富人的政策无关,而仅仅是对某项具体政策的反应。现在,"平民主义"史家将它改称"1794 年自订约章运动"(the Regulation of 1794)。甚至 1798—1799 年的"弗赖斯叛乱"(Fries Rebellion),也获得了一个类似的新名称:"1798—1799 年自订约章运动"(the Regulation of 1798-99)。[41] 这显然不单是一个改换名称的问题,而含有为民众行动"去污名化"的意识形态意图。

与此同时,为了突出普通民众在革命中的主角地位,新美国革命史家还对革命的时段做了改造。在 1760 年代,英属殖民地发生了若干民众起事,以往的史书通常不把它们同美国革命联系起来;在新宪法生效以后,宾夕法尼亚西部发生了几起民众抗争事件,过去的史书也不把它们纳入革命的范畴。然而,在"平民主义"的美国革命史学中,这些发生在独立战争两头的民众起事,都成了美国革命史的重要内容。这样处理的目的在于凸显普通民众对革命兴起的推动作用,以及他们对革命结果的失望。这样一来,革命的时段就大为加长,上起 18 世纪中期,下迄 19 世纪初叶。[42]

从"平民主义"史观出发,这些史家精心设计了一个新的美国革命史框架,

---

[39] Hoerder, *Crowd Action in Revolutionary Massachusetts*, pp. 1-5, xii, 23, 375-377; L. Kinvin Wroth, Review of *Crowd Action in Revolutionary Massachusetts, 1765-1780* by Dirk Hoerder, *The William and Mary Quarterly*, Third Series, Vol. 37, No. 2 (Apr., 1980), pp. 322-324.

[40] Waynee Lee, *Crowds and Soldiers in Revolutionary North Carolina: The Culture of Violence in Riot and War*, Gainesville: University Press of Florida, 2001.

[41] Alfred F. Young, Gary B. Nash, and Ray Raphaer, eds., *Revolutionary Founders: Rebels, Radicals, and Reformers in the Making of the Nation*, New York: Alfred A. Knopf, 2011, pp. 215-230, 249, 233-250.

[42] Gary B. Nash, *The Urban Crucible: Social Changes, Political Consciousness, and the Origins of the American Revolution*, Cambridge, Mass.: Harvard University Press, 1979; Terry Bouton, *Taming Democracy: "The People", the Founders, and the Troubled Ending of the American Revolution*, New York: Oxford University Press, 2007.

着力强调普通民众在革命中的自主性。对他们来说,必须首先论证普通民众具有独立的想法和诉求,并且根据这些想法和诉求来采取行动,非但没有盲目地追随精英领导人,而且在许多场合还对精英构成压力或制约,这样才能真正树立普通民众在革命中的主角形象。诚然,传统的美国革命史学并未忽视普通民众的革命活动,也不否认他们对革命的贡献;但是在这些革命史著作中,民众只是一个笼统而模糊的整体,他们在革命中的活动和贡献,不过是跟随精英领导人的结果。新美国革命史学对这种写法嗤之以鼻,他们笔下的普通民众呈现出一种完全不同的形象。

这些史家明确指出,民众并不是精英领导人的随从和傀儡,他们参加革命,是出于自己理性的判断。莱米什宣称,民众绝不是没有思想主张的愚氓,革命时期从底层发出的声音表明,"那些没有权势的人拒绝停留在某种恭顺和屈从理论指定给他们的地方";无论是黑人的自由诉求,还是民众的政治自主意识及其独立的政治活动,都与精英的操纵毫无关系,而有其自身独立的理由。莱米什进而强调,要从"多种多样、相互冲突的人民"的角度来考察革命的起源,民众不仅在历次反英事件中扮演了积极角色,而且也是革命战争的主角。[43] 在《海员对约翰牛》一书中[44],莱米什更为具体而鲜明地刻画了民众的革命自主性。他指出,纽约海员之所以反对英国,参加革命,是因为英国的政策和措施使他们的切身利益受到了损害,让他们亲身感受到什么是暴政;他们作为"理性的人",其行为是对一长串真实的不平之事的"理性的反应";他们所要争取的东西也是再清楚不过的,那就是"正义"。[45] 他注意到,以往的史书把民众视为"乌合之众",正是着眼于他们没有理性,不过是受情绪和他人蛊惑的支配而行动;可是实际情况与此截然相反,普通民众拥有强烈的理性和独立性,绝非精英领导人的傀儡;他们起来造反,并不是被人操纵或受人愚弄的结果,而是出于自己对自

---

[43] Lemisch, "The American Revolution Seen from the Bottom Up", in Bernstein, ed., *Toward a New Past*, pp. 16-19, 22-26.

[44] Jesse Lemisch, *Jack Tar vs. John Bull: The Role of New York's Seamen in Precipitating the Revolution*, New York: Garland Publishing Inc., 1997. 这本书是莱米什1962年在耶鲁完成的博士论文,只有一小部分曾公开发表过,但影响甚大,有"地下经典"(underground classic)之称。在美国学术界,一般的博士论文在几十年后很难说还有多大的价值,但是莱米什的博士论文却是一个例外。See Vickers, Review of *Jack Tar vs. John Bull*, *The William and Mary Quarterly*, pp. 461-463.

[45] Lemisch, *Jack Tar vs. John Bull*, pp. xviii, 154-155; Jesse Lemisch, "Jack Tar in the Streets: Merchant Seamen in the Politics of Revolutionary America", *The William and Mary Quarterly*, Third Series, Vol. 25, No. 3 (Jul., 1968), p. 397.

由和权利的强烈意识。总之,他们是在有意识地捍卫自己的生命、自由和财产。[46]

进而言之,普通民众非但不是被动地追随精英领导人,而且还在很大程度上充当了革命的发动者和推动者。布林明确指出,殖民地底层民众的自发造反,推动了革命的发生和高涨,实际上先于《独立宣言》而宣告了殖民地的独立。他十分欣赏民众在革命行动中表现的"出色的首创精神",称赞他们非但不是精英的"跟班",而且总是在革命的关键时刻走在精英的前头。早在大陆会议发布《独立宣言》以前,民众就公开鄙弃英国当局的权威,互通声气,相互支援,形成了一个共同抵抗英国的网络;当真正的交战尚未发生时,民众就发出了誓死捍卫自由的呼声。在普通民众率先开始抵抗英国后,精英们还在犹豫观望。即使在共和政体的建设上,民众也走在精英的前头;当精英还在就抽象的理论问题进行辩论时,民众则通过各种委员会的运作,实际上开始了共和制的实验。民众虽然与精英持有同样的权利和自由的观念,但是他们的思想与精英小册子中的理念并不完全一样,也不是来自于这些作品。民众有自己的关注点,并且把抽象的观念转化成了具体的行动。在谋求独立的过程中,1775年4月19日这个日子,比1776年7月4日更为关键。也就是说,在反抗英国和独立建国的运动中,民众始终走在精英的前头。[47] 雷·拉斐尔这位通俗美国革命史的作者也谈到,在莱克星顿之前,马萨诸塞乡村的普通民众就积极行动,让英国的王家官员无法行使权力,也使波士顿的英国权威无法辐射到乡间;与此形成对照的是,面对乡村民众反英运动的高涨,波士顿的精英领导人却表现得谨慎和退缩。这些因推动革命发展而长期备受称颂的"辉格派领导人",一旦民众的行动超出了他们的期望,就不免首鼠两端,畏葸不前。于是,他们实际上失去了对革命的领导,而民众则成了真正的革命先锋。[48]

根据"平民主义"史家的描述,在革命的各个阶段,普通民众的革命主动性有不同的表现和作用。纳什对民众在革命各个阶段的活动做了通盘考察,声称民众从来就没有待在精英的影子下,而始终保持着独立和主动的姿态。早在独立战争爆发前的政治辩论中,民众就不仅仅是精英声音的聆听者,而具有相当的政治知识和政治自觉,以积极主动的姿态参与了辩论。对于洛克等人的理

---

[46] Lemisch, "Jack Tar in the Streets," *The William and Mary Quarterly*, pp. 401, 407.

[47] Breen, *American Insurgents, American Patriots*, pp. 17, 52, 124, 152, 164, 174, 185, 241, 242, 274, 299, 300.

[48] Young, Nash, and Raphael, eds., *The Revolutionary Founders*, pp. 50-51.

论,普通人也能灵活运用,以服务于自己的利益诉求。在战争爆发后,革命领导人为是否宣布独立而陷于僵局,正是民众的积极推动和施加压力,才促成了独立决定的宣布。在宾夕法尼亚、佛蒙特等州的制宪运动中,民众也是主要的推动力量。此外,在革命的各个层面,民众与精英的分歧和斗争都表现得相当充分。[49]

在强调普通民众的革命主动性的同时,"平民主义"史家怀疑甚至否认精英人物的领导作用。他们声称,在宣布独立、开放政治领域、承认平等原则等许多问题上,精英领导人往往瞻前顾后,举棋不定,只是在来自下层民众和边缘群体的强大压力下,才勉强采取了一些行动。历史学家爱德华·康特里曼运用"政治社会"(political society)作为"核心的组织性概念",来研究纽约革命中的民众、委员会和激进观念。他提出,民众起事是革命前纽约生活的一部分,那些"有权威的、富裕的和有权势的人",对不同的民众起事的态度并不一样;而且,起事者的目标和意图不同,他们后来的政治走向也有明显的分化,有的成了爱国者,有的则成了效忠派。但是,群众的行动对于推动辉格派领导人做出独立的决定,对于纽约政治社会的转变,却发挥了强有力的作用。[50] 历史学家伍迪·霍尔顿通过对弗吉尼亚革命的研究发现,这里的精英人物并非像以往的历史著作所述,是一些充满信心、带领各种下层民众一起促使弗吉尼亚脱离英国控制的革命领袖;而印第安人、债务人、小商人、奴隶和小财产持有者等下层民众也不是精英人物的傀儡,他们具有自主的政治意识和独立的利益诉求,正是他们给精英施加了强大的压力,并用自己争取自由和权利的斗争来推动绅士群体的反英活动,促使后者走向了与英国对立的阵营。从这个意义上说,以往所说的"建国者",实际上不过是"被迫的建国者"。[51]

在这种民众主动而精英被动、民众激进而精英保守的格局中,两者之间的对立和冲突就是题中应有之义了,过去关于殖民地居民同心同德争取独立和自由的"辉格主义"史学神话,便不攻自破。举例来说,在以往的史书中,反《印花税法》斗争一直被看成是殖民地居民齐心协力反对英国的运动,而新美国革命史学则从殖民地社会内部着眼,把它解释为"普通人"反对本地权贵集团的斗

---

[49] Gary B. Nash, *The Unknown American Revolution: The Unruly Birth of Democracy and the Struggle to Create America*, New York: Viking, 2005, pp. 96, 112-113, 189-199, 264-305.
[50] Countryman, *A People in Revolution*, pp. 36-37.
[51] Woody Holton, *Forced Founders: Indians, Debtors, Slaves, and the Making of the American Revolution in Virginia*, Chapel Hill: The University of North Carolina Press, 1999, pp. xiii-xxi.

争。而且,普通民众在斗争中有着很强的主动性,并不是因为有反《印花税法》大会的指引才行动的;"自由之子"只是中等阶级的组织,并未控制在街头行动的民众。虽然无论是支持英国的官员,还是反英运动的上层领导人,都极力贬低普通民众的斗争主动性,但在这次运动中,在街头行动的普通民众让那些"社会优越分子"感到"震惊、沮丧和恐惧"。[52] 这就是说,精英和民众的对立,早在反英运动的初始阶段就显露出来了。随着革命的进展,精英不仅对民众的诉求表示冷漠,而且对民众的积极行动心怀恐惧,并极力加以控制、驯化和打压。[53] 弗吉尼亚的情况便是如此。那里的精英致力于赢得对英国的战争,却不希望因此而改变当时的等级结构秩序。民众无论愿意还是不愿参与对英国作战,都有自己的理由。他们是为争取自己的利益而战,也希望自己的牺牲得到应有的补偿。也就是说,他们不愿按照精英提出的条件参战,而且对于如何组织社会有着不同于精英的想法。正是这种对战争目标和意义的不同理解,在弗吉尼亚白人社会引发了严重的分歧和冲突。另外,黑人争取自由的活动也对革命动员产生了重要影响,使得白人中的奴隶主和非奴隶主之间出现分歧。于是,革命期间的弗吉尼亚形成了下层、中层、精英、奴隶等众多群体之间相互斗争的复杂局面,使独立战争变成了一场真正的革命战争。[54] 对弗吉尼亚革命形势的这样一种描述,进一步凸显了民众与精英的对立和冲突,也进一步颠覆了殖民地居民万众一心追求独立的神话。总之,美国革命乃是一场众多社会群体表达和争取相互冲突的目标的革命,其内涵变得十分复杂。在革命结束时,精英取得了对民众的胜利,而民众又不肯被动接受精英对社会格局的安排,于是通过各式各样的言说和反抗,继续表达自身的诉求,从而对新宪法的制定发挥作用,并影响了革命的结局。[55]

不过,在书写普通民众的革命经历时,"平民主义"史家难以回避这样一些问题:到底谁是普通民众? 如何将他们与精英区分开来? 能否把"人民"看成一

---

[52] Nash, *The Unknown American Revolution*, p. 46-47, 55.
[53] Nash, *The Unknown American Revolution*, p. 100; Breen, *American Insurgents, American Patriots*, pp. 43-44.
[54] Michael A. McDonnell, *The Politics of War: Race, Class, & Conflict in Revolutionary Virginia*, Chapel Hill: The University of North Carolina Press, 2007, pp. 1-15.
[55] Alan Taylor, *Liberty Men and Great Proprietors: The Revolutionary Settlement on the Maine Frontier, 1760-1820*, Chapel Hill: The University of North Carolina Press, 1990; Bouton, *Taming Democracy*; Woody Holton, *Unruly Americans and the Origins of the Constitution*, New York: Hill and Wang, 2007.

个同质的整体？雷·拉斐尔在他的书中开宗明义地指出："真实的人民，而不是纸上的英雄，造成和延续了美国革命。"可是，他很快就发现，这个"人民"是很难作为整体来看待的，其实际成分复杂多样，利益诉求也相互冲突。[56] 一项关于革命期间费城工匠活动的研究，可以作为拉斐尔看法的佐证。这位学者发现，城市工匠对许多问题的态度与乡村居民并不一样，尤其是在批准新宪法的运动中，前者持积极支持的立场。但是，他们这样做并不是追随联邦者的政治理念，而是在表达自己的政治和经济诉求：希望新宪法实施以后，他们能够获得更大的政治权力和更多的经济利益，盼望新宪法能给城市带来经济繁荣。相反，乡村居民对新宪法大多持怀疑和反对的立场。[57] 由于"人民"在构成和诉求方面的复杂性，也由于资料稀少而分散，"平民主义"的美国革命史叙事通常只能涉及一个地区或某些群体，由此得出的历史画面，难免显得零碎和模糊。

三、边缘群体的革命

在 20 世纪中期以前的美国革命史写作中，如果说普通民众的身影还不时闪现的话，那么妇女、黑人和印第安人等边缘群体的踪迹可谓更加模糊和渺茫。经过黑人、妇女和青年学生等众多群体的激烈抗争，美国的社会风气发生了显著变化，多元文化主义和女性主义的影响趋于扩大，并逐渐成为介入许多美国人的思考、言说和行动的意识形态。与此同时，"新史学"关于底层和边缘群体的研究范式也不断成熟。所有这些变化都在美国革命史写作中得到体现，以往长期受到忽略的边缘群体，进入了美国革命的重要角色之列；他们争取自由和平等的活动，不管是否同反抗英国、独立建国的目标一致，都被当作"革命"的内涵。与对普通民众革命经历的阐释一样，这些关于边缘群体的研究，不仅充分肯定他（她）们在革命中的作用，关注他（她）们的诉求和活动，而且把他（她）们置于革命史的中心位置，大力强调他（她）们的自主意识以及革命对他（她）们的影响。

相对说来，关于革命时期的黑人及奴隶制问题的研究，近期问世的论著在

---

[56] Ray Raphael, *A People's History of the American Revolution: How Common People Shaped the Fight for Independence*, New York: New Press, 2001, pp. i, 301.

[57] Charles S. Olton, *Artisans for Independence: Philadelphia Mechanics and the American Revolution*, Syracuse: Syracuse University Press, 1975, pp. x, 96, 115-120.

数量上更为可观。这与以往的美国革命史研究状况形成了鲜明的对照。纳什曾对美国学者关于黑人与美国革命的讨论做过简明扼要的评述。他尖锐地批评了 20 世纪中期以前的美国革命史写作,称那些作者"受到辉格史学的束缚",一味关注白人殖民地居民建立共和制的努力,而忽视占人口五分之一的黑人的利益诉求。一般历史教科书也很少提及黑人在美国革命中的经历,即使偶有涉及,也仅限于参加美国一方的黑人,而没有包括逃往英国一方的奴隶;即使零星谈到支持英国的黑人,也并未能充分理解其意义。1940 年,赫伯特·阿普特克推出《美国革命中的黑人》一书,充分揭示了黑人奴隶投奔英军的事实,并把这种举动说成是和参加美国一方具有同样的意义,都是为了"获取自由"。这样就为重新看待黑人与美国革命的关系找到了新的角度。可是,约翰·霍普·富兰克林在 1947 年出版的《从奴役到自由》一书中,当论及革命时期的黑人时又回到了原来的范式。直到 1961 年,本杰明·夸尔斯才彻底扭转了这种局面。他对黑人奴隶投奔英军的现象做出了全新的解释,这一点构成其著作"最为持久的贡献"。[58]

纳什如此推崇本杰明·夸尔斯的学术贡献,当然是有充分根据的。夸尔斯最富于启发意义的地方,在于提出了一个理解黑人在美国革命中的经历的新思路。他的看法基于这样一个前提:黑人并非忠诚于某个地方或某个群体,而是忠诚于一个原则,即自由;只要能迅速给黑人奴隶提供自由,无论是美国人还是英国人,都值得黑人的积极响应。黑人之奔向弗吉尼亚总督邓莫尔的麾下,跟力争脱离母国的白人居民出于对自由的同一种热爱。黑人没有大规模进入美方阵营,是因为革命领导人迟迟不愿武装黑人。稍后,一些州先后采取了征募黑人参加民兵和军队的措施,事实证明黑人也十分愿意拿起武器,而且很快就接受了"1776 年精神"。参战使一部分黑人获得了自由,同时也激发了美国社会的废奴情绪。然而更多的黑人是通过参加英军而获得自由的。1779 年,英军总司令亨利·克林顿发布公告,赋予所有加入英军的黑人自由。战争结束时,许多黑人随英军一起撤离。同时,革命时期的经历也给黑人指明了一条通向自由的道路。[59]

后来,夸尔斯又发展了他在《美国革命中的黑人》中提出的思想,对黑人在

---

[58] Nash, *Race and Revolution*, p. 4; Gary B. Nash, "Introduction", in Benjamin Quarles, *The Negro in the American Revolution*, Chapel Hill: The University of North Carolina Press, 1996, pp. xiii-xvii.

[59] Quarles, *The Negro in the American Revolution*, pp. xxvii-xxx, 32.

革命中的诉求和活动做了更透彻的解释。他提出,黑人奴隶长期怀有"对自由的渴望",独立战争的爆发则进一步激发了他们对自由的向往。虽然黑人内部也存在地域和身份的差别,但他们追求自由和平等的目标却是共同的。对于白人来说,他们反对英国只是为了维护已经享有的自由和权利,这种意图使得独立战争具有保守性,抑制了其中潜在的革命性;但是对于黑人奴隶来说,独立战争则是一场争取自由和平等的真正的革命,"不自由毋宁死"这样的口号,对黑人奴隶具有更为特殊的含义。也就是说,正是黑人的激进意识和自由诉求,才使独立战争成为一场真正的革命。虽然黑人争取平等的希望没有实现,变成了一个"延迟的梦想",但是革命增强了黑人的自由精神和团结意识,推动了他们争取自由的斗争。[60]

可见,夸尔斯提出的是一个解释美国革命史的新框架。在这一框架中,不仅黑人参与对英作战的贡献得到了充分肯定,而且他们投奔英军的行动也被赋予了新的意义。这一框架挑战了长期通行的美国革命史写作,也意味着思考美国革命的方式发生了根本性的改变:不能用是否站在独立阵营作为判断革命者的标准。此后关于黑人、奴隶制与美国革命的研究,基本上都在这一框架中展开,由此引起了对美国革命的内涵和性质的深刻反思。根据夸尔斯的逻辑,对自由的向往,而不是对独立的支持,成为理解黑人在美国革命期间的诉求和活动的关键。英国当局和英军采取武装黑人、解放奴隶的措施,旨在打击美国的革命力量,原本是一种"反革命"的手段,但是在夸尔斯的框架中却被称作黑人的"革命"。在这一点上纳什说得更明确:"弗吉尼亚许多主要白人革命者"的奴隶,纷纷逃往英军阵营以"寻求自由",因而变成了"黑人革命者"。[61] 这种说法中所包含的矛盾是显而易见的,但在新美国革命史学的思想取向和学术理路中,这种矛盾却获得了貌似自圆其说的解决。

不过,对于研究黑人的美国革命史家来说,仅仅承认黑人在独立战争中扮演了重要角色,还不足以凸显黑人在革命中的经历以及意义。他们极力强调黑人的活动对革命的全局性影响。历史学家西尔维亚·弗雷指出,对"南部的革命斗争"而言,"黑人解放运动"具有中心地位;虽然这场运动最终失败,但是黑人的"革命潜力"却并未消失,他们在独立战争以后的时期开展了争取"文化权

---

[60] Benjamin Quarles, "The Revolutionary War as a Black Declaration of Independence", in Ira Berlin and Ronald Hoffman, eds., *Slavery and Freedom in the Age of the American Revolution*, Charlottesville: The University Press of Virginia, 1983, pp. 283-285, 290-291, 293-294.

[61] Nash, *The Unknown American Revolution*, p. 162.

力"的斗争。他还特别提到,仅仅是黑人奴隶随时准备参加公开反叛这一点,就给南部的革命提供了动力。[62] 在有的学者看来,独立战争期间和共和国初期的少数黑人活动家,可以叫作"革命的黑人建国者"(Revolutionary Black Founders),他们的历史地位可与亚当斯、富兰克林、汉密尔顿、杰斐逊、麦迪逊和华盛顿等"白人建国者"相提并论。这些"黑人建国者"的目标,在于为黑人建立一种"指导其超越奴役生活的基础结构",并发动"一场反对种族不公的道德革命"。[63] 纳什更是提出了"黑人革命"的概念。他写道,在美国革命期间,费城的自由黑人急剧增加,成百的奴隶主释放了自己的奴隶,还有黑人奴隶自行摆脱了原来主人的束缚,同时宾夕法尼亚的革命政府也制定了逐步废奴的法令,因而可以说,"在战争年代所有各种事件的复杂交互作用中,费城黑人发起了他们自己的美国革命,并在这个过程中,为新国家最大、最活跃的自由黑人社会奠定了基础"。[64]

　　黑人在革命时期所有活动的主旨是争取平等和自由,但革命的结果却使他们遭到了"无情的背叛"。最突出的表现是,奴隶制未被废除,黑人没有获得平等和自由。在美国史学界,关于革命期间奴隶制的存废问题,曾有所谓"失去的机会"之说。持这种看法的历史学家,前有温斯罗普·乔丹,后有纳什。纳什对此做了更加系统的阐发。他相信革命时期存在废除奴隶制的各种有利条件,因为革命时期反奴隶制的情绪高涨,最强烈反对废奴的下南部由于地理位置危险,并不敢出于对废奴的愤怒而轻易脱离联盟;其时"环境主义"思想盛行,许多人觉得奴隶的低下地位是社会条件造成的,而非他们天生如此;西部土地正在开放当中,可以用来补偿解放奴隶的损失,公众也相信西部土地有助于巩固国家和安置被解放的奴隶。然则在这么多有利的条件下,革命者却没有解放奴隶,这无疑是他们的"悲剧性失败"。因此,北部应对未能解放奴隶负重要的责任。[65]

　　此前,历史学家戴维·戴维斯就"失去的机会"说提出了不同的意见。在他看来,这种说法转移了对革命时期废奴原则的内在缺陷的认识,而这种缺陷是

---

[62] Sylvia R. Frey, *Water from the Rock: Black Resistance in a Revolutionary Age*, Princeton, N. J.: Princeton University Press, 1991, pp. 4, 326.

[63] Young, Nash, and Raphael, eds., *The Revolutionary Founders*, pp. 305-306.

[64] Gary B. Nash, *Forging Freedom: The Formation of Philadelphia's Black Community, 1720-1840*, Cambridge, Mass.: Harvard University Press, 1988, p. 38.

[65] Nash, *Race and Revolution*, pp. 3-7, 57-58.

不可能通过立法者做了什么或没有做什么来弥补的。如果黑人不作为一种重要的军事力量参与革命,革命就不可能开辟全面解放奴隶的道路。他进而提出,历史学家往往低估了革命期间奴隶制的经济势能,也过高地估计了上南部废奴情绪的力量,而没有看到即便在北方废奴也面临巨大的阻力。[66] 在纳什之后,道格拉斯·埃杰顿也不赞成"失去的机会"说。他认为,虽然革命激发的共和主义意识和战争中出现的混乱都削弱了奴隶制,北部诸州也逐渐废除了奴隶制,但是没有任何地区承认黑人是公民,或者允许他们投票;而且,"白人爱国者"在获得独立以后,在整体上从《独立宣言》的原则后退,借助"压榨"黑人奴隶来重建其受到战争破坏的经济。于是,黑人在革命期间激发出来的自由理想,最终归于破灭。所以不能说,革命精英的"平等理念"为奴隶制的最终废除奠定了基础。由于建国一代未能实践革命的原则,不仅使那些争取自由的黑人付出了生命的代价,而且也让约60万年轻的美国人在内战中丧生。[67] 也正是由于上述情况,才出现历史学家艾拉·伯林所说的一个悖论:美国革命一方面"标志着自由的新生",另一方面又"启动了奴隶制的大扩张"。[68]

在美国革命史学中,印第安人的经历长期受到忽视,其程度远甚于黑人。他们通常被视为英国的同盟者或革命的受害者,而从未进入革命的参加者之列。但是,在新近的美国革命史写作中,印第安人的活动也变成了革命的组成部分。如果说殖民地居民的革命是争取独立和捍卫自由,那么印第安人的革命则是维护部落的主权和独立,两者的意义是无分轩轾的。

美国学者对革命时期印第安人的研究历来十分薄弱,虽然偶有著作问世,但是未足以改变这个领域的贫瘠状况。[69] 在这方面具有转折意义的著作,是由在美国工作的英国学者科林·卡洛威写出的。卡洛威发现美国史学界存在一个有趣的现象,研究美国革命的学者对印第安人没有特别的兴趣,而研究印第安人的学者又不太重视美国革命,以致印第安人在革命中的经历一直很少有人问津。美国革命长期被看成是"白人的战争",印第安人在其中扮演的角色不受

---

[66] David Brion Davis, *The Problem of Slavery in the Age of Revolution, 1770-1823*, Ithaca: Cornell University Press, 1975, p. 256.

[67] Douglas R. Egerton, *Death or Liberty: African Americans and Revolutionary America*, New York: Oxford University Press, 2009, pp. 13-14, 281.

[68] Berlin and Hoffman, eds., *Slavery and Freedom in the Age of the American Revolution*, p. xv.

[69] Barbara Graymont, *The Iroquois in the American Revolution*, Syracuse: Syracuse University Press, 1972; James H. O'Donnell III, *The Southern Indians in the American Revolution*, Knoxville: The University of Tennessee Press, 1973.

重视,革命对印第安人的意义也没有得到阐释。按照正统的说法,多数印第安人在美国革命中站错了队,成了"暴政的盟友"和"自由的敌人"。卡洛威明确反对这种说法,并提出了一个解释印第安人在革命中的经历的新思路。他指出,革命时期印第安人无论站在哪一方,他们所做的事情与殖民地居民是完全一样的,都是"在一个骚动的年代为自己的自由而战斗"。他明确提出,对印第安人来说,革命也是一场"争取解放的反殖民战争",只不过印第安人的独立战争针对的主要不是欧洲国家,而是"殖民地的邻居";它始于 1775 年之前,在 1783 年以后也没有结束。更重要的是,对印第安人来说,"自由"往往意味着与英国人站在一起反对革命者,因为后者的独立必定危害印第安人的土地和文化。[70] 不难看出,卡洛威的解释逻辑,与夸尔斯看待黑人与革命的关系的思路如出一辙,甚至可以说是将"夸尔斯模式"应用于印第安人的结果。

卡洛威重点考察了印第安人在 18 世纪七八十年代的经历,并把这种经历与美国革命联系起来。他认为,美国革命对所有印第安人都是一场灾难;在革命后出现的新国家中,并没有"印第安人及其世界"存在的空间;印第安人参加革命的结果,不过是使他们被排斥在革命所创造的新世界之外。[71] 有评论者指出,卡洛威未能很好地把握平衡,片面地关注美国人给印第安人造成的灾难,而很少提及印第安人对美国人的袭扰,其结果是用一个白人屠杀和掠夺印第安人的"野蛮故事",取代了过去常说的印第安人袭击白人的"野蛮故事"。[72]

除卡洛威外,另有一些学者在这个领域也有所建树。马克斯·明茨详细描述了革命时期大陆军对易洛魁人的军事打击,以及战后对其土地的剥夺,揭示了美国革命给印第安人造成的灾难性后果。[73] 阿伦·泰勒讨论了革命期间英国人、美国人和印第安人在北部边界地带的竞争和互动,认为如果考虑到印第安在英美之间的周旋,以及他们提出的印第安人联盟的设想,那么就不能把美国的胜利看作是不可避免的。他还强调,革命的后果对印第安人是极其不利的,因为边疆居民扩张土地的愿望推动了革命,而革命中建立的新共和国则致

---

[70] Colin G. Calloway, *The American Revolution in Indian Country: Crisis and Diversity in Native American Communities*, Cambridge: Cambridge University Press, 1995, pp. xii-xiii, 292.

[71] Calloway, *The American Revolution in Indian Country*, pp. 291, 301.

[72] James H. Merrell, Review of *The American Revolution in Indian Country: Crisis and Diversity in Native American Communities* by Colin G. Calloway, *The William and Mary Quarterly*, Third Series, Vol. 53, No. 3 (July, 1996), pp. 637-639.

[73] Max M. Mintz, *Seeds of Empire: The American Revolutionary Conquest of the Iroquois*, New York: New York University Press, 1999.

力于保护边疆白人定居者,支持对印第安人土地的剥夺。[74] 纳什在他的书中也谈到了印第安人,特别强调他们面对美国革命的压力所做出的主动反应。他还提到,印第安人在 18 世纪 60 年代有一次"大觉醒",他们意识到了自己生活方式的价值,并决心以自己的方式捍卫自己的权利和利益。[75] 这些学者的研究旨在挑战成说,强调印第安人绝非莫名其妙地"站错了队",而是自觉地选取了一条能够捍卫其自由与独立的"革命"途径;他们绝不仅仅是革命的受害者,他们自己就是"革命者"。

如果仅就人数而言,妇女无疑是美国革命中最大的一个边缘群体。相对于黑人和印第安人,妇女在美国革命史学中的境况要略为有利一些,因为许多革命史著作通常会提到妇女参加或支持革命的事例,描述妇女在抵制英货、战争筹款、照顾伤病员、刺探敌情和写作宣传品方面的工作,并充分肯定她们对美国革命做出的贡献。但是,到了 20 世纪七八十年代,这种状况也不能让美国革命史家满意,尤其是一些女性历史学家,力图重新解释妇女在革命时期的经历。她们通常带有女性主义倾向,从几个方面同时着手,全面改写了革命时期的妇女史。她们进一步肯定妇女在革命中的积极作用,详细讨论妇女在革命时期的社会、经济和政治境况,谴责革命对妇女解放的"背叛",同时也强调革命对女性意识的触动以及对此后妇女抗争的影响。这些学者出于女性主义的视角,特别关注革命给妇女角色和女性意识所造成的种种变化。

这些女性学者通常把自己的研究定位为妇女史,她们的眼光往往超出了一般的美国革命史。她们把从殖民地建立到建国初期作为一个整体的时段,而将美国革命视为期间一个具有重大意义的事件,以此来讨论它对于妇女的影响。在 1980 年代以前,美国妇女史学中有一种通行的观点,认为从殖民地时期开始妇女的社会经济地位就比较高,家庭生活一直为抵御外在世界的风险提供了安宁的港湾,直到工业时代来临这一局面才发生了变化。也就是说,美国革命对妇女并没有多大的意义。1980 年,玛丽·诺顿和琳达·科博同时推出了各自的重要著作,对以往的早期妇女史框架发出了有力的挑战。[76]

诺顿出自美国革命史大家伯纳德·贝林的门下,早年曾研究革命时期的效

---

[74] Alan Taylor, *The Divided Ground: Indians, Settlers, and the Northern Borderland of the American Revolution*, New York: Alfred A. Knopf, 2006, p. 8.

[75] Nash, *The Unknown American Revolution*, pp. 66-72.

[76] Robert A. Gross, Review of *Liberty's Daughters* and *Women of the Republic*, *The William and Mary Quarterly*, Third Series, Vol. 39, No. 1 (Jan., 1982), p. 232.

忠派，对于革命中的失败者怀有特殊的同情。后来她转向早期妇女史研究，对这个领域的许多成说加以质疑，尤其是否定了殖民地时期是妇女的"黄金时代"、是工业化造成了妇女地位下降的说法。在她看来，这种说法人为地拔高了殖民地时期妇女的地位，而对美国革命的影响则缺乏充分的估价。据她的研究，关于女性的角色和规范，在革命前就有鲜明的界定，社会（包括男性和女性）普遍相信女性较男性低劣，而妇女的自尊意识也不强烈。以往有学者也曾论及美国革命对妇女的影响，但其结论是影响并不大，即便有影响也是负面的。实际并非如此。美国革命虽然没有从根本上改变性别关系格局，没有明显提升妇女的地位，但它对妇女产生了"难以抹去的影响"，从许多方面改变了妇女的生活。这种影响主要不是显现在法律和政治等公共领域，而是在私人领域，具体反映在家庭组织、个人志向、自我评价的变化等方面。妇女在革命中参与和观察了反英运动的各种活动及仪式，这对她们的思想意识有所触动；一旦经济抵制发生，妇女的家庭制作活动就具备了政治意义，从而使政治领导人留意到家务领域，改变了以往对女性角色的低下定位。而且，在革命年代，女性领域的边界也发生了变动，妇女开始主动介入政治，还有人提出了建立全国性妇女组织的动议。独立战争爆发以后，男性奔赴战场，白人女子不仅要承担家庭事务，而且还要处理从前不得涉足的公共事务。战争结束以后，受战时经验和意识形态变化的影响，美国的男子和妇女都开始反思关于女性特性和角色的负面观念，越来越多的家庭出现了较为平等的婚姻关系，父母对子女教养和婚姻的专断程度有所减轻，妇女的教育也开始受到重视。诺顿写道："在革命前的世界里，没有人曾费力去界定家庭生活；私人领域看来是不重要的，而且妇女也难以逃离她们无法摆脱的命运。在革命后的世界里，家务和家庭的社会意义得到了承认，同时妇女也开始能选择不同的生活方式。"她的结论是，虽然对妇女来说"美国革命的遗产"是"含混的"，但是革命的平等话语为妇女争取权利的运动提供了语汇，共和主义教育也培养了最初的妇女领导人。[77] 从这个意义上说，美国革命也是一场妇女的革命。

克尔伯关注的问题与诺顿比较接近，两人的著作在材料和观点上也构成互补。克尔伯指出，殖民地时期人们普遍相信公共领域乃是男人的世界，而女性

---

[77] Mary Beth Norton, *Liberty's Daughters: The Revolutionary Experience of American Women, 1750-1800*, Boston: Little, Brown and Company, 1980, see especially pp. xiv-xv, 155-156, 195, 228-229, 256, 298-299.

只属于家庭生活;只有到了对英国实行经济抵制的时候,人们才发现妇女也可以越出私人领域而参与公共决策;独立战争则加速了妇女融入公共政治领域的进程。在革命中出现了如何界定女性的政治、经济和法律身份的问题,这给妇女改变社会地位造成了契机。于是,女性的角色、特别是妇女作为母亲的角色得以重新界定,相信母亲对于培养共和国有美德的男性公民负有责任。"共和母性"(Republican Motherhood)概念的提出,为妇女的政治行为提供了正当性说明:妇女在家庭内也能扮演重要的政治角色,通过把共和美德传递给儿子而承担自己的社会责任。当然,从总体上说,妇女还处在边缘地位。从殖民地到革命以后的很长一个时期,美国人对妇女能否认真对待政治普遍表示怀疑,不少女性也接受了这种观念。不过,虽然妇女在革命时期没有完全重新界定自己的政治角色,但是"共和母性"概念的出现,对后来关于妇女与爱国主义的辩论产生了长远的影响。虽然从革命结束到共和国初期,关于妇女在社会和家庭中的角色仍以传统看法为主,但是由于妇女的大力争取,加以得到革命的共和主义意识形态的支持,离婚作为妇女的一种权利开始受到重视。就教育而言,女孩的受教育机会还远不及男孩,但是革命后家庭生活的概念发生了变化,人们相信,受过教育的女性对于家庭、子女的教养和丈夫美德的维持,都具有重要的意义。[78]

诺顿和克尔伯的著作出版后颇受好评,但也遇到了批评。[79] 像这种改写革命时期的妇女史而颇具学术深度的著作,此后并不多见。不过,有一个倾向倒是引人注目,就是有的学者把女性主义和多元文化主义结合起来,在讨论革命时期的妇女史时,特别重视非白人妇女的经历。[80]

四、美国革命史的重构

在美国革命史研究中,关于革命的内涵和性质长期存在争议。詹姆森于

---

[78] Linda K. Kerber, *Women of the Republic: Intellect and Ideology in Revolutionary America*, Chapel Hill: The University of North Carolina Press, 1980, see especially pp. 8-12, 35-36, 139, 159, 183-184, 231.

[79] Gross, Review of *Liberty's Daughters* and *Women of the Republic*, *The William and Mary Quarterly*, pp. 231-238.

[80] Joan R. Gundersen, *To Be Useful to the World: Women in Revolutionary America, 1740-1790*, New York: Twayne Publishers, Inc., 1996; Holly A. Mayer, Review of *To Be Useful to the World* by Joan R. Gundersen, *The William and Mary Quarterly*, Third Series, Vol. 55, No. 2 (Apr., 1998), pp. 308-310.

1925 年提出,不能将美国革命仅仅看成一系列的政治和军事事件,也要把它视为一种社会运动,因为革命在美国社会造成了多方面的变化。[81] 虽然他没有使用"社会革命"的概念,但是这种理解美国革命的方式,在史学史上具有重要的意义。然则伯纳德·贝林明确反对"社会革命"的提法,宣称"在任何明显的意义上说,美国革命都不是以社会革命而进行的。没有人刻意去摧毁、甚至去实质性地改变他们所熟知的社会秩序"。[82] 但贝林的学生戈登·伍德又折回到詹姆森命题,认为"革命不是单纯的殖民地反对英国帝国主义的造反",同时也是"一场至为深刻的社会革命"。[83] 在"新史学"兴起后,詹姆森命题又给予年轻一代学者很大的启发。不过,这时史家不再纠缠于是否存在社会变动,而是聚焦于发生了多少社会变动,特别有多少变动是沿着社会平等的方向进行的;他们也关注对革命后果的矛盾性的解释。[84]

如前文所论,新美国革命史学强调普通民众和边缘群体的主角地位,直接牵涉到对美国革命的内涵和性质的理解。新一代史家既然已将普通民众和边缘群体的经历视为革命的中心内容,那就意味着他们接受了美国革命是一场深刻的社会变革的观点。这场革命不仅是一场社会革命,而且是一场由普通民众和边缘群体所参与和推动的社会变革;他们的革命主动性,他们对平等和自由的追求,他们在革命期间的各种行动,赋予革命以广泛而深刻的社会内涵。于是,以往那种侧重从政治、军事和思想的角度讨论美国革命的方式,就不可能受到这些史家的青睐,而詹姆森命题则再度引起了他们的注意。

在平民主义、多元文化主义和女性主义的视野中,普通民众和边缘群体乃是真正的"人民",而他们在美国革命中所发挥的作用和影响,就使之变成了一场真正的"人民的革命"。不过,新美国革命史家在论及"人民的革命"时,采用了"旧瓶装新酒"的策略:他们借用"人民的革命"这个美国革命史学中的"传

---

[81] Jameson, *The American Revolution Considered as a Social Movement*, see especially pp. 26, 32, 47, 77, 79, 81, 83-90.

[82] Bernard Bailyn, *The Ideological Origins of the American Revolution*, Enlarged Edition, Cambridge, Mass.: The Belknap Press of Harvard University Press, 1992, p. 302.

[83] Gordon S. Wood, *The Creation of the American Republic, 1776-1787*, New York: W. W. Norton & Company, 1972, p. 91.

[84] Young, "American Historians Confront 'The Transforming Hand of Revolution'", in Hoffman, et al., eds., *The Transforming Hand of Revolution*, pp. 369-372.

统"说法,却悄悄赋予它全新的含义。[85] 这实际上是对"人民的革命"做出了重新界定。在纳什的《不为人知的美国革命》一书中,这一点得到了至为鲜明的体现。

从一定意义上说,《不为人知的美国革命》乃是新美国革命史学的集大成之作。纳什在书中严厉地批评了以往美国革命史学的局限,称其未能充分重视参与独立战争的"各色各样群体的生活和劳动,牺牲和斗争,极度的混乱,以及希望和恐惧";他呼吁扩展"革命时期美国社会的概念",考虑从这一社会的"高度多样性和零碎性"中产生的"多种议程表"。他的意思是说,革命时期的美国不是只有白人,更非只有白人男性精英,而是一个多种族、多族裔和两个性别的社会;这些不同的人群以不同的方式卷入了革命时期的斗争,革命对他们产生了形式和程度不同的影响;一部真正的革命史,应当包括所有这些人的经历。他进而宣称,他自己要讲述的美国革命,乃是真正的"人民的革命"。[86] 可以说,他关于"人民的革命"的表述,体现了新美国革命史学的一个突出特点:重新界定"人民",也重新界定"革命",由此形成一种全新的"人民革命"史观。

在以往的美国革命史中,"人民"无疑是指参与和支持独立战争的英属殖民地白人男性居民。然而在新美国革命史家看来,这种"人民"的概念存在极大的局限。扬谈到,班克罗夫特在他的《美国史》中也很推崇"人民",可是他说的"人民"乃是政治领导人的追随者,连技工之类的群体也没有受到应有的重视,遑论其他底层和边缘人群。[87] 纳什在论及《不为人知的美国革命》的写作目标时说,他要写出"生活在密西西比河以东的三百万高度多样化的人民中每一个构成部分"对革命的参与。[88] 纳什这里所说的"三百多万高度多样化的人民",具体包括哪些人呢? 雷·拉斐尔自告奋勇地替他做了具体说明:他们是"从公民转化而来的士兵"、妇女、"非洲裔美利坚人"、"土著美利坚人"、效忠派、中立分子、城市居民、农场主、律师和商人,以及奴隶主;他们中既有施害者,也有受害者;有的有真正的信仰,有的则没有。他们大多属于"普通人民",在许多不同的层面"创造历史",在革命的每个阶段都扮演关键的角色。[89] 可见,这种"人民"

---

[85] 从戴维·拉姆齐开始,"人民的革命"就是美国革命史著作中常见的提法。不过,在新美国革命史学形成之前,这里的"人民"要么是泛指作为抽象整体的美国人,要么是特指参与和支持革命的白人男性。

[86] Nash, *The Unknown American Revolution*, pp. xvi-xvii.

[87] Young, *The Shoemaker and the Tea Party*, pp. 185-186.

[88] Nash, *The Unknown American Revolution*, p. xxviii.

[89] Raphael, *A People's History of the American Revolution*, pp. 7-8, 301-305.

除开独立阵营的白人中下层男性,还有妇女、黑人和印第安人,甚至包括激进的效忠派。它不以政治立场划界,实际上涵盖了精英领导人以外北美居民中的每个族裔和每个阶层。较之以往美国革命史中的"人民",这种"人民"包罗广泛,成分复杂,人数众多;更重要的是,他们不是精英领导人的追随者,而是具有独立自主的政治意识的革命主力。

  革命参与者范围的扩大,必然引起对革命内涵的新的理解。以往美国史家无论对美国革命作何种界定,都会以争取和维护独立、建立新国家为基本内涵。但是,新美国革命史学所说的"革命",其内涵和外延都大为扩展,几乎囊括了英属美洲大陆殖民地范围内所有人群争取自身权益的所有活动。无论是支持独立,还是反对独立;无论是站在美国一边,还是站在英国一边;无论是愿意参战,还是拒绝参战;也无论属于哪个性别和种族;只要他(她)们在革命期间用行动和言词表达了自己的权利诉求,采取了争取自由和平等的行动,就可以得到"革命者"的称号。于是,美国革命被愈益宽泛地界定为一场成分复杂、目标多样和角色众多的社会运动。在新美国革命史学的几位代表人物看来,作为"人民的革命"的美国革命,在内容上主要包括:普通农场主、技工和劳工领导反对帝国政策的运动,推动殖民地走向独立;以逃跑来争取自由的奴隶发动自己的革命;妇女坚信"两性平等",坚持保留婚后的财产权利;受到迫害的异教徒追求"宗教活动自由";军队中的一些士兵反对官阶不平等;印第安人坚持和捍卫部落的主权;面临失去土地危险的农场主采取集体行动以保卫自己的财产;坚持出版自己想要出版的东西的出版商,反击压制其出版自由的举措;自命的民主派支持普通人投票、拥有官职和评判其统治者的权利。[90]

  然则在新美国革命史家看来,这样一种"人民的革命",其结果却是以背叛"人民"的革命目标而告终的。这些史家不仅强调革命是由"人民所进行的",而且关注革命在何种程度上是"为了人民的"。可是,他们却颇为失望而愤怒地发现,革命的结果对"人民"是非常不利的。在年轻学者特里·布顿看来,当以往的史家把美国革命称作"人民"的胜利时,他们所持的是建国者使用过的那种狭隘的"人民"概念,即仅指白人男性;其实,即便是白人男性对于革命的结果也颇感失望:革命中创建的政府不过是为了革命精英的利益,而普通民众的独立则受到了颠覆,新宪法就是这种反革命和反民主的胜利的象征。从革命后期开始,新政府所实行的偏向富人的政策,与此前英国政府对殖民地的"压迫"非常

---

[90] Young, Nash, and Raphael, eds., *The Revolutionary Founders*, pp. 4-5.

相似,所引起的后果也如出一辙。在这种情况下,"人民"便想"重新发动革命",以反对富人的主张及其所造成的艰难局面,要求使财富更加平等。但是,新宪法为"民众的改革"设置了"巨大的障碍"。[91] 泰勒的研究也提供了一个类似的故事,体现了一个相同的主题:在远离革命风暴中心的缅因边疆地区,普通定居者和大土地投机者之间的斗争时起时歇;革命时期大土地投机者的势力受到抑制,可是到了革命后期,革命的目标遭到了"大人物"的背叛,普通民众重新打出革命的口号,自称"自由之士"或"自由之子",与边疆大土地投机者进行斗争。[92]

既然美国革命最终是以精英设定的目标而结束的,"人民"的革命目标并未达到,那么这场"人民的革命"就是一次"未完成的革命"。具体说来,奴隶制没有废除,黑人尚未获得自由和权利,印第安人遭受了惨重的损失,退伍老兵的利益没有得到保障,下层劳动者的愿望没有得到满足,革命所诉诸的自由和平等的理念没有涵盖妇女、无财产者、黑人或印第安人,此后用去几个世纪的时间,才最终兑现了革命关于平等的承诺。因此,18世纪的美国革命并未成功,"革命精神的火炬"需要传递给下一代。[93] 依据这种论说的逻辑,1794年的"威士忌叛乱",就是这一"火炬传递"的第一站。这次事件中的反叛者叫作"自由之友",他们拥护美国革命的原则,其反抗行动在内容和细节上与当年的反英斗争十分相似;而当权者则称"秩序之友",他们在言行上则基本类似此前的效忠派和英国政府。这种对比表明,对于反抗压迫的底层民众来说,革命确实没有完成,革命的原则仍然是有效的原则。[94] 另外,妇女的经历也说明了同样的问题:经过革命,妇女仍然处在政治社会的边缘地带,而此后美国妇女的政治史,不过是一个妇女为自己完成革命的未竟之业的故事。[95]

通过对"人民"和"革命"的重新界定,这些史家等于是彻底改写了美国革命史。他们笔下的革命,涵盖所有反抗既定秩序、特别是反抗精英主导的观念和制度的言行,其内容之广泛,成分之驳杂,差异之鲜明,冲突之激烈,都是前所未见的。至此,美国革命变成了一个奇异的多面体:它既是政治革命,也是思想革

---

[91] Bouton, *Taming Democracy*, pp. 3, 4, 87, 105, 195.

[92] Taylor, *Liberty Men and Great Proprietors*, p. 3.

[93] Nash, *The Unknown American Revolution*, pp. 423-455; Carol Berkin, *Revolutionary Mothers: Women in the Struggle for America's Independence*, New York: Alfred A. Knopf, 2005, p. x.

[94] Thomas P. Slaughter, *The Whiskey Rebellion: Frontier Epilogue to the American Revolution*, New York: Oxford University Press, 1986, p. 227.

[95] Kerber, *Women of the Republic*, p. 12.

命;既是社会革命,也是种族革命;既是普通民众的革命,也是一场"奴隶起义"。一言以蔽之,它是"未处在拥有权力和特权位置的人们眼中的美国革命",是一场来自社会中下层的、不一定是白肤色的"无名者"的革命。如果没有普通民众和边缘群体的"理念、梦想和流血牺牲",美国革命就不会发生,就不会按照人们现在所了解的轨迹运行,就不会在全世界"被压迫人民"中间产生那么大的反响。[96] 显然,这样一种"人民的革命",是一场淡化甚至消解了"建国之父"痕迹的革命。

而且,这种"人民的革命"也必定是一场激进的革命。不过,这种革命的激进性,与以往美国史家的理解迥然不同。也就是说,新美国革命史学对革命的激进主义也做了重新界定。在美国史学史上,除了"共识"史学外,多数史家都承认美国革命是一场激进的革命,只是对它的激进性有不同的理解和表述。贝林指出,美国革命的激进性表现在它"不仅创立了美利坚政治民族国家(political nation),而且塑造了将在这个政治民族国家里得到发展的文化的永久特征"。[97] 戈登·伍德的《美国革命的激进主义》一书,极大地扩展了詹姆森命题,宣称革命使"美利坚人几乎在一夜之间变成了世界上最开明、最民主、最具商业头脑和最现代的人民"。[98] 在他看来,美国革命的激进主义是一种"社会激进主义",强调平等观念、现代化、内地移民、资本主义和福音派基督教在美国社会转变中的作用。[99] 显然,这些史家所说的"激进性",是对美国革命整体特征的判断,而且着眼于革命所造成的巨大变化。然则新美国革命史学所强调的激进性,主要是从普通民众和边缘群体的角度来立论的。

扬曾谈到,研究美国革命的学者通常从两个方面来使用"激进主义"一词:一是指"自由之子社"和塞缪尔·亚当斯等人所持的激进主张,二是指关心"谁来在国内统治"或争取个人自由的不自由者的诉求和活动。[100] 他接着提出了自己对激进主义的新理解,认为革命时期存在多种激进主义:有产生于"潘恩的

---

[96] Nash, *The Unknown American Revolution*, pp. xvii, xviii.
[97] Bernard Bailyn, "The Central Themes of the American Revolution: An Interpretation", in Stephen G. Kurtz and James H. Hutson, eds., *Essays on the American Revolution*, Chapel Hill: The University of North Carolina Press, 1973, p. 3.
[98] Gordon Wood, *The Radicalism of the American Revolution*, New York: Alfred A. Knopf, 1992, pp. 6-7.
[99] Young, "American Historians Confront 'The Transforming Hand of Revolution'", in Hoffman, et al., eds., *The Transforming Hand of Revolution*, pp. 481, 486-487.
[100] Alfred F. Young, ed., *The American Revolution: Exploration in the History of American Radicalism*, DeKalb: Northern Illinois University Press, 1976, pp. ix-x.

《常识》所体现的希望"的激进主义;有战争年代士兵、海员和奴隶懂得了"摆脱屈从的经验"所带来的激进主义;有八九十年代因"期望未能满足而产生的失意"所引起的激进主义。所有这些激进主义都产生于社会的底层和边缘,都对精英群体构成冲击,从而促使他们缔造或稳固了对自己有利的体制。[101] 纳什则进一步发展了扬的观点,声称自己使用的"激进主义"一词,是指"倡导整体改变和猛烈转型的主张,这种主张植根于某种对更好未来的理想生活的憧憬,而那些在与大不列颠的争执不断发展过程中对所经历的情况最为不满的人们,正是抱有这样的想象"。他接着说,这种激进主义的内涵包括重新分配政治、社会和宗教方面的权力;摧毁旧制度,建立新制度;抛弃"保守的精英思想的根深蒂固的模式";"拉平社会"以缩小顶端和底层的差距;终止奴隶制和边疆居民为了土地而杀戮印第安人的企图;满足妇女实现公共表达的愿望。而且,这种激进主义与"用民主改造社会"的"多种面目的运动"相联系,只有这种激进主义才是"真正的激进主义"。[102] 显然,纳什所说的"激进主义"是一个"复数",涵盖普通民众和边缘群体的各种主张和行动,所针对的是一切社会上层精英,不论这些精英是英国人还是美国人,也不论他们是革命的领导者还是革命的对立面。

可见,按照新美国革命史家的理解,如果说美国革命是一场激进的革命,那么只有对普通民众和边缘群体来说才是如此。诚然,在以往的革命史中,这种"激进主义"并非完全没有人提及,但它只是作为"主角故事"的陪衬,其"潜台词"无异于说它在革命中遭到了失败,难免于被边缘化的命运。然则新美国革命史家特别强调,代表普通民众和边缘群体的激进派,在革命中的确发出了自己的声音,并采取行动推进了革命运动;虽然他们有时没有达到自己的目标,但是迫使革命精英做出让步,采取了一些违背其本来愿望的举措。因此,在讲述革命时期的历史时,如果仅关注那些知名的领导人,而不包括"来自下层的激进冲动",就只能导致一种"有缺陷的、被删节的历史"。[103]

进而言之,对"人民的革命"和"革命激进主义"加以重新界定,与美国革命史学中长期流行的"双重革命"[104]说的发展,是紧密联系在一起的。很早就有史家注意到,美国革命实际上是由两场交织在一起的运动所构成的,一是反对

---

[101] Young, "American Historians Confront 'The Transforming Hand of Revolution'", in Hoffman, et al., eds., *The Transforming Hand of Revolution*, p. 472.
[102] Nash, *The Unknown American Revolution*, p. xvii.
[103] Young, Nash, and Raphael, eds., *The Revolutionary Founders*, pp. 6, 8-9, 12.
[104] 原文为"dual revolution",或译"二元革命"。

英国和争取独立,一是建立一个共和主义的新社会。不过,只有在进步主义史家那里,"双重革命"说才成了一种明确的说法。卡尔·贝克尔指出,美国革命乃是两场运动的结果,一是争取自治和独立的斗争,即"争取内部自治";一是"美国政治和社会的民主化",即解决"在内部由谁来自治"的问题;而且,后一场运动更为关键。[105] 也就是说,美国革命既是一场殖民地从英国争取统治权的革命,也是北美社会内部不同力量争夺统治权的革命。詹森沿袭了这一思路,用"外部革命"来指前者,用"内部革命"来指后者;而且,他集中研究的是后者。"老左派"史家受到进步主义史学的启发,也持类似的看法。赫伯特·摩累斯在1944年提出,"第一次美国革命"乃是两个运动的结合,一是争取"自治和国家独立"的运动,一是"美国人民"中间争取"更加民主的秩序"的运动。在讨论劳工在革命中的双重目标时,菲利普·方纳借鉴了摩累斯的说法,认为一方面劳工和其他人一起争取"国家独立",另一方面劳工和其他民众一起争取"更为民主的秩序";他们实现了第一个目标,在第二个目标上却遭到了失败。[106] 可见,"老左派"史家的"双重革命"说,与进步主义史家已略有不同:他们把争取独立的革命看成精英和民众的共同努力,而把争取民主秩序的革命视为民众反对精英的运动。这在一定程度上构成了新美国革命史学的"双重革命"说的先导。

在莱米什的论著中,新美国革命史学的"双重革命"说出现了雏形。他提出,美国革命实际上包含两场革命,即精英的革命和底层民众的革命。[107] 纳什基于对美国革命"议程表"的复杂性的理解,进一步发展了这种"双重革命"说。他认为,虽然革命时期的美国人都立志要"创建一个新世界",但这个"新世界"究竟是什么样的,不同的人群提出了不同的答案,这就使得美国革命不是一场单一的革命。革命可以划分为两个层面:上层是温和而保守的精英革命,下层是普通民众和边缘群体的激进革命。[108] 泰勒通过对边疆地区事变的考察,也发现了美国革命的这种两重性:"有财产和有地位的绅士"把革命看成是"实现国家的独立的战争",并要把对政府的控制权掌握在自己手中;普通民众则认为,革命意味着保护"小生产者"不受"有钱人"的侵害,他们追求的革命是要使他们

---

[105] Becker, *The History of Political Parties in the Province of New York*, p. 5.
[106] Foner, *Labor and the American Revolution*, p. 167.
[107] Lemisch, "The American Revolution Seen from the Bottom Up", in Bernstein, ed., *Toward a New Past*, pp. 3-45.
[108] Nash, *The Unknown American Revolution*, p. 209.

获得和占有自由持有土地的最大化。[109] 在布顿看来,独立后革命精英的政策与当年英国的政策很相似,而革命后期普通民众反抗革命精英的压迫的斗争,与当年的反对英国压迫一样具有激进革命的性质;因此,美国革命既是殖民地反抗英国压迫的革命,也是普通民众反抗国内精英压迫的革命。这样一来,一部美国革命史,就变成了一个普通民众争取和捍卫"民主"、建国精英背叛和压制"民主"的故事。[110] 埃里克·方纳也把美国革命说成是一场双重斗争:争取独立,并决定独立后美国应当是一个什么社会。[111]

从对"人民的革命""革命激进主义"和"双重革命"的重新界定来看,新美国革命史学实际上构建了一种精英和民众二元对立的革命史观。据这些史家的看法,民众与精英的分歧、对立和斗争,构成美国革命的"主旋律"。一方面,在革命的历程中,精英领导人对《独立宣言》中的平等理念做了狭隘的理解,没有做出"更人道、更民主"的选择,因为他们不希望发生社会革命。那些起草和签署《独立宣言》与联邦宪法这两个立国文献的人,大多"反对大众民主和社会平等"。他们中的许多人拥有奴隶,不少人对民众的政治诉求和行动大加抨击;他们虽然在《独立宣言》中承认"人民"有权利"改变或废除"政府形式,但他们在按照自己的意愿建立政府之后,却不再允许"人民""改变或废除"他们创建的政治结构和秩序,毫不留情地镇压民众的"政治反叛"。另一方面,普通民众和边缘群体则力图把《独立宣言》的原则贯彻到精英"不想去尝试的生活的其他方面",极力改变现存的不平等状况,"把政府结构激进化"。如果说精英领导人乃是"传统的建国者",那么普通民众和边缘群体就是"革命的建国者"。后者大多是名副其实的激进派,要求从根本上改变当时的社会或政治体制。他们使革命离开了"传统建国者"所希望的方向,"使革命变得更加革命"。联邦宪法的制定同样是一场民众和精英之间的激烈斗争。普通民众和政治精英对独立后的政治经济形势的判断截然不同,所提出的政治诉求也是针锋相对的;可是,政治精英却按照自己的意志建立了一个比各州政府更加远离民意、更加倾向于富人的全国政府,虽然带来了一定的经济效果,但却付出了沉重的政治代价。[112] 就思

---

[109] Taylor, *Liberty Men and Great Proprietors*, pp. 5-6.
[110] Bouton, *Taming Democracy*, pp. 257-265.
[111] Young, Nash, and Raphael, eds., *The Revolutionary Founders*, p. 389.
[112] Lemisch, "The American Revolution Seen from the Bottom Up", in Bernstein, ed., *Toward a New Past*, pp. 14-15; Young, Nash, and Raphaer, eds., *Revolutionary Founders*, pp. 3-5; Holton, *Unruly Americans and the Origins of the Constitution*, see especially pp. 270-271, 277.

想取向而言,这种民众与精英二元对立的史观显然旨在颂扬民众而贬抑精英,带有鲜明的意识形态色彩。根据这种史观,民众既然处在现存秩序和权力体制之外,那么他们的主张和行动,无论手段和后果如何,都具有天然的正当性;而精英地位优越,总是怀有自私的目的,对民众抱有疑惧和敌意,并利用已经掌握的权势来谋取更大的利益,从而损害民众的利益。可见,新美国革命史学在夸大民众的作用和影响的同时,总是把精英的动机和行动加以"妖魔化"。

长期以来,美国革命一直被说成是一次"民主革命"。然则在最近四五十年间,越来越多的史家倾向于对"民主"做出具体的分析。新美国革命史家大多肯定美国革命的民主特性,但是他们声称,革命的"民主"取向主要是通过普通民众的斗争来体现的,而那些"辉格派领导人"在革命中的主要活动,不过是对"户外民众"的积极行动表示担忧,并极力抑制革命中出现的"民主"趋势。一位研究弗吉尼亚革命期间的社会冲突的学者谈到,许多精英领导人强烈反对"民主"和"平等","民主"和"平等"并非他们在宣布独立时所自动赋予,而是民众通过不断斗争争取来的。民众主张自己统治自己的权利,要求制定更加公平的法律,这实际上是在挑战精英的权威。[113] 这无异于说,美国革命既是一场"民主革命",也是一场"反民主的革命";前者是民众的革命,后者是精英的革命。这种看法,显然是"双重革命"说和"二元对立"史观的逻辑延伸。

总之,在最近几十年来的美国革命史学中,不仅普通民众和边缘群体在美国革命中的经历及其意义得到了充分的铺叙和阐释,而且美国革命史学中的所有重大问题,诸如"社会革命""人民的革命""激进主义""双重革命"和"民主革命"等命题,也都经过了检验和重新界定,以此完成了对美国革命史的重构,造就了一种全新的美国革命史。

五、意识形态与革命神话

然则应当如何看待这种全新的美国革命史呢?1995年,扬曾这样评论美国革命史研究的新趋向:研究成果数量大增,领域、课题、地域和观点愈益多样化;社会转型成为一个中心课题,讨论革命后果的论著数量甚多;劳动者、农场

---

[113] Young, Nash, and Raphael, eds., *The Revolutionary Founders*, pp. 152-153.

主、黑人和妇女等过去被剔除的群体受到了较多的关注。[114] 这种说法同样适用于当前的状况,不过只触及了美国革命史研究的学术层面。如果从思想的层面来说,意识形态与学术探索的关联和互动,乃是新美国革命史学最为突出的特点。

意识形态与历史研究的复杂纠葛,可以说是史学史上的一个古老问题。经德国史家兰克塑造的19世纪欧洲的经典史学,强调历史学家的超然立场和历史知识的客观性。虽然史家无不带有各式各样的偏见和臆断,但是他们非但不肯公开承认这一点,反而极力加以掩饰,把自己打扮成历史的代言人。类似的观念和做法在美国史学中也颇为常见。到了20世纪前期,进步主义学派的几位主将,特别是比尔德和贝克尔等人,率先对超然立场和客观性发出质疑和挑战,明确倡导相对主义的史学观念,不再隐讳史家个人和群体的立场。及至1960年代,特定的政治和思想倾向更成了史家公开佩戴的绶带。他们不再自诩为历史的代言人,完全放弃了过去那种遮遮掩掩的姿态,理直气壮地承认自己是代表特定群体来表述历史。

这种变化的出现,一般认为与1960年代美国的社会变动和政治激荡相关。在许多人的印象中,美国在1960年代处于冲突和动荡之中。但是,在有的学者看来,这个时期的美国社会比通常想象的要复杂得多。在这十来年里,美国经济持续增长,美国人普遍对未来充满希望,并努力在国内和世界实现"伟大的期望"。与此同时,不满现实、主张变革的声音也随处可闻,各种反对既定秩序、挑战现存权威的思潮和运动,经民权组织、反战团体及底层穷人的发动和参与,也呈现强劲的势头。此外,不少年轻人挑战传统价值,追求新的生活方式,吸毒、群居和摇滚乐盛行一时。然而,多数美国人仍然按照传统方式生活,仍然对经济和技术的发展可能带来的改善满怀信心;在大众文化中,温情脉脉的家庭气氛仍在延续,公益团体和宗教组织仍在积极活动。在知识界,质疑主流价值的激进主义倾向,倡导传统价值的保守态度,可谓同时并存。因此,1960年代也有"两极化和零碎化的时代"之称。[115] 更确切地说,这是一个多样化的时代,不论是在生活方式还是在思想倾向方面,美国人的态度出现了明显的分化,可选择的余地明显扩大。虽然普通美国人并未很深地卷入当

---

[114] Young, "American Historians Confront 'The Transforming Hand of Revolution'", in Hoffman, et al., eds., *The Transforming Hand of Revolution*, pp. 455-469.

[115] James T. Paterson, *Grand Expectations: The United States, 1945-1974*, New York: Oxford University Press, 1996, pp. 442-457.

时的各种运动,但知识分子则表现出高度的政治敏感和积极的参与意识,尤其是在与种族和性别有关的领域,学术与政治的关联更加显著,不同的信念与立场之间充满了斗争。

在这种时代的大语境中,美国史学也有新的动向。随着越来越多的平民子弟、少数族裔成员和女性学者进入历史研究领域,以往史学仅为权贵学问的局面即不复存在。而且,这些新进的学者特别关注自己所来自的阶层和群体的经历,刻意挑战美国史学的既有研究范式。这种趋向被称作史学的"民主化"。与此同时,"新史学"、特别是"新社会史"迅速兴起,"自下而上的历史"大行其道,基层社会和普通人的日常生活成为主要研究对象,大量新史料得到发掘,社会科学的理论和计量方法成了"新史学"的两大支柱。总之,历史研究在思想取向、领域、题材、方法和解释各个方面都发生了重大的变化。尤其值得注意的是,学术与政治的边界出现交叉重叠,各种政治思潮直接渗入史学领域,以致历史研究带有高度的政治化和意识形态化色彩。

"新左派"史学无疑是政治和学术紧密结合的突出例子。虽然林德、莱米什等激进史家声称自己是"客观真理"的坚定追求者,明确反对相对主义的立场,致力于把史学变成科学,但是他们用左派观点看待和诠释过去,并积极参与美国历史协会领导权的竞争。这些激进史家关注"剥削、支配和压迫等问题",认为既然现存的支配模式乃是在历史中形成的,那就说明它也是可以被废除的。他们在追溯这些模式的起源时,把重点放在普通民众而不是政治精英身上,关注群体而非个人,重视人的角色,而不是强调"抽象的或一般的变迁过程"。此外,黑人史和妇女史也是两个高度政治化和意识形态化的领域。许多少数族裔和女性学者基于对自己的族裔特性或性别特性的理解,大力争夺与族裔和性别相关的历史话语权,排斥、打击和贬低其他的研究者,把历史研究变成了一个"赤裸裸的"政治问题。按照这些史家的逻辑,黑人的历史只能由黑人史家来写,妇女的历史也只能由女性学者来研究。他们反对把黑人和妇女说成是种族压迫或性别统治的受害者,认为这种貌似同情的取向,实际上是对黑人和妇女的丑化。这些学者认为,虽然黑人和妇女长期遭受压迫和歧视,但他(她)们用积极的行动来塑造自己的经历,而不是仅仅在压迫和歧视下痛苦地呻吟。这些史家刻意渲染黑人文化的非洲特性,大力缩小美国文化对黑人的影响;高调肯定妇女独特的价值观和自觉的抗争意识,着力描述她们的反抗活动。[116]

这种情形自然也出现于美国革命史领域。新一代美国革命史家与其前辈反其道而行之,毫不隐讳自己的政治立场和意识形态取向。莱米什就曾宣称,历史的叙述是一个充满斗争的领域,"在我们的历史中,我们不能继续允许有权势的人替没有权势的人说话"。他提出"自下而上看美国革命",倡导研究"没有权势、无言和贫穷的人们"在革命中的经历。[117] 1966 年,他特意写了一本题为《走向民主史学》的小册子,集中讨论 E. P. 汤普森、加布里埃尔·科尔科、林德、扬、诺曼·波拉克和斯蒂芬·塞恩斯特罗姆等一批研究普通民众的史家,称他们不喜欢"偏向精英的历史",而致力于发掘非精英的史料,写作一种不同的历史,揭示了普通民众在意识形态上的独立性和激进性。他把这种研究路径称作"民主"的取向,是"尊重和同情多数人"的史学。[118] 他还特意说明,他并不是在宣扬要把普通民众都看成"光荣的革命者",而只是强调要摸索一种"发掘那些不能言表者的意识形态和他们的行动之间的联系"的方法。这种方法就是"自下而上看历史"。[119] 纳什对 1960 年代以来美国革命史学的变化也有评论,称历史学家背景的高度多样化导致了"对历史财产的再分配",于是,"美国革命现在不再是少数人而是许多人的财产"。[120]

前文论及,新美国革命史学的意识形态特征,可以概括为平民主义、多元文化主义和女性主义。这三股思潮都以平等为价值基础,都包含强烈的民主诉求,它们既是民主社会的产物,又以推动民主为指向。它们投射到美国革命史研究中,照亮了那些长期被忽视和被边缘化的群体,使他们在革命中的经历变得格外醒目。因此,三股思潮在很大程度上交织互补,相互支撑,相互强化,产生了任何单独一种思潮都不可能具备的巨大塑造力,推动了对美国革命史的重构。新美国革命史学几员主将的研究兴趣,正好体现了三种思潮相辅为用的特

---

[116] Jonathan M. Wiener, "Radical Historians and the Crisis in American History, 1959-1980", *The Journal of American History*, Vol. 76, No. 2 (Sep., 1989), p. 399; Peter Norvick, *That Noble Dream: The "Objectivity Question" and the American Historical Profession*, Cambridge, UK: Cambridge University Press, 1988, pp. 415-438, 469-510. 另参见彼得·诺维克:《那高尚的梦想:"客观性问题"与美国历史学界》,杨豫译,三联书店,2009 年,第 567—598、640—697 页。

[117] Lemisch, "The American Revolution Seen from the Bottom Up", in Bernstein, ed., *Toward a New Past*, pp. 5, 29.

[118] Jesse Lemisch, *Towards a Democratic History: A Radical Education Project Occasional Paper* (n. p., 1966), quoted in Wiener, "Radical Historians and the Crisis in American History", p. 421.

[119] Wiener, "Radical Historians and the Crisis in American History", p. 421.

[120] Nash, *The Unknown American Revolution*, p. xxviii.

点。纳什既关注革命时期的城市平民,也研究革命时期的黑人;诺顿先涉猎效忠派,后研究妇女;泰勒最初研究革命年代边疆的普通定居者,后来转向研究革命时期的印第安人。经过这些史家改写的美国革命史,时段加长,内涵扩充,重点改变,角色增多,革命的性质和意义也迥然不同。这种新的美国革命史,反过来又为平民主义、多元文化主义和女性主义输入了新的能量。

同整个激进史学一样,新美国革命史学也经历了从边缘走向中心的曲折历程。在20世纪五六十年代,激进史学曾受到美国当局、有关大学和史学界的排斥、贬抑和打压,不少学者遭解雇,并被列入黑名单;其著作不能出版,或者是在出版后受到刻意的冷落和抨击。[121] 莱米什和林德是新美国革命史学初期的两名骨干,其博士论文都未能及时出版,后来在学术和职业上都经历了许多坎坷。莱米什在芝加哥大学执教时,其同事丹尼尔·布尔斯廷表示欣赏他的海员故事,但不喜欢他对阶级的强调;威廉·麦克尼尔则对他说:"你的信念干预了你的学术。"1966年他的聘任合同到期,校方没有与他续约。1971年,设在威廉—玛丽学院的美国早期历史与文化研究所举办庆祝美国革命200周年学者代表大会,林德和莱米什都没有受到邀请。[122] 他们两人的遭遇说明,新美国革命史学曾深陷政治和意识形态斗争的漩涡之中,起初的前景并不十分光明。

可是,到了1960年代末和1970年代初,激进史学开始引起关注,其学术成就也渐渐得到了史学界的承认。[123] 这个转变的发生,同美国政治文化和学术氛围的变动直接相关。一方面,经过多种激烈的社会抗议运动,社会观念和舆论风气均为之一变,平民主义、多元文化主义和女性主义拥有越来越多的同情者,激进史学所蕴含的意识形态也不再那么招致反感。另一方面,"新史学"声势愈盛,成绩斐然,激进史学因其与"新史学"有着天然的盟友关系,也随之走出了黯淡的处境。尤其值得一提的是,大西洋两岸的一批激进史家,包括E.P.汤普逊、埃里克·霍布斯鲍姆、乔治·鲁德、赫伯特·古特曼、尤金·吉诺维斯、埃里克·方纳等人,以其精深的研究、新颖的视角和透辟的立论,为激进史学挣得了巨大的荣誉,这有助于史学界摆脱政治偏见而相对公允地看待激进史学的成绩。同莱米什和林德当年的遭遇形成鲜明对照的是,激进史家埃里克·方纳和加里·纳什都担任过美国历史学家组织主席。方纳还当选过美国历史协会主

---

[121] Wiener, "Radical Historians and the Crisis in American History", pp. 402-404.
[122] Young, "American Historians Confront 'The Transforming Hand of Revolution'", in Hoffman, et al., eds., *The Transforming Hand of Revolution*, pp. 436-437; Lemisch, *Jack Tar vs. John Bull*, p. x.
[123] Wiener, "Radical Historians and the Crisis in American History", pp. 427-432.

席,纳什则主持了全国历史教学标准的制定。纳什主持制定的历史教学标准体现了"新史学"的取向,也带有激进史学的痕迹。当这套标准受到美国舆论的责难和抨击时,不少学者出面为之辩护。[124] 这些事例表明,激进史学在美国史学界的地位业已大为提升。

到20世纪末21世纪初,新美国革命史学已取得强大的学术和思想优势,而传统的美国革命史研究似乎开始退居守势。从新美国革命史学的视角出发,一部美国革命史,哪怕是一部美国革命简史,倘若不用相当的篇幅来叙述底层阶级和边缘群体的经历,就必受诟病。一位英国学者写了一本仅有两百余页的简明美国革命史[125],可是有书评作者就批评他未能很好地处理妇女和黑人在革命时期的经历,对印第安人没有给予充分的重视,没有考虑到美国的建国理念与强化对黑人的奴役以及"灭绝或迁徙印第安人"之间的矛盾,对普通人的革命活动也缺乏具体描述。[126] 任何一种研究妇女与美国革命的论著,如果没有充分考虑土著或黑人妇女,也会被认为是一个显著的缺点。[127] 戈登·伍德的《美国革命的激进主义》一书颇受好评,并获得了普利策奖,但仍不能让扬这样的激进史家充分满意,因为伍德采取了一种"依附—独立""不平等—平等"的二元对立观念,没有充分吸收近20年的学术成果,书中看不到海员、学徒、契约仆、无地农民或贫困化的退伍军人的身影,也听不到争取自由的黑人、妇女和印第安人的声音。[128]

当然,这并非意味着,当今美国史学界关于美国革命史只有一种写法。实际上,不少史家仍然坚持精英史学的路径,另一些学者则极力在传统路径和新范式之间寻求某种平衡。相对说来,近期出版的精英史学作品数量更多,也更易于博得一般读者的欣赏。在21世纪之初,关于建国精英的题材,无论是学术性的著述,还是通俗读物的写作,一时蔚然成风,因有所谓"新建国者

---

[124] 参见王希:《何谓美国历史?围绕〈全国历史教学标准〉引起的辩论》,《美国研究》1998年第4期。

[125] Francis D. Cogllano, *Revolutionary America, 1763-1815: A Political History*, London and New York: Routledge, 2000.

[126] Michael A. McDonnell, Review of *Revolutionary America, 1763-1815: A Political History* by Francis D. Cogllano, *The William and Mary Quarterly*, Third Series, Vol. 58, No. 2 (Apr., 2001), pp. 550-553.

[127] Mayer, Review of *To Be Useful to the World*, *The William and Mary Quarterly*, p. 309.

[128] Young, "American Historians Confront 'The Transforming Hand of Revolution'", in Hoffman, et al., eds., *The Transforming Hand of Revolution*, pp. 488-489.

热"之说。[129] 而且,还有人基于意识形态立场对新美国革命史学进行讨伐。托马斯·韦斯特在1999年推出《捍卫建国者:美利坚起源中的种族、性别、阶级和正义问题》一书,针对"建国之父"屡受新史学潮流冲击而声誉大损的局面,出面为他们做辩护。不过,他的辩护又引起了意识形态化的反击,有学者指责其书带有保守的意识形态色彩,不啻是从现实需要出发滥用历史的典型。[130]

作为美国革命史领域极富影响力的学者,伍德对激进史学也颇有微词。他多年来致力于平衡精英研究与底层研究,并未把考察美国革命的视野局限于少数"建国之父",而着力探讨革命在政治文化和社会生活方面所造成的深刻变动。他自认秉承了进步主义史学的余绪,重新回到了"从贵族制向民主的转变"的主题。即便如此,他的著作仍然受到激进史家的批评,而他本人对美国革命史学中意识形态盛行的局面也深为不满。他写道:"在当今社会,许多学者都看到不开明的、狭隘的平民主义泛滥成灾,而联邦者的精英论看来也并不是那么糟糕。"他认为,如果说进步主义史家由于过度关注当时普通人与企业主的斗争,从而不恰当地表现了革命时期的历史,那么目前人们对种族和性别的过度关注,也对革命史写作起了同样的作用。对于采用"人民的主动性"来解释一切历史变动的做法,伍德似乎也不以为然。照他看来,在殖民地时期,政治参与的兴起和扩大并非来自民众的主动争取,而是精英诉诸本地民众以取得有利于自己的政治优势的结果;到了革命时期,美国政治向民主的转变也主要不是民众斗争的产物,而是因为那些在政治上崛起的新精英,质疑和挑战社会权势与政治权力之间的必然联系,倡导社会平等,从而为普通人进入政治领域打开了大门;而且,在革命后民主政治的兴起中,占据主导地位的仍然是政治家。[131] 他这种立论的矛头所向,显然是"平民主义"的美国革命史。

毋庸置疑,新美国革命史学在学术上确有不少出色之处。许多史家通过深入细致的研究,发掘了许多新的史料,对普通民众和边缘群体的经历做了具体描述,并把革命时期各种不同群体的希望、恐惧、期待和诉求,以及它们之间的竞争和冲突,均置于革命的框架中加以阐释,由此得到一幅色彩驳杂、丰富生动

---

[129] 美国宾夕法尼亚大学教授迈克尔·朱克曼(Michael Zuckerman)2009年11月在北京大学历史学系的演讲专门讨论了这种名为"the new Founders' chic"的现象。有关报道见《美国史研究通讯》2009年第2期。

[130] Thomas G. West, *Vindicating the Founders: Race, Sex, Class, and Justice in the Origins of America*, Lanham, Md.: Rowman and Littlefield, 1999; Joseph J. Ellis, "Who Owns the Eighteenth Century?" *The William and Mary Quarterly*, Third Series, Vol. 57, No. 2 (Apr., 2000), pp. 417-421.

[131] Wood, *The Idea of America*, pp. 12, 20-21, 189-212.

的革命画面。于是,长期遭到遮蔽和剔除的革命内容得以重见天日,革命的内涵得到了丰富,对革命的复杂性和丰富性的理解也大为深化。换句话说,美国革命不再仅仅是一场"建国之父"领导的争取独立和创建新国家的革命,它是同时并存的多种革命的复合体,其中有精英的革命,有普通民众的革命,有妇女的革命,有黑人的革命,也有印第安人的革命。于是,英文的"美国革命"一词,就从"单数"(the American Revolution)变成了"复数"(American Revolutions)。在具体的历史时空中发生的美国革命只有一个,而史家所描述的美国革命却呈现不同的形态,而且相互之间处在矛盾和冲突中。

尤为难能可贵的是,新美国革命史学的这些成绩,是在史料严重匮乏的情况下取得的。关于革命的绝大多数材料乃是精英留下的或是与精英有关的,而涉及普通民众和边缘群体的史料,不仅稀少和零散,而且大多经过了精英气息的熏染。新美国革命史家的过人之处,正是从如此有限的材料中发掘了普通民众和边缘群体的革命经历。然则他们的缺陷也恰恰与此相关:由于材料不足,他们难以对史事做出细致而条贯的描述,在许多地方不得不借助引申和推测。例如,纳什在讨论反英的思想意识对黑人追求自由的影响时,完全是出于推断,而没有多少经验证据来支持。[132] 同时,也是由于材料单薄的局限,同以精英为主角的美国革命史相比,新美国革命史著述多少显得支离破碎。更重要的是,如前文所论,新美国革命史学并不纯粹是一个学术现象,其孕育、形成和流变,与美国社会风气、政治斗争和意识形态有着复杂的关联,因而还存在其他严重的缺陷。

纳什在《不为人知的美国革命》中提出,美国革命同时存在几条不同的战线,即对抗英军的军事战线,黑人造反的战线,印第安人反对美国扩张的战线,以及革命阵营内部相互冲突的战线。[133] 但是他提到的这四条战线,非但不能涵盖美国革命的主要内容,反而混淆了美国革命的主流和支流。类似的问题也存在于其他新美国革命史学著述中。综观两百多年来关于美国革命史的讨论,可以看出它至少包含三种相互关联的历史运动,即独立战争、国家构建和社会改造。这三者都牵涉到革命的全局,而精英的观念和行动在其中起了更重要的作用。换言之,由精英主导的这三种运动乃是美国革命的主流;至于普通民众的自发行动,他们对革命战争的参与和支持,以及边缘群体的诉求和活动,固然是

---

[132] Nash, *The Unknown American Revolution*, p. 64.
[133] Ibid., p. 307.

革命的内容,但只是其支流。新美国革命史家片面强调普通民众和边缘群体的作用,刻意贬低甚至"丑化"建国精英,容易造成一种印象,似乎美国革命乃是普通民众和边缘群体一手造成的。

新美国革命史家大多是乐观主义者,他们相信人类不断改善的可能,并希望某一次革命能够一劳永逸地为这种改善开辟道路。于是,他们在不知不觉中就把对革命的规范研究引入了对革命的经验研究,混淆了革命的实际目标与革命的理论目标,用理想的革命标准来衡量实际发生的革命,以此揭示美国革命的种种欠缺和不足。历史地看,美国革命需要完成的任务,一方面是摆脱英国的控制而成为一个独立国家,另一方面则是把这个独立的国家建成一个不同于欧洲诸国的共和制国家。这实际上是一件事的两个方面,为了做好这件事,需要对美国社会进行适当的改造,对社会关系做出一定的调整。对主导革命进程的精英来说,通过革命来建立一种有利于他们继续控制政治权力和社会核心资源的体制,并以此来结束革命,无疑是最理想的方案。普通民众和边缘群体受到革命的激励,提出了各自的利益诉求,但是他们的主张和愿望本身并不是革命的目标,而且以当时的形势和他们所处的位置,也不可能进入革命的"议程"。可是,新美国革命史家依据革命后几百年美国社会所发生的变化,认定革命者当初应当一举解决后来美国人用了几百年才解决的各种问题:废除奴隶制,承认黑人的平等和自由;解放妇女,实现男女平等的社会格局;满足穷人的愿望并保障其权利;承认印第安人的独立和主权,维持部落生活的条件。可见,新美国革命史家是依据后来的社会状况和意识形态来为历史上的革命制定"议程",这样做显然违背了基本的史学规范。然则这些史家都接受过严格的史学训练,许多人乃是成熟的历史学者,难道他们不了解史学的基本规范吗?究其缘故,可能是他们在面对意识形态和学理要求的冲突时,轻而易举的舍弃了后者,而满心喜悦地拥抱前者。

再者,就史学常识而言,"美国革命史"和"革命时期的美国史"是两个范畴,后者可以包容前者,而前者不能代替后者。对英国的战争,战时的经济和社会改造,各州和联邦的立宪,关于奴隶制存废的争论,这些无疑是革命史的内容;而同一时期的边疆冲突,制宪以后的民众造反,印第安人部落的活动,妇女在家庭和社会中的作用的变化,这些虽然与革命有着某种关联,但是只能属于革命时期美国史的范畴。新美国革命史家的惯常做法,就是把革命时期的美国史,统统阑入美国革命史的范围。诚然,实际发生的革命乃是一种过去实存,革命者对于他们所做的事情有自己的理解和界定,而后世的历史学家也有权利做出不同的认知和解释。但是,无论怎样做都必须受到历史主义意识的制约,不能脱离基本的历史条件而随意立论。

而且,关于普通民众和边缘群体在革命时期的诉求和活动,也应当加以区分,不能一概视作革命的内容。普通民众发起或参与反英活动,参加大陆军对英作战,在战争时期打击"效忠派"和支援军队,参与制定或修改宪法,推动和参与政府变革,这些活动写入革命史自是理所当然。除此之外,在革命期间还发生了其他一些事件,如民众不愿参加大陆军,拒绝缴纳税收,军中士兵哗变甚或围攻革命政府,它们在道义上是否正当另当别论,但至少不属于"革命"行动。至于革命后一些地方民众起事以反对政府,只是合法政府治下的社会抗争,不能因为它们发生在紧接革命之后,或者因为它们的矛头指向了精英主政的政府,就把它们视为革命的组成部分。妇女积极参加支援革命的活动,或者通过家庭生产而维持战时经济,这些属于革命史的范畴;而她们在角色和身份意识方面的变化,则是革命的影响或连带反应,本身不属于革命的一部分。对于黑人和印第安人在革命时期的活动,更需慎重辨析。黑人参与反英活动和加入大陆军,自然属于革命的行为;而那些投奔英军阵营以获取应许自由的奴隶,则另当别论。另外,革命期间许多印第安人部落站在英国一方,协助英军袭扰边疆居民和革命军队,这在道义上也许有其合理性,但是并不能因此进入美国革命的范畴。[134]

此外,新美国革命史家还常用后出的观念来改造历史。他们忽视历史时间的制约,任意上推或下延美国革命的时限;或者不顾历史常识而使用当代术语,如用"非洲裔美国人"(African Americans)来替代"黑人"(Negroes),用"土著美国人"(Native Americans)来指所有部落的印第安人,用"黑人建国者"来称呼某些黑人活动分子,还把妇女活动分子塑造成现代女性主义者。这实际上是用多元文化主义和女性主义所形成的社会观念来改造革命时期的美国史,其"时代倒错"是显而易见的。此外,有些史家还忽视《独立宣言》的历史语境,把其中为反对英国统治而辩护的具体话语,视作真空中的抽象观念,从而怀疑或否认宣

---

[134] 在纳什看来,印第安人为应对美国革命给他们造成的困境所采取的行动,实际上构成"印第安人的美国革命"。(Nash, *The Unknown American Revolution*, p. 17.)可是,多数印第安人部落当时是自外于英国和美国控制的主权实体,他们对美国革命的态度,类似国际关系中某国对他国革命的反应,并不能算作美国革命的内容。再者,印第安人既没有"革命"的概念,也没有革命的要求;美国革命使他们陷于困境本非他们所愿,他们处在英美冲突的夹缝中间而被迫站队,终受"池鱼之殃",实在是一件很不幸的事。后世史家如果硬把他们没有意识到,也不想要的东西强加给他们,似乎有非历史的嫌疑。

言起草者的诚意;或者依据这些话语与其实际作为之间的反差,来谴责他们"背叛革命"。诸如此类批评建国精英的手法,都带有非历史的色彩。

尤其富于反讽意味的是,革命时期的黑人奴隶、印第安人、妇女,甚至普通白人,在采取许多行动时并没有革命的意识,也没有把自己视为"革命者",而后世史家却慷慨地把"革命者"的桂冠戴在他们头上,把他们的各种诉求和行动都贴上"革命"的标签,由此制造出"黑人的革命""印第安人的革命""民众的革命"或"妇女的革命"等种种史学神话。这生动地体现了现实政治、特别是意识形态对历史知识的强大塑造作用。

在为《海员对约翰牛》作序时,匹兹堡大学教授马库斯·雷迪克谈到,莱米什为之奋斗的史学理念包括"'从下往上看'的阶级视角,坚持在史书中长期被排除在外的人们的历史创造权,过去和现在之间的明显联系"。[135] 这些当然不只是莱米什一个人独有的理念。另一些激进史家也明确表示,他们之所以欣赏民众及其领导人,正是由于其(经济或政治的)"平民主义"。[136] 显然,对于新美国革命史家来说,为历史上和史学中长期遭到排斥的群体"打抱不平",既是他们治史的政治动机,也是追求学术影响的有效途径。这些史家在研究和写作时,有意或无意地打开了意识形态这个"潘多拉之盒",在成功地改写美国革命史的同时,也制造了一种他们或许没有料到、也无法控制的高度意识形态化的局面。一部美国史学史反复揭示,历史在被"文本化"的过程中,总是伴随着或明或暗的政治和伦理争端,关于美国革命的历史叙事自然也难以成为例外。

附志:本文初稿曾在 2010 年 12 月厦门"现代性与革命叙事"学术研讨会上宣读,并承董瑜、滕延海等同学提供部分资料,谨致谢忱。

【本文原载《史学集刊》2011 年第 6 期。】

---

[135] Lemisch, *Jack Tar vs. John Bull*, p. xii.
[136] Young, Nash, and Raphael, eds., *The Revolutionary Founders*, pp. 337, 376, 386.

迈克尔·朱克曼[*]

李丽婵　译

美国革命时代的成年经历

美国人以成长的比喻理解美国革命：13个反叛的殖民地犹如长大成人的孩子，他们不再依赖父母并且主张独立自治。基于这一比喻，美国的《独立宣言》被看作是"时代孕育物"的天然结果。然而，理解革命的这种成长观尖锐辛辣，并非如同宣称孕育物的生物性成熟那么简单平淡。美国人对革命的看法是，身为父母的英国虐待其殖民地后裔，从而激发了子女追求自由的愿望。这是一种不良的家庭关系。这一观点对美国人而言不无道理，因为他们的家庭经历决定了他们有关家庭的意象。在早期美国，殖民地居民往往在年少时期就离开家庭，或因父母之遣送，或出自个人的选择。子女提前自立的模式相当普遍。这种情况不仅是由人口衰竭的因素促成，而且还源于一系列代际间的敌意。父辈同子辈之间这种紧张的、无爱的关系在1776年之后很长的时间里依旧存在。其实，这样的关系确立了沿用至今的有关美国成长理念的用语，割裂了美国的代际联系，使美国的未来变得既开放又虚无。

法国旅者阿历克斯·德·托克维尔在美国独立后不久便对此有所觉察。美利坚合众国此时已然是世界上最为保守的国家。这个推翻国王统治的新国家是地球上最稳定的政体。作为君主和沙皇当权的世界中的共和国，作为贵族和农民两极世界中的中产阶级民主政体，美国却比欧洲任何一个国家更无意于制度变更，也更不易于陷入内部动荡。这是一个自由得令人惊异的社会，但是在整个西方世界里，它的政治话语的图谱最为狭窄，而且对任何超范围的争议

---

[*] 迈克尔·朱克曼（Michael W. Zuckerman），哈佛大学博士，现为宾夕法尼亚大学历史系教授，主要研究领域为美国早期史，著有 Peaceable Kingdoms: New England Towns in the Eighteenth Century (1970), Almost Chosen People: Oblique Biographies in the American Grain (1993)等。

毫无兴趣。

如此这般,美国显然违背了两千年的政治理论。古代及现代的哲学家均排斥民主,视民主政体为最不稳定的政府形式。然而,托克维尔却预言,从美国式的民主来看,民主并不拥有活力的源头,也不具备矛盾的推力。正如托马斯·杰斐逊在他的第一任总统就职演说中所指出的,美国的政治分歧是微不足道的。所有的美国人既是共和党人,也是联邦党人。也正如学者们此后所说的那样,美国政党之间的差异,不过是半斤和八两之分。[1]

美国式民主之钝滞令美国人困扰不已。他们摸索了各种方法并援用自身的革命遗产以声明自身的革命前景,然而却不认可革命行动或欢迎激进思想。他们一直力争把握并赞美自身反叛的过去,然而却不认可今日或未来的反叛。

成长的比喻

美国人隔离自身革命起源的方式之一是采用成长的比喻。这一比喻从来就不是清晰准确的,更别说复杂精巧。然而,他们对使用这种比喻持之以恒,时间长达几个世纪。他们在帝国危机的高潮时期首次采用的比喻方式后来定期重现,直至今日。今天,这种成长的比喻出现在报纸的社论中以及学术杂志的文章里,在教授的课堂上以及学生的论文中,这种比喻尤其显著。

这是一个有关成年的比喻。它将13个殖民地描述成摆脱幼稚的儿童,或是长大后不再依赖父母的青年,或是青春意识产生后追求独立的青少年。《独立宣言》发表10年之前,本杰明·富兰克林曾经这样描述:"我们有一老母,脾气暴躁易怒;她对我们横加斥责,视我们为害怕独行的孩儿;我们已经成长为具有独立意识的成人,可是她却毫不记得。"[2]

在各种不同版本的比喻中,最根本的要点是一致的。成长是一个自然的、不可遏制的过程,这一点不仅对个人适用,对国家也不例外。一个孩童和一个民族经历的最初时光并不能决定其未来的岁月。不论是对孩童还是对民族而言,青年时期并不能形成稳固的个性。二者都可能走向成熟。

---

[1] A. de Tocqueville, *Democracy in America* (P. Bradley Ed.), New York: Alfred A. Knopf, 1945 (Originally published in 1835 and 1840). T. Jefferson, *The Portable Thomas Jefferson* (M. Peterson Ed.), New York: Penguin, 1977, pp. 291-292.

[2] B. Franklin, *Writings* (J. A. L. Lemay Ed.), New York: Library of America, 1987, p. 565.

基于这种成长的比喻，美国人可以承认，美国革命带来些许动荡，正如他们承认青春期会产生某些躁动一般。但是，他们同时可以坚持说，美国革命并没有违背事物的本质，当然也没有成为未来事物的样本。美国革命只是一个阶段，是事物有机的、甚至是不可遏制的发展过程中一个独立的插曲。青春时期的狂暴和压力并不会塑造出成年个体的反叛个性，而对于美国而言，美国革命同样没有建立起一种革命范式。

我希望就这种成长的比喻进行认真的探讨。不过我同时想指出的是，这一比喻并不像多年来借用它的人们似乎感觉的那么直接明了。我最终想要说明的是，这一比喻的迂回曲折最终将我们引向意料之外的结果，它使我们怀疑美国是否真如托克维尔所认定的那般保守。

这一成长比喻最重要的来源是美国政治史上最著名的宣传册，即托马斯·潘恩所著之《常识》。该宣传册于1776年1月出版，亦即殖民地人民同英国决裂的六个月之前。从许多方面看来，这本册子不仅导致殖民地人民宣布独立，而且还造就了殖民地人民宣布独立的方式。它是明确呼吁殖民地同母国分离的第一部著作，是指出这种分离确实能够获得成功的第一部著作，也是抨击乔治国王三世本人的第一部著作。

对王室的忠诚是维系殖民地同帝国关系的最后纽带。在持久的危机过程中，美国人虽然攻击了议会和内阁，但毫无例外都将王室排除在怨恨之外。潘恩终结了这一状况。其他的殖民地居民视乔治三世神圣不可侵犯，潘恩却认为国王是一切的罪魁祸首。几个月之后，《独立宣言》做出了同样的阐述。

《常识》颠覆了论战的措辞。它的销售规模在美国历史上空前绝后。在一个相对而言阅读还是集体行为的时代——在客栈、小酒馆以及其他公共场所，文化人往往向其余在座者大声朗读——《常识》的听众人数甚至超过它的销售数量。众所周知，18世纪关乎此类事情的数据并不可靠，但几乎不容置疑的是，《常识》拥有的公众人数之多使同时代其他任何规模的事物都相形见绌。我们可以推断，对广大读者而言，这本读物必定具备一些基本的可信度，否则它不可能在反叛各省燃起激情。

《常识》令人可信的一个重要元素是，它将国家的发育和个人的成长进行类比。"以发育观进行的阐述"是这本册子精彩部分的"核心内容"。[3] 潘恩蔑视

---

[3] T. Paine, *Common Sense* (E. Larkin ed.), Peterborough, Canada: Broadview, 2004, originally published 1776, p. 21.

那些害怕与母国斩断关系的人。那些人提出，殖民地是在英帝国父母般的庇护之下繁荣成长的，而且只有在这种庇护下才能持续繁荣。潘恩对此加以讥讽。他大声疾呼，没有"比这更加荒谬的论调了"。美国对英国的依赖充其量是暂时的。到了1776年，依赖的时代一去不返了。新世界的群落已经成熟。"我们索性如此断言，因为孩子成长依赖的是乳汁，那他将来则永远不得转而吃肉！"[4]

美国殖民地时期的成年经历

即使从具体的语境中剥离，潘恩的慷慨陈词仍然具有说服力。然而，这样的词调在18世纪可能会更难理解。在殖民地时期的美国，孩子成年的情况同如今我们视为当然的情况大相径庭，当时的家庭本身也和我们今日标准的核心家庭模式相去甚远。

即使潘恩对当时的相关情况并不了解，但是他肯定有所感悟。尽管他是新世界的初来乍到者，但他在费城却舒适自在。他刚刚和第二任妻子离异，自己没有家庭，但是这一点并没有使他在这个贵格教徒的城市里感到不适。其他许多人在那儿孤独地生活，或者因失去家庭或逃离家庭而独居。他自己对家庭生活的冷漠没有使他与外部世界隔离。

在《常识》中，潘恩对那种认定英国是殖民居民的母国的惯有观点进行激烈抨击。他认为，从最基本的层面来看，这种观点伪造了美国的祖先。国王"和他的寄生虫们"出于"下作的、天主教的"目的，"阴险地"将美国的祖先捧高了。在潘恩自在生活的宾夕法尼亚，来自德国的移居者人数超过了来自英国的移居者人数。"欧洲，而不是英国，（才是）美国的母国。"在新世界里，父辈的身份混杂不清。[5]

从更深入更确凿的层面来看，英国并非生母，甚至不是生物学意义上的母亲。移民是为了逃离她的迫害才来到殖民地寻求"庇护所"的。他们并非"挣脱母亲的温柔怀抱，而是逃离恶魔的残酷对待"，而且，"将移民逐出家园的同一暴行仍然在加害他们的后代"。英国不但没有哺育、支持殖民地的成长，反而为了

---

[4] T. Paine, *Common Sense* (E. Larkin ed.), Peterborough, Canada: Broadview, 2004, originally published 1776, p.63.

[5] Ibid., p.64.

自身利益对殖民地进行压榨。即使英国与殖民地不存在任何关系,殖民地"一样可以发展,也许发展得更好"。殖民地赖以繁荣的商业涉及"生活之必需品",而且"因为欧洲人必须吃饭,市场总是会有的"。英国之所以护卫美国,只因她想拓展自己的"贸易和疆域"。她"若出于同一目的也会护卫土耳其的"。如果有人愿意称之为母亲,那"她的行为就更显可耻"。"畜生尚且不食子,野蛮人尚且不对家人开战。"[6]

潘恩借用家庭关系进行比喻,但他只是强调,这种家庭关系,如果它存在的话,是一种不良的关系。如果潘恩的比喻对他的广大读者而言不无道理,堪称"常识",那我们该如何想象令读者接受这种比喻的家庭生活经历?我们又该怎样推断殖民地居民的各种成年方式?

幸运的是,我们不必依赖推断。经过一代人刻苦创新的研究,我们已经对美国早期的家庭生活模式了解甚多。潘恩的比喻借用了父母对孩子的冷漠无情以及孩子提前希望摆脱父母的情形,这一点可以同扎实的相关实证研究成果进行比照。

美国殖民地时期的家庭情况使《常识》的阐述合情合理,其中某些方面也许还超出潘恩本人的感悟。这本册子有关成长的最基本的命题是,殖民地居民到了成年期。他说,"一切符合伦理或顺乎自然的都会请求分离"[7]。不过,潘恩的论点尖锐辛辣,后来类似的阐述并不具备这一特点。或者至少说,关于代际之间的敌意,潘恩版本的阐述清晰明了,而后来其他版本的阐述则或含糊其辞或避而不谈。

在后来的版本里,在教科书以及爱国演说中,独立一事变得平淡无奇:殖民地居民成年了,他们做了年轻人不可避免的事情。潘恩的檄文远非如此平淡。整个册子充斥着咒骂和狂怒:历代英国君主虐待他们的美国孩子。"遭残害者的鲜血"以及"大自然的哭泣"一致发出这样的声音:"分离的时刻到了。"[8]

我并不是说,多数殖民地居民如同潘恩咒骂乔治三世一般咒骂其父母。但是我确实认为,大多数殖民地居民从早年起就开始应对家庭破裂的问题。而且我还认为,较之于旧世界,新世界的许多人确实有理由厌恶父母。再者,不论他们是否厌恶父母,他们确实都希望离开父母。在殖民地,居民寿命短暂,死亡率

---

[6] T. Paine, *Common Sense* (E. Larkin ed.), Peterborough, Canada: Broadview, 2004, originally published 1776, pp. 63-64.

[7] Ibid., p. 66.

[8] Ibid.

也高。这种死亡状况造成殖民地成长的混乱性。由于寡居的父母再婚,孩子必须和继父母以及异父母的兄弟姐妹相处。丧失父母是孩子成年过程的标准化模式。年幼的孩子都有规律地走出家门。即便丧失父母没迫使他们离家,父母也可能将他们送走,或者他们自己会选择离开。

新世界疾病丛生,死亡不仅袭击父母,也袭击孩童。婴儿的死亡率尤其具有毁灭性。当今出生的美国孩子活到 60 岁的可能性超过 17—18 世纪殖民地孩子活满 1 岁的机会。[9] 大约三分之一的孩子活不到 21 岁。[10] 即使那些活到成年的前景也不乐观。在切萨皮克这个死亡率最高且人口最多的地区,居民成年后几乎都只能活不到 30 年。在一些地方,居民的寿命甚至不过是成年后再活 20 年而已。在弗吉尼亚某个教区,1660 年至 1760 年间仅有 12 名男子存活至当上祖父的岁数。[11]

这种死亡率对年轻人的社会化的影响是深远的。在新英格兰,人们的寿命较长,家庭的规模也较大,即便如此,也只有较早出生的孩子可能享受到成年时父母双双健在的美好。在切萨皮克地区,没人能够指望成年时会有如此幸运的情况。在弗吉尼亚某县,四分之三的孩子在 21 岁之前至少丧失父亲或母亲一方,三分之一的则在此之前父母双亡。[12] 在另一个县,数量远不只一半的孩子在 13 岁之前丧失父亲或母亲或者父母双亡,而几乎一半的孩子 9 岁之前就惨遭这样的命运。[13]

乔治·华盛顿 11 岁时父亲过世。托马斯·杰斐逊 14 岁时失去父亲。像这样成为孤儿的情形在南方省份是一种基本定势,在北部省份也相当普遍。不论在哪个省份,鳏夫寡妇都随处可见。他们再婚时往往组成关系复杂扰人的混合家庭。在同一个家庭里,一对男女可能是几个青少年的生父母,其他几个的继父母,以及另外几个的监护人。[14]

---

[9]   R. Wells, *Revolutions in Americans' Lives: A Demographic Perspective on the History of Americans, Their Families, and Their Society*, Westport, CT: Greenwood, 1982, p. 3.

[10] D. B. Smith, "Mortality and Family in the Colonial Chesapeake", *Journal of Interdisciplinary History*, Vol. 8, 1978, pp. 403-427. S. Mintz, *Huck's Raft: A History of American Childhood*, Cambridge, MA: Harvard University Press, 2004, pp. 14-15.

[11] D. B. Smith, "Mortality and Family in the Colonial Chesapeake", *Journal of Interdisciplinary History*, Vol. 8, 1978, pp. 403-427.

[12] Ibid.

[13] D. Rutman, & A. Rutman, *A Place in Time: Middlesex County, Virginia, 1650-1750*, New York: Norton, 1984.

[14] Ibid.

殖民地的孩子不能指望他们的亲生父母引导他们走向成年。如果幸运的话，他们可能只需和继父母相处，但是继父母毕竟还是和他们自己的孩子亲近。如果没那么幸运，他们则可能由法庭指派的监护人照料，而他们的监护人有可能试图窃取他们的应得遗产。

即使幸免成为孤儿，他们也会目睹同龄伙伴提前被命运逼上独立的境地。超前自立是殖民地孩子的生存模式。和欧洲同时代的人相比，美国人的婚龄总体而言提早几年，这一点并非偶然。几乎有三分之一的美国新娘结婚时已经怀孕，比例是英国的两倍。[15]

殖民地的孩子也会在父母健在时早早离开家庭。这样的分离有些是结构性的原因造成的。在新英格兰，家庭对土地的占有量相当有限。因此，如果说村镇第一代父辈尚能为儿子们提供足以生存的土地，他们的儿子则无法为下一代做到同样的事情。在任何地方，当家庭发展到第三代时，许多儿子——如果他们希望拥有自己的土地——被迫搬迁至远离家庭的某个边疆地区生活。[16]

但是，有些分离则是斟酌和刻意的结果。在费城的德国移民家庭中，送走孩子的动机显而易见。为了帮助自己偿还移居新世界的旅费，家长将自己的后代出卖为仆。[17]不过时至今日，我们还不能对新英格兰家庭送走子女的做法做出令人信服的解释。我们只知道，大量的家庭在孩子12岁或14岁的时候将他们送走，致使他们和离家不算太远的另一个家庭共同生活。这些孩子们之所以被这样"撵走"，往往并非出于我们看得见的功能性的原因。他们通常来自完整的富裕家庭，本身并不缺乏教育，并不是去学手艺，或者说，在他们的合约里没有任何证据表明他们是为了学艺而离开家庭的。[18]

被卖为仆的德裔孩子往往年纪幼小：有10岁或12岁的，甚至还有五六岁的。相应地，他们的劳动期限十分漫长：9年或10年，甚至长达15年。因此，他们在很长的时间里无法见到父母，甚至有生之年再也没有和父母相见。父母和

---

[15] L. Carr, & L. Walsh, "The Planter's Wife: The Experience of White Women in Seventeenth-Century Maryland", *William and Mary Quarterly*, 3rd ser., No. 34, 1977, pp. 542-571; S. Mintz, *Huck's Raft: A History of American Childhood*, Cambridge, MA: Harvard University Press, 2004.

[16] K. Lockridge, "Land, Population, and the Evolution of New England Society, 1630-1790", *Past and Present*, 1968, pp. 39, 62-80.

[17] G. Mittelberger, *Gottlieb Mittelberger's Journey to Pennsylvania in the Year 1750 and Return to Germany in the Year 1754* (O. Handlin Ed.), Cambridge, MA: Harvard University Press, 1960.

[18] J. Demos, *A Little Commonwealth: Family Life in Plymouth Colony*, New York: Oxford University Press, 1970.

孩子之间的联系中断不足为奇。由于遭到抛弃并且从事长得出奇的苦劳,孩子很难同父母亲近,心中也不太可能留下家庭的情感余温。但是,与宾夕法尼亚的德裔移民相同的是,新英格兰人也提前割裂了自己同父母的关系。尽管他们完全明白可以去哪里寻找自己的家庭——德裔移民的孩子往往是不知道的,但是一旦被送走之后,极少有人回去和父母再次一起生活。

一些孩子是被父母送走的,也有孩子出于个人意志离开。他们离家出海远行,或随意落脚在偶然到达的地方。一旦走出家门,他们极少回首过往。对费城西北几英里的一个小镇所做的详尽研究表明,大多数离家的年轻人从此失去了和父母以及小镇的所有联系。尽管他们的新家距离自己生长的小社区不过10英里、20英里或30英里之遥,他们根本不尝试同家人或旧友保持联系,而他们的家人和旧友也没有做出与他们保持联系的努力。[19]

即便那些留在家中的子女同父母之间的关系也并不紧密。孩子一旦长大成人就极少继续同父母共同生活。许多人向非亲非故者而非父辈租地、租房或租用作坊。几乎没人对父辈表示兴趣或在意。年轻男子没有选择父亲的职业,年轻女子没有皈依母亲的宗教。父母年迈时子女都不愿意照顾,父母陷于贫困时子女也都不愿意赡养。在这个都市中的村镇里,家庭只是个相互利用的舞台,而不是互亲互爱的场所。从事相关研究的历史学家将这种家庭的实质描述为"功利主义合同"。[20]

代际间的敌意

在18世纪那些关系错综复杂、死亡阴影挥之不去的家庭中,亲情或者情感经营根本就鲜有存在。在南部,种植园主父亲和孩子的关系疏远冷淡,但凡可能他们都会将孩子交由家庭教师管教。有钱的种植园主会将儿子送到英国或法国的学校接受教育。有时候他们在孩子极其年幼的时候就将他们送走,而且孩子一走就是几十年。威廉·伯德是其中最有钱的种植园主,他曾经留下一本记录时间长达几十年的详细日记。但是,他在日记中完全没有流露出任何对后

---

[19] S. Wolf, *Urban Village: Population, Community and Family Structure in Germantown, Pennsylvania, 1683-1800*, Princeton, NJ: Princeton University Press, 1976.

[20] Ibid., p. 326.

代的喜爱之情。他对其他种植园主以及对社区的关心几乎总是先于对自己骨肉的关心,即使他的一个孩子生病时或另一个孩子即将死去时他的表现也是一样。他定期探访亲朋邻里,离家相当频繁。当他在家时,他娱乐的时间也相当频繁而且十分有规律。他几乎没有和孩子们单独相处,当然也从不曾为孩子的能力或个性的发展尽心竭力。他在很大程度上脱离了家庭生活,对家庭的情感疏离更是超乎寻常。[21]

种植园主的孩子们更多的是彼此之间而不是从父母那里获得支持和指导。他们依赖更多的是兄弟姐妹之间的横向纽带,而不是他们和父母之间的纵向纽带。在士绅家庭,兄弟姐妹以及堂(表)兄弟姐妹彼此扮演父母的替代角色。年长者担当年幼者——有时反之——的导师、密友以及共同兴趣的促动者,因为他们的亲生父亲从来做不到这一点。在相互协作和彼此依存的过程中,父母所要求的对年长者的遵从以及祖辈坚持的性别等级制度都遭到他们的蔑视。[22]

南部年轻人的生活经历中几乎不存在让他们痛恨的父权,因此主张父权的做法更容易招致他们的痛恨。在切萨皮克地区以及卡罗来纳南部的沿海地带(low country of Carolina),种植园主对孩子的控制微乎其微。一方面,他们并非真正希望拥有更多的控制权,因为他们希望自己的孩子同他们一般顽强、英勇和坚定。另一方面,他们也无法获得更多的控制权,因为他们自己不屑承担培育孩子的责任,而是将责任弃之于奴隶和家庭教师手中。[23]

子女在生命的头十五年或二十年里和父亲鲜有接触,而父亲却在他们长大成人时突然宣称自己拥有教化他们的权利,为此子女会进行激烈的抵制。父亲一直都对自己的权力想当然,但是当他们滞后地意识到自己的孩子甚至不愿意听从他们、更别说遵从他们的权威时,则会进行徒劳无益的责骂。

然而,随着孩子接近成年,父亲只能把怒气吞进肚里。如果他们试图对孩子进行任何真正的管治,他们就会发现那样做只能激起反对的怒火。如果他们力争让子女减少冒犯自己的违抗行为和情感流失,结果也只会使自己身陷激烈

---

[21] M. Zuckerman, "William Byrd's Family", *Perspectives in American History*, Vol. 12, 1979, pp. 253-311.

[22] L. Glover, *All Our Relations: Blood Ties and Emotional Bonds among the Early South Carolina Gentry*, Baltimore, MD: The Johns Hopkins University Press, 2000.

[23] M. Zuckerman, "Penmanship Exercises for Saucy Sons: Thoughts on the Colonial Southern Family", *South Carolina Historical Magazine*, Vol. 84, 1983, pp. 252-266.

的冲突,而且极少能够占得上风。[24]

如果说南部殖民地的父母以冷淡疏离了子女,新英格兰的父母则因对子女的侵扰疏离了他们。在种植园里,主人的孩子——主人的白种孩子——从本质上说不需要劳作。正如特权阶层亘古以来所做的那样,他们的父母使唤他人劳作以便自己的后代——他们的白种后代——可以享受休闲。在新英格兰的农场和渔场,父母则让自己年少的孩子领受劳作的艰辛。他们对孩子的劳动力的盘剥几乎和南部种植园主对奴隶的剥削一般无情。

出于平等主义的伦理观念,新英格兰人牺牲了原本可以为孩子提供的优越条件。在田地,父母让孩子从事可能由仆人或奴隶干的苦劳。在海上,他们置孩子的生命于险境而不是剥削他人。从伦理的角度而言,新英格兰的劳动制度反映了一种非凡的、甚至几乎是前所未有的理念。但是,从情感的角度而言,这种做法无法让孩子和父母亲近。[25]

父母并不向子女隐瞒他们的敌意。他们反复宣称,他们的孩子是撒旦的后代。正如卡尔文教所教诲的,新生儿从本质上来说是"肮脏的、罪恶的、丑恶的和可憎的"生物。新生儿从开始呼吸的那一刻起便开始犯罪。他是十足的野兽,他的兽性很快就从他顽固坚持爬行的举动上得以彰显。早在孩子能够行走之前,新英格兰人就煞费苦心硬要他们双脚站立。[26]

即使婴孩能够不借助外力而独自站立了,正统的清教徒依旧密切警惕他们的堕落。正直只是简单的身体姿态问题。训练正直的品质怎么也不算为时过早。当孩子接近两岁时,他很可能就已经开始声张其邪恶的意志。他声张自我的努力必须加以粉碎。父母必须真正地狠揍他,将魔鬼从他的体内驱出。他的意志必须通过严厉的肉体惩罚加以摧毁。而且,即便他的意志已经遭到摧毁,父母对他的殴打并没有就此停止。几年之后,男孩入校求学。他所就读的学校有着明确的教育宗旨:打击他表达自我的任何冲动。在清教徒的教育理论中,主动和个性是孩子罪恶本性的散发。这是不容许存在的。教育他们读写的学校不允许他们发问或提出批评。他们能做的只是死背教义问答手册的内容

---

[24] R. Isaac, *Landon Carter's Uneasy Kingdom: Revolution and Rebellion on a Virginia Plantation*, New York: Oxford University Press, 2004.

[25] B. Levy, "Girls and Boys: Poor Children in the Labor Market in Colonial Massachusetts", *Pennsylvania History*, Vol. 64(suppl.), 1997, pp.287-307.

[26] K. Calvert, *Children in the House: The Material Culture of Early Childhood, 1600-1900*, Boston: Northeastern University, 1992; S. Mintz, *Huck's Raft: A History of American Childhood*, Cambridge, MA: Harvard University Press, 2004, p.11.

以及其他一些死的知识。[27]

即使儿子接近成年,父母依然坚持拒绝给予独立权。在新英格兰,成年的界定是拥有土地以及具备养家的能力。但是年轻人无法通过个人的努力达到这样的自立境界。只有通过继承土地的方式或是从父亲那儿获得土地馈赠,年轻人才能拥有土地或结婚成家。但是,父亲往往尽可能将土地馈赠延后以便延长对儿子的控制。

新英格兰的男子比中部及南部殖民地的男子晚结婚。男子在身体及性功能成熟之后的十至十几年内依旧得忍受父母的控制。为了必须得到的土地,成年男子继续扮演着顺从和依赖的角色。[28]

父亲并没有自欺妄想。他们从来不认为儿子对自己充满感激,或忠心耿耿或充满爱意地听命于自己。他们一向明白,儿子之所以顺从,原因在于他们想要父亲手里的土地。他们一向清楚,他们加之儿子身上的卑屈终会滋生怨恨。因此,当他们最终将土地赠予儿子的时候,他们并不期待儿子的孝心。在转让自己珍贵的财产时,他们在合约中写明详细条款以保护自己的利益。他们保留房屋的一部分以供自己和配偶使用,而且明确自己应当获得的那部分农场收益。他们并不指望通过儿子的感激和爱意获得保障。

殖民地时期新英格兰的宗教史对父辈和后代之间这种持续的、非冲动引发的、时间跨度为革命之前一个半世纪的对抗从头到尾进行了追溯。儿子几乎不爱他们的清教徒父亲。因为这种爱的缺失,儿子觉得很难皈依清教行为赖以存在的宗教信仰,如果不是不可能的话。

半途契约反映出虔诚的清教徒正式确认了以下事实:他们的孩子,尤其是儿子们,很少有人能够获得成为正式教会成员的救赎恩典。四分之三的新英格兰人从未加入教会,加入教会的少数人当中仅三分之一为男性。令神职人员沮丧的是,领受圣餐者绝大部分由女性构成。[29]

哀诉布道是 17 世纪中期后实行的一种重要的清教布道形式,它所表达的

---

[27] J. Demos, *A Little Commonwealth: Family Life in Plymouth Colony*, New York: Oxford University Press, 1970; E. Morgan, *The Puritan Family: Religion and Domestic Relations in Seventeenth-century New England*, New York: Harper & Row, 1966.

[28] P. Greven, *Four Generations: Population, Land, and Family in Colonial Andover, Massachusetts*, Ithaca, NY: Cornell University Press, 1970.

[29] M. Dunn, "Saints and Sisters: Congregational and Quaker Women in the Early Colonial Period", *American Quarterly*, Vol. 30, 1978, pp. 582-601; R. Pope, *The Half-way Covenant: Church Membership in Puritan New England*, Princeton, NJ: Princeton University Press, 1969.

并不只是沮丧。哀叹清教衰弱的哀诉布道不仅诋毁成长起来的新一代,而且还承认代际之间的敌意。在大觉醒时期,孩子们对此加以回敬。他们抨击长辈遵从的正统教义,坚持那些与规范他们成长的价值观相抵触的观念。[30]

用爱心抚育孩子以及父母和孩子之间关系亲密的风气只出现在中部殖民地。即便在那里,这一情况也仅存在于贵格教徒的家庭中。众多的贵格教徒反对革命,而且,当其他殖民地热情支持反叛事业时,他们所在的殖民地宾夕法尼亚却行动滞后。这一点也许能够说明问题。只有当贵格教徒被逐出领导地位并排挤出政府时,宾夕法尼亚才转而成为激进阵营的先锋。[31]

结 论

父母和孩子之间,尤其是父亲和儿子之间那种紧张的、无爱的关系在《独立宣言》发表以及美国建国之后多年依旧存在。19世纪,那些出版回忆录的成功人士坦言,他们憎恨父亲并且对此毫无悔意。20世纪,儿女否认自己从父辈那里学到了不少有价值的东西,并且怀疑父辈那里是否真有不少重要的东西可以学习。这些自传作者从自身经历中学到的重要内容是,他们不仅要预期变化,同时也要明白,长辈的忠告在急速变化的时代将不可避免地过时。在现代美国,变化无处不在,长辈的模式快速陈旧,因此子女实际上可以教给父母的东西比他们从父母那儿学到的东西更多。[32]

潘恩对这一切均有所预见。他呼唤从美国人共同经历的成年中构建出一幅未来的图景。潘恩对过去的愤怒辛辣刻毒,而这幅图景则表现出他的真知灼见。它为美国人提供了一条摆脱迫害走向解放的道路。长期以来,美国人遭到

---

[30] E. Elliott, *Power and the Pulpit in Puritan New England*, Princeton, NJ: Princeton University Press, 1975.

[31] B. Levy, *Quarters and the American Family: British Settlement in the Delaware Valley*, New York: Oxford University Press, 1988.

[32] S. Bailis, *Role, Change and Modernity: A Study of the Development and Significance of Role Modification Directives in Rapidly Modernizing Society and of Their Expression in Autobiographies by Americans Native-born 1870-1890*, Unpublished PhD dissertation, University of Pennsylvania, 1970; M. Mead, "The Implications of Culture Change for Personality Development", *American Journal of Orthopsychiatry*, Vol. 17, 1947, pp. 633-646; M. Murphey, "An Approach to the Study of National Character", in M. Spiro ed. *Context and Meaning in Cultural Anthropology*, New York: Free Press, 1965, pp. 144-163.

一位冷漠的、剥削他们的甚至是虐待成性的父亲的压制。他们是可以自由的。

潘恩相信，个人解放和自我实现不言而喻是美好的，但它们无法通过尽孝顺从或履行义务得以实现。美国人自此和他一样拥有了同样的信念。他们渴望离家，渴望凭借自己的努力获得成功。他们从不寻求遵循父辈的足迹前行，相反，他们渴求超越父辈。他们将最高的赞美留给白手起家的成功人士。当然，他们庆贺了成长，但他们的方式割裂了代际之间的联系，使未来变得既开放又虚无。

托克维尔看到了这一点，但他对此并未完全理解。他看到美国人不接受甚至不追求代代相传这样一个基本原则。他看到，并且雄辩地指出，美国的民主使他们"容易想象他们的整个命运掌握在自己的手中"。它隐匿其后代，隔离其同辈，使"每个人都忘记了自己的祖先"。它将每个人都抛给了自己，使之"永远依靠自我"，并且威胁"最终将把他彻底禁锢在他自己孤独的心灵之中"。[33]

托克维尔认为，美国人在时间和社会空间里经受的这般禁锢将使美国的民主党人在政治事务上表现出根深蒂固的保守。这一情况过去发生了，现在亦是如此。但是，托克维尔所不曾预见的是，美国人代际纽带如此重大的断裂同样可能使他们在愤怒对抗每个守旧主张的同时变得极具创造力，并且也易于接受个人生活中的变革。这一情况过去发生了，现在亦是如此。

【本文原载 *European Journal of Developmental Psychology*, Vol. 3, No. 4, 2006, pp. 402-414。】

---

[33] A. de Tocqueville, *Democracy in America* (P. Bradley Ed.), New York: Alfred A. Knopf., 1945 (Originally published in 1835 and 1840), pp. 105-106.

张　光*

谁造就了华盛顿的不朽英名？

在美国数十位总统中，华盛顿和林肯是最受后人崇敬的两位。然而，两人造就自己历史英名的行为模式，却不尽相同。林肯依靠"有所为"而成就英名。这个西部农民的儿子，通过自我奋斗，成为国家总统。在总统的职位上，以百折不挠的英雄气概，带领美国人民完成了维护国家统一，解放黑人奴隶的伟业。在他的葛底斯堡演说中对建立"民有、民治、民享"政府的呼唤深处，蕴含着一种"知其不可为而为之"的宗教殉难者般的情感。在美国首都华盛顿特区的林肯纪念馆里，人们会看到一个瘦长直板的身躯，写照出林肯一生奋斗的艰辛；会看到一双穿透力极强的眼睛，显现出林肯超人的智慧和意志。

华盛顿的历史英名造就，主要靠的却是他终身一贯的"有所不为"，不恋权，不恋栈。作为手握兵权的总司令，华盛顿在美国赢得独立战争后，率先解甲归田，不谋政事。作为共和国首届总统，而且是美国历史上第一个也是最后一个全票当选的总统，华盛顿在当权之前，踌躇再三。在当权之际，屡屡表示去意。最后以一席告别辞，断然止绝任何劝留之声，树立了美国总统任期不超过两届的先例。从很早开始，美国人民就开始把华盛顿的"有所不为"看作是他最伟大、最光辉的政治行为。据学者施瓦茨对华盛顿于1798年逝世后一两年内，在美国各地举行的悼念集会上发表的悼词的研究，人们最集中、最不吝词汇赞扬的，是华盛顿在战争胜利后，主动把军权交还给国会，在行将结束他的第二届总统任期之际，郑重向全国人民表明退休还乡的愿望。例如，一则悼辞里有这样

---

* 张光，美国肯特州立大学博士，现为厦门大学公共事务学院政治系教授，主要研究领域为公共财政、比较政治和国际政治经济学，著有《日本对外援助政策研究》(1996)、《美国国会研究手册(2007—2008)》(2008)等。

的词句:"当他击败了他的祖国的敌人后,他有没有像恺撒那样,用他掌握的强大军队,去征服这个国家? 没有。非但没有,这位伟大的爱国英雄,出现在我们的国会面前,在众人赞叹的目光下,向授权人奉还他的那支克敌制胜之剑。"另一篇悼词讲道,在服从民意,两度出任总统之后,"唯有他的不留任何余地的退休声明,才让群情激动的人民,不再要求来个第三次全票当选,以此证明他们对华盛顿不减的信任"。总之,如施瓦茨所言,华盛顿"之所以名垂青史,不是由于他为获得权力而做的努力。恰恰相反,华盛顿的历史英名,来自他对权力所持的长期一贯的回避态度,来自于他热诚地放弃国人委托于他手中的权力"。[1]

高耸云霄的华盛顿纪念碑,表达了美国人民对这位伟人高风亮节的景仰。为什么华盛顿凭着不恋栈权力,就能赢得美国人民如此崇高的敬意? 为什么华盛顿能够这样做? 一句话,华盛顿的不朽英名是如何造就的? 答案来自两个方面:华盛顿的个人作为、人格和人品,以及他身前身后的美国社会政治力量的作用。

华盛顿的人品

华盛顿是"一个好人,但不是一个圣人;是一个能干的将军,但不是一个伟大的军人;是一个诚实的行政管理者,但不是一个天才政治家"。[2] 这是一个当代华盛顿研究者对其人格的评价。类似的评价,早在华盛顿的同代人那里就有了。杰斐逊在华盛顿逝世十多年以后,在一封信里对华盛顿的人品做了长篇评论。他写道:"他的心智是伟大的,有力量的,但不是第一流的……它的运作虽然扎扎实实,但速度不快,缺乏创造性或想象力。"[3] 华盛顿对自己的能力完全有自知之明。当接受国会的任命,担任大陆军总司令时,他当即提请同僚注意,"我请求在场的各位先生记得,今天,我在这里郑重宣布,我并不自认为我的能力,足以胜任这个让我不胜荣幸担当的总司令职位"。[4] 他在第一任内,曾向麦

---

[1] Barry Schwartz, "George Washington and the Whig Conception of Heroic Leadership", *American Sociological Review*, Vol. 48, February, 1983, pp. 8-31.

[2] Marcus Cunliffe, *George Washington: Man and Monument*, Boston: Little, Brown, 1958, p. 212.

[3] Thomas Jefferson to Dr. Walter Jones, 2 January 1814, Merrill D. Peterson, ed, *Thomas Jefferson: Writings*, New York: Literary Classics of the United States, 1984, pp. 1318-1319.

[4] John C. Fitzpatrick, ed., *The Writings of George Washington*, Washinton D. C.: United States Government Printing Office, 1931-1944, vol. 4, p. 292.

迪逊坦陈自己缺乏许多履行总统职责所必需的素质和条件。他曾多次向友人提到自己"先天不足的禀赋"。[5] 因此,无论在战争中还是在和平时期,华盛顿都高度依靠助手们出谋划策,运筹一方。

如果说,华盛顿在智力上,至少在领导美国革命和建国的群英中,并无多少超人之处,那么,在所谓情商即人格魅力上,华盛顿甚至可以说是平庸之辈。华盛顿的文笔流畅但缺乏文采。他在演讲稿的起草上,多依赖麦迪逊、汉密尔顿那样的文章高手。在人际关系上,如杰斐逊所言,华盛顿的待人之心,向来是不冷不热,不偏不倚。刻板、保持距离和冷淡是关于他人际关系行为的最好形容词。"今天,我与总统共进晚餐,"一位国会议员写道,"晚餐的气氛一如既往,就像葬礼一般地肃穆。"[6]

然而,华盛顿的人品却为同代人所称道。杰斐逊这样写道:"他的诚信是无懈可击的。就我所知,他是一个最坚定地按照不偏不倚正义原则行事的人。他的决策,丝毫不受个人利害、亲缘、好恶等因素的影响。他的确是一个有智慧、有良心的伟人。总的说来,他的人品堪称完美。己所不欲,勿施于人,是他的处世之道。"与诚信、公正和良心密切相连的是华盛顿具有的另一个美德——审慎。"他性格中最主要的特征,也许是审慎。他从不在仔细权衡每一个情况、每一个考虑之前贸然行动;只要有一丝疑问,他便按兵不动。然而一旦做出决定,不管阻力有多大,他一定要实现目标。"[7]

在华盛顿的一切公私行为中,贯穿着一种对个人声誉的执着追求和细心维护。事实上,如许多历史学家所指出的,在18世纪的北美精英文化里,"人品"(character)和"名誉"(honor)是两个意义相近的词。追求人品之完美,就是努力树立并维护自己的名声。[8] 华盛顿就是这一文化最好的身体力行者。他曾向汉密尔顿表示,"我希望我永远具有足够坚强的意志和品德,保持一个诚信的人所应有的人品(这是我在人生所有头衔里最看重的一个),并向世人证明我是这样一个人(这是我希望自己在人们眼中的形象)"。[9]

青年华盛顿对荣誉和名声的追求,没有"问苍茫大地谁主沉浮"的气概。作

---

[5] Joseph Charles, *The Origins of the American Party System*, Williamsburg, VA: Institute of Early American History of Culture, 1956, p. 40.

[6] Ibid., p. 38.

[7] Thomas Jefferson to Dr. Walter Jones.

[8] Edmund P. Willis, ed., *Fame and the Founding Fathers*, Bethlehem, Penn.: Moravian College, 1966.

[9] Washington to Alexander Hamilton, August 28, 1788, *Writings of George Washington*, vol. 30, p. 67.

为一个弗吉尼亚州的农场主,他的个人经济目标是拥有更多的土地,公共政治志向是在英国殖民常备军谋得一官半职。这种心态在革命前的美国开国元勋中较为普遍。例如,美国第二位总统约翰·亚当斯后来回忆道:"当我年轻的时候,我的人生理想是在马萨诸塞州拥有几千先令的财产,坐上四轮大马车,在州的民团里当个上校,在州议会里谋得一个席位。这就是当时规范了我所有想象的人生地平线。"[10]

华盛顿及其同时代的一些人之所以能够成为叱咤风云、影响美国乃至世界历史进程的人物,在很大程度上是时势造就的。正如曾在华盛顿统领下的大陆军队效力,代表南卡罗来纳州参加大陆会议的戴维·拉姆齐,在他于1789年发表的《美国革命史》中所说:"正是革命召唤出如此之多的英杰,给予他们施展雄才大略的机会。假如没有革命,他们的超人才干可能于茫茫宇宙碌碌岁月中,消失得无影无踪……在1775和1776年,这个国家突然被置于一种需要她的儿子们施展才干的境地……随之而来的是人类心智极大急速的扩展……独立战争仿佛不仅要求而且创造天才。于是,一代英杰,满怀着对自由的热爱……上演了一出出有声有色的伟大历史剧,其所展现出来的勇气和智慧,远远超过了人们根据英杰们在革命前所学所为所可能做出的合理期望。"[11]

对于美国来说,幸运的是当华盛顿被赋予大陆军总司令和新生的美国首任总统的历史重任后,他的道德自律感和对名誉的呵护心有增无减。华盛顿在担任大陆军总司令的八年间,虽然荒于照顾自己的土地和庄园,但始终拒绝从国家那里领取任何薪水。他把从军看作是自己对国家应尽的义务。1783年到1789年,卸掉军权的华盛顿回到弗农山庄务农。在此期间,华盛顿实际上已经成为代表新生美国的人格象征。到山庄拜访的国内外人士络绎不绝。招待客人吃住给华盛顿带来了很大的经济负担。国会决定给予华盛顿以资金补助,但他坚拒不受。在世人面前树立一个从政领军为国不为利的清明形象,无疑是华盛顿拒领国家补偿的主要动机。

更重要的是,华盛顿在担任大陆军队总司令期间,把一支由民兵散勇组成的游击队,锻炼成了一支纪律严明、坚韧不拔的正规军。依靠这支军队,在法国的援助下,美国最终击败当时世界最强大的英军,获得国家的独立。独立战争胜利后的华盛顿,以其手中掌握的军权,加上在人民中享有的崇高威望,如果有

---

[10]　Quoted in *Fame and the Founding Fathers*, p. 28.
[11]　Ibid., pp. 29-30.

心取代当时执掌国家权力的国会,变总司令为国家最高领袖,甚至当美国国王,至少在一个较短的时期内,是一件可能办到的事情。但实际上,华盛顿就任总司令期间,丝毫没有拥兵自重的行为。1780年,华盛顿以总司令的身份,在一封就他为什么在某些问题上持有与众多国会议员不同的意见致国会议长的信中,表白了服从国会的心迹:"我希望我向国会报告情况的方式,不会被视作逾越我的职权范围的不当之举。请允许我自夸,国会完全可以相信,我除了为公共利益服务的一片赤诚之外,别无任何其他居心。"[12]

实际上,任命华盛顿为大陆军总司令的大陆会议,是一个较为松散的、软弱无力的中央统治机构。它在战争期间,一直未能对华盛顿的大陆军提供应有的物质和财政支持。1783年2、3月间,包括高级将领在内的部分军官,以国会未能支付军人应得的报酬为由,拒绝执行国会有关战争结束解散军队的决定,并表示不惜以武力威胁国会就范。此时,华盛顿完全可以利用手中的军队,让自己坐上国王的宝座。但华盛顿所做的是利用他在全军将士中的崇高威望,一方面向大陆会议争取将士们的合理利益,另一方面成功地劝解他们服从大陆会议,从而化解了兵变危机。1783年年底,华盛顿在纽约正式宣布退休,回到他的弗农山庄。华盛顿这一不居功恋权的举动,奠定了他作为共和国英雄化身的崇高的公众形象。

离开政坛后的华盛顿,为了维护自己不恋权的名声,非常不愿意重入政界。在各方的一再请求下,他才作为弗吉尼亚州的代表,参加1787年在费城举行的制宪会议。在1789年当选为美国第一届总统后,华盛顿深知,在行使总统这个职务所具有的巨大权力的过程中,可能会使他多年精心呵护的公正无私形象受损。他在一封信中谈到接受总统职位时,竟然抱着像"一个死刑犯步入刑场"似的心情。[13]

华盛顿在四年总统任期将满的1792年春天,向杰斐逊、麦迪逊、汉密尔顿等内阁成员和国会领袖郑重提出,将在一届任满后退休还乡。在他请麦迪逊为他准备告别演说的信里,华盛顿写道,他希望向人民表达:"在有幸在总统位置上,尽全力组织并管理政府之后,现在已经到了应当退休回归私人生活的时候。这既是我心所愿,也是为国运所必需。因为行政首长的定期更替,是我们国家自

---

[12] *Writings of George Washington*. vol. 148, pp. 210-211.
[13] Washington to Henry Knox, April 1, 1789, Dorothy Twohig, ed., *The Papers of George Washington Presidential Series*, Charlottesville, 1987, vol. 2, pp. 2-3.

由所不可或缺的保障。请允许我离开政府,就像我以前离开军队一样,让那些支持我国的利益,推进社会和谐和秩序、良善政府的人接替我,让上帝继续保佑我们的祖国。"[14]

可是,华盛顿的退休请求当即引起杰斐逊等人的极度不安。在他们看来,华盛顿连任总统是新生的美国保持统一所不可缺少的条件。这是因为,在第一届华盛顿政府时期,美国统治精英内部形成了两大对立派别。一是以汉密尔顿为首、代表北部工商利益的联邦党,另一是以杰斐逊为首、代表南部种植园主和自耕农利益的共和党。两党之争,几近水火不容、不惜南北分裂之势。华盛顿因其不偏不倚、公正无私的政治形象,是联邦共和两党都能接受的总统人选。

为此,杰斐逊请求华盛顿不要退休,"只要您在,南北就不会分家"。杰斐逊致信华盛顿道:"我完全了解,您现在的公职给您的心灵带来的压迫,我也清楚地知道,您是何等的渴望退休后平静的生活。但在一定情况下,社会对一个伟大的人格,有权要求他暂且压抑追求个人幸福的欲望,而他的克己行为将造福今人,惠及后代。在我看来,您现在正处于这种情况。"汉密尔顿也恳求道:"我相信,先生,我乞求上帝,您务必再一次为公共利益牺牲您个人的平静和幸福。"麦迪逊在为华盛顿撰写告别演说后,致信华盛顿道:"遵照您的嘱咐,先生,我以您即将从公共生活退休的口径,撰成您的告别演说。现在,请允许我向您表示我的愿望。我希望您再次考虑您的退休决定。为了您的国家的意愿和利益,再次做出巨大的牺牲。"[15]

在举国一致的劝留声中,华盛顿允诺再次参选总统,并以无反对票当选。四年后,华盛顿在国内外大多数人期待他再次参选总统的情况下,于1796年9月向美国人民发表告别辞。在这封信的开头部分,华盛顿陈述了他的退休愿望,字字情真意切:

各位朋友和同胞:
  重新选举一位公民来主持美国政府的行政工作已为期不远。此时此刻,大家必须用心考虑这一重任付托给谁。因此,我觉得我现在应当向大

---

[14] Washington to James Madison, May 20, 1792, *Writings of George Washington*. vol. 32, pp. 46-48.
[15] Jefferson to Washington, May 23, 1792, Julian P. Boyd et al eds., *The Papers of Thomas Jefferson*, Princeton, NJ: 1950, vol. 23, p. 539; "Hamilton to Washington", July 30 - August 3, 1792, Harold C. Syrett, eds., *The Papers of Alexander Hamilton*, New York: 1961-1981, vol. 7, p. 139; Madison to Washington, June 20, 1792, William T. Hutchinson et al, eds, *The Papers of James Madison*, Chicago 1962, pp. 299-304.

家声明，尤其因为这样做有助于使公众意见获得更为明确的表达，那就是我已下定决心，谢绝将我列为候选人……

关于我最初负起这个艰巨职责时的感想，我已经在适当的场合说过了。现在辞掉这一职责时，我要说的仅仅是，我已诚心诚意地为这个政府的组织和行政，贡献了我这个判断力不足的人的最大力量。就任之初，我并非不知我的能力薄弱，而且我自己的经历更使我缺乏自信，这在别人看来，恐怕更是如此。年事日增，使我越来越认为，退休是必要的，而且是会受欢迎的。我确信，如果有任何情况促使我的服务具有特别价值，那种情况也只是暂时的；所以我相信，按照我的选择并经慎重考虑，我应当退出政坛，而且，爱国心也容许我这样做，这是我引以为慰的……[16]

华盛顿的国家

华盛顿之所以终其政治生涯，始终表现出不恋权、不恋栈的高风亮节，并以此赢得美国人民的崇敬，除了个人因素外，还与他所处的社会环境息息相关。也就是说，华盛顿在担任大陆军总司令和总统期间，一直处于美国人民，特别是政治精英们不允许任何可能变共和为王制或终身制的行为的压力下。

美国自独立战争以来的两百余年历史上，华盛顿是唯一在生前就得到举国一致的崇拜甚至神化的政治领袖。其中原委，正如施瓦茨所指出的，尚不在于华盛顿的个人素质和人格，而在于社会的需要。他认为，华盛顿之被神化印证了法国社会学家涂尔干的如下论断："无论是在今天，还是在古代，我们看到社会不断从平凡人物中创造出圣贤。如果一个人碰巧得到社会的厚爱，如果社会在他那里发现了所追求的主要价值，以及实现这些价值的手段，那么，这个人就将被提升于芸芸众生之上，换言之，被神化。神化的作者不是别的，正是社会本身。关于这一点的证据可谓不胜枚举，我们只消看看有多少平庸之辈因得到社会的垂青而成为神圣。"[17]

华盛顿之被神化，始于他 1775 年就任大陆军总司令。有意思的是，当华盛

---

[16] Washington, "Farewell Address", September 19, 1896. 译文摘自美国驻中国使馆网页（http://www.usembassy-china.org.cn/infousa/living_doc/GB/washingtonfarewell.htm）。

[17] Shwartz, "George Washington", 本节的论述受益于此文处甚多；Emile Durkheim, *The Elementary Forms of Religious Life*, New York: Free Press, pp. 243-244.

顿接受任命,担任大陆军总司令时,美国尚未宣布独立,也不存在一支大陆军队,尽管当时在新英格兰地区特别是马萨诸塞州,当地民兵已经在同英军作战。大陆会议任命华盛顿为总司令,不仅因为他曾在殖民地英军里任校官,有带兵作战的经验,更重要的是有如下具有象征意义的考虑:一是由代表南部大州弗吉尼亚的人士出任总司令,本身就表示南部对北方的声援,表示殖民地各州利益与共的决心;二是由于任命华盛顿为总司令的1755年第二次大陆会议,对是否脱离英国宣布独立,尚未形成一致或多数的意见。会议一方面通过《武装起义宣言》,另一方面又在宣言中强调武装起义,"并不意味着我们要毁坏那个迄今为止存在于我们(指北美十三州和英国)之间如此之长、如此之好的联邦"。[18]华盛顿出任大陆军总司令,是会议中对英独立派和妥协派都可接受的结果。这是因为,妥协派认同华盛顿的保守主义政治倾向,独立派认为华盛顿是南方人,对他的任命有助于动员南部的人力和物力,参加抗英战争。

于是,美国人民对国家独立的追求,首先通过华盛顿被任命为大陆军总司令表现出来。任命宣告中清楚地表明了这一点:"本会议谨宣布,它的全体成员将全力以赴,以他们的生命和财富为担保,维护、支持、听从尊敬的华盛顿先生的指挥。"[19]自华盛顿出任大陆军总司令起,他就不仅是作为一个将军,而是作为代表美国独立希望和精神的人格象征,得到人民的爱戴和崇拜。

由此,1755年,华盛顿从一个弗吉尼亚的地方政治家,一举成为一个举国景仰的民族英雄。在他自费城赴麻州上任的途中,不断受到沿途各地群众的欢迎。在华盛顿尚未指挥作战之前,大量有关他的书籍已在美国出版,父母亲们纷纷以华盛顿命名自己的新生子女。1776年3月,国会一致决议授予华盛顿金质奖章,紧随其后,哈佛大学于同年4月授予华盛顿名誉法学博士学位。然而此时华盛顿所率领的军队尚未打过一次大的胜仗。随着战争的推进,华盛顿的声望蒸蒸日上。英国国王的塑像被推倒,画像被撕毁,取而代之的是华盛顿的肖像。传统赞美歌中的"上帝保佑国王"被改成"上帝保佑华盛顿"。假如华盛顿有黄袍加身的野心的话,那么,在他的一生中,独立战争胜利结束的1783年,是他行动的最好时机。但如前所述,1783年,华盛顿做出的选择是解甲归田,还军权于大陆会议。

爱国主义和民族主义,并不是华盛顿与当时美国社会互动的全部或首要内

---

[18] Quoted in Shwartz, "George Washington", p. 21.
[19] Ibid.

容。对于独立战争和建国时期的美国政治精英来说,始终处于头等位置的一个问题是,如何使新生的国家在为社会带来秩序和统一的同时,不使其变成霍布斯的"利维坦"——一个剥夺人民自由、压迫社会的暴力机器。麦迪逊在为说服纽约选民批准《美国宪法》而作的《联邦者文集》中写道,"我们必须首先使政府能够控制被统治者,然后,必须让政府受被统治者控制"。[20] 取得独立战争胜利后,这个问题成为美国最重要的政治问题,爱国主义和民族主义的诉求退为次要。

华盛顿时代的美国政治精英,普遍认为国家权力有一种自我扩张的本能。在当时人的笔下,国家权力被描绘为一种极富"侵略性","四处膨胀直至吞噬一切"的东西。权力是一张"贪婪的、不知满足的、随时都要吃人的"血盆大口。国家之所以如此可怕,并不是由于国家机器本身性质的缘故,因为国家机器的合理使用,是社会秩序形成的必要条件。问题出在人的自私性。如华盛顿的同代人塞缪尔·亚当斯所言,"大多数人心中,都有一种追求凌驾于法律之上的权力的欲望,这是我们人类难以避免的缺陷"。另一个同代人托马斯·阿伦认为,"暴君的种子根植于我们每个人的天性之中"。[21] 由此看来,华盛顿时代的美国社会精英,大都对掌握国家权力的人,抱有很深的疑心。

在国家机器的各个部门中,最使当时美国的社会精英们不安的是行政部门。这种不安源自他们在英国殖民统治下的经验。篇幅不长的《独立宣言》中一半以上的内容是对英国国王的控诉。该宣言判定,"现今大不列颠国王的历史,就是一部怙恶不悛、倒行逆施的历史,它的所作所为只有一个目的,即在我们各州建立一种绝对专制的统治"。[22] 对于推翻英王在美国的统治、赢得独立的美国人民,特别是其政治精英来说,在革命后建立的政府,必须是一个不可能搞绝对专制的共和政府。美国人民所极力避免的是,在结束了英王暴政后,取而代之的是由一个美国国王实施的暴政。

显然,从制度性权力上看,没有哪个职务像掌握军权的总司令那样具有黄袍加身的可能。古罗马共和国的恺撒,英国革命中的克伦威尔,以及华盛顿就任总统几年后出现的法国的拿破仑,走的都是从将军到国王的道路。因此,美国国会在1775年决定总司令人选时,舍在军事指挥上经验丰富、声名赫赫的查

---

[20] James Madison, *The Federalists*, ed. Jacob E. Cooke, Middletown, CT: 1961, LI, p. 349.
[21] Quoted in Shwartz, "George Washington", p. 26.
[22] 此段《独立宣言》的中译文取自美中网(http://www.usacn.com/usa/tocgov/declaration.htm)。

尔斯·李将军,而取在道德上口碑甚佳的华盛顿。即便如此,在华盛顿被任命为总司令几周后,纽约州议会发表公开信,告诫华盛顿:"(我们)坚信,一旦这场伟大的战争结束,您将愉快地辞掉我们现在赋予您手中的重任,恢复您模范公民的身份。"1779年,当独立战争正艰难地进行时,一篇谈及华盛顿的评论道出了一个为许多同时代人共有的担忧:"当一场争取自由的战斗行将结束之际,那支由一个人人崇拜的将军统领、带着巨大光荣的胜利之师,将可能变得比那被赶走的暴君更为可怕。此时,奴役的绳索可能勒得更紧。汝若不信,请看看克伦威尔。"[23]

因此,当华盛顿在取得独立战争胜利后,辞掉军职,回乡务农,顿时赢得了美国人民的百倍尊敬。如施瓦茨所指出的,华盛顿在美国人民心目中的形象,在独立战争后发生了重大变化。在战争期间,华盛顿的第一公众形象是代表民族独立运动的英雄。从1783年战争结束到1789年就任美国第一届总统期间,华盛顿成为共和国领袖应有的不恋权、无私公正的道德精神的化身。正是由此,华盛顿得到了所有选举人的一致同意,当选为美国第一届总统,因为举国上下对他不会滥用总统权力,尤其是不会搞任何形式的终身制,抱有十足的信心。进而言之,华盛顿对于美国能从邦联制过渡到联邦制,进而成为一个统一的国家,功不可没。

美国虽然在1776年宣布独立,但直到1781年才通过邦联宪章,从法律上规定十三州共同组成美利坚合众国。邦联制下的美国不设行政部门,以不定期召开的国会为中央政府的唯一机构。在国会休会期间,由各州派一名代表组成的委员会处理邦联事务。该委员会任命其成员之一为主席,但任何主席任期均不得超过一年,且必须在各州代表之间轮换。邦联宪章没有赋予中央政府即国会以征税、设立和保持国家常备军的权力。这些制度安排,除了反映当时美国的大多政治精英,仍旧把北美十三州的联合抗英行动看作权宜之计之外,更重要的是他们对任何导致中央集权、特别是集权于中央行政部门的措施,都不能容忍。

邦联制下的美国中央政府所具有的权限,大抵与今日的联合国大会相当。到18世纪80年代中叶,邦联制在政治、经济等各方面的缺陷,特别是缺乏一个执行法律的行政部门,暴露无遗。1787年在费城通过的宪法,设立了以总统为首的联邦行政机构。值得注意的是,一反不给行政部门以任何位置的邦联宪

---

[23] Shwartz, "George Washington", pp. 23, 26-27.

章,联邦宪法赋予总统以广泛的权力。尽管根据宪法,联邦法律由国会、而不是总统领导的行政部门制定,但宪法规定,"一切行政权属于美利坚合众国总统",总统同时也是统率全国一切武装力量的总司令。宪法虽然规定总统每四年一次由选举产生,但没有对总统连选连任届数做任何限制。即便是在今天的西方国家中,集国家元首和政府行政首脑于一身的美国总统,仍然在制度上属于强势总统。考虑到这一点,从1781年不置行政部门的邦联宪章,到赋予总统大权的1787年宪法,不啻发生了180度的转变。这一巨变尽管是时势所造,但华盛顿无疑发挥了重要的作用。

事实上,在1787年费城的制宪会议上,有代表提出美国行政部门的最高机构,应是一个由三位成员组成的委员会。三位成员应分别来自北部、中部和南部。华盛顿则支持由弗吉尼亚代表团提出的单总统制的方案。可以断定,假如委员会方案被宪法接受,华盛顿是不会代表南部出任三委员之一的。但同样可以肯定的是,所有代表都认为,如果实行单总统制,则首届总统非华盛顿莫属。如一位来自马里兰州的代表所言:"许多(参加制宪会议的)代表一方面把华盛顿出任总统视作当然,另一方面根据他们对华盛顿人品的认识,来解决总统这一职务究竟应具有什么样的权力问题。"[24] 美国史学家大多认为,华盛顿个人崇高的道德声望,是美国宪法赋予总统以巨大权力的一个重要的历史因素。

正因为此,华盛顿以全票当选为美国第一届总统。但总统的光环并未使华盛顿免于社会的监督和批评。恰恰相反,身为总统的华盛顿,面临的社会压力,比身为将军和平民的他来得更大。华盛顿出任总统后不久发生的总统头衔风波,从一个侧面说明了这一点。这场风波起于以副总统身份出任参议院议长的亚当斯向参议院提议,应当用一个庄严典雅的头衔,而不是非常平民化的称谓称呼总统(President 原意为主持,是一个至今仍旧为任何团体和组织都可以用于称呼其首长的英文名词)。这个提议在参议院中反复讨论,最后表决通过的称呼是"合众国总统和国家一切权利的守护者陛下"(His Highness the President of the United States and Protector of the Rights of the Same)。在辩论过程中,一位参议员起身朗读了"世上所有君王的头衔",以此证明"陛下"是一个几乎无国不用的称呼。然而,这个充满宫廷气息的头衔遭到由选民直接选举产生的众议院的坚决反对。国会两院协商的结果是参议院接受众议院的意见,以"合众国总

---

[24] Quoted in James T. Flexner, *George Washington and the New Nation*, *1783-1793*, Boston: Little, Brown, 1969, p. 134.

统"(President of the United States)这个简单明了的头衔,来称呼国家的最高行政领袖。

华盛顿本人对这场头衔风波不以为然。作为总统,华盛顿更关心的是如何在担任总统期间,在履行总统的职责的同时,保持自己的不恋权、有威严、不偏不倚、公正无私的公众形象。为此,尽管华盛顿本人在政治上倾向于以汉密尔顿为首的代表北部工商阶级利益的联邦党,但在他的第一届内阁里,在任命汉密尔顿为财政部长的同时,延揽汉密尔顿的政敌——代表南部种植园主和自耕农利益的共和党领袖杰斐逊出任国务卿。

然而,18世纪90年代的美国政治发展,并没有像华盛顿所希望的那样无党无派,人人同舟共济,共图国是。统治精英内部的党派斗争,在华盛顿执政期间,愈演愈烈,几近到了水火不容的地步。结果,在华盛顿第二届总统初期,杰斐逊辞去国务卿职务,华盛顿政府由清一色的联邦党人执政。在联邦党和共和党的互相攻击中,双方几乎无所不用其极,从政见分歧直到个人隐私,都成为政治攻击的材料。在此过程中,连德高望重的华盛顿也未能幸免。杰斐逊和麦迪逊这两个曾在革命期间与华盛顿生死与共的弗吉尼亚同乡和晚进,前者成为批评华盛顿政府的幕后精神领袖,后者则以人人皆知的笔名发表文章批评华盛顿政府。在同情共和党的报纸上,不断出现对华盛顿的人身攻击。富兰克林的孙子彼彻在费城出版的《晨报》,就是这样一家同情共和党、对联邦党和华盛顿不遗余力批评的报纸。一篇发表在该报上的文章质问道:"难道我们不该得出这样一个结论,那同一个虚伪的面具,曾戴在那个恺撒,那个克伦威尔,和那个华盛顿脸上?"彼彻本人在华盛顿发表告别辞后,仍穷追不舍地指责华盛顿政府是一个充满"无耻、无义、无信和贪欲"的政府。接着,彼彻写下了一段为后人经常引用的话:"如果一个国家曾经被一个人强奸的话,那么,美国不正一直遭受华盛顿的强奸吗?如果一个国家曾经被一个人欺骗的话,美国不正一直遭受华盛顿的欺骗吗?把他的行为当作一个后人必须加以警戒的样本吧。绝对不要把任何人当成神来崇拜。"[25]

《常识》的作者潘恩对华盛顿的人身攻击,同样到了无所不用其极的地步。他在一封致华盛顿的公开信中写道:"至于你,先生,在私人交往上背信弃义,在公共生活中伪善作秀。世人不知你究竟是个变节者还是个伪君子,不知你究竟

---

[25] Quoted in Bernard A. Weisberger, *America Afire: Jefferson, Adams, and the Revolutionary Election of 1800*, New York: William Morrow, pp. 204-205.

是已经背弃了做人应有的原则,还是从来就没有过这样的原则。"[26]

让爱惜名誉甚于生命的华盛顿最难以承受的,不是因政见不同提出的批评,而是对他个人人品所进行的人身攻击。在公共场合,华盛顿对这些人身攻击不置一词。在他的一封私人信件里,华盛顿表示不屑与那些人身攻击者为伍:"他们的诽谤之甚,唯有被他们的无耻超出,而两者都是天下无敌。"但在最亲密的小圈子里,他仍然流露出巨大的愤怒。尤其让他憎恨的是那些恶毒诽谤所使用的肮脏词语,"甚至在人们形容像暴君尼禄那样的人物,恶贯满盈的骗子,乃至于人人喊打的扒手时,都不屑使用的"。杰斐逊有一次亲眼见到,华盛顿板着脸看了一眼《晨报》,然后把它重重地摔在地板上,并狠狠地骂道:"混账。"[27]

这些人身攻击,无疑使华盛顿心生倦意,更加希望退出政坛,并借此向公众表明,自己出任总统完全是应国家之召唤的无私之举,绝非出于实现个人的权力欲。1796年春,华盛顿开始着手准备告别辞。他决定在这个告别辞里,使用他在第一届总统任期行将结束时请麦迪逊代笔撰写的告别辞中的某些词句。华盛顿在致汉密尔顿的信中说,这样做不仅是因为"这样一篇告别辞已曾写就",而且还由于现今对政府持最强烈批评意见的"那么一两位人士(麦迪逊和杰斐逊)完全了解那篇告别辞"。在由自己撰写的告别辞初稿中,华盛顿不无怨气地为自己的人格作了如下的声辩:"同胞们,这是我写给你们的最后一封公开信。如你们所知,在美国的一些报纸中,充斥着种种唯有妒忌、无知和虚妄才可能生造出来的谩骂。那些谩骂意在伤害我的名誉和感情,意在歪曲我的政治立场和人格形象,意在削弱(如果不是彻底毁灭)你们对我的信任。在我告别公共生活之际,有人也许认为我会去反驳那些诬蔑。然而,我将一如既往地对这些不实之词保持沉默和不理睬。"[28]但在由汉密尔顿帮助撰写的告别辞定稿中,没有一句直接针对某些报纸对华盛顿施政和个人的批评。忍辱负重,是华盛顿对社会压力做出的最终反应。

1796年的美国第三届总统选举,是美国总统选举史上第一次真正意义上的竞争性选举。联邦党候选人亚当斯以微弱优势击败共和党候选人杰斐逊。1797

---

[26] Thomas Paine to George Washington, 30 July, 1796, *The Writings of Thomas Paine*, ed. Moncure D. Conway, 4 Vols, New York: 1906-1908, III, pp. 213-252.

[27] Weisberger, *America Afire*, p. 205.

[28] Quoted in James T. Flexner, *George Washington: Anguish and Farewell, 1793-1799*, Boston: Little, Brown, 1969, pp. 292-293.

年3月4日星期天,当选总统亚当斯的就职典礼在费城国会大厦举行。紧邻该大厦的独立宫,是22年前亚当斯提名华盛顿出任大陆军总司令的地方。那一天,华盛顿身着一袭普通的黑色礼服,独自步入国会大厦。亚当斯则身着盛装,乘坐新制的官用豪华马车,在众人的簇拥下进入会场。典礼结束后,华盛顿向亚当斯表示祝贺。后者后来回忆两人这次、也是最后一次会面时的情景时写道:"他看起来倒像一个真正的胜者,而我则是一个失败者。我仿佛听到他在说,'嘿,我下台你登场。看看咱俩谁将过得更快活。'"[29]

结　论

杰斐逊晚年在总结华盛顿历史英名的成因时写道:"说实在的,人品和时运从来没有如此完美地结合在一起,把一个人造就成伟人,把他送入那些值得人类永远景仰的英雄的行列。"[30]杰斐逊在华盛顿执政时期,成为反对党共和党的领军人物。政治上的分歧和对立,导致这两个弗吉尼亚州出身的政治家在华盛顿卸任后,彼此断绝往来,几十年的同志友情就此终断。然而,当杰斐逊在华盛顿去世十多年后,回首评论美国第一位总统的人品和伟业时,流逝的岁月洗却了他对故人种种因政见分歧带来的恶感,留下来的是肯定崇敬之情。杰斐逊的人品加时运造就英雄华盛顿的结论,可谓画龙点睛的千古绝论。

毫无疑问,华盛顿的历史英名,是同他的个人人品和道德分不开的。华盛顿在其全部政治生涯中,无论是在大陆军总司令还是在全国总统的位子上,始终不恋栈恋权,克己奉公。如此一贯的高风亮节,绝不是仅用社会压力就能完全解释得了的。华盛顿的道德自律和历史荣誉感,就像亘古不变的星空一样,时刻指引着他的政治行为。

当然,社会压力也是造就华盛顿英名的重要因素。美国社会众多政治精英对华盛顿在战争结束后还军权于国会的期许,对不允许恺撒或克伦威尔第二出现在美国、颠覆新生共和国的警告,甚至那些对华盛顿极尽政治批评和人身攻击之能事的报纸,无不成为造就华盛顿不朽英名的必要条件。总之,华盛顿面对的是一个不同于当时世上所有其他统治者所处的国内政治环境。新生的美

---

[29] Willard S. Randall, *George Washington: A Life*, New York: Henry Holt, 1997, p. 493.
[30] Thomas Jefferson to Dr. Walter Jones, January 2, 1814.

国,是第一个把分权和制衡的欧洲启蒙主义政治思想,完全付诸制度实践的共和国,是第一个从宪法上保护言论自由,包括批评国家最高领袖自由的共和国。从这个意义上讲,华盛顿是美国共和政治制度的产物。

麦迪逊在谈到美国的建国事业时说:"我们正行进在一片没有任何足迹可循的原野上。"[31] 从今天的眼光来看,华盛顿以自己的行动,为后人树立了两个先例。一是在独立战争胜利后,还军权于国会,树立了军人服从民选文官政府、军队国家化、不干涉国家政治的先例。二是在第二届总统任满后不再寻求连任,恢复一个普通公民的身份,树立了美国总统任期不得超过两任的先例。这两个先例,为美国得以通过民主竞争的和平方式,解决国家内部矛盾、达到长治久安的目的,奠定了政治基础。

【本文原载《美国研究》2003 年第 3 期。】

---

[31] Quoted in James R. Sharp, *American Politics in the Early Republic: The New Nation in Crisis*, New Haven, CT: Yale University Press, 1993, p. 17.

盛　嘉*

走出中国美国革命历史叙述的困境

由于中国的美国史研究存在着一种厚今薄古的倾向,中国的美国革命史研究长期以来一直是中国美国史研究的薄弱环节。在中国,关于美国革命历史的研究文章数量十分有限,专著更是寥寥无几。即便是在这些有限的叙述中,还存在着不少令人遗憾的问题。这些问题到目前为止并没有得到学术上的反思和讨论,它们仍然在不同程度上制约着当下的中国美国史研究。本文试图以对这个领域中存在的几个具体问题的观察和思考,提出一点个人的看法,以期引起学界同人的讨论和批评。

一、突破简单狭窄的格局

在过去的一段时期,中国的美国革命历史叙述一直被置于简单狭窄的格局中。美国革命仅仅被视为一场北美殖民地人民为摆脱英国殖民统治而进行的独立战争。用一场战争的格局去理解18世纪世界近代史上深刻改变北美人民命运并影响了世界进程的美国革命,这严重制约了中国学者以一种客观的态度去认识美国革命历史的复杂性、特殊性和完整性。18世纪的美国革命远远超出一场独立战争的范围,它不仅是一场政治革命,同时也是一场社会和思想文化革命。无论在原创性上,还是在它所取得的成就上,美国革命都是一场极为特

---

* 盛嘉,美国康奈尔大学博士,现为厦门大学人文学院历史系教授,主要研究领域为美国文化思想史、美国革命史、比较革命和胡适留美经历等。同时担任《人文国际》杂志执行主编,编译的著作有《人文科学中大理论的回归》(1992)、《学者的使命》(2012)等。

殊的革命。这场革命在社会、政治、经济和思想文化各个层面都改变了原来的传统殖民地社会结构。它不仅使世界上最大规模的民主共和体制国家得以建成,而且使一个多元分散的、具有不同语言、不同文化和不同宗教的群体凝聚成一个民族,它对美国政治文化的形成以及美国文明的核心价值的形成起了决定性的作用。同后来发生的世界其他地区的几场革命相比,美国革命或许是最为成功的一次革命。

美国革命历史叙述的狭窄格局不可避免地导致了对美国革命中的许多问题认识的简单化、公式化和教条化,例如,引起美国革命爆发的诸多复杂的社会、政治和思想意识因素被抗税经济的一元因素所取代;多元复杂的社会阶层的不同利益冲突变成了二元对立的阶级斗争;革命的领导阶层与被领导阶层的关系被颠倒;黑人的作用被不切实际地夸大;反抗债务的骚乱变成了推动宪政改革和社会进步的唯一重要的因素等等。狭窄的格局还会系统地排斥一些与此格局不能相容的问题,以至于美国革命中一些重要问题在中国的美国革命历史叙述中消失或被有意识地拒绝,例如,美国革命与美利坚民族的认同问题;由宗教、文化、经济、社会状态所导致的地区差异问题;权利法案争论的实质问题;如何评价政治上的反对派——反联邦者们对美国革命的贡献问题;宗教与美国革命的关系问题;美国革命的思想文化背景问题;如何客观评价领导革命的社会精英问题;美国共和政体的特征问题;革命与美国两党制形成的关系问题等等。

中国的美国革命历史叙述之所以局限于简单狭窄的格局,可以从几个方面分析其原因:政治文化的束缚、学术状态的困境和自身历史经验的局限。政治文化上,在中国人的眼里,美国是一个在政治意识形态上与中国存在着巨大差异的敌对国家。对于这样一个国家的历史叙述不可避免地要受到意识形态和情感因素的影响。在中国的政治文化语汇中,"革命"是一个正面、积极的词汇。用这样的词汇来描述一个在意识形态和政治上极端对立的国家的历史,是一件困难的事情。中国过去的学术状况更是令人担忧。由于政治对学术的干扰,中国的美国史研究几乎没有学术自由的空间。相反,它一直是为政治意识服务的工具,根本称不上是严格意义上的历史研究。当时的中国美国史研究是一个重"权威"而轻"证据"的年代。这使得中国的美国革命历史叙事必不可免地受限于武断专制的理论制约。由于马克思和列宁关于美国革命的有限论述,大都没有超出一场独立战争的格局,所以中国学者关于美国革命的叙述自然不可能、也不能够超出这一格局。

此外,中国人本身的历史经验也是制约对美国革命理解的一个不可忽视的因素。中国现代革命的历史无论在过程、内容和目标上都与美国革命大相径庭。根据政治历史学者汉娜·阿伦特对世界近代革命的两种分类,美国革命是一种以追求自由(freedom)为目标的革命,而中国共产党领导的中国革命则是以追求解放(liberation)为目的的革命。后者以暴力为手段,以战争的胜利和取得政权为主要目标。这两种革命在形式上可能有某些类似之处,但在性质和结果上则差异甚大。[1] 一个民族要克服本身的历史经验去认识另一民族的革命并非一件易事,尤其是当一个民族处在思想意识的褊狭状态时就更为困难。20世纪 80 年代以后,随着中国政治形势的变化、与外界的交流和了解的增加,有些中国的美国史学者已经开始逐渐意识到过去对美国革命叙述的误解和偏见对学术造成的危害,于是在中国关于美国革命史的叙述中出现了有限度地承认美国革命的迹象,但仍然以"独立革命"去界定美国革命。甚至进入到 21 世纪,中国学界还没有完全走出美国革命历史叙述的狭隘格局。

二、谨防标签的陷阱

阅读和比较中美学者关于美国革命历史的叙述,读者不难发现两者所用的语汇和概念有明显的差异。中国的美国革命历史叙述基本上是在中国政治文化的语系中展开的。中国学者常用一些在中国政治文化中流行的词汇和术语来构建美国革命的历史叙述,例如:历史唯物主义、唯心主义、马克思主义、资产阶级、劳动人民、阶级斗争、反动阶级、无产阶级、革命与反革命、革命阵线、侵略者,甚至还有地主、富农和贫农等等,其中"资产阶级"(Bourgeois)一词被滥用得最为严重。由这一名词构成的复合名词多达几十种,例如:资产阶级革命、资产阶级民主、资产阶级专政、资产阶级政府、资产阶级天赋人权、资产阶级宪法等等。

可见,"资产阶级"一词已经脱离了该词的历史语境,变成了一个泛指、空洞和抽象的政治名词。在历史叙述中,这种标签的滥用往往给人一种假象,似乎采用这些标签可以痛快地说明许多问题,但仔细分析,它们又很难说清楚任何具体的历史问题。用中国政治文化中的革命概念和阶级斗争的方法去硬套美

---

[1] Hannah Arendt, *On Revolution*, New York: The Viking Press, 1965, pp. 21-22。

国革命,所掩盖的问题比所能说明的问题大得多。这种现象在 20 世纪 80 年代以后有所式微,但是滥用标签的现象并未完全消除,它仍然不时出现在中国关于美国历史的叙述中,充斥在各类教科书中。

不仅如此,在一些硕士和博士论文中也常出现乱贴标签的现象。标签的滥用不仅仅是一个语言表达的问题,它往往反映了一个特定社会的思想意识形态,甚至与一个社会的文明状态有关。乔治·奥威尔曾指出:"思维的浅陋使我们的语言变得粗俗而失精准,而语言的随意凌乱,又使我们更易于产生浅薄的思想。"[2] 胡适也曾批评乱贴标签是用名词代替思想,对学术研究不具有任何积极价值,是做学问的死路子。[3]

这种把中国政治文化中的词汇和特定的政治术语不加区别与界定、随意或有意地应用到美国革命的历史研究中的做法,使真正意义上的客观历史研究难以实现。它不可避免地导致概念化的历史判断,离历史的真实愈来愈远。中国的美国革命历史叙述变成了用中国政治文化意识形态中的词汇构造的另类历史。

其实,历史叙述中有效的令人信服的语言,并不是那些由外界强加的不相关的政治词汇,反而是那些产生于特定历史时期的一些常识性的语言。反观美国学者在美国革命历史叙述中所使用的一些基本词汇,它们不是在中国学者的叙述中缺乏,就是被轻描淡写。如果将美国学者关于美国革命的叙述与美国革命的历史文献的阅读结合起来,人们不难发现美国学者所使用的词汇大多直接产生于或来源于当时的革命词汇。虽然有些词汇产生于更为久远年代以前的欧洲,但在美国革命时期,它们被赋予了特定的历史意指。

中国的美国革命历史研究要真正走出困境,一个关键的步骤是要防止和消除这种标签的暴政。用美国革命历史时期的历史概念取代那些强加在美国革命历史研究中与这场革命无甚相关的中国政治文化中的词汇。美国革命中的历史概念有三方面的特征:首先,它们是产生于美国革命的特殊历史时期的革命词汇,带有明显的历史的烙印。其次,这些历史概念中的一些词汇虽然最初并非出现在美国,但它们在美国革命中被赋予了美国特定的意指(American context)。例如,美国革命中的共和主义已不是原来古代欧洲意义上的共和主义,

---

[2] George Orwell, *Politics and the English Language: An Essay*, Evansville, Ind., 1947,中译文参见乔治·奥威尔:《政治与英语》,郭妍丽译,南京:江苏教育出版社,2006 年,第 3 页。
[3] 胡适 1933 年 12 月 13 日致孙长元的信,《胡适全集》,安徽教育出版社,2003 年,第 24 卷,第 168—169 页。

美国革命已经赋予这一历史概念新的意指和内涵。更为重要的是,这些历史概念与后来关于美国革命的历史叙述有着共存性,即它们不仅存在于18世纪美国革命那一代人的思想和话语中,还出现在后来的学者关于美国革命历史的叙述中,但一般都具有明确的界定和使用规范。

如果用这个标准去衡量在中国的美国革命的历史叙述中用的最多的"资产阶级"一词就可以看出,它不是美国革命中的历史概念。托克维尔早年就曾认为在一个没有封建制度的国家里,谈论资产阶级革命的意义根本就不存在。美国革命前后的美国社会是一个很难用"资产阶级的社会、经济内涵"来定义的社会。即使根据英国马克思主义历史学者埃瑞克·霍布斯鲍姆的观察:"资产阶级在法国革命前具体所指的是一个特定的社会等级,比如,在某一地区占人口总数的18%—19%。但在美国则并没有这明显的可以用资产阶级所特指的社会阶层。"[4]美国革命是一场许多社会阶层的民众共同参与的革命,阶级阵线并不十分清晰。用"资产阶级革命"来定义这场革命显然不合适。正因为如此,"资产阶级"一词几乎很少出现在美国学者关于美国革命的叙述中。

在中国的美国革命历史叙述中,用美国革命的历史概念取代抽象笼统、含混不清的标签对中国的美国史学者具有特殊的意义。这些历史概念是"解决历史分析中一些常见和具体问题的基本工具",它们使一种可信的历史叙述成为可能。[5] 这些历史概念可以使中国的美国史学者在美国革命历史的研究中得以把握这一历史时期的核心问题,而不相关的抽象名词和标签往往会导致一些扭曲的重点(distorted emphasis)[6]和非历史问题的出现。这些历史概念比那些不具任何相关性的抽象名词更能使历史学者对当时的历史有一种切身的感受,只有身临其境的感觉才能使设身处地的历史叙述成为可能。历史概念还可以在一定程度上防止历史学者出现时代错误(anachronism),使其能够沿着历史本身的脉络接近历史。近来,有中国学者已开始着手从考察美国革命时期特定的历史概念的演变来研究美国革命的历史,这是一个值得肯定的学术变化。[7]

---

[4] Eric J. Hobsbawm, *The Age of Revolution, 1789-1848*, London: Weidenfeld & Nicolson Ltd., 1987, 中译文参见埃瑞克·霍布斯鲍姆:《革命的年代,1789—1848》,王章辉等译:北京:国际文化出版公司,2006年,第71页。

[5] Peter Burke, *History and Social Theory*, Cambridge: Polity Press, 2005, p.45.

[6] Louis Hartz, *The Liberal Tradition in America*, New York: A Harvest Book, 1955, p.23。

[7] 李剑鸣:《美国革命时期民主概念的演变》,《历史研究》2007年第1期,第130—157页。

三、拓展思想资源

滥贴标签是语言贫乏的表现,而思想资源的贫乏则是造成中国的美国史研究困境的更深层和重要的原因。长期以来,中国的美国史学者试图将马克思的理论模式应用到美国史研究中。但必须承认,这种努力的成果目前看来极其有限。甚至还出现了一些极不可靠的历史叙事。到底是什么地方出现了问题?是马克思的理论模式本身具有局限性?还是中国学者在应用马克思的理论模式时出了偏差?

由于马克思所处的时代与社会背景以及他自己的学术和政治兴趣,他曾十分注意法国革命甚至17世纪的英国革命,但美国革命则基本上没有进入他的视野。虽然他曾阅读过一些美国革命领袖人物的著作,如本杰明·富兰克林的《试论纸币的性质和必要性》和托马斯·杰斐逊的回忆录,但美国革命的历史经验并没有进入马克思的历史视野,他并未对美国革命提供任何详细系统的论述。一些中国学者所能找到的只是马克思关于美国革命的只言片语。[8]

由于中国的美国革命历史研究不是将马克思的理论作为严肃的学术来对待,而是作为政治上的权威和教条,加上忽略了对马克思原著的阅读和对其写作语境的考察,在美国革命的历史叙述中,随意摘录马克思和其他政治领袖人物的只言片语,牵强附会地去解释美国革命的历史,这样不仅违背了马克思本人所坚持的学术原则,而且还妨碍了中国学者对美国革命历史的正确理解。在处理美国革命的历史研究与马克思的理论的关系时,中国的一些学者违背了史学研究的基本原则。他们不是通过对史料文献的客观解读去寻求新的历史知识和真理,而是验证和附会一个特定的理论。思想资源的单一往往还导致人们思想的偏僻,这一度也是引起中国学界把"美国例外论"(American exceptionalism)极端政治化的一个因素。

对世界上所发生过的革命历史的论述各式各样,对革命所做出的理论解释更是层出不穷,然而,到目前为止,没有任何一种关于革命的理论可以权威性地解释所发生的不同革命,因为到目前为止几乎所有发生过的革命都是独特的。许多关于革命的研究者由于时代因素和学识常常是从特殊角度来考察革命的

---

[8] 盛嘉:《马克思与十八世纪的美国革命》,《读书》2008年第12期,第59—67页。

历史,他们的叙述往往都带有明显的时代烙印和个人色彩。正像许多人都愿意探讨革命的局限性一样,任何关于革命的研究也都带有局限性。因此,要认识一场深刻的革命,就必须拓展理论资源,在革命叙述中要有意识地借鉴多元的理论和方法。例如,在美国革命中的认同问题上,宗教、种族和文化认同与马克思所强调的阶级认同同样重要,如能将马克思的理论与马克斯·韦伯的理论结合起来就可以较好地说明美国革命中复杂的认同问题。

从中国的美国史学界目前的一些选题和研究内容(包括一些硕士和博士论文)上判断,理论资源贫乏的状况似乎并没有得到根本的改善。一些中国学者对西方学术界20世纪70年代以来的几次重大的理论突破并不很熟悉,例如"语言学转向"(linguistic turn)和"文化转向"(cultural turn)等。思想资源的贫乏还给真正意义上的学术交流造成障碍,导致学术隔绝的加深。因为不了解国外同行的学术思想背景和方法,真正意义上的学术交流很难展开。在一些关于美国史的国际学术会议上,常看到中外学者各念各的论文,鲜有实质性的研讨和争论,学术交流往往徒有虚名。

四、本土化的可能性

近十几年来,在中国学术界有一些关于本土化的讨论,但是这些讨论大多集中在几个有限的领域,例如社会学和人类学。但关于如何在中国的西方史研究中实现本土化则鲜有讨论。虽然也曾有学者提出要在中国的美国史研究领域实现本土化,但由于这一领域的特殊性质,这一建议似乎并没有在中国的美国史学界引起热烈的回应。[9]其实,从20世纪50年代至80年代,中国的美国史研究曾经历过一个特殊的"本土化"阶段。在那一时期,中国的美国革命历史叙述,严格说来,既不同于美国学者也不同于苏联以及世界其他地区的学者,实在是具有中国的"特色"。令人遗憾的是那一阶段的中国美国史研究并没有产生令人信服的学术。今天,要提倡在新的历史条件下中国美国史研究的本土化,务必对过去的教训进行很好的总结,以免重蹈覆辙。

美国革命的历史研究在美国是一门极具学术前沿性的显学。中国学者要

---

[9] 李剑鸣:《新世纪美国史研究的挑战与前景》,中国美国史研究会第十一届年会论文,苏州大学,2005年10月,第5页。

在这一领域取得被学术界认可的成绩并非一件易事。但也不能完全否认中国的美国史研究本土化的可能性。综观关于美国革命的历史叙述，人们不难发现，许多有价值的论著恰恰是由一些非美国学者，即局外人做出的。托克维尔和阿伦特就是典型的例子。中国的外国史学研究能否实现真正意义上的本土化？实现的途径在哪里？早在1926年，胡适在介绍陈衡哲的《西洋史》一书时就对这些问题提出了自己的看法。很可惜，胡适当年的这些见解并没有引起太多的注意。胡适认为，中国人"著述西洋史，初看来似乎不见得有创作的贡献，其实大可以有充分创作的机会"，"以东方人的眼光来治西洋史脱离了西洋史家不自觉的成见，减少了宗教上与思想上的传统观念的权威，在叙述与解释的方面我们正多驰骋的余地"。胡适认为陈衡哲在写《西洋史》一书时能够"用公平的眼光，用自己的语言，重新叙述西洋的史实"，这为中国人作西方史提供了可借鉴的经验。[10]

要实现中国的美国史研究的本土化，另一个值得中国学者借鉴的是美国的中国史学者的经验。20世纪70年代以来美国的中国史研究由于突破了一些旧的格局而出现了一系列新的态度和方法，其中最值得中国的美国史学者借鉴的是中国中心观的学术取向。根据柯文的解释："'中国中心观'核心的特征在于，采取这种观点的研究者努力尝试从中国历史的观点出发，密切注意中国历史的轨迹和中国人对自身问题的看法，而不仅从西方历史的期望的观点出发，去理解中国历史。"[11]正是基于这些新的态度和方法，美国的中国史研究取得了一系列独特的成果。它们其实正是美国的中国史研究本土化或美国化的重要标志。可见，是否敢于和善于突破旧有的格局是实现学术本土化的前提。一个具有对待真理和知识的坦诚态度与创造力的民族在任何领域都有可能做出独特的学术贡献，这才是本土化本质之所在。

五、教学上的突破

学术上的原创力是中国的美国史研究本土化的关键，也是中国的美国史研

---

[10] 胡适：《介绍几部新出的史学书》，《胡适全集》，安徽教育出版社，2003年，第13卷，第66—69页。
[11] Paul A. Cohen, *China Unbound: Evolving Perspectives on the Chinese Past*, London: Routledge Curzon, 2003, p.4.

究走出困境最为根本的保证。中国的美国史研究与欧美学术界的巨大落差的深层原因在于当前中国大学的体制和文化很难培养出一批具有原创力的学术新生代。任何对历史的新的认识,都与历史学者的学术训练和学识素养密切相关,而这些与大学的教育训练,特别是研究生阶段的学习与训练关系极大。未来中国的美国史研究要有新的突破,取决于在多大程度上能够改变目前中国大学的研究生教学和培养方式。作为中国美国史研究的新生代,他(她)们的素质和学识将直接决定着未来中国美国历史研究的水准和方向。然而,目前中国的一些大学对研究生的培养并没有给予应有的重视,他(她)们当中的许多人甚至并没有得到严格的基本学术训练。美国大学改革的重点——教学课程改革(curriculum reform)在中国大学却得不到重视,这导致了大学教育重心的丧失。中国大学在急功近利的心态驱使下,只看重教师申请的项目金额大小和发表论著的统计数字,导致很少有老师肯在教学上用心思、下气力。人们看到一个奇怪的现象:教育投入在增加,可教学的品质却在下降;论著发表在增多,可真正的学术却徘徊不进。到目前为止,中国的美国史研究生的培养仍然缺少一套按照严格的学术标准和史学原则制定的方案。学生知识结构的偏差和学术视野的狭窄是一个普遍存在的问题。

在具体的教学中,必须从历史学的基本原则入手培养研究生。这一基本原则具体体现在史学家从事历史研究的三个重要步骤上:(1)对历史文献的态度,即如何找到和选择可信的史料;(2)解读史料文献的功力,即如何客观、翔实地解读这些史料;(3)历史叙述的能力,即在对史料的正确解读的基础上做出可信的叙述。[12] 如果要将这三项原则转换成对研究生的培养和学术培养的方案,不妨从三个具体方面入手。在阅读内容上,要改变只读通论而不重视专著和文献的习惯。目前,许多中国的美国史研究生仅以读六卷本的《美国通史》为主,忽视一些重要的专著,甚至根本不读重要的历史文献。有些学生居然连美国革命中最起码的文献,如《独立宣言》《联邦宪法》《权利法案》和《联邦者文集》,都没有读过。在这方面,中国大学的研究生培养的确与美国大学的研究生培养存在着巨大的落差。哈佛大学之所以能够在第二次世界大战后成为美国研究中国历史的重镇,为美国的中国史研究培养出一批优秀的学者,其中一个重要原因是他们有一套培养研究生的有效的教学方案。特别值得注意的是由费正清等

---

[12] Martha Howell & Walter Pervenier, *From Reliable Sources, An Introduction to Historical Methods*, Ithaca: Cornell University Press, 2001, p.2.

人创设的清史文献阅读（Qing Docs）一课。在这门课上学生通过阅读清朝的奏折、题本、上谕和实录等历史文献去解读中国清朝的政治文化和历史事件。[13]

美国革命历史的文献相当丰富，其中许多文献都可以作为学生的阅读材料。坚持以阅读文献的方式去接近和学习历史实际上是以历史学的原则培养和训练学生。这种教学方法可以从根本上改变中国的美国史研究中不重视文献的倾向，还可以使学生避免坠入标签的陷阱。这种方式不仅可以培养学生对历史文献的态度、提高学生阅读历史文献的能力，同时还可以给学生提供阅读通论和教科书所不能获得的历史感受。只有身临其境地学习历史，将来才能设身处地地写历史。

在教学方式上，要提倡和注重学术研讨班（seminar）。中国的美国史研究生培养中学术讨论班的缺失是一个十分令人遗憾的现象。学术研讨班是一个已被证明有效的教学方式。在19世纪，这种学术讨论班是造就德国大学一流学术的核心要素，今天它也是美国大学培养研究生的最有效的途径之一。这种教学方式看似松散平常，其实，它不论对老师还是对学生都有很高的要求。这种方式可以使学生将被动的听讲变成主动的参与，改变被动的学习习惯。在讨论中鼓励学生分析、批判和质疑的精神，创造学术平等的氛围。

在课程设置上，打破中国的美国史研究生培养的封闭体系，丰富历史学习的知识范围，扩大学术的视野。要帮助学生突破课程设置的单一狭窄的格局，除了美国史之外，中国的美国史学生要更多地关注其他国家和地区的历史，除了历史学之外，更多学习其他领域的知识，如社会学、人类学和政治科学。在学生培养中要注意历史相关学科（auxiliary sciences of history）知识的学习。现在越来越多的学者把美国革命放到更广阔的区域中考察，如跨大西洋区域（trans-atlantic regions），因此欧洲史的知识十分重要。甚至要真正了解当时的奴隶制，非洲史也不可缺失。同时，要认识作为一场深刻社会革命的美国革命的历史意义，社会学、人类学、民俗学和政治科学等知识也十分需要。如果今天的中国大学能够为学生提供这些知识，那么，将来一个具有中国特色的关于美国革命的新的历史叙述就有可能产生。

【本文原载《史学月刊》2008年第2期。】

---

[13] 田霍宇:《一门历史课的历史》,《读书》2005年第9期,第111页。

革命的起源与反抗

彼得·马歇尔[*]

贺新 译

作为帝国的英国

在七年战争的最后几年,英国的舰队和陆军进驻到世界各地,分割法国和西班牙两大殖民帝国的版图。但在此之前,随着冲突在18世纪50年代早期的升级和战争走向公开,英国的大臣们还在为捍卫不列颠诸岛,及其在欧洲和世界范围的利益前景感到沮丧,似乎有太多的隐患。

在北美大陆,新英格兰人或许愿意并且能够保护自己,弗吉尼亚人可能勉强靠得住。但是在其他地方就不好说了,软肋太多。新斯科舍省的问题就尤其尖锐。那儿有太多宣称"中立"的法国人及其印第安盟友,他们可能把新法兰西的法国人引进来。一旦哈利法克斯(Halifax)失守,北部几个殖民地就岌岌可危了。宾夕法尼亚也形势堪忧,无法指望那里的贵格派政治家会有什么作为,而且尚有大量未同化的德国人,他们的忠诚度值得怀疑。南卡罗来纳和佐治亚连切诺基人的进攻都挡不住,更不用说对手是欧洲人了。在加勒比海地区,富裕的牙买加毫无招架之力。那儿白人和奴隶的比例严重失调,以至于牙买加的民兵组织不得不吸纳造反的奴隶。他们根本抵挡不了法国或西班牙的一次攻击。东印度公司正在科罗曼德(Coromandel)(位于印度)海岸法国援军的攻击下告急,与此同时却传来孟加拉的那瓦布军已攻占加尔各答的消息,这无疑是雪上加霜。

以上这些对形势的简要概括表明18世纪中期的英国感到自己备受威胁。这种威胁不仅来自外部的波旁军,也来自许多国内潜在的敌人:苏格兰高地人、

---

[*] 彼得·詹姆斯·马歇尔(Peter James Marshall),英国历史学家,牛津大学博士,伦敦大学国王学院荣休教授,主要研究领域为英帝国史,著有 *East Indian Fortunes*:*The British in Bengal in the Eighteenth Century*(1976),*The Making and Unmaking of Empires*:*Britain*,*India and America c. 1750-1783*(2005)等。

爱尔兰天主教徒、北美大陆的印第安人、殖民地的非英裔移民、莫卧儿王朝的后继政权，以及非洲的奴隶都有可能对英国倒戈相向。然而事态的发展很快表明：国内这些潜在的分裂势力也能变为忠实的臣民与盟友。英军最精锐的部队就来自苏格兰高地。最初试探性的一步是从爱尔兰天主教徒中抽调人手以扩充兵源。宾夕法尼亚的德国人也被征募进美洲的国王军。北美殖民地也出乎意料地顺利加入进来，将近21000名士兵被动员起来参加1758年在北美的战役。在战争的最后一年，英国政府成功收编了大部分在北美惹是生非的印第安人，阿默斯特将军（General Amherst）甚至提议，将那些法裔美洲人也一并征募起来，编成一个军投入战斗。东印度公司在战争期间还雇用了大量的印度兵，并将其训练成一个固定兵种，而一切军需均由对英国俯首称臣的印度统治者提供。牙买加的逃亡黑奴则在镇压1760年的奴隶起义中发挥了意想不到的作用，因此1762年有人提议建立一个自由黑人军团，以应对哈瓦那（Havana）的进攻。

战争迫使英国最大限度地动员人力物力。虽然直属国王的汉诺威军队（Hanoverian troops）始终被当作"外人"，而为英国服务的其他部队的参战却是促成一些关键性转变的重要环节，它使大不列颠诸岛及与之相关的各个复杂的海外利益网络——同时代人称之为"大英帝国"——都密切地连成一体。海外战争的胜利又有助于加强英格兰与苏格兰的联合，两者相辅相成。它既给苏格兰人带来了丰厚的回报，也为所有不列颠人提供了必胜的信念，同时也有助于改善不列颠和爱尔兰的关系。但如果说战争加强了不列颠在不列颠群岛中的地位，那么它也为自身的继续扩张增设了障碍。战争给英国统治者的切身体会是要把控制权牢牢掌握在自己手里。无论北美做出了多大的贡献，都不可能给他们太多的权力。1763年后，当英国当局试图加强对殖民地的控制时，美洲的质疑演变成了公开的反对。而在大多数英国人看来，美洲人胆敢公然反抗英国政府，已经失去了被当作英国人加以对待的资格。因此，本文的分析将既包括英王国与英帝国的整体性，又注重对这个国家内部矛盾的考察。

英国的兵力主要投放在欧洲以外的地区，尤其是北美，从某种意义上说那儿还是一块全新的领域。其投入的规模不仅使英国公众的注意力前所未有地聚焦到北美，也吸引许多英国人加入了英国在美洲的军队。究竟英国在北美部署了多少军力？这大体可以从劳登勋爵（Lord Loudoun）1757年对哈利法克斯的几支军队的一项调查报告中得知。这些军队是在当时路易斯堡（Louisburg）进攻失利后集结起来的。该项调查考察了不列颠人即英格兰人、苏格兰人和爱尔兰人等在北美军队中的比重，发现其中有3426人来自英格兰；爱尔兰人差不多，有3138人;而苏格兰人则明显较少,只占1390人。另外,军官人数则以爱尔兰人居多,有166人;英格兰人稍少一些,但也有131人;最少的仍是苏格兰,只有71人。考虑到在美洲的苏格兰高地部队没有被包括在哈利法克斯的军队内,这些数据显然无法反映苏格兰人在北美军队中的整体比重。一项对南卡罗来纳的"蒙哥马利高地"部队的报告显示,正如其名,该部的军官全都是苏格兰人,其士兵有1001人来自苏格兰高地,59人来自苏格兰低地。有充足的证据表明苏格兰士兵很乐意去美洲打仗,他们似乎把这当作向美洲移民的一种方式。

尽管直到1771年英国官方才正式撤销了征募爱尔兰天主教徒的禁令,但真实情况是,大量天主教徒很可能早就统一爱尔兰的身份存在于军中。陆军中尉劳登勋爵认为,任何在爱尔兰征兵的部队都有可能包含爱尔兰天主教徒。劳登曾试图将天主教徒从其军队里清除出去,但英国政府却无法长期忽视这些潜在的巨大兵源。随着美洲战事的爆发,对天主教徒的大规模征募也被提上议程。乔治·热尔曼勋爵(Lord George Germain)在1775年曾评论说,在英国的那些大臣们不会听取任何增设新军团的建议,"只要他们继续自吹自擂能够从爱尔兰的罗马天主教徒里招到新兵"。其后在战争中,针对天主教徒的部分刑法条款也正式放宽了。

战争使英国上下紧密联系在一起,同时也为不列颠与其海外领地的关系带来了显著的变化。这些变化定义了英帝国。许多文章探讨了这一时期英国同北美十三个殖民地间的紧张关系,涉及殖民地军队的建立及英国军事统帅的权力、军队的驻扎、英国对印第安事务的介入、对人力和运输系统的征用及其他多个方面。要是劳登勋爵一意孤行,态度再强硬些,在1757年英国军队很可能已经和一些殖民地区的人兵戎相见了。皮特(Pitt)曾公然训斥其"在殖民地管得过宽,没有给地方军民以应得的待遇"。在七年战争的后期,殖民地人其实很受纵容,与英国人差不多是平等的伙伴关系,对其在战争中的一些越矩行为,英国方面也没有认真清算。但在大多数英军将领眼中,殖民地人并不是好的合作伙伴,他们丝毫不愿屈居人下。

我将阐明英帝国的本质是如何被重新定义的:以宾夕法尼亚的德国人及北美的法国人和印第安人为例,他们表明了宗主国的权威是如何对那些"王国领域内的陌生人"做出反应的。

"外国新教徒"差不多已成为解决任何帝国问题的普遍的灵丹妙药。可以说,德国和瑞士为殖民地提供了数不尽的"良民"——他们顺从、勤奋,而且尚武。为了鼓励他们在北美定居,英国议会通过了一系列简化入籍程序的法令。

然而到18世纪50年代,宾夕法尼亚的德裔居民的密度开始让英国人感到不安,富兰克林关于宾夕法尼亚19万人口总数中有10万是德国人的估计广为人知。关于这些人是否已经被彻底同化的问题开始被提出。他们定期选举贵格派人士似乎已经冒犯了宗主国,而针对他们是否"会被法国间谍策反、做出背离英国利益之事"的怀疑也在蔓延。为了把这些德国人变为纯良的英国人,1753年,在英国王室和内阁的全力支持下,一个"贵族与绅士协会"(Society of Nobility and Gentry)在伦敦正式成立,旨在通过办学加强对北美德国人的英文教育。但是,在战争压力下,英国政府的大臣们是从另一角度来看待这些宾夕法尼亚德裔居民的。"在最令人愉悦的原则——对宗教的热忱、对自由的向往以及勤劳精神驱使下的十万名德国人和瑞士人"被英国议会描述成"上帝赐予的礼物"。他们将被编入美洲皇家特种部队(Special Royal American regiments),由从欧洲调来的外国军官统一指挥。战后,这些外国新教徒一如既往地受到几乎每个殖民地的欢迎。

在战争之初,殖民地的法国天主教徒被当作敌人而非同胞。1755年,6000名法国人被赶出阿卡迪亚(Acadia)。他们被遣送至其他英属殖民地,在那里不断接受英国的同化改造。1758年英军攻陷路易斯堡后,法国在加拿大的殖民地被破坏,被驱除出境的居民长时间在圣劳伦斯河口徘徊。

两年后英国人态度的转变已经很明显了。1760年,阿默斯特率领他的军队进入蒙特利尔,此举不是为了建立报复性的代理政府,而是要在这里建立正义和仁爱的新秩序。受英国的大臣们所托,阿默斯特被告知不列颠并不愿失去它新的法国子民,"他们现在同为英王陛下的子民,同样受到英王的庇护"。他们有权"享受我们宽容亲切的政府所能提供的全部福祉——正是这些构成了一切大英帝国子民所特有的幸福感"。他们不应"由于选择了一种错误的宗教信仰——他们虽然口头上承认了这点,但心里并不乐意——而遭受不公正的待遇"。1774年《魁北克法》(the Quebec Act)的思路及英国官方对加拿大天主教会的认可是很清楚的。

战争迫使英国对"王国领域内的陌生人"认真进行一次重新估价。同化虽然仍在提倡,但已被默默地搁置了。大英帝国急需人手,不管是打仗还是殖民。一项大规模的海外移民部署也被迫放弃了。欧洲大陆的人毫无疑问要承认,如果需要的话,对新教徒要有选择性地承认,即便是天主教徒,但这种重要性也被一些不实言论添油加醋地夸大了,英国人沉浸于生活在一个施行仁政的繁荣的世界性帝国的自豪情绪中。

战争也使英国开始考虑非欧裔的"陌生人"。在战争期间及刚刚结束之时。美洲的印第安人问题一直困扰着英国的大臣和广泛的公众。法国在构建印第安同盟上的成功,以及印第安人在英属美洲殖民地前线的血腥屠杀,都刺激了英帝国在印第安事务总督的任命、印第安治理政策的制定等问题上的强化。1762年,乔治三世在一封为筹集善款在纽约和费城建立新的大学的简令中,颇为自得地规划:把"所有野蛮的民族都纳入到宗教和市民生活的轨道上来"。基于这个目标大量资金被筹集起来:英国圣公会福音传播协会(the Anglican Society for the Propagation of the Gospel)、苏格兰基督教知识传播教会(the Church of Scotland Society for Propagating Christian Knowledge)、新英格兰公司(the New England Company)以及长老会教徒(Presbyterians)和摩拉维亚教徒(Moravians)均纷纷捐款。据说到1769年,英格兰和苏格兰地区在此项事业上筹集的资金已超过传教和教育事业。

任何对英国所形成的"帝国"性质的系统化或理论化,都赶不上其实际变化的情况及其在各种情形下解决实际问题的需要。一个最简单的帝国模型虽然古老但仍很有影响力:殖民地是王室的领地;帝国统一于对国王的普遍效忠。"地方(美洲)背弃了对国王的义务,他们并没有像陛下所期望的那样增加士兵人数",阿默斯特1761年哀叹道,他将其归因于"没有意识到战争正是为了国王陛下的子民的共同利益而进行的"。在这样的原则下,新的臣民很容易被吸收到帝国中来。他们因对被征服地享有权利而效忠国王。这种理论最先被应用于北美和格林纳达(Grenada)的法国人。生活在英王统治区域的美洲印第安人同样是英王的子民,尽管这已不是自1763年获得这块广阔的新土地以来第一次清楚的声明:他们过去就被描述成"与我们联系在一起并受我们保护的人"。然而,在东印度公司建立的新省生活的印度人是否也属于帝国成员却不是个简单的问题。从理论上说,他们仍是莫卧儿帝国的臣民;但从法律的角度看,莫卧儿帝国已经对英国俯首称臣,英王室的主权相应延伸,自然也赋予了印度人新的国民性。1773年众议院做出决议,宣告东印度公司所辖属地属于英国政府。在那时,英国王室拥有"亚洲子民,就像在美洲的那些人一样"的观念已不新奇。柏克(Burke)就喜欢以"我们的同胞"称呼印度人。

这种基于王室顺从的帝国理论看似简单,实则有许多18世纪中期的历史蕴含。当富兰克林这些美洲人在这一理论上做字面文章,声称他们对英国的效忠正如同汉诺威那样——仅仅依托于对一个共主的顺从时,英国方面凭借1766年通过的《宣示法案》(the Declaratory Act)及时提醒他们:"除了效忠国王,也要效忠于英国议会","无论在任何事项上"议会都有权制定新的法律使帝国的各个部分团结在一起。

不过,撇开"忠于议会即忠于国王"的精心阐释,这种基于顺从将国王的形形色色的臣民连成一体的帝国理论是相当灵活的,它能应对各种情况。作为帝国庇护下的子民,臣服者必须效忠于国王,但这不意味着在所有方面都必须与帝国保持步调一致。

纵观历史,许多不列颠人对这种帝国概念是颇为自豪的。正如他们经常说的,形形色色的"种族"构建了一个多样性的帝国,各族群虽然在宗教、语言、法律和习俗上迥异,但因对英王的效忠团结在一起。还有许多人则相信,联合王国不仅仅是共主之下各自人民主体的简单联合,它也体现了一种"英国性"(Britishness)的扩散,正是这种英国性造就了鲜明的英帝国。这样的抱负在18世纪甚嚣尘上,从英国同化阿卡迪亚人或宾夕法尼亚的德国人,以及把印度人拉拢到基督教文明怀抱的努力中即可见一斑。阿瑟·扬(Arthur Young)在其1772年的著作《关于大英帝国现状的政论》(*Political Essays Concerning the Present State of the British Empire*)一书开篇即描述了这种抱负的特征:

> 英国的领土不仅包括大不列颠和北爱尔兰,也包括世界各个地区形形色色的殖民地和定居区,不把这些地区统一视为总体中的一部分是没有道理的……最简单明了的方法是:帝国的每一个区域共同构成了这个国家,它们服膺于同一个君主,说同样的语言,享受同等的自由权利,但是生活在世界上不同的角落。

至于为什么没有把宗教——像语言和自由权利那样,也作为构成英帝国的一个基本要素加以考察,相信时人也和今天的历史学家一样困惑。但是阿瑟·扬的暗示已经很明显了:他认为英帝国不仅仅是各自人民主体在"一个共主下的联合",它更是英国民族在海外的延伸。

在阿瑟·扬及他以后的时代,这种抱负理所当然体现的是一种精挑细选后的帝国观。在其世界范围的帝国设想中,阿瑟·扬并没有考虑到美洲种族和语言的多样性,更不用说东印度公司的领地。但是在1772年,他关于英国的海外殖民地基于相同的语言、自由权利——其他人可能还会加上宗教——而构成英帝国的看法应该是被大西洋两岸英国血统出身的人所广泛接受的。然而在之后三年之内,这个想象中的帝国在莱克星顿和康科德开始走向分裂。至少我们回过头来看可以发现,这些使不列颠人联合在一起的参数中存在着显著的分歧。如果说真的存在一种英国性,维系着英格兰、威尔士、苏格兰间的联合——或许也已延伸到了爱尔兰,那么这种延伸并非是无限度的。

就语言来说,在整个英帝国范围内几乎没有什么可争论的。18世纪是英语高歌猛进的时代。在官方的支持下,英语在苏格兰高地广泛传播。"英国新教学校促进会"(the Society for Promoting English Protestant Schools)在爱尔兰做着同样的事情。尽管宾夕法尼亚的"伦敦学校协会"(the London Society for Schools)陷入资金短缺的困境,北美殖民地的德国人社群还是自主学习了英语,以便融入公众领域和商业生活。

习惯上认为,共同的宗教和自由理念使各地不同背景的英国人团结在一起。然而,对于究竟是什么组成了这些理念的看法却开始出现分歧。

在七年战争期间,英帝国是由新教定义的,战争始于新教徒的自卫……在这样一个非常时期,新教徒们不得不摒弃前嫌。劳登勋爵曾试图把殖民地的形形色色的各派新教理论都统一起来,尽管他不信任贵格会教徒,认为他们不适合担任任何要职。在波士顿时,他上午去圣公会的教堂做礼拜,下午去休厄尔博士(Dr. Sewall)的礼拜堂,晚间则去拜访某个长老会信徒,同他一起做饭前祷告。

皮特是各派新教徒联合的坚定支持者:

> 作为宗教改革的重要一支,长老会的不奉国教者一直是罗马正教的有力反对者。而且正如他们所遵循的市民原则表明的那样,这些令人尊敬的教徒也一直是威廉亲王领导的光荣革命的坚定和热情的支持者,不论是在英格兰还是爱尔兰,他们都是受欢迎的。

在新英格兰,皮特几乎被人们当作偶像来崇拜。他本人也一直称赞"忠诚而自由的美洲新教徒",尽管这种夸赞正在变得不合时宜。

英国官方政策对殖民地各教派基本上一视同仁。一位宾夕法尼亚的贵格教徒曾获准出席乔治三世的即位典礼,同其英国友人一起做忠诚宣誓并得到国王的"保护"承诺。1749年英国颁布了一项国会法令,正式承认了摩拉维亚教徒。在宾夕法尼亚,"伦敦德国人学校协会"(the London Society for German Schools)还为加尔文宗和路德宗的牧师们提供津贴。在北美,尤其是北部省份,英国大臣们的态度使得那里一心要扩大国教影响的英国国教教徒越来越感到沮丧。

1761年弗吉尼亚的长老会教徒塞缪尔·戴维斯(Samuel Davies)发表了一

篇歌颂乔治二世的颂词。"在他治下这个国家成了所有基督徒的守护者,国教徒与非国教徒的避风港:既维护当权派,又容忍持异议者。"尽管英国当局从未正式取消过对不奉国教者的礼遇,但是两者间的关系在随后的几年里还是变得紧张起来。在马萨诸塞的公理会教徒中出现了一些政府权威的坚定反对者,他们中的一些牧师据传曾煽动过18世纪60年代中期的叛乱;厄尔斯特(Ulster)的一些长老会教徒也是如此,他们与18世纪70年代早期的耕地骚乱(agrarian disorders)脱不了干系。在英国,对诺斯勋爵(Lord North)控制的北美殖民政府的反对从1775年开始同"不信奉国教""纯良的动机"这些词等同。"不奉国教者为反抗提供了主导思想,也为美洲的动乱提供了超凡的领导力。"就英国政府而言,他们似乎是站在国教一边;但他们也逐渐把宗教宽容扩大到天主教徒,先是在格林纳达,随后是加拿大,最终到了英国本土,而这一点是最为美洲人所诟病的。

  随着七年战争的结束,许多美洲人开始担心"英国性"与"新教合一精神"的联合遭到破坏。这种担忧多少被夸大了,但也并非毫无根据。随着北美战事结束后第一个殖民地主教区的建立,英国国教在帝国内部得到了更多的官方支持。但另一方面,英帝国在信仰问题上也变得越来越宽泛,不仅是天主教,对伊斯兰教和印度教也是如此——它同这些教派有着贸易往来。

  阿瑟·扬把英帝国描述成一个单一的国家和民族,共享"同一份自由"。在1772年围绕这种英式自由的内涵自然会有相当尖锐的分歧。可以断言,大多数英国人认为,英帝国在对自由的仰仗上是在所有现代欧洲帝国里面独一无二的。但这种自由是建立在顺从的基础上的,既服从于由政府正式授权的特权阶层,又服从于至上的议会。战争强化了对这种顺从的要求。另一方面,北美却有不服从总督的传统,而且近来开始无视议会法令。"共和"和"平等"原则在他们之间普遍流传。就殖民地而言,他们坚持认为是英国方面不顾使帝国团结在一起的自由传统,并且还阴谋在大西洋两岸都摧毁它。显然,英国的过失又一次被夸大了,但英国的主流政治理念的确在变得越来越专制。

  对英国新教教义及英式自由内涵的理解在大洋两岸存在着明显的分歧。这些分歧在多大程度上威胁着单一民族/国家的概念?从殖民地精英人士的著作所提供的证据来看,直到冲突的后期,他们无疑始终将自己视作英国"民族"的一分子。"家乡"和"民族/国家"的概念经常出现在其作品中。这显然有着特殊的含义。举例来说,对华盛顿而言,他的"家乡"是弗吉尼亚,但他的"祖国"却是英国。"美洲人"(American)过去被广泛地当作一个描绘性的词汇,但它也渐渐获得了一种新的意义,成为一种身份认同的参考。富兰克林的一位客户曾向他讲起其1771年在伦敦的一个小插曲。当时他邂逅了一位旧识。当他把自己说成是"美洲人"时,他的英国朋友打断他说:"我希望你不把自己看成一个美洲人。""当时我回答他说,不,我很满意这个称号。"但他也不忘补充一句:"因为我觉得一个好的英国人和一个好的美洲人是同一个意思,我不可能是其中一个而同时不是另一个。"在18世纪70年代许多自称"美洲人"的人似乎是在暗示他们之所以这样做是因为他们被剥夺了其"英国性"。

无数纽带如亲属关系、宗教派别或商业往来将不列颠人与殖民地人联系在一起。但不列颠人是否通常将美洲殖民地人视为和他们是同一国人却值得怀疑。爱尔兰的历史学家指出,18世纪的英国人并不擅长辨认和区分:一切爱尔兰人对他们来说仅仅是"爱尔兰的",并带有同样的气质。美洲人也是如此,他们混居在一起,也带有某种特质。这暗示着他们其实是不同的"人"。哈利法克斯勋爵(Lord Halifax)在其1763年的一篇评论中明确指出:"尽管同为陛下的子民,英格兰人似乎把这些省的居民当作外国人。"在英国的美洲人在他们的信中多次提及不列颠人对殖民地的无知,同时又为拥有那些"想象中的"属民而沾沾自喜。詹姆斯·福瑟吉尔(James Fothergill),伦敦的一位贵格教徒,至少在印花税法危机前就曾写信警告他的美洲朋友,"这个国家超过一半人不知道他们的美洲兄弟从哪儿来,讲什么语言,也不知道他们是白是黑",但"美洲人一说要反抗"马上就激起了"勇猛的约翰牛精神"(the mastiff spirit of John Bull),"骄傲和狂热"将"使他一头冲向战场,投入战斗"。

一些北美殖民地人开始对这个新的世界性的不列颠帝国的崛起感到惊慌。阿瑟·李(Arthur Lee)在1775年痛苦地写道,"他们全副武装、穷兵黩武,新教徒、天主教徒、英格兰人、爱尔兰人、苏格兰人、汉诺威军队、黑森雇佣军、印度人以及加拿大人全都被他们驱使来对付忠诚的殖民地"。然而对大多数英国人而言,我试图确定的这两种帝国观点其实是相互重叠而非相互竞争的。一方面,英国人将自己视为多个人民主体的中心,并为他们提供保护,殖民地则反过来因为效忠于英政权的义务联结在一起。英国人正将自己定义为一个凌驾于其他民族之上的主体。

然而,这个18世纪的帝国,及其在以后时代的各个变体,实际上并不仅仅意味着对其他民族的统治。通过这个帝国英国人梦想成为一个世界性的民族。18世纪的实践表明要实现这种梦想困难重重、绝非易事。英国的失败说明所谓"英国性"并不是一套关于宗教、语言和自由的一成不变的信条,而是遵循特定的时空背景,并根据不同条件逐渐形成的不同的历史轨迹。在关键的问题上,"英国性"在美洲和不列颠群岛的表现最终走向了对立面,正如七年战争及其后果即将表明的那样。18世纪的经验也揭示了基于"英国性"的那种"共同体想象"过于狭隘、站不住脚。英国人也许能够设想一种包含了威尔士、或许还能勉强包括苏格兰的普遍的共同体,却无法将爱尔兰或美洲殖民地纳入到这种民族/国家构想中来。出于现实的必要,那些以殖民地为"家乡"的居民可能最终将他们的忠诚延伸至一个"美利坚"的构想。这种构想将是创造性想象的卓越成就。尽管他们中很多人的自我想象可能还局限在一个理想化的英国民族内。

  对未来的英帝国而言,1775年爆发的"英国性"的战争之教训在于:使英国人成为一个世界性的民族/国家的野心根本就是空中楼阁。凭借更灵活的帝国管理,而不再像18世纪60年代和70年代的做法,一个松散联合的帝国及后来的或多或少由不列颠人紧密联合组成的联邦最终经受住了从19世纪到20世纪两个世纪的风霜,但无论那些狂热分子多么热切地期望,那种融合了加拿大人、澳大利亚人、新西兰人、白种南非人以及不列颠人的"不列颠大帝国"是不会再出现了。历史经验使我们确信,这种期望与殖民地的民族主义格格不入,同时又与根深蒂固的不列颠本位主义水火不容。

  【本文选自 Peter James Marshall,"A Nation Defined by Empire,1775-1776", in Alexander Grant, Keith J. Stringer, eds., *Uniting the Kingdom? The Making of British History*, Routledge, 1995, pp. 208-222。】

埃德蒙·摩根，海伦·摩根[*]

廖平 译/高奕欢 校

英国议会对北美殖民地控制的强化及其意义

当乔治·格伦维尔（George Grenville）加强殖民地海关管理并调整关税时，他知道他只是开了个头，他也知道殖民地可以也应当更多地分担自身的防务开支。1763年夏，他已经开始考虑印花税的可行性，并任命两个人分别拟定关于北美《印花税法》（Stamp Act）的草案。两份草案分别于1763年9月30日和10月10日被呈交给格伦维尔，但他对这两份草案均不满意。起草者对北美司法程序的细节不够了解，以致不能提出并叙述征税所依据的文件。其实，白厅（Whitehall）里不可能每个人都对北美司法程序了如指掌。因此，尽管格伦维尔急切地希望尽快增加关税，但这项印花税必须得等到所有必要信息都齐备才能出笼。

既然格伦维尔不能在1764年春向议会提交北美《印花税法》，为何他要提出一个尚待完善的解决办法？为何不等到草案成熟再开始讨论这一议题？格伦维尔对于议会和殖民地对印花税的反应感到担忧——尽管程度可能没有这么严重。立法机构不希望其权限受到限制，而议会已经根深蒂固地认为自己拥有无限权力。格伦维尔已经听到了来自议会的风声。或许他知道他那著名的妹夫并不认同这个普遍的观点，而威廉·皮特（William Pitt）所反对的这个观点也不见得有多大的普遍性。不过，要使法案被接受的方法还是议会表决。一旦

---

[*] 埃德蒙·摩根（Edmund Sears Morgan，1916—2013），美国历史学家，哈佛大学博士，耶鲁大学历史系荣休教授，主要研究领域为美国早期史，著作甚丰，涵盖人物传记、政治制度、社会运动和种族主义等多个主题，代表作有 The Birth of the Republic, 1763-1789（1956），The Puritan Dilemma: The Story of John Winthrop（1958），American Slavery, American Freedom: The Ordeal of Colonial Virginia（1975）等。海伦·摩根（Helen M. Morgan）是埃德蒙·摩根的妻子，1953年两人合做出版 The Stamp Act Crisis: Prologue to Revolution 一书。

议会同意其有权在殖民地征收印花税,那么当要求执行征税权时,议会不太可能会出尔反尔。

此外还有如何让殖民地接受《印花税法》的问题。格伦维尔想到了一个两全其美的办法:在将法案提交议会时,他试图将殖民地人民置于这样一个处境——《印花税法》正好解决了他们在母国有难之时无法前来支援的问题。官方档案中并无格伦维尔在1764年3月9日议会上讲话的记录,而若干私人文献中大多记载他有关英国财政的窘境和对《糖税法》(Sugar Act)所基于的决议的解释。在谈到第15条决议(该决议确定了《印花税法》的必要性)时,文献记载略显贫乏,不过有一点事实是明确的:格伦维尔宣称他希望到下一个会期开始前再不处理这一议题,而推迟的原因是为了缓解紧张关系,以及顾虑殖民地的利益、和平和善意。殖民地也可以利用这一时间提出可能的反对意见,或提出更令人满意的税种,以及一个最误导人的建议——提出一个他们认为最合适的纳税方式。

格伦维尔在3月9日的讲话中明确指出,殖民地可以避免征收印花税。如果他们希望自行纳税而不是由议会征税的话,他们还有一年的时间来采取行动。格伦维尔一边做出这样宽宏大量的姿态,一边着手起草印花税法案,准备在下个会期提交议会。由于种种明显的原因,格伦维尔很可能认定殖民地方面会无所作为,他要求在1765年之前将法案准备就绪。他命令财政部的托马斯·惠特利(Thomas Whately)负责筹备此事,惠特利致函在北美的熟人以搜集必要信息。

托马斯·惠特利忙着预备《印花税法》时,殖民地代理人正对格伦维尔在3月9日讲话中提到的备选方案摸不着头脑,更不用说殖民地民众了。个中原因显而易见,我们假设格伦维尔设立印花税之意已决,那么他当然不会通过正常渠道将方案与殖民地议会进行沟通。要是格伦维尔有意给殖民地自行纳税的机会,那他一定会按常理提出要求,命南方事务大臣(Secretary of State for the Southern Department)致函殖民地总督。

不过,尽管格伦维尔没有通过惯常方式提出要求,但他毕竟是提了,殖民地代理人向其委托人进行了汇报。在没有获得答复之前,殖民地代理人决定面见首相。格伦维尔在1764年5月17日的一次会议上接见殖民地代理人,三名与会人员后来记载了相关细节。

格伦维尔开门见山地说他主意已决,但接着又开始提出一些他此前没有提到的事情。代理人试图弄清楚"殖民地提供多少东西是议会可以接受的",换言之,首相要殖民地纳多少税。格伦维尔没有给出税收的数目,而是建议他们先接受议会征税,从而为以后讨论任何税收问题设立先例!他也强烈表达了殖民地自行纳税的计划"可能"会导致困难,似乎这个问题已经没什么好谈的了。但格伦维尔没有明确否定他的提议;尽管察觉到了格伦维尔不鼓励殖民地自行纳税的行动,代理人似乎认为首相并没有否决这一建议。然而,代理人没有套出能令格伦维尔满意的具体税收数目。在格伦维尔的主导下,会议跳过了这一话题,而代理人也不敢揪着这个明显令人不快的问题不放,以致破坏首相幽默的发言。他们必须拖延会议并尽可能了解,假如殖民地无法自行纳税,格伦维尔要提出的法案里会有什么样的条款。其中一名代理人解释道,他们必须了解条款"以便我们尊贵的委托人能将其全部付诸商议,包括其内容和形式,这样他们就能更好地决定是否或在多大程度上支持或反对"。不过,格伦维尔本人当然也不知道法案的细节,因为它还没有起草完成。马萨诸塞的代理人伊斯雷尔·茅杜伊特(Israel Mauduit)指出,让殖民地提前同意一项法案而不告知其条款是要他们"同意他们所不知道的东西"。对此,格伦维尔轻描淡写地回答,不必纠缠细节,"这儿人人都知道印花法;这个法案就是建立在此基础上的"。不过他还是同意在议会召开前与殖民地代理人商议,但前提是在此期间殖民地议会要表明其接受印花税的大致内容。他警告说,任何以殖民地无力纳税为由的反对意见,在议会里都无足轻重。在3月9日的讲话中,格伦维尔已经表明他不理会任何对议会征税权力的质疑,这样殖民地就没有多少可以提意见或采取建设性行动的余地。

很明显,格伦维尔在这次会议上已经决定要征收印花税。尽管他故作宽大,但他并不允许殖民地通过提出反对意见或缴纳"相等的"税金来阻止他的措施。通过隐瞒必要信息,他确保殖民地无法通过缴纳替代税金来阻挠他。

只有当殖民地开始自行纳税时,格伦维尔的提议才显得苍白无力。马萨诸塞开始试图自行纳税。尽管总督伯纳德(Sir Francis Bernard)相信首相真的希望殖民地自行缴纳所有的境内税金,但1764年夏天殖民地议会的多名议员找上门来,要求召开特别会议,允许殖民地自行纳税而不是被议会征税。伯纳德拒绝了,因为他认为,在没有从格伦维尔那里得到更多的消息之前,只能静观其变。他将此事始末写信告诉其友人理查德·杰克逊(Richard Jackson)。信件写于1764年8月18日,波士顿。

这封信明确地指出,殖民地不利用格伦维尔的提议自行纳税的原因,不但是这样的提议没有通过南方事务大臣的信函以正式途径传达,而且首相从没有明确地表达允许殖民地这样做。不少殖民地声明,只要接到以正式形式传达、包含具体数额的要求,他们愿意纳税,只是这样的要求从来没有出现过。

殖民地能做的只有接受挑战,格伦维尔已经将法案提交议会,议会已经签署并通过了法案。北美民众准确无误地将第15条决议解读为议会有权征税的宣言。而尽管法案被议会视为最终决定,这份发起挑战的法案仅仅只是一份宣言而已,因此殖民地民众以顶撞的方式予以回应。这一回应激怒了拥有无限权力的议会。在向议会提交的陈情书以及写给代理人的信中,殖民地民众否认议会有权对他们征税。这样的反对声音绝不仅限于殖民地议会昏暗的会场。全体民众和他们的议员一样关心这项措施。贾里德·英格索尔(Jared Ingersoll)在回应托马斯·惠特利的质问时,警告这位《印花税法》的起草者:民众心中"对这项措施的实行已经忧心忡忡,由此你可以猜想征收这样的税有多困难;这项税收未经某地立法机构批准就施加于该地,且在大多数民众眼中有悖于天然且符合宪政的权利和自由的基本原则,有数不胜数的方式可以逃避。请不要觉得我无礼,因为你们想得知舆情,我听到邻近地区最富有的绅士似乎很冷静地说,假如这样的措施付诸实行,他们将立刻举家迁往他国。"正如伯纳德告诉杰克逊的一样,英格索尔还告诉惠特利,"如果国王想要更改我们赋役的份额,我们都将顾全大局尽我们的本分;但如果议会一旦插手征税,哪怕是轻微地……后果将是如何呢?"

如果议会不像格伦维尔那样认为其在北美的权威需要得到加强的话,那么北美殖民地的觉醒就是殖民地民众自己的功劳了。随着反对声音漂洋过海涌入英国,议会怒发冲冠,而格伦维尔则弹冠相庆,因为他早就料到议会议员会觉得自己的尊严被侮辱,并怒不可遏地回应这一对其权威的挑战。可怜的殖民地代理人狼狈地避开迎面而来的猛烈攻击,发觉由于他们的委托人的行动,这场战斗已经变成对议会权威的考验。事情的重点已不再是征税,而是让北美民众安分守己。

这时,情况已经难以挽回。议会即将开幕,而尽管有许多宣传材料在社会上公开刊行——其中大部分可能是殖民地代理人的煽动性言论,但当格伦维尔提出这一法案时,下议院里没有出现有组织的反对力量对其进行抵制。代理人决定做最后努力,试图在源头上阻止印花税,他们委任其中四人再度面见首相,向他陈明:只要通过正规、合乎体制的方式提出要求,大多数殖民地愿意为英国国库尽一分力。殖民地代理人于1765年2月2日与格伦维尔会面。

2月2日的会谈结束之后,代理人终于发觉格伦维尔的建议一直包藏祸心,早在一年前,甚至在他提出这项建议时,他心里早已决定要征收印花税了。他表达出想让殖民地自行纳税或提出反对意见的愿望,只不过是故作姿态,以展现他的宅心仁厚。在1765年2月2日的会谈上,他干脆告诉代理人"他已经决定将《印花税法》法案提交议会了"。他留给殖民地的,不是自行纳税的机会,而是拒绝自行纳税的机会。

在剩下的时间里,代理人仍在继续为议会里的斗争做准备,但他们的鲁莽冒失激怒了议会的议员,以至于这一问题的结论已经板上钉钉。即便是法案的反对者中最雄辩的人,也是根据平等和权宜之计进行发言,万不敢冒然否认议会的绝对权威。

在第一次辩论中,殖民地方面最坚定的支持者是七年战争的老兵埃萨克·巴雷(Isaac Barré)上校。根据一名在场人士的记载,"他坚决地认为,如果必须征税(当然他认为最好不要征税),那么殖民地应享有与此前向他们索取的数额同等的自由,并以他们自己的方式纳税"。换言之,巴雷支持格伦维尔本人最早提出、但没有实现的建议。后来"汤森税法"(Townshend Duties)的始作俑者查尔斯·汤森(Charles Townshend)在辩论中略显激动地说:"现在这些北美人,我们悉心栽培他们的儿童,我们给予的特权滋润他们以致富强,我们的武装保护他们,他们竟对贡献一点绵薄之力以缓解我们所负担的重担感到愤愤不平吗?"巴雷的回应令他在北美殖民地闻名遐迩:

> 你们悉心栽培(plant)他们?非也!是你们的压迫让他们移民(plant)北美。他们从你们的暴政之下逃往一个荒无人烟的国度——在那里,他们面临几乎所有人类罪恶所招致的艰难困苦,并将自己置身于凶残的蛮夷——世人中最狡猾、我敢保证是最可怕的人——之中。然而,与那些在国内同胞手下受苦受难的人相比,他们受到真正的英格兰自由原则的激励,以喜乐的心面对所有的困难。
>
> 你们给予的特权滋养他们?他们是因你们的忽视而成长:当你们开始关注他们,这个关注落实为一个部门接着一个部门地派人去统治他们,这些人或许就是在座各位议员代表的代表——派去窥探他们的自由、去谎报他们的行为、去鱼肉他们;三番五次使这些"自由之子"流血的人已经遭到报应;前者在司法部门中身居高位,据我所知其中有人想要逃往国外以免于法庭的审判。
>
> 你们的武装保护他们?他们英勇地拿起武器为你们的防务而战,他们贡献自己长期苦心经营的家业,勇敢地为这片土地的防务出力。这片土地

的边境被鲜血浸透，内地则拿出微薄的积蓄作为你们的薪饷。相信我，记住我今天跟你们说的话：当初激励这些民众的自由精神，仍将继续伴随他们。但我只能点到为止。上帝知道我此时说的话不是出于朋党之见，我所表达的乃是我的真情实感。

即便是巴雷荡气回肠的发言终究也没有否定议会的权威，没能改变议员通过征税证明自己无限权力的决心。倾向征税的力量实在强大，使反对派试图表决进行休会，而不是立即对法案进行投票。这一在临近午夜发起的动议以245票对49票遭到失败，次日下议院全部通过了可作为《印花税法》依据的55条决议。

这样，格伦维尔获得了议会的支持，于2月13日将法案提交议会。法案一读通过后于2月15日进行二读。这一读至关重要，法案的反对者准备针对法案提交陈情书。

议会并非不经辩论就通过拒绝听取陈情的决议。在此关头，亨利·康威（Henry Seymour Conway）将军成为殖民地的主要辩护者。他有力地表达了自己的观点，提醒议员他们此前一年推迟表决《印花税法》是为了让殖民地方面有机会表达他们的反对意见。"时间已经到了，"康威说道，"殖民地的抗议已经传达到来；我们应该假仁假义地掩耳不听那些我们已给予足够时间传达的信息吗？除了从这些信息，我们何以了解殖民地的境况，以及强加赋税可能导致的严重后果？"

康威在2月15日的辩护并不比巴雷2月6日的辩护更有力；到3月22日，《印花税法》木已成舟。剩下的问题是，议会在北美的权威是得以确立还是会被摧毁。

反对撤销《印花税法》的一个重要理由是，殖民地会将此视为软弱的标志，不管议会出于什么目的撤销法案，北美民众都会认为他们的反抗才是真正的原因。同情殖民地的人在寄往北美的书信中慎重地提醒道，暴力反抗印花代销商可能会拖延撤销印花税的斗争，甚至可能会对此造成致命的威胁。伦敦的商人委员会在写给北美主要市镇商人的信中力劝北美民众，不要把将议会权威争取过来视为取得胜利而大喜望望。任何类似的态度都可能促使格伦维尔及其党羽狠下心来，他们仍试图卷土重来以破坏伟大的和解事业。商人向殖民地"保证"，他们已经开始进行艰苦的斗争，"我希望"，其中一人写道，任何使他们"对自己所给予的保障感到羞耻的事情不会发生，一切都将恢复平静祥和。对抗将会伤害现任内阁，他们是你们真正的朋友；如果他们失败了，你们真正应该感到恐惧战兢的敌人将会得势"。为了避免这个灾难性后果的发生，商人奉劝北美民众向母国表达出"尽孝谢恩之心"。

这些言辞在上议院少数派反对撤销《印花税法》的抗议中变得更加尖锐。他们认为，撤销《印花税法》意味着议会放弃了至高无上的权力。北美民众借以反抗《印花税法》的借口将被扩大到"其他所有法律，不论何种性质，是议会已经颁布的还是将要颁布的、用以在将来约束他们的法律，而且如果批准撤销的话，他们就彻底摆脱了服从英国立法机构权力的义务"。对于《公告令》（Declaratory Act），他们说议会只不过"表面上主张那些权利，实际已向反对者投降，这件事更加严重地损害了自己的尊严"。事态的总体效应是将殖民地推向他们已经濒临的处境——独立。从上议院的反对声中，北美民众意识到他们出路的渺茫以及未来面临的凶险，赶紧遵从商人们的建议。南方事务大臣康威也已在发布撤销《印花税法》的正式通知中表达对这一建议的支持。各殖民地的议会纷纷起草呈文，感谢国王和议会的亲切关怀，并保证忠于国王及服从议会的权威——虽然他们没有人明确承认这个权威包括向他们征税。

尽管在呈文中表达了效忠的意味，但如果殖民地民众不将《印花税法》的撤销部分归功于自己的话，他们就会显得更通情达理一点。"假如我们一味地顺从，"他们自问道，"我们的正义还能为我们申冤吗？"恐怕很少有人会打心眼里说"是"。托马斯·哈钦森（Thomas Hutchinson）在多年后回忆起这段时期时认为，撤销法案在殖民地全境并不被视为善意的行为，而是对殖民地所认为的观点，即"纳税只是拥有代表权地区的权利"的让步。庆祝法案被撤销的活动正如商人委员会所要求的那样得体而有序地进行。大西洋沿岸地区到处灯火通明；应景的绘画诗文公开展示；人们公开为威廉·皮特和其他在议会中支持殖民地的人举杯祝酒；但最重要的是，庆祝活动是在"自由之子社"（Sons of Liberty）的指导下进行的，他们实施了那些被商人委员会认为妨碍法案撤销的暴力行为，并且对自己的罪行没有表示丝毫悔悟。他们不仅策划了1766年的庆祝活动，此后每年他们都举行纪念法案撤销的周年活动，直至革命爆发。在波士顿，他们还于每年8月14日举行活动，纪念发生第一起抗税暴动的夜晚。这样，"自由之子社"使北美民众对他们奋起反抗暴政威胁并成功维护其权利的峥嵘岁月记忆犹新。

没有证据显示北美民众在撤销《印花税法》的喜庆气氛中承认了议会对其征税的权力。在许多对撤销法案表示感谢的效忠呈文中，字里行间流露出拒绝任何类似承认议会征税权力的意味。《公告令》含混不清的语句使他们用它来表述自己的立场:议会拥有至高无上的立法权,但征税并不是立法权的一部分。

威廉·皮特本人曾公开地在议会中支持北美殖民地的立场,北美的报刊也像英国的报刊一样,将法案撤销归功于皮特。他明确坚持议会在立法权各分支上的权力,但他坚决否认议会拥有征税的权力。在读到他 2 月 14 日的讲话后,约翰·亚当斯在日记中写道:"在北美有什么言论是没有得到皮特先生肯定的呢?奥蒂斯(James Otis)、亚当斯、霍普金斯(Stephen Hopkins)等人并没有说得比他更多。"由于很多北美民众相信撤销法案是皮特的功劳,他们可能难以相信《公告令》推翻了他所说的一切。弗吉尼亚的乔治·梅森(George Mason)认为法案强调在各种情况下英国"立法机构的权威",但他记得"国内最伟大、最有智慧的人早已对立法权和征税权做了公正而必要的区分",显然皮特是那最伟大、最有智慧的人之一。

当北美民众发觉《公告令》意在肯定征税的权力时,他们肯定不会接受它。

那些最先察觉《公告令》真义的北美民众,同时也发现他们不可能如商人们所坚持的那样去表达感激之情,因为驱使议会和商人的是英国的利益而非北美的福祉。乔治·梅森嘲弄那些商人,说他们把殖民地民众当作小学生,好像在对他们说:

> 我们有很大的麻烦和困难,这一次请你原谅;以后做个乖孩子,做爸爸妈妈吩咐你的事,赶快为他们宽宏大量地让你保住自己的东西而向他们表达感谢;这样,你认识的人都会喜欢你,称赞你,给你好玩的东西……把这些话说给三百万和大英帝国全境其他臣民一样忠诚有益的北美人民听,是不是显得有点愚蠢?他们不过是争取自己与生俱来的权利,目前只是获取或保有了那些不能通过普遍正义或政策加以剥夺的东西。

并不是所有北美民众都能洞察议会所作所为的深意,他们甚至忽视了《公告令》更为重要的意义。可能即便是罗金厄姆(Rockingham)都没有领会到他的法案给予议会的权力比先前格伦维尔在《印花税法》中所给予的更大。格伦维尔将向殖民地征税合法化的理由是他们——实质上——在议会里有代表权。撇开《公告令》不说,《印花税法》的撤销就可以说明这种"实质性代表权"是有效力的。尽管北美民众没有选举产生一个议员,但议会充分考虑到了他们的权益,例如通过英国商人进行传达,撤销了不受他们欢迎的措施。除此之外还有什么能更好地回应北美民众认为"实质性代表权"不能跨越大洋产生作用的质疑?但《公告令》抵消了这种对撤销法案的解释,因为它使"将纳税和代表权联系起来"的借口变得没有必要,而将议会的权威单单建立在声称其至高无上地位的宣言上。正式地说,议会有权向殖民地征税已不再有任何问题,也不必再用"实质性代表权"的学说来支持这一权力。英国政府已经放弃了维系他们与北美关系的宪政地位,蜕变到了公然进行专制的地步。

随着时间推移,政府日益落入和乔治·格伦维尔一样认为《印花税法》应该被实施而不是被撤销的人手中。

在这些人眼中,北美民众甚至在《巴黎条约》签订之后就企图独立。18世纪中叶,人们大多认为殖民地不会永远作为大不列颠的属地。任何人只要想到北美大陆的面积及其人口的增长速度,都不会怀疑这种观点的准确,尽管他们几乎不认为分离会发生在18世纪。不少英国人在《巴黎条约》签订之前就发出警告,如果法国人没有收回加拿大,那么北美民众将不再认为他们需要英国海陆军的保护,进而会倾向于独立。当这些警告被忽视,《巴黎条约》终止了法国人的威胁之时,预言厄运的先知们发现紧接着发生的北美民众反《印花税法》斗争证实了他们的恐惧。

当英国人认为他们看到北美民众向独立平流缓进时,北美民众认为他们看到了英国有一群居心叵测之徒企图将他们逐渐变为奴隶。自英国夺取魁北克之后,就一直有传言称英国政府计划重组殖民地,而伯纳德总督暗示《印花税法》就是该计划的一部分。即便像威廉·塞缪尔·约翰逊(William Samuel Johnson)这样理智的人,也认为内阁必定有个长达数年的"正式计划"。"幸运的是,"他在1766年1月写道,"他们后来突然加快了实施的步伐,使我们洞烛其奸。要是他们像惯常的那样步步为营,可能再过几年他们的奸计就会得逞。但他们动作太大,步伐太快,以至于破坏了整个计划,并敲响了令北美枕戈待旦的警钟。"

由于《印花税法》的撤销,许多北美民众误解了《公告令》的意思,相信阴谋已经被挫败了。而且当皮特接替罗金厄姆之后,他们欢欣鼓舞,认为他们最忠诚可靠的朋友执政掌权了。当皮特领导的内阁再次试图对他们征税时,他们才发觉撤销法案不过是一连串企图奴役他们的阴谋中的一个插曲,而语焉不详的《公告令》只是用来哄骗他们,让他们觉得平安无虞的伎俩,更重的枷锁正在到来。

不幸的是,《印花税法》时期不仅仅催生了对英国和北美意图的误判,还破坏了使两地达成妥协的安排,并在某些情况下使那些本愿意达成妥协的人信用扫地。导致诺思(North)勋爵能够在1770—1782年间大权在握的环境颇为复杂,但原因之一无疑是1768年后大多数议员相信撤销《印花税法》是个错误。这样的说法在下议院一再被提及,使辉格党人不得不为撤销《印花税法》致歉,而正是这个举措在1766年延缓了革命的爆发。

在北美,《印花税法》也同样使温和派名誉扫地,并让激进派借机扩大影响。温和派失势的同时,那些在反《印花税法》斗争中声名鹊起、更为大胆好斗的政客纷纷粉墨登场。似乎影响尤为深远的是,在马萨诸塞和弗吉尼亚这两大殖民地发动革命的团体,正是在《印花税法》时期崭露头角的。

除了使殖民地倾向于接受激进分子领导之外,《印花税法》时期还使这些领导者掌握了向英国施压的办法。迄今为止,殖民地都没有能够为某个目标而联合起来,即便是抵御法国人和印第安人也是如此。出乎他们意料的是,《印花税法》使他们得以团结行动。在联合方面取得的最辉煌的成就莫过于反《印花税法》大会(Stamp Act Congress),而波士顿、纽约和费城商人所达成的《抵制英货协定》(Non-importation Agreement)也是同样惊人且更为有效。

殖民地充分认识到了团结的力量,他们在后来反"汤森税法"的《抵制英货协定》、大陆会议以及最终大陆军的组建中将这种认识表明了出来。然而《印花税法》危机归根结底不在于领导人、反抗方式和组织的出现,而在于明确的宪政原则的形成。1765年殖民地内部及殖民地之间的议会决议设定了北美民众的基本立场,直到北美切断与英国的联系。1765—1766年,他们始终如一地反对议会对其征收"内部税"或"外部税"的权力,并宣称他们愿意服从议会用以治理帝国全境的立法权。

【本文选自 Edmund S. Morgan and Helen M. Morgan, *The Stamp Act Crisis: Prologue to Revolution*, University of North Carolina Press, 1962。】

杰克·格林[*]

师嘉林　译/贺新　校

美国革命的先决条件

一

关于"1763年以前北美对大不列颠的态度和倾向"这一问题,本杰明·富兰克林在1766年年初英国下院针对印花税问题举行的听证会上做出了回答。在那次著名的"问询"(examination)中,富兰克林感叹:"真是不能再好了。"他指出:

> 殖民地服膺于英王的统治,各级法院服从议会颁布的法令。尽管一些老殖民地人数众多,但你们根本无须动用要塞、堡垒、驻军或国内军力来维持统治。你们需要的仅仅是一支笔、墨水和一纸文书。殖民地人普遍亲英。他们不仅对英国毕恭毕敬,对它的法律、习俗、礼仪怀有感情,而且热衷于英国的时尚,这些对英国的商业也大有裨益。本土的英国人总是特别受人尊敬;作为一名纯正的英国人本身就意味着某种高贵特质,在我们当中享有不同一般的地位和待遇。

---

[*] 杰克·格林(Jack Philip Greene),美国历史学家,杜克大学博士,曾长期担任约翰·霍普金斯大学历史系教授,目前在布朗大学约翰·卡特·布朗图书馆担任受邀学者,主要研究领域为美国早期史、政治史、社会文化史和大西洋史,代表作有 *Pursuits of Happiness: The Social Development of the Early Modern British Colonies and the Formation of American Culture*(1988), *The Intellectual Construction of America: Exceptionalism and Identity from 1492 to 1800*(1993), *Exclusionary Empire: The Transmission of the English Liberty Overseas 1600 to 1900*(2009)和 *The Constitutional Origins of the American Revolution* (2010)等。

同时代人对富兰克林的这番论述确信不疑,许多学者在深入研究这一问题时也将其视作一个正确的判断。

当代历史学家深信,在印花税危机以前殖民地和英国的关系是比较友好的,因此他们一直把精力放在为美国革命的爆发提供一个最重要的充分性解释:为什么在1763年后不到十二年的光景,殖民地与英国的关系就变得如此疏离,以致演变为武力相向,并在一年后提出独立?所以,历史学家关注的焦点便主要集中于殖民地对革命前争端的回应,促成1764到1774年间革命形势的许多中时段事件及条件,以及引发1775年军事冲突并导致殖民地在1776年宣布独立的那些短期事态发展。

过分专注于为革命寻找直接原因,导致富兰克林的论述中涉及的另外两个相关问题被忽视了:首先,1763年以前英国与殖民地的关系是否真的那么好?其次,如果现有的英帝国体制真的像富兰克林认为的那样能有效运作,那么英国又为何要采取、乃至坚持那些有损这种有效安排的举措呢?这两个问题并不新鲜,早在18世纪六七十年代,就被大西洋两岸的人们反复讨论过,早期大多数研究革命起因的学者也将其作为关注的焦点。然而,近期没有任何学者就这两个问题做过系统的研究。本文试图就革命的先决条件、其长期的根本性的原因提供一种综合性的论述。

二

如果我们仔细考察从1660年到1760年这一个世纪里英国与殖民地的关系,就会发现在18世纪中段的几十年内双方的关系在许多方面并不稳定,这是由发生在两者间的几次重大的结构性变化造成的。在这几十年内,大西洋两岸的民众惯于以一种家长—孩子关系的隐喻来描述英帝国与殖民地的联系,英国被视为母国,殖民地是没长大的孩子。这样的比喻充分说明殖民地的发展还远非完备。然而到18世纪中叶,在大部分的殖民地,当地居民已经能够自己处理大部分本地事务,并且效率很高:在很大程度上,一些殖民地成为跨大西洋帝国政治体系里的"近乎独立的地带"。除开佐治亚和新斯科舍这两处新殖民地,到1750年,殖民地民众实际上已经获得了自治政体所必需的一切条件。

在这些条件中居于首位的是一批坚定、有凝聚力、高效、得到承认的本地政治、社会精英的出现。在18世纪中叶,几乎每一个殖民地都形成了一些有威望的统治集团,他们掌握着很大的社会经济权力,有丰富的政治经验,对自己的治理能力充满信心,并且有广泛的群众基础。的确,大众对统治精英的顺从越来越成为18世纪中期殖民地政治生活的一种趋势;这些统治精英之所以会动员政治社会中的各种边缘力量来对抗《印花税法》,参与革命前的斗争,当然也不是出于对这些群体的恐惧,它表明了统治精英对于控制这些力量的强烈信心。

第二个条件是各种中心和机构的建立,它与第一个条件形成互补。它使得权力能够集中起来,并通过一套明确的本地市政管理机制的网络向外扩散到殖民地社会的外围地区。无论是安纳波利斯(Annapolis,马里兰首府——译者)、威廉斯堡(Williamsburg,弗吉尼亚东南部城市,1699—1799年为弗吉尼亚首府——译者)这样的小型行政中心,还是费城、波士顿、纽约、查尔斯顿等大型贸易中心,都使得殖民地居民更多地关注内部事务,从而为社会行为寻找政治领导和仿效对象。

也许,更为重要的是一系列有执行力的管理机构在城镇和县中的出现,而且关键在于这些机构在各地均是通过下议院表决的方式产生的。不同于一般政治机构,下议院具有一种特殊的感召型权威,这不仅是因为作为殖民地居民的代表,下议院被视为民众神圣权利的受托者和内部公共法律的唯一缔造者,还因为它被视作并被积极培育成与英国议会等价的部门,后者是英国自由的象征和一切英国人所珍视的价值的具体体现。下议院作为强大、独立以及自信的机构提供了对英表达不满的潜在的有效机制。在很大程度上,殖民地的各个中心和机构尤其是下议院,连同通过这些机构发声的政治精英一起,塑造了殖民地的权威象征。因而,殖民地并不希求英帝国权威的介入,它早就拥有一个能发挥作用的本地权威的替代选择。

与革命息息相关的第三个先决条件是高度弹性化的政治体系的建立。首先,它是包容而非排斥性的。细加分析,我们可以把政治过程的潜在参与者(自由成年男性)划分为三类:各级政治机构中的精英人士、经常参与政治活动的一个广泛的"政治相关人群或被动员人群",以及很少参与政治的消极人群或底层人士,在他们之中部分是由于种族和财产资格的因素,被法律排斥在政治以外,部分则是对政治不感兴趣。前两类人数相对较多,第三类人数相对较少。精英人士约占自由成年男性数量的3%至5%,而第二类人士占到这一数量的60%至90%。政治进程中的这种政府职位的广泛分布和政治上的充分参与对于殖民地领导者及其追随者来说,意味着在政治活动和自治方面的广泛训练,意味着他们能够建立起一个成熟的政治体系。

另外,殖民地富有弹性的政治体系还意味着解决内部冲突的能力。实际上,他们早就具备了这种能力。北美生活的扩张性与包容性使它拒绝任何群体对政治权力、经济机遇或社会地位的长久垄断;新群体不断出现并寻求与旧团体的同等地位。到18世纪中叶,由于人口和经济快速增长以及社会、文化和宗教多元化趋势加剧等综合因素所造成的严峻压力,殖民地政治体系吸纳新的多样性群体的能力也在稳定扩展。

18世纪殖民地在非政治或半政治领域不断提升的实力构成了北美自治的第四个先决条件。实力的增强得益于如下因素:内外贸易、旅游和移民的大量增长;教育、文化、社会、经济及宗教机构广泛兴起,加上殖民地居民所能接触到的本地、英国、欧洲出版的书籍、杂志、报纸的增多,这一切所带来的知识的普及;殖民地内部及殖民地与英国之间更加高效的交流网络的形成、大批专门人才的出现,带来的自治社会成功运转所必需的法律、贸易和财务知识。这些变化不仅为殖民地居民提供了一些对于抵制英国和缔造新的民族而言至关重要的技术资本,比如律师和报纸,而且有助于殖民地摆脱在某些关键技术上对英国的完全依赖,提升殖民地的识字率和教育水平,使民众从以前的孤立和愚昧状态下解放出来,拓宽他们的认知和想象力,激发他们的合作潜能,并克服其过去所展现出的"天生的地方主义"与传统的不团结倾向。

第五点也即最后一项条件是殖民地在规模和财富上的巨大增长,包括人口数量、可耕地面积、劳动力、技术,以及定居的地域范围等方面。殖民地的财富足以支持经济和军事上的抵制,而北美大陆广袤的地域使英帝国几乎无法镇压任何大规模或分散性的抵抗行动。这项条件可能是五个条件中最为重要的,因为它是英属西印度群岛殖民地基本上所不具备的,在那儿并没有发生叛乱。

因此很清楚,到18世纪五六十年代,殖民地已经具备了高度的自治力。到1760年,殖民地不仅可以满足自治所需要的大部分客观条件,并且在过去的四分之三个世纪里乃至更久,他们已经实现了自我管理、内部治安的稳定和经济繁荣,建立起一个更为复杂的一体化的社会。不言而喻,这种在殖民地社会的各个层面和部门业已形成的大范围自治局面,与其对责任的内在要求一起,在心理上已经为殖民地民众的自治和独立做好了准备。

殖民地能力的显著提高必然导致英国对于殖民地权力的不断削弱。英国在王位复辟时期为控制殖民地而组建起来的官僚机构在很大程度上形同虚设。直到1768年革命前夕,英国一直都没能建立起一个反应迅速的高效的处理殖民地事务的中枢机构。1696年后,主要负责殖民地事务的贸易委员会(the Board of Trade)只剩下咨询权,尽管该机构曾多次寻求内阁及议会支持以建立一个更加严密、有效的殖民地管理体系,但这些尝试最终无不以失败告终。

与英国在殖民地力量的不断衰弱形成对比的是,在18世纪最初这70年里殖民地对英国经济的重要性日益突出。北美大陆殖民地的人口从1700年的257060人跃升至1730年的635083人,1760年又增至1593625人。随着人口的增长,殖民地不断增多的原材料——其中许多通过大量转口卖给英国中间商而获利颇丰——不仅仍以极低的税率供应英国市场,同时,大量购买英国制成品为英国制造商提供了源源不绝的动力。殖民地贸易实际上成为18世纪英国海外贸易中增长最快的部分,在英国的海外贸易总额中占有相当大的比重。1700至1701年度英国从殖民地(包括西印度群岛)的进口量占到进口总量的20%,1772至1773年度达到36%,而对殖民地的出口量从1700至1701年度占出口总量的10%增长到1772至1773年度的37%。可见,殖民地贸易已成为英国经济的重要组成部分,并且每十年贸易额就发生重大的变化。从很大程度上说,正是日益意识到英国经济对殖民地的这种依赖,英国议会才愿意投入大量资金在1730年代开发佐治亚和在1749年向新斯科舍殖民,并且在七年战争(the Seven Years' War)中不惜花费巨额人力物力保卫两地。英国不允许如此丰厚的资产落到其欧洲大陆的敌人手上。

三

殖民地力量的增长、英国在殖民地力量的日渐衰弱或殖民地对英国经济的价值与日俱增等这些结构性的特点本身并无任何一点能产生足够的张力推动革命;然而,它们综合起来形成了帝国与殖民地关系内部两种根本性的差异,这种深刻的差异为英帝国内部功能的失调埋下了隐患。第一种差异是理论与现实的差异,是英国当局想象中的殖民地与殖民地的实际状况之间的差异。18世纪殖民地力量的日益增长显然要求英帝国对殖民地的行为和态度做出某种调整,在罗伯特·沃波尔爵士(Sir Robert Walpole)主导内阁的1721—1742年间,英国似乎做出了这种调整。在沃波尔管理期间,英国当局与殖民地之间实现了非正式的调解,在很大程度上允许了殖民地实际上的自治与经济自由。

对英国生来的优越性的确信不疑、对其政治制度和文化的自负构成了英国自我政治迷醉的不可撼动的基础。自光荣革命以来,人们普遍相信经由革命恢复的英国宪法传统体现了一切时代的最高政治成就,它在带来如此多的自由福祉的同时,又维系着一种稳定的政治秩序。

英国的优越性和光荣历史并不仅仅局限在政治领域。阿狄森(Joseph Addison)、笛福(Daniel Defoe)、盖伊(John Gay)、蒲柏(Alexander Pope)、斯梯尔(Sir Richard Steele)、斯威夫特(Jonathan Swift),以及18世纪前半叶一大批不太著名的作家的散文与诗歌都充分预示了英国已实现文学方面的"奥古斯都"时代。同时,尽管遇到了许多暂时性的挫折,英国经济的前景似乎还是一片光明,不断增长的外贸总额和国内经济的强劲活力给了他们信心。实际上,经济的形势是如此之好,以至于不论是英国还是其在欧洲大陆的传统对手都认为英国很快将在竞争中独占鳌头,在财富和势力上遥遥领先。

面对如此辉煌的成就,有谁会怀疑英国在各方面都优越于其海外殖民地呢?正如英帝国惯用的家长与孩子的比喻所彰显的那样,殖民地被理所当然地视作附属的、依赖的一方,在帝国的家族序列中不能不安分守己,效忠于母国。同时,像任何孩子一样,他们既无法控制自己的情绪——他们之间不是永远都在争吵不休吗?——也无法凭自己的力量抵御外来入侵。要英当局承认殖民地自身的能力是根本不可能的,因为这无异于暗示了殖民地具有与英国同等的地位。考虑到英国对自身优越性的深深自许,这种暗示无疑是对英国自我形象的违背。

第二种差异是对英帝国与殖民地双方关系实质的认知差异。这种差异可以借先前的讨论提出的一个问题来加以探讨:如果英国对殖民地的强制权力越来越弱、殖民地的自治能力越来越强,那么是什么将殖民地与英国继续绑定在一起呢?部分的原因,如前面的分析所暗示的,是殖民地能从这种关系中获得实利。18世纪前半叶殖民地的发展态势很好,维持同英国的经济联系可以保证相当一部分既得利益。然而,比这些功利性因素更为重要的原因,如富兰克林在其"问询"词中所强调的,在于一条根深蒂固的忠诚和情感的传统纽带,它将殖民地和它的母邦紧密联系在一起。而且,随着18世纪中叶殖民地与英国的交流日益密切,这种纽带关系得到前所未有的加强,殖民地精英试图把殖民地变成一个完全类似于英国的社会,在形式和实质上殖民地生活都变得越来越英国化。

英国也是提供殖民地自豪感、自尊心和道德垂范的源泉。在18世纪,能够参与和分享英国的成就,哪怕通常只是外围的,对于殖民地而言总是激动人心的,这种经历也势必增强对英国的爱国心,同时进一步强化殖民地同英国的心理纽带。

然而,纵使这种纽带如此强烈,殖民地对英国的依附却是有条件的。如果约翰·迪金森(John Dickinson)后来的说法正确,"撇开殖民地对英国的感情,这种依附关系便难以为继",那么,也正如他所强调的,"如果不以一种自由、公正的方式对待他们,这种感情也很难维持"。如果对于英国当局而言,家长—孩子的比喻意味着殖民地的依附和顺从,那么对于殖民地居民来说,这反过来意味着英国抚育和保护的责任。他们期望英国提供有利的政治、经济环境,使自己无后顾之忧地追求殖民地以及个人的奋斗目标,同时英国要做出合格的榜样,使他们能够衡量自己的成就。

但是,殖民地对英国的自愿归附取决于比英国当局对这些传统的规则或律令的小心遵循更深层次的原因:它有赖于英国当局不去打破殖民地民众的一个基本的结构性心理期待——即所有这些规则与律令对殖民地而言是保护性的。在这种结构性期待中最明显和突出的,便是英国政府不会妨碍和侵犯在各个殖民地通过民选产生的下议院以及自治政府的其他机构与信条。如前所述,这些机构和信条在各个殖民地已产生如此大的权威,以至于民众开始将它们,而非英国议会,当作财产和权利的主要捍卫者。

这种结构性期待的第二层含义是英国政府尽量不妨碍殖民地民众自由地追求社会和经济利益。其实,殖民地民众的行为似乎假定:政治社会不仅是维持人与人之间有序关系的一种策略,同时也是保护个体财产、物品,以及个人本身的工具,同时,保护个人本身意味着保护对个人利益的追求,以及在经济利益、社会地位和政治权力方面寻求改变的权利。

这种结构性期待的第三点是设想英国政府不会干涉每一个殖民者个人自主自治的能力。因此,殖民地居民暗含的期望便是英国政府继续提供一种安定的外在环境,以确保他们习以为常的自治、他们遵从美德和自主精神行动的能力——这种能力对于他们的尊严、对于他们在殖民地社会的不断成功是如此关键——不会遭到挑战。

因此,殖民地对英国的自愿依附基于如下的假设:作为母国的英国承担着关怀和庇护殖民地的道德责任。首先,这种关怀和庇护意味着英国政府不会伤害殖民地民众作为拥有高度自治能力和自主性的个体的自尊;其次,它不会妨碍殖民地民众尽自己所能去追求对他们而言的最佳利益;第三,英国尊重当地自治机构的神圣性,殖民地民众正是依赖这些机构来保护他们的财产和人身安全;第四,在与殖民地交易的过程中,英国始终尊重英国—北美政治文化中的核心准则,这些准则应被每一个英国人视作维护自由与财产的根本要素。

这些由殖民地民众做出的期望表明殖民地对其与英帝国关系的理解与英帝国当局所持有的观念大相径庭。两者的差异明确表现在双方对家长—孩子这一比喻关系的理解上,英国强调这一比喻的约束性含义,而殖民地将重点放在关怀和促进上。英国人的理解暗示了殖民地对母国永久性的依附关系,而殖民地则表明了双方最终的对等地位。

这两种相互关联、又相互重叠的差异——即英帝国理论与殖民地现实的差异、对双方关系本质的理解的差异——的存在为18世纪中叶的英帝国发生革命提供了潜在的可能性。我之所以说这种可能性只是"潜在的",是因为这两种差异在引起帝国分裂之前,必须先被定义出来,并对其内涵有个明确的理解。只要这两种差异仅仅被人模糊地感知并且未被明确提出来,就反而是维持帝国稳定的必要因素,因为它允许殖民地民众行使相当大的自治权,而无须英国官方明确表态放弃其对帝国角色的传统认知。只要英国政府不去刻意消除这种差异,不强制推行它那套帝国观念或持续地、有计划地做出纠正,殖民地大规模反叛的可能性并不会太高。

这两种差异可能引起帝国与殖民地关系的异常,进而导致对一方或另一方构想出来的现存道德秩序的严重冲击,并将双方的关系推向无法挽回的境地。然而,在我们之前描述的任何先决条件成为革命或帝国瓦解的动因之前,这种冲击是必要的。一些结构性的条件已经将殖民地居民指向了平等与独立,同时也破坏了英国与殖民地间的传统纽带,使双方的关系变得脆弱。但是这些先决条件也仅仅是为双方关系的恶化提供了一种可能,双方关系的最终破裂还取决于其他一些中间因素的作用。

四

导致古老的英帝国走向解体与革命,即开启了美国革命进程的一个突出前提在于,英国当局放弃了沃波尔的调和政策并试图对殖民地施以更严格的控制。这种转变不是在1763年突然出现的,而是在1748年后的十年里就开始的逐步的过渡。这个决定及许多相关具体政策并不意味着英国当局与过去思想的突然决裂,相反,它们仅仅是当局实现其殖民地政策传统目标的又一次尝试,与英国对家长—孩子这一比喻观念背后的指导性设想相一致。然而,局面已经与王位复辟时期或光荣革命之后的几十年相去甚远,在那时当局能够采取相类似的有计划的尝试。差别显而易见,它基于一个共同的事实:殖民地能力的急剧提升以及相应地对英国依赖性的减弱;同时,英国是在经过25年以上相对宽松的治理期后,转而寻求它在殖民地似乎已被遗忘的大部分目标。

如果殖民地的迅速成长以及随之而来的对于英国价值的提升是导致英国在18世纪40年代后期政策转变的最为重要的一个前提,那么两个短期因素则加速了这种转变。第一个因素是英国国内政治不稳定局面的结束,它肇始于1739年的权力斗争,并随着1742年沃波尔的下台在18世纪40年代中期愈演愈烈。

第二个因素是一些严重的政治、社会动乱在多个殖民地的同时爆发。这个因素更为重要,它进一步加剧了帝国的戒备心理并促使其加快政策转变。在18世纪40年代末和50年代初,殖民地大量的问题几乎使帝国在伦敦的殖民地事务当局濒于解体的边缘。激烈的派系争斗使新泽西陷入内战,终止了新罕布什尔和北卡罗来纳的一切立法活动,并严重地削弱了皇家权力机构在牙买加、百慕大(Bermuda)和纽约的地位。除了马萨诸塞、弗吉尼亚、巴巴多斯(Barbados)以及利沃德群岛(Leeward Islands),所有的皇家殖民地——纽约、南卡罗来纳、新泽西、百慕大、牙买加、北卡罗来纳、新罕布什尔——的总督都在抱怨难以推行帝国的指令,在当地利益团体以及北美议会下议院过大的权力面前无能为力。百慕大总督报告自己的地位岌岌可危,以至于当地议会有人悬赏行刺他。每一个殖民地都处境堪忧,英帝国当局很难控制局面。

在哈利法克斯的领导下——一直到1761年——贸易委员会有条不紊地加强着帝国在殖民地的权力。通过把新斯科舍这个几乎全由中立或敌对的法国人居住的名义上的英国殖民地转变成真正意义上的英国殖民地,贸易委员会花大力气加强了英国殖民地对法属加拿大的防卫。更为重要的是,委员会对大多数殖民地存在的问题与困境做了大量的报告,并在报告中给出了详细的建议。这些明确显示:尽管自沃波尔上台以来,英国对殖民地长期遵循协调政策和温和的管理,但是贸易委员会及其殖民地官员并未改变他们对于母国与殖民地间恰当关系的固有观念,也并未放弃英国殖民地政策的传统目标,虽然这些目标大部分都未能实现。除了在新斯科舍问题上获得了英国政府的大力支持并且由议会拨给了大量资金,贸易委员会的其他建议都未能获得政府的实质性支持,尽管与过去几十年相比殖民地事务确实得到了枢密院和政府更多的注意。不论殖民地的局面在知情人士看来多么危急,烦琐的行政程序和国内事务的当务之急都使得他们不能对殖民地问题采取有效的行动。为了扭转这种局面,哈利法克斯费尽心机,试图成为一名独立的第三国务大臣,以全权管理殖民地事务。虽然这一努力没有成功,但是他却在 1752 年四月争取到了贸易委员会权力的扩大。

虽然贸易委员会的计划在很多方面受到王室官员和其他一直以来为殖民地的法律制度明显偏向于民选议会感到担忧的人的热烈欢迎,但也总是遭到殖民地议会下议院及其他有影响力的当地利益集团的强烈反对。他们认为这些计划是对母国与殖民地之间传统关系的伤害,并且在多数情况下是对殖民地业已建立的法律制度的攻击。尽管委员会的职权和决策力都有所扩大,它依然无法有效应对这些反对的声音。委员会能够强硬地要求殖民地总督严格遵照其指示办事,并且也这样做了,但这却使得总督办起事来左右掣肘,无法完成委员会下达的那些不可能完成的任务。因此,委员会仅仅在新罕布什尔达成了目标,在那里,本宁·温特沃什总督(Gov. Benning Wentworth)通过垄断政治权力和打压反对派建立起一个强力的政治联盟;而在新斯科舍和佐治亚的新民众政府里,贸易委员会煞费苦心发起检查运动,要"将一切与母国宪法有出入的不规范的、多余的行为扼杀在摇篮里"。直到 1756 年七年战争爆发被迫停下改革步伐,委员会才意识到检查运动是一次失败。

综合来看,哈利法克斯和他的同僚在 1748 年到 1756 年的行动构成了英国对殖民地行事在风格和性质上的一次主要的转向。从根本上说,英帝国当局的姿态从宽容转向严厉与高压。这些年英帝国当局试图强加给殖民地的一系列政策,已经与殖民地对帝国与殖民地关系的本质及帝国行为的恰当方式的结构性期待相抵触。而 1759 年到 1776 年间殖民地民众感到无法接受的大部分政策其实已经以这样或那样一种方式被落实或提出。

这种政策转变对美国革命的偶然性意义在于,首先它并没有收到多大成效;其次它是英帝国最初采取的步骤,这比它在殖民地居民中造成的个别性的、暂时的不满还要重要。这些早期改革努力的惨痛失败,不仅加剧了英帝国对于殖民地迟早会完全脱离帝国掌控的恐惧,而且使其有理由相信——甚至迷信——必须进一步加强对殖民地的控制,将殖民地急剧膨胀的能量疏导到英国可以接受的程度。

尽管七年战争迫使改革计划暂时停滞,但是战争的经历反而加剧了改革的愿望,因为英国在殖民地权力的削弱比以往更充分地暴露出来。在战争中,咄咄逼人的殖民地下议院公开动用政府防卫基金,进一步架空总督的权力;许多殖民地商人公然违背航海条例，并常常得到殖民地政府甚至英帝国海关官员的默许；许多殖民地的立法机关不配合帝国战时对人力物力的征用，即便英国议会已经做出了补偿的承诺。因此，战争经历加剧了英帝国对殖民地潜在的敌对和失控的担忧，加深了英帝国对于殖民地妄图独立的疑虑，同时坚定了他们改革的决心。当英国和殖民地军队在1759年和1760年击败加拿大的法国军队、殖民地对战事的支持显得不再重要时，英国当局采取了一系列新的限制性措施以加强帝国在殖民地的权力，而1759年到1764年间的这些新举措只是对先前改革方案的恢复和补充。

但是这种补充是在一种全然不同的、极其脆弱的环境中进行的。对于殖民地民众而言，战争提供了一种强烈的、解放性的心理体验。如此多的战事在北美的土地上进行，以及英国政府不惜付出巨大努力来保卫殖民地，这一切都极大地增强了殖民地的自我重要感。而且，战争在促使殖民地民众对英国的爱国情感高涨的同时，也增强了他们的期望，他们希望在帝国内部扮演更重要的角色，使殖民地达到与母国几近同等的地位。相比之下，战争带给许多英国人的是对殖民地居民的不快和怨恨情绪，他们希望使殖民地恢复到一种恰当的依附地位。为保卫殖民地而使英国蒙受的巨额债务和沉重税收负担，加上关于北美殖民地富足和低税收的那些夸大了的报告，使他们把殖民地未履行王室征用号召和不遵守帝国条例的行为视作典型的以怨报德、不知恩图报的行为，不用说，这种过分的行为是对英国为了保卫它而进行的大量投入的抢掠。

如果说战争经历引起了大西洋两岸的人们对于战后英国与殖民地关系的截然不同的期望，那么战争本身已改变了这种关系的格局。随着法国人与西班牙人被逐出北美东部，英国必须给予殖民地的最后一项保护性条件——使他们免于法国人和西班牙人的入侵——不复存在了。因而，支撑殖民地那种潜意识的、对平等地位与自主的未阐明幻想的最主要基础或障碍也不存在了。更为重要的是，通过摧毁其敌人、减轻安定殖民地的压力，英国的胜利使英帝国当局得以腾出手来专心推行殖民地的改革方案。而且，由于一支数量庞大的皇家军队的入驻，英国第一次在战时和战后拥有了强制殖民地的资本。这些军力的存在使英国当局自信有能力镇压任何潜在的殖民地反对势力，在处理殖民地事务时他们再也不用像十年前那样小心翼翼了。

综上所述，战争造成的心理影响以及结构性改变使英国与殖民地的关系变得更不稳定。殖民地现今已不再迫切需要英国的保护，同时对于自己在英帝国中的地位有了更高的期望；而英国官员对殖民地在战时的作为感到不满，决心对殖民地施以更为严厉的控制,这是议会的职权所在,况且在必要的时候有军队支持。考虑到这一系列因素,不难预测英国官员在18世纪60年代会采取某些行动,甚至以一种新的、殖民地人不习惯的,乃至非法的方式拔高英国议会的权力,而这将会是对现有的殖民地与英国关系的根本性的伤害。

  本文的写作基于这样一个认识,即不论表面上看起来多么令人满意,任何对于美国革命起因的有说服力的分析既要考虑1763年后殖民地反抗英国的内容与实质,又不能忽视使帝国与殖民地关系变得脆弱的长期因素;我们还应该注意到英国当局何时、为什么转变了对待殖民地的传统姿态。我试图表明的是,这种转变在18世纪40年代后期就已经开始,而转变的原因主要在于殖民地对于英国经济的重要性变得越来越突出,以及随之而来的英国对于殖民地可能摆脱依附地位、并使其渐渐退回到它在西欧国家中的传统地位的担忧。18世纪50年代和60年代事态的发展使这种担忧与日俱增,并且导致了英国在1763年到1776年间的那些争议性举措。讽刺的是,正是英帝国当局采取的这些举措,将其所要竭力避免的隐忧变成了现实。

【Jack Philip Greene,"The Preconditions of the American Revolution", in Stephen G. Kurtz and James H. Hutson ed. , *Essays on the American Revolution*, University of North Carolina Press, 1973. 】

理查德·毕曼[*]

师嘉林 贺新 译

民众政治的出现

18世纪的诗人詹姆斯·汤姆森（James Thomson）在一篇歌颂英国光荣成就的颂词中指出通向公共自由的古典共和国的三种基本美德：生活的独立自主；官员的正直品性；以及最为重要的，对公共福祉的热情。对于几乎所有18世纪中期的美国政治领袖——从南卡罗来纳的平克尼家族（Pinckneys）到弗吉尼亚的兰道夫家族（Randolphs），再到马萨诸塞的亚当斯家族（Adamses）和哈钦森家族（Hutchinsons）——而言，道理是一样的，那便是：正直、高尚的统治者与拙劣的暴发户之间的差别在于，是否能使自己的个人利益服从于公众利益。

为了继承这一理想，美国人面临一个问题，即如何最好地鉴别和确保个人对于公众信任的索取是正当的。尽管甄选公共官员的机制已经从世袭转向某种方式的民选，但是被视为必要的个人标准——财产、教育背景和出身——却很难改变。我们被告知，这种对政治权力的固执的传统态度折射出一种"恭顺式"伦理，即北美殖民地大众认为——如约翰·亚当斯所阐明的——必须"对当权者……表现出一种礼貌、尊重和崇拜"。

这种对无私的公共服务的强调不仅有助于抑制不受欢迎的私人利益，而且

---

[*] 理查德·毕曼（Richard R. Beeman），美国历史学家，芝加哥大学博士，现为宾夕法尼亚大学历史系教授、艺术与科学学院院长，主要研究领域为美国革命史，代表作有 *Beyond Confederation: Origins of the Constitution and American National Identity* (1987), *Plain, Honest Men: The Making of the American Constitution* (2009), *The Penguin Guide to the United States Constitution: A Fully Annotated Declaration of Independence, U. S. Constitution and Amendments, and Selections from the Federalist Papers* (2010)和 *Our Lives, Our Fortunes, Our Sacred Honor: Americans Choose Independence* (2013)等。

更为微妙的是,通过宣扬一种多数人服从于少数道德高尚的人的思想,它有助于增加那些凭借财富和出身更利于获取政治权力的人的利益。对"恭顺式"伦理的宣扬可能服务于私利这一点其本身并不能说明那些呼吁它的人在追溯共和美德的理想时就是不真诚的。有充分的证据表明:不论是对于寻求政治权力的少数人,还是服从于那种权力的多数人,古典共和思想中的语言力量对于他们的行为表现而言,至少在某些场合都是具有足够的号召力和规范力的。然而,对18世纪美国生活的充分理解要求我们不应过于乐观地假定政治话语和现实间的一致性,而要密切关注这两者之间的关系。

本文意在探求18世纪的政治语言与实际之间的联系,并考察政治领袖与普通民众之间变化着的关系,后者的利益正越来越被视作公共利益中必要和合法的部分。双方的关系并非在哪里都是一致的,殖民地的政体表现出鲜明的多样化风格和结构特点。然而,主要的趋向是毋庸置疑的:政治日益变为对各种利益公开的、积极的保护、宣传和动员。不论伴随那些利益的共和国的语言多么雄辩动人、慷慨激昂,美国的政治正走向一个截然不同的未来。

恭顺的背后

从纽约某些庄园里的胁迫性方式到弗吉尼亚非定期的优雅有礼类型,再到罗德岛和宾夕法尼亚东南部大众参与式的激进模式,殖民地的选举情况千差万别。每个殖民地的政治确实都在向大众化的方向迈进,但并不存在一个民主式、贵族式、寡头式或顺从式的主导因素,它是多元的。殖民地在革命前夕缺乏一种共同的政治文化;政治规则,尤其是选举政治的规则不仅在各地迥异,而且在同一地方的不同群体内也难以取得一致。实际上,差别如此之大,以至于美国人难以找到一种能够表达、理解他们政治行为的共同语言。可以肯定的是,他们经常从古典共和主义的修辞库里查找自己所需的语言——如"利益""影响""代表"和"美德",但是他们对于这些共和主义最常用的词汇的理解却大相径庭。在北美多元、分裂的政治文化中,这种精挑细选、通常自相矛盾的共和语言更多地反映了混乱而不是团结。

如下的讨论表明了美国人——既包括服从权力的大多数人,又包括掌握权力的少数人——在参加选举政治时所经历的一些混乱。依据来自于那些在政治结构和风格上有明显差异的地区。只要仔细检查,就会发现在谋求政治领导权时，人们并非都在死板地恪守关于社会和政治权力的传统推定。实际上，为了向选民证明自己是最佳人选，征集选票的过程通常都颇费周折。稍微细致地对候选人作一番考察，就会发现大部分人都不符合天然贵族（natural aristocrat）的理想。我们也可以看到，不论对于候选人还是选民，对利益的考量在政治竞选中常常都扮演着更重要的角色，这一点想必双方都不会否认。最后，对表面上具备德行的政治领袖的恭顺带有一种脆弱性和虚假性，从中我们能看出共和思想在殖民地社会引导政治行为方面的局限性。

政治行为的变化

如果弗吉尼亚是说到恭顺型社会时最常引用的例子，那么清教徒主导的新英格兰地区也应该算上。尽管新英格兰地区的许多政治领袖长期身居要职，他们也不得不勤奋工作来维持他们的显赫地位。这一点没有比马萨诸塞康涅狄格河谷（Connecticut Valley）的"众神之河"（River Gods）地区更为明显的了。在该地区，数汉普郡（Hampshire County）（此处应为新汉普郡，即新罕布什尔[New Hampshire]）的伊斯拉尔·威廉斯（Israel Williams）政治权势最大。威廉斯出生于河谷地区最为富裕的家族，并且能够通过巧妙利用与当地另外两个望族的复杂的亲属关系网络巩固自己的社会地位。1727年从哈佛学院毕业之后（威廉斯的成绩在全班37个学生中排名第十，这是哈佛学院的领导根据学生的社会地位折算出的；他的同学及未来的政治伙伴托马斯·哈钦森[Thomas Hutchinson]名列第三），威廉斯曾做过农场主、商人、土地投机商和政客，并且几乎参与了汉普郡的每一笔生意往来。从最初继承的一栋房屋、一处宅地和109英亩土地开始，威廉斯有计划地在马萨诸塞和纽约获取了大量的土地，最终他拥有的土地超过了3000英亩，按新英格兰地区的标准来看，已经相当可观了。作为康涅狄格河谷地区主要的供应商和制造商，威廉斯不仅供应汉普郡大部分的进口商品，而且在汉普郡出口的钾肥和亚麻籽油中占据很大份额。

1732年，作为哈特菲尔德（Hatfield）镇的市镇委员，威廉斯开始了他的政治生涯。次年市镇委员会推选他担任地方议会（the General Court）代表，随后他又身兼数职，从治安法官、汉普郡民诉法院法官、本地民兵组织上校到总督参事会成员。他的政治权力与影响力之大，以至于被当地人称为"汉普郡君主"。

作为一个商人和政客，威廉斯的行为很难称得上是无私的。他的一生都献给了大大小小的"战斗",积极用自己的影响力牟取私利。当地方议会不处理涉及他或汉普郡的议题时,他便常常缺席会议;而在另一些议题上——如一项能使他获得生产亚麻籽油十年的垄断权的议案,或者事关在康涅狄格河谷地区的政治任免权的分配问题——他会全力争取以保障自己的特权。

在地方政治中,威廉斯在奖励朋友的同时也惩罚敌人。在一次地方议会的竞选中,一位叫作吉登·利曼(Gideon Lyman)的镇民以"诚实的庄稼汉"自居,与标榜"伟人"——他当然视自己为一个伟人——的威廉斯针锋相对,威廉斯自然不会容忍这种挑战。他郑重地要求总督弗朗西斯·伯纳德(Governor Francis Bernard)撤除利曼治安法官的职位,理由是"他滥用职权、胡作非为,诋毁和辱骂本郡那些支持政府的知名人士"。虽然威廉斯在那次竞选中最终没有得偿所愿,但那只是极个别的情况。从1733年到革命爆发,与伊斯拉尔·威廉斯没有利害关系的候选人,基本上无法在地方议会或汉普郡获得席位。

威廉斯并不单单根据利益关系来动用他的权势。在七年战争中——边疆冲突的升级给在军中身居要职的人带来的不仅是声望——他作为汉普郡民兵组织的上校和统帅对权势和任免权的使用就是一个鲜活的例证。由于在振兴本郡脆弱的民兵力量上有绝对的人事任免权,威廉斯成功地笼络了一批效忠于他的亲信;通过重新启用一些被裁撤的边疆职位也收到了类似的效果;为了保护康涅狄格河谷而制定的许多战略选择最终只保证了某些地区和团体的利益,而使其他地区的利益受损。当邻近地区反对其政策时,威廉斯便毫不犹豫地搬出他在立法机关的强大盟友以及总督本人的支持。相应地,随着战争经费不断增加,居民们开始对威廉姆斯的决策和以权谋私的行为感到不满。

战争结束之时,威廉斯作为汉普郡"君主"的地位依然不可撼动,但是民众不满的种子已经种下。随着18世纪60年代和70年代早期对英国政策的抵制越来越表面化,威廉斯与伯纳德和哈钦森的密切联系成为使哈特菲尔德成为曼彻斯特少数几个支持英王总督的市镇的关键。然而,《强制法令》(Coercive Acts)通过后,纵使亲英派力量和威廉斯自己的强大势力联合起来也难以抵挡民众的怒火。1775年2月,威廉斯被一群暴民抓住,投进一处烟熏室,呛了一整夜的烟,第二天才爬出来,蓬头垢面,凌乱不堪,准备去声讨《强制法令》。即使有再大的社会、经济权势作支撑,人们的恭顺也不是没有限度的。

卢耐堡镇(Lunenburg County)的马修·马拉堡(Matthew Marrable)应该很乐意被称为"卢耐堡君主"。作为弗吉尼亚南区一位普通烟草种植园主的儿子,马修·马拉堡并没有任何值得炫耀的资本,既没有显赫的家庭背景,也没读过大学,但却胸怀大志。在18世纪50年代早期,他通过努力工作以及精明的土地投机获得了3700英亩的土地和16名奴隶。他担任卢耐堡镇法官及圣公会教区的代表,为仕途晋升做好铺垫。马拉堡明白扩充影响力和攫取利益对于通向更高社会地位和更大政治权力的重要性,他也明白自己缺乏的是礼节、权力,以及一次重大的机遇来实现自己的野心。1758年,在下议院(House of Burgesses)的议员选举中,他积极拉取选票,完全是有别于天然贵族的暴发户的做法。他在一些场合设宴招待投票人,包括准备7只烤全羊和30加仑的朗姆酒。尽管他在选举当天的宴会上告诫"大家不要喝醉了,以免选举时发生混乱",晋升与推选委员会(the Burgesses' Committee on Privileges and Elections)却发现他预备的酒肴多得惊人。更为严重的是,委员会注意到马拉堡给大卫·考德威尔(David Caldwell)写过一封信:"有知名人士以不正当的手段牟取权力,从以下言辞即可看出:'对您和所有我的朋友尽责是我的分内之事,我将竭尽全力沿伯德的磨坊(Byrd's Mill)一直到诺托韦(Nottoway)上方划一条界(如果我成为议员的话)。如果我做不到,这500磅都是您的了。'"作为威廉·伯德三世(William Byrd III)土地交易的主要代理人,考德威尔的确具有很大的影响力,他对竞选对手的看法可以改变整个选举,但是以承诺某一项议案甚至政治献金的方式来要求他的支持,早已超出恭顺的定义和原则了。市镇议会宣布马拉堡的选举无效,但是他的政治野心并未因此泯灭。有了适度运用利益笼络的教训,马拉堡在地方知名人士中获得了充分的支持,最终于1760年在议院谋得一个席位并占据近十年之久。对于马修·马拉堡而言,权力之路并不平坦。

  说到18世纪美国众望所归的、无私服务公众的典范,我们就会想到乔治·华盛顿。毫无疑问,在某些时刻——也许是在通过七年战争声名鹊起的1760年代中期,更明显的是在革命后——华盛顿成为了共和主义政治家的理想化身。但这位抱负远大的陆军上校政治生涯早期的情形对我们而言更有启发性。华盛顿的家世受人尊敬但不算显赫;在他的家乡费尔法克斯郡(Fairfax),有些家族更有声望。他的仕途前景暂时不如这些出身更好的邻居。

  华盛顿在正对费尔法克斯以西的弗雷德里克郡(Frederick County)也拥有土地,1755年,这位二十三岁的陆军上校的朋友们在最后关头在弗雷德里克郡的议员参选名单中填上了他的名字,以与两位现任的参选人修·韦斯特(Hugh West)和托马斯·斯韦林根(Thomas Swearingen)竞选。当时的华盛顿在弗雷德里克郡并不十分有名,因而并未全力竞选,而且他的支持者也没有为他做什么事。最终,在对两个空缺议会席位的争夺中,华盛顿以悬殊的差距位列第三,获得了 40 张选票,而韦斯特和斯韦林根分别得到 271 张和 270 张选票。我们无法得知华盛顿本人对这次选举结果的看法,但值得注意的是他特地从投票人花名册里抄下了投票支持他的那四十个人的名字。

三年之后,华盛顿作为军事领袖积累了声望时,再次参加了弗雷德里克郡的选举,这一次他表现积极,在投票开始前几个月就宣布了自己要竞选的消息,并且殷勤地寻求地方要人的支持。在投票日当天,军队的职责需要他赶赴大概 40 英里外的坎伯兰要塞(Fort Cumberland),他将选举事宜安排妥当后方离开。他请求朋友詹姆斯·伍德上校(Colonel James Wood)——温彻斯特(Winchester)郡的建立者和领导者,代表他出席并对支持他的选民表示感谢。同时他努力确保其他权贵人士提供及时、有效的支持。

共有四位候选人竞选弗雷德里克郡议会的两个席位。在任的韦斯特和斯韦林根试图获得连任;与影响力强大的费尔法克斯家族关系密切的托马斯·布莱恩·马丁上校(Colonel Thomas Bryan Martin)携手华盛顿与他们展开竞争。郡长、书记员以及候选人(按华盛顿的情况,是候选人代表)都悉数聚集到弗雷德里克郡政府大楼的办公桌前。第一位上前投票的是本地最杰出的人士托马斯·费尔法克斯勋爵(Thomas, Lord Fairfax)。他是北内克地区(North Neck)的业主,郡中尉以及郡议会的高级治安法官。费尔法克斯勋爵把票投给了马丁和华盛顿。第二位投票人,弗雷德里克教区长威廉·麦德拉姆(William Meldrum),也给华盛顿投了一票。华盛顿指定的代表伍德上校随后投票给华盛顿和韦斯特。另一位上校、出色的商人约翰·卡莱尔(John Carlyle)紧接着把票投给华盛顿和马丁。随着投票继续,很明显几乎所有有影响力的人都支持华盛顿。凡是在投票单上标明了"绅士"二字的投票者都把票投给了华盛顿,包括弗雷德里克郡长老会、浸礼会以及圣公会的三位牧师。这种预先安排好的支持策略非常成功;随着投票的进行,华盛顿一开始就确立的领先优势还在不断扩大。选举结束时,华盛顿得到 310 票,马丁 240 票,韦斯特 199 票,斯韦林根 45 票。

华盛顿把他的胜利部分地归因于地方名流在选举过程中的有力支持,但是在投票开始之前他本人也花了很大力气讨好选民。他自掏腰包花了 39.6 英镑购买了 28 加仑朗姆酒、50 加仑外加一大木桶混合甜酒、34 加仑葡萄酒、46 加仑烈性啤酒以及 2 加仑皇家苹果酒,共计 160 加仑的酒饮来款待地区的 391 位选民。华盛顿明确表示自己并不打算用这些换取选票。他在给一位同僚的信中这样写道:"我希望你不要对那些给我投反对票的人区别对待,而应对所有人一视同仁,我就怕你对他们不尽心。"年轻的华盛顿知道热情和慷慨是作为一名绅士的标准,这种慷慨大度加上对政治名流的动员,使华盛顿的政治生涯有了一个好的开始。

在其后的岁月里,随着华盛顿声望的增长,他已经不再需要费心费力地获取公众的信任了,但是在他政治生涯的早期,他却不得不这样做。同许多其他弗吉尼亚的绅士一样,这位年轻的上校无法使人们自动地听任于他;恰恰相反,为了晋升之路的顺畅,与本地权贵达成一致的利益是必要的。虽然这种利益的结合与恭顺概念中的"以德服人"思想并不矛盾,但在一定程度上华盛顿确实不得不大费周章地谋取选票,这与恭顺式政治的古典概念相去甚远。从华盛顿的经验中我们可以看到,尽管还没有构成能被明确称之为"民主"的那种形式,大众的意向确实在改变着地区共同体的政治行为。

北美民众政治的产生

像威廉斯、马拉堡,甚至华盛顿这样的政治领导人现在发现,普通民众能够积极、独立地表达自己。在某些场合,他们品评政治领袖的个人能力;但是越来越多地,他们开始主张和捍卫自己的利益,并且把选票投给那些能够服务于他们的利益的候选人。相应地,那些事先决定好的或毫无目标的竞选也越来越少了。

虽然民众的诉求在新英格兰的大部分地区被抑制,但是在18世纪中期的罗德岛却成了一种政治惯例。大约四分之三的罗德岛自由成年男性符合投票的财产资格,他们的投票选举也比北美其他地区更频繁。他们每半年一次选举议会下议院——殖民地迄今为止最大的政府权力机构——成员,同时每年投票选出一个十人助理团与总督和副总督一起组织上议院。此外,与其他殖民地——康涅狄格除外——形成鲜明对比的是,罗德岛居民每年要投票选出所有行政部门的成员——总督、副总督、部长、财务主管以及检察总长。罗德岛政府也保持着激进、大众的传统。一年一度的总督选举给大众提供了一次畅所欲言的机会,到场人数非常多,18世纪50年代末和60年代自由成年男性的平均出席率经常维持在40%—50%左右,这在北美地区是最高的。

在1757—1767年的十年间,随着塞缪尔·沃德(Samuel Ward)与史蒂芬·霍普金斯(Stephen Hopkins)之间对总督和议会控制权的竞争,民众的政治参与达到了最高。沃德和霍普金斯的对抗可以有多重解读:它是围绕纽波特(Newport)的商业利益和北罗德岛的农业利益展开的阶级争斗;是贵格派与圣公会、浸礼宗与长老会之间的较量;更一般地,是沃德支持的纽波特与霍普金斯支持的普罗维登斯这两个本地主要的港口城市之间,拥有相似阶级背景和经济利益的人们的相互冲突。这些因素在竞选中暴露无遗,但更引人注目的是罗德岛居民卷入纷争的程度。他们的加入有些是上层人士精心安排的。支持者们聚集起来召开秘密会议商量对策,并且筹措了几千镑的竞选资金。为了召集选民,他们发放了写有推荐人选的候选人名单。但是,无论怎么看——从参与投票的人数比例,到充斥着谩骂的小册子、报纸评论的发行量,到选民对投票真实性的关切程度——1757年到1767年间的总督选举都是一场声势浩大的、民众间的竞赛。选举的结果很接近:霍普金斯赢得了六次选举,沃德胜出了三次,但是没有一次获胜者的支持率超过54.5%,好几次双方的差距不到一个百分点。

18世纪中叶以来,随着北美地方政府在制造业和财政上卷入战争,越来越多的人直接与政府发生联系,其中以罗德岛最为明显。随着本地的港口城镇卷入帝国大战的军事冲突,罗德岛居民发现政府决策不再只是少数杰出的政治领袖的事情。大小事务——给商人发放免战旗以保障他们与西印度群岛的贸易,决定何种商船将装备成私掠船,给予商人垄断权,货币改革以及税款的分配,或者更为普遍的,批准建筑、桥梁或学校建设的奖券基金——都被纳入地方政府的决策范畴。

这一系列结构性的前提条件综合起来强化了民众的政治参与和政府的激进性,这在北美并不是随处可见的。举例来说,在弗吉尼亚和南卡罗来纳,统治精英一直竭力避免使民众的派系纷争威胁到自己的权力。他们所营造的政治文化重视温文尔雅的绅士气质,因为这有助于抑制政治冲突。在纽约,精英人士间的关系显然够不上温文尔雅,但作为统治阶级的一员,他们有能力避免使自己的内部分歧衍变为某种民众暴乱。对选举政治的有效掌控不仅表明了他们的决断力而且也表明了他们的经济影响力,后者是对前者的有力支持。然而在革命中,纽约的庄园主发现,他们在选举政治中对民意的有效抑制并不能为自己赢得舆论的支持,民众并不满意。

18世纪中期的宾夕法尼亚呈现出介于罗德岛民众政治和纽约民众不满之间的态势。《1701年宾夕法尼亚特权宪章》(the Pennsylvania Charter of Privileges of 1701)规定议会代表的选举每年要通过秘密投票产生。威廉·潘(William Penn)对政治代表的看法表现出鲜明的大众眼光:"每位代表都可称之为民众的属物,因为民众造就了他们,他们属于民众。在民众与代表之间,不存在任何中间形式,纯粹只是'代理'一词的另一种说法而已。相反,'代表'这个术语本身就够用了。"

宾夕法尼亚的地方领导人善于使用威廉·潘对政府代表的观点来为削弱业主特权辩护,然而在与选民的关系上,他们不愿意陷入威廉·潘所拟想的那种代理人和委托人的关系。一小批有势力的贵格派教徒和他们非贵格派的盟友开始掌控宾夕法尼亚的一院制议会。按照艾伦·塔利(Alan Tully)的说法,他们成功的秘诀在于三种因素的联合:在政治领袖和选民之间一种恭顺关系的继续存在;可供选择的主要的替代性权力资源——宾夕法尼亚政治中的业主庇护势力——不受欢迎;以及他们满足民众基本需求的能力——至少在1726—1755年这一段时期内是如此。

塔利对这种大体上稳定、统一的政治气候的描述掩盖了某些情形,即部分选民抛弃了顺从的姿态并且积极动员起来保护自己的利益。费城就是一个典型的例子。一开始,政治动员是自上而下的,正如贵格派领导人或业主势力不时尝试扩大政治基础以抗衡在议会中的对手。贵格派成员特别娴于吸收选民,他们的优势在于:他们都是本群体中最杰出和最受人尊敬的人士,另一方面他们对业主势力的反对使人们相信他们站在"民众"一边。但是拉拢民众是一项危险的游戏,因为贵格派和业主派信奉的都是精英政治。在18世纪前几十年,由于在当地定居的绝大多数是中产阶级的英国人,这种游戏进行起来自然得心应手。然而到18世纪中叶,随着二十年间大批德国、苏格兰—爱尔兰移民的到来以及本地经济不断分化分层,传统的政治精英们开始重新认识形势。

从18世纪40年代初一直到60年代中期,费城民众对选举的积极性一直在稳步增加。18世纪40年代民众政治参与的增加很大程度上归结于精英人士操纵的结果,与民众自己的现实问题并无多大关联,但是60年代中期的议会选举对民众的动员表明,民众越来越关心政策问题,精英人士对政治舞台的控制力在减弱。权力角逐的双方没有变,仍然是控制议会的贵格派与业主庇护下的富裕的社会名流和政客的竞争。然而18世纪60年代议会把自己拖入对边疆的保卫战,使民众丧失了对它的信心。而且,贵格派企图通过说服王室把宾夕法尼亚变成皇家殖民地从而一劳永逸地清除业主势力的做法使政局变得不稳定,议会一派的许多传统选民,尤其是德国人对英国的统治心怀恐惧。最后,先前不愿意考虑一小部分富裕的出身好的圣公会教徒的业主派领导者们,在1764年采取果断措施,将两个德国人和一个苏格兰—爱尔兰人添加进其八人议会候选人名单。

1764年的选举是富有改革性的。首先,双方都使出浑身解数亲自拉取选票。作为议会一派的坚定支持者,本杰明·富兰克林在费城组织了群众大会,在会上,富兰克林和约瑟夫·盖洛威(Joseph Galloway)谋划了针对皇家政府的计策。他们还印发了大量的宣传材料,不论在数量上还是攻击性上都超过以往。对手也不甘示弱,他们制作了超过四十四种的宣传小册子及抨击性的材料,其中许多用德文写就。如果说在费城的传统选举中,对"天然贵族"的恭顺是一个重要因素的话,1764年的情况则全然不是这样。业主派领袖威廉·史密斯(William Smith)——一位圣公会牧师,费城学院(the University of Pennsylvania)的院长,被斥为"溜须拍马的能手",满脑子充满"空洞无物的说教"。即便是模范市民富兰克林也成了辱骂的对象。业主派的政敌视其为"不知感恩、居心叵测"的人,"通过僭取别人的成果而获得了哲学家的称号"。一位宣传人员针对富兰克林的私生活做文章,指责其为"好色之徒","只对性感兴趣,等不及年轻的女性对他投怀送抱"。他还被称作阴谋家、公共基金的挥霍者,以及"老奸巨猾的"腐败政客。

1764年的选举也牵涉到宗教利益,它的选民基础比早前广泛得多。费城的几个宗教团体——圣公会、长老会、路德宗和贵格派——的牧师们和世俗领导人在选举中都争先把票投给一方或另一方。但也许更重要的是,这次选举不再单纯是竞选双方领袖的个人荣誉问题。拿王室与业主政府间的对抗来说,民众开始理性考虑英王加强控制对自身利益的影响。随着英王开始对殖民地加紧控制,一种恐惧情绪在工匠、技师、水手以及富商中蔓延,人们惧怕他们的自由会随着业主特许状的撤销而一并丧失。长老会和贵格派教徒则担心一旦王室控制了殖民地,他们将不得不受制于圣公会教会。

选举日当天民众热情空前高涨。据一位观察者所言:"宾夕法尼亚历史上从来没有这么多人为了选举而集合到一起。"在费城,从10月1日早晨9点一直到次日下午3点,政府大楼的阶梯上挤满了络绎不绝的投票人,投票持续了一整夜。最终,在大批长老会教徒和德国改革宗教徒的支持下,业主派获得了费城八个议会席位中的五个。

统计数据证实了民众在这次选举中的作用。竞选双方都竭尽全力拉取选票,四十四种宣传小册子以及抨击材料使民众的热情达到高潮。在1755—1764年的十年间,费城共印刷了109种竞选小册子,这一数字是过去二十年里任意十年之和的六倍还多。在公共印刷品和面对面的鼓动上互不相让的竞选双方引发了前所未有的民众参与。在 1727 到 1760 年间,费城郡——包括这座城市本身在内的广阔区域——男性纳税人口的投票率一直在 10% 到 35% 之间波动;1764 年增长到 45.7%;到 1765 年,尽管议题大同小异,投票率却达到 51.2%。单就费城而言,这一数字在 1764 年猛增至 54.5%,在 1765 年达到 65.1%。

1765 年之后费城选举的民众参与度下降。1764 与 1765 年的选举表明了 18 世纪北美民众政治动员的可能性。特别是在费城——选举法相当宽泛,不同的群体为提高各自的利益和身份而积极活动,统治精英无法充分满足民众的现实需求——民众叛乱的条件业已成熟。即使这种动员在一开始只是上层人士的精心安排,政治领导者们很快发现民众的政治热情已经很难抑制了。

共和理念和民众政治的崛起

取自英国乡村政治传统的古典共和语言在北美语境中总是传达出双重含义。一方面,对权力侵略性和压迫性的惧怕与对自由脆弱性、易受攻击性的担忧一起,致使人们致力于把权力从少数人转移到大多数人手中。另一方面,传统上对于美德———项每一位社会成员都应该去追求的特质,但在天然贵族中间显然具备更多——的保护和推崇为全面保护恭顺的政治、社会秩序提供了基础。

考虑到对政治权力及地方领导人自治的某种直接威胁,对共和理念自由方面的叙述几乎从来是为了自圆其说。如果不存在此类威胁,这样的叙述便不会被用来为本地区的民众政府辩护。实际上,《宾夕法尼亚公报》(*The Pennsylvania Gazette*)在警告本地区独裁统治的同时又断言:一切为巩固专断权力而采取的措施"就像妄图使英国从宪制变为民主一样邪恶"。共和语言,正如它不时被用来在 18 世纪的英—美政治气候下谋取权位,成了一种恒久的叹息,成了地区领导人们在有需要时才会想起的思想传统。

很少有北美人愿意引述共和主义的自由面来积极为民主制辩护,与此同时许多政治领袖——尤其是在选举结果出来时——把目光投向共和主义强调精英主义和德行的一面,攻击本地区的民粹政治。至少每当他们感叹民众政府将毁在王室禄虫腐败的"荣耀治理"上时,他们也不忘攻击对手是流氓、煽动家,搅起民众热情的罪魁祸首。痛心于威廉·基思爵士(Sir William Keith)在 18 世纪 20 年代末宾夕法尼亚引发的一系列政治挫折,詹姆斯·洛根(James Logan,

1674—1751）（18世纪上半期费城最富有的政治家——译者）抱怨："基思做事疯狂，为人邪恶，不遗余力地迎合最底层的民众，以为可以永远如其所愿地驾驭和控制他们。但是他似乎忘了，民众的想法说变就变。当他们抛弃了对政府的敬意时，又转而针对起教会他们与政府作对的人了。"洛根手中握有一些北美领导人们所惧怕的权势和任免权，但是当这些反对者们尝到民众胜利的苦果后，他们唱起了与洛根同样的论调。1764年，盖洛威对经典共和主义两个面向的内容都有利用。一方面，他谴责其政敌腐败堕落，追求专断权力；另一方面又叱责他们在民众方面走得太远——他把这归咎于一种"狂热野心"的鼓动。各地情形都是一样的。在马萨诸塞，伊斯拉尔·威廉斯贬斥那些"政治暴发户"对德行的重要性无动于衷，只会在选举中慷慨激昂地攻击"伟人"的行为。在弗吉尼亚，自信在德行上高人一等的富裕的种植园主和绅士兰登·卡特（Landon Carter）对于自己偶尔遭到民众的冷遇很不满意，痛骂"沉瀣一气的大众"是对美好的共和政府的最大威胁。

正如对共和主义自由的利用一样，每当政敌动用起大众的选举工具和派系组织时，共和语言中的美德辞令就成为政客们的考虑。但是更值得注意的是政客们在竞选时例行公事地使用这些大众选举工具和派系组织的程度。尽管威廉斯迫不及待地斥责那些"政治暴发户"，自己却一刻不停地在民众中扩大影响力。同样，把民主的过度归咎于狂热野心的盖洛威，不仅在私底下积极钻营于政治活动，而且撰写宣传小册子、在集会上慷慨陈词，抨击对手是"业主的佣工"，"完全不顾民众的权利"。即便是作为无私道德典范的华盛顿，在激烈的竞选中，也授意他的朋友在朗姆酒、啤酒以及苹果酒上不要吝啬。

也许我们太过苛刻，但是在革命前的北美，何时以及怎样运用古典共和主义的辞令多半取决于哪一方的利益受损。因而我们不可过多地关注那些失败者说了什么——对他们而言，共和主义美德的式微只是一种适时的自怨自艾和自我辩护——而应该注意获胜者做了什么。获胜者关心的不是维持共和主义的美德，而是赢得选举。

同样重要的是，获胜者和失败者双方都发现选民关心得更多的是谁能更积极、可靠地支持自己的利益，而不是他们作为无私公仆的个人品质。不论多么不情愿，政治家们开始认识到政治转型的过程并不全然操持在上层人士手中。诚然，北美政治的转型绝非仅仅是多数人与少数人的较量，但是它是少数人与多数人之间不断形成共识、达成和解、出现紧张关系甚至产生直接冲突的过程。归根结底，是多数民众的积极主张和要求——而不是少数人对恭顺型政治的自愿放弃——使民主的政府在北美成为现实。

【Richard R. Beeman,"Deference, Republicanism, and the Emergence of Popular Politics in Eighteenth-Century America", *The William and Mary Quarterly*, 3rd Series, Vol. 49, No. 3 (Jul., 1992), pp. 401-430.】

托马斯·道尔弗林格*

彭戈 译/陈遥 校

商人革命者的复杂动机

  在革命爆发之前,费城的商人非常担心英国会侵害他们在北美殖民地的权利,因而愿意牺牲经济利益来进行抵抗。但他们的抵抗力量有限,而且前后行动并不一致,显示出复杂和矛盾的心态。商人从未持续并团结一致地支持过抵抗和革命事业,他们没有积极地去游说议员反对《糖税法》(the Sugar Act),没有在反对《印花税法》(the Stamp Act)的抵抗运动中起领导作用,没有发起1769—1770年的抵抗运动,也没有坚定不移地支持大陆会议的召开。如果把革命问题留给这些城市商人,他们一定会更加谨慎、温和和自我克制,而不会主动同英国决裂。总之,从根本上来讲那将不再是一场革命。城市商人之所以在革命问题上如此踌躇不决,一个重要的原因在于1760年到1775年间的费城经济并非如新进步主义历史学家指出的那样萧条和混乱。其实,这段时期为商人提供了良好的商机,他们没有迫不得已的理由与英国决裂;恰恰相反,商人受到许多反面因素的制约:他们同英国在商业和私人关系上有着千丝万缕的联系,他们不希望看到自己的贸易因抵制和反抗运动而中断;商人中的贵格会信徒(Quakers)既反对狂暴的、目无法纪的抗议活动,也害怕革命使宾夕法尼亚激进的长老会(Presbyterian)掌权。

  费城商人在这些问题上的顾虑可谓意味深长。首先,它表明商人没有推动革命的发展;其次,它描绘了战前观念与利益的复杂关系,即商人的宪法权利概念和他们对经济、社会以及宗教方面的具体考量之间的关系。一些学者试图指

---

 * 托马斯·道尔弗林格(Thomas Main Doerflinger),哈佛大学博士,曾任哈佛大学麦克尼尔美国早期史研究中心(MCEAS)研究员,现担任瑞银美国证券投资公司高级分析师。著有 *Enterprise on the Delaware*(1980),*A Vigorous Spirit of Enterprise*:*Merchants and Economic Development in Revolutionary Philadelphia*(1986)等。

出革命意识形态的社会经济根源,但更有意义的可能是探讨经济利己主义、宗教依附关系和社会保守主义等如何阻碍大多数商人激进思想的出现。这种方法不仅将地方利益纳入考虑的范畴,同时也揭示了革命时期一种重要的宗教力量的作用(东海岸中部地区一直以来就是政治保守主义的中心)。

近年来,有的历史学家将费城与英格兰的纺织品贸易看作是革命前经济危机的风暴中心。野心勃勃的英国纺织品贸易公司在殖民地赊销大宗商品,向零售商和拍卖行进行直销,这会削弱殖民地纺织品贸易公司的实力,同时也表明"英国的资金和决策正日益控制殖民地的经济"。大量证据表明,七年战争是纺织品贸易有利可图的繁荣期,但在1760—1775年之后纺织品则大量滞销。

虽然相关数据并非完全一致,但是1764—1768年面临严重的经济停滞却是不争的事实。纺织品进口在这些年里极不稳定;与西印度群岛的贸易无利可图;港口航运业活动稀少;殖民地纸币被回收,硬币被运往英国,为大规模的战时输入提供财政支持,由此而造成严重的"资金短缺",使商人们大受打击。这些问题导致1765—1769年间在殖民地注册的船舶吨位骤降,1767年的费城破产人数达到历史最高点。

然而,这场经济衰退到1769年就已经基本结束,这一年出口到西印度群岛和南欧的面粉和面包数量猛增,比1768年同比增加了128%。费城的粮食贸易不断发展,直到1776年才结束。

于是我们看到了一幅混杂的画面:一方面是纺织品市场一如既往地饱和,另一方面是住房市场态势良好,粮食贸易不断上涨;一方面是18世纪60年代中期的商业低迷,另一方面是1768年以后商业的繁荣期。我们并不能由此得出结论,认为结构性经济危机使保守的商人变成革命者。其实,商人们在这段时期状况良好。大量档案显示,费城的运输业主人数从1761年的29人增加到1772年的84人,其中42个是商人。运输记录也显示了相似的情况。

因此,尽管18世纪60年代中期出现经济衰退,但革命前的一段时期却为精明的商人们提供了良好的商机。这一论断不是要说明独立战争前15年费城摆脱了各种社会不平等和社会冲突。其实,与上述观点一致,殖民地末期财富分配不均的问题已经越来越严重。18世纪60年代,商人投资建设城市楼房,从伦敦购进四轮马车和客车,他们只有在扩大商业利润的前提下才有此经济实力。

与费城有利的商业形势对费城商人的影响一致,商人的政治立场也使他们对革命的态度趋向温和。尽管他们同一般的费城民众一样,对英国政府权力的扩张感到不安,但大多数商人关心的主要不是政治问题,相对来说,他们更担心激进的行动会切断与母国紧密、宝贵的联系。

很多证据都表明,费城商人确信英国议会向北美殖民地征税是违宪的。1768年,一个由费城商人组成的委员会在写给一些英国商界领袖的信中说:"《汤森税法》在没有得到北美人民同意的情况下向北美强行征收纸张、玻璃、茶叶等税款。作为你们的兄弟和国王的子民,我们认为这是违反宪法的,是对我们权利的侵犯。"当这些英国商人承认《汤森税法》可能只是"权宜之计"时,费城商人们仍然坚称这些法案违反宪法。这种信念在革命时期的私人信件中常常出现,不仅包括辉格派商人,也包括效忠派和中立派商人。

殖民地商人对违宪的忧虑植根于同英国人一样的权利观,而这种忧虑伴随商人自身面临的问题进一步加深了。1763年以后,海关的监管力度大大加强,使费城走私商面临艰难的处境;1764年《货币法》(The Currency Act of 1764)的出台,禁止了殖民地立法机关发行纸币,而《糖税法》和《印花税法》则要求以硬币支付税款。这三个法令,加上18世纪60年代中期的经济衰退、高汇率以及大量银币被运往英国以偿付英国的债务等多种因素的综合影响,造成了费城严重的货币短缺。

也许有人认为,即便在没有经济危机的情况下,对宪法问题的不满也足以使商人坚定地支持革命事业。这样一来,历史学家面临的主要的任务,就是找出使商人的政治立场如此温和的原因。其中一个原因是商人们主要的抱怨之处很快得到了解决。《印花税法》从未真正实行过,《糖税法》在1766年彻底修正了,《货币法》没有破坏费城的纸币流通,而是允许殖民地议会在限定的时间内保留已公开发行的纸币,而在此期间殖民地又印行了102000磅的非法纸币,这已经满足了殖民地的大部分纸币需求。

商人对革命持谨慎态度的第二个原因是,商人比"商业贵族"一词所暗含的意思更加的对政治漠不关心。诸如查尔斯·汤姆森(Charles Thomson)、托马斯·米夫林(Tomas Mifflin)、乔治·克莱默(George Clymer)、托马斯·沃顿(Thomas Wharton)和乔治·布赖恩(George Bryan)等商人无疑都是政治活动家,许多其他的商人也有明确的政治倾向。但是,革命前的商人没有主导过政治生活,在小册子、抨击性短文和报纸里明确表达殖民地宪法地位的通常都不是活跃的商人。宾夕法尼亚的政党领袖一般由一些富有的律师、神职人员和拥有土地的绅士担任,而不是商人。

许多不同政治立场的商人与大英帝国保持密切的联系,这一点是毫无疑问的。英国归根结底是一个商业机构,而商人是商业的推动力量,如果没有他们冒着生命危险将货物运往大西洋另一头,帝国只不过是一个死气沉沉的官僚机构而已。因此,费城商人在给他们英国同行的信中写道:"我们将这里和英国的商人看成是两个大陆之间联系的纽带,他们致力于维持两个大陆的联盟关系。"

随着 1765—1766、1768—1770、1774—1776 年一系列抵制英国商品运动的兴起,与帝国的认同遭到了质疑。虽然声明禁止进口的目的是为了取消某些政策而施加压力,但是它的实际影响要大得多。其实,这是北美殖民地经济独立的试探性宣言,各殖民地委员会将其付诸实践,由此建立了一些最早的非法的革命政府。另外,抵制运动在思想意识方面也起到了重要作用,它谴责旧世界日益腐化堕落的奢靡生活,将共和主义意识形态的道德因素转变为一种行动。在日渐世俗化的时代中,抵制运动将有助于人们为自身的贪婪和物质主义赎罪。

费城的纺织品贸易商,特别是贵格会(the Friends' Meeting)信徒,并没有全盘地拒绝这种重视物质享受的生活态度。在 1769 年,约翰·雷内尔(John Reynell)还身穿皮夹克,他的妻子则穿着手工纺织的衣服。商人们不能忽视这样一个事实,即他们本身就是有害的奢侈品涌入特拉华地区的渠道,他们中也没有几个撤除客厅和餐饮室内考究豪华的装饰,如果彻底地禁止进口的话,他们就必须否定自己的职业和摧毁他们千辛万苦建立起来的贸易网络。在这一点上,弗吉尼亚种植园主的看法与商人的看法迥然不同,他们发现自己为昂贵的嗜好负债累累,而烟草贸易总额却始终没有增加。

宗教和社会控制因素也助长了殖民地商人对革命的温和态度。宾夕法尼亚革命运动的每一步都受到教派纷争,特别是贵格会和长老会之间残酷斗争的影响。圣公会(Aglican)和贵格会信徒在商人中各占三分之一,并在其领导层占据统治地位。另一方面,长老会(Presbyterian church)信徒的人数在商人中连五分之一都不到,在上层中的比例很小。抵制进口与否都取决于贵格会、基督会(the Christ)、圣彼得教会(the St. Peter's churches)等保守派教会,他们才真正掌控着商人团体的经济实力。

贵格会的原则与革命战争时期的统治相抵牾,因为贵格会的正统教义不仅反对军事活动,而且也反对暴动、集会、抵制运动以及走私。贵格会主导宾夕法尼亚权力阶层多年,有着一定的商业成就并控制城市领导权,这使得他们的观点趋于保守甚至有些自以为是。在这一点上,他们与希望维持现状的圣公会商人目标一致,这是因为这些圣公会商人与英裔殖民地业主、贵格会信徒威廉·潘(William Penn)有密切的政治联系和亲戚关系。

另一方面，殖民地的长老会起源于苏格兰，他们有反抗英格兰统治的悠久传统。长老会的政治渊源可以追溯到英格兰内战时期，内战推翻了主教和国王的绝对统治，而长老会一直以来对主教和国王非常反感。长老会牧师，尤其是鼓吹"新光派"（New Light）运动的牧师，宣传具有明显共和主义色彩的信条，强调"基本法的基础是自然法，上帝赋予了人不可剥夺的自然权利，统治者和人民通过订立具有约束力的契约而组成政府，人民有权要求统治者关心并保护其权利免受侵犯。"宾夕法尼亚长老会主要活跃在边缘地区，这些地区并不具有典型的代表性，在一定程度上减弱了它对殖民地议会的影响，但是它还是将政治影响力的扩大寄希望于宾夕法尼亚信徒人数的增加。

"帕克斯顿男孩"（Paxton Boys）（一个边远地区的苏格兰—爱尔兰人组织，他们在宾夕法尼亚示威游行，意图改变对印第安人友好的政策）在宾夕法尼亚发动了一场残酷的政治斗争。对许多贵格会信徒来说，威廉·潘时期平静祥和的殖民地因为这伙无法无天的长老会信徒试图颠覆整个殖民地而向无政府状态倾斜了。1765年，一伙苏格兰—爱尔兰人在坎伯兰郡拦截并销毁了一船运往匹兹堡的贵格会信徒的货物，这一事件进一步加重了恐怖气氛。人们相信，唯有根本制度的改变，即结束业主对殖民地的统治，方可解决危机。因此，殖民地议会于1765年派遣本杰明·富兰克林前往伦敦说服英国内阁大臣时指出，唯有将殖民地改为王室殖民地才能维持宾夕法尼亚的秩序。

对长老会领导权的恐惧是影响贵格会商人革命态度的一个主要因素。贵格会信徒认为革命过程与商业问题、议会税收、内阁专制无关，并对此坚信不疑。很明显，就像他们17世纪的前辈一样，长老会教徒是在利用人们对宪法问题的不满来攫取权力并否定其他基督教派的信仰自由。

1764—1776年，大多数商人生意兴隆，习惯性地远离政治，他们与英国有着紧密联系并惧怕正在崛起的长老会教派，这些因素促使商人保持温和的政治立场。虽然他们厌恶糖税，但反应有限，部分原因是他们更关注1764年的地区政治的混乱局面。第二年的印花税危机很大程度上是由地方政治的意外事件引发的。

既然反对印花税的主要形式是攻击印花税代理人，那就不能说商人作为一个团体领导了1765年抗税斗争。其实，商界在抗税问题上分裂了：贵格会商人一般不反对《印花税法》，而圣公会商人和长老会商人却反对。商人们联合起来反对印花税的一个例外是1765年有组织地抵制英货。即便如此，也有证据说明有些商人是被迫加入抵制运动的。

尽管出现1765年的分裂，商人们还是可能在1767年反对《汤森税法》的斗争中起了主要作用。反对税法所采用的方式主要不是暴动，而是从1769年3月到1770年11月的商业抵制运动。据分析，商人的临时角色确实起到了核心作用。新进步主义历史学家认为，殖民地商人们发起抵制运动是为了减缓英国没完没了的对殖民地资本和货物的倾销，这样他们就能卖掉存货，以有利的汇率偿还英国供应商的债务并建立资金储备。这样的构想是十分合乎逻辑的，也有足够多的证据证明确实有一些商人会考虑到这点，然而有争议的是作为一场革命的起因：这些考虑能否决定一系列事件发生的速度和方式。

对这个问题的回答无疑是否定的，因为新进步主义历史学家忽视了一个重要的细节。在整个1768年里，纺织品贸易商没有领导宾夕法尼亚的抵制进口运动，而是坚决反对这一运动。一些激进派大肆侮辱商人，并要求他们把大众福利置于私人利益之上，但商人一直对此置之不理。激进派的压力迫使进口商加入纽约和波士顿的抵制运动的行列，由约翰·迪金森领导的费城激进派在小册子里、讲演会上、报纸文章里对这些商人大肆辱骂，为迫使商人明确回应这一问题，他们甚至想要列出这些商人的名单，但却被强硬的"8个或10个"富有的进口商阻止了。保守的殖民地商人虽然质疑《汤森税法》的合法性，但又怕抵制《汤森税法》会违背贵格教会的和平形象且冒犯他们在英国的重要客户，因此明确反对抵制运动。

抵制运动清楚地显示了爱国主义如何被殖民地商人的自身利益和谨小慎微的态度所影响。为了不冒犯英国的客户，北美商人慢条斯理地进行着抵制运动。然而到了1770年抵制运动方兴未艾之时，他们对抵制运动的支持却随着存货的减少而消失无踪了。牺牲是有限度的，当其他殖民地放弃抵制运动，并且《汤森税法》的一些条款被废除时，宾夕法尼亚商人开始急于恢复他们的正常贸易。费城的激进派必然要谴责这些自私自利的温和派。面对谴责，这些温和派合情合理地反驳道，酒商之所以会迫切推动抵制运动的发展，是因为那不会影响他们的生意，即便《汤森税法》还向他们征收酒类商品的皇家国库税收。技工是酒商在宾夕法尼亚的主要同盟，他们因为殖民地与英国贸易的中断而大捞了一笔。由此可见，共和思想已经被经济现实修正和歪曲了。

商人们怀着类似的复杂心情看待东印度公司在北美殖民地倾销茶叶的计划。许多人认为这是引诱北美殖民地人民进口带税商品的花招，但是很明显，一些商人攻击茶叶计划是出于经济上的考虑。东印度公司的这项计划原本打算将权力集中在少数几个亲英的殖民地商人手中，同时借此直接打击走私荷兰茶叶到宾夕法尼亚的商人。

1774年,当《强制法令》(the Coercive Acts)传到宾夕法尼亚时,富有的圣公会商人和贵格会商人试图"使费城的商品价格保持在适度范围内,同时避免冒犯母国",他们坚持认为波士顿应该偿付毁掉的茶叶,强烈反对新一轮的抵制运动。然而直到此刻他们才懂得,抵制运动开始容易结束难。1774年9月,大陆会议剥夺了他们对抵制运动的主导权。特别是商人再也不能阻止第三波抵制运动和大陆会议计划的联合行动。这场联合抵制运动从1774年12月1日开始禁止进口,从1775年9月10日开始禁止出口。

一些商人,例如查理斯·汤姆森、托马斯·米夫林、乔治·克莱默,都热情地推动了1774年和1775年革命事业的发展,然而很多富有的商人焦虑地注视着独立的来临以及难以接受的社会和政治的转型。宗教斗争仍然是人们尤其是贵格会信徒关注的焦点。根据詹姆斯(James)和德林克(Drinker)的观察,1773年在费城和波士顿发生的一系列革命活动,是出自一个普通的长老会信徒之手,他们声称:查理斯·汤姆森和其他一些本地长老会信徒草率的态度和血腥的野心,煽动波士顿人捣毁了茶叶。如果长老会最后成功控制了宾夕法尼亚,那么宪法中体现的、曾经让殖民地引以为荣的信仰自由(freedom of conscience)将会消失殆尽。过去,贵格会在政治的竞技场上浴血奋战,阻挡了长老会的潮流,但是到1775年,转变力量太强,政治环境变化太快,贵格会无法自我调整以适应新的局面,致使许多贵格会信徒因而断然退出政治舞台。这些经济、社会、政治以及宗教等方面原因,让大部分的费城商人将革命拒之门外。

费城商人的事例提醒我们,利益可能起到了调节作用,但没有增强思想意识上的献身精神。一些社会经济方面的因素可能促使一些北美人愿意接受共和思想,但是这些因素却对费城的商界起了相反的作用。首先,商人在18世纪60到70年代并没有面临经济危机。尽管在1764到1768年间,纺织品市场几乎长期供大于求,粮食贸易停滞,但是商业在独立战争前十五年是相当繁荣的。商人对英国向北美殖民地收税的行为感到不满和恐惧,甘愿做出一些牺牲来保护他们的自由,但是这些想法并没有使他们成为革命者,因为还有其他一些因素阻挠他们这样做。出乎意料的地方政治事件、与英国密切的个人的和商业的联系、对长老会掌权的恐惧以及经济上的利己主义都动摇了他们的革命立场。虽然商人并不代表殖民地的公众意见,但是他们也并非是孤立的、富人组成的反动派。许多其他身份的宾夕法尼亚人也怀着相同的疑虑看待独立的前途。例如1776年5月底,在费城举行的一次就独立问题进行类似于公民投票的选举中,保守力量就以微弱优势胜出。

商人的行为恰好说明了关于美国革命起源的意识形态解释或思想意识解释的局限性。这一理论本身可以解释很多东西,但是它不能解释一些现实问题的实质。约翰·特伦查德(John Trenchard)和托马斯·戈登(Thomas Gordon)、约翰·洛克(John Locke)、詹姆斯·哈灵顿(James Harrington)的思想在殖民地广为传播,但是他们的思想在一些殖民地引起了共鸣而在另一些殖民地则没有。为了充分理解美国革命的起源,我们必须判断哪些特定的地方因素使特定地区更容易接受这些观念。例如,中部殖民地的相对富裕、贵格会的重大影响以及大量非英语人口的存在使这个地方倾向于保守。

地区差异在1776年后仍然发挥着重要作用。1776年之前,实用主义、精英主义和物质主义等因素促使费城商人将革命拒之门外,同样又是这些因素使其中一些人在之后的革命岁月中更趋保守。

【Thomas Doerflinger, "Philadelphia Merchants and the Logic of Moderation, 1760-1775", *William and Mary Quarterly*, 3rd ser., XL, 1983.】

蒂莫西·毕林*

师嘉林 译／贺新 校

联合抵制促进了美国革命的激进化

独立前夜，英国议会通过一系列征税政策强硬地宣示了对殖民地的主权；大约同时，英国商品大量涌入，占领了北美的市场。

通过重建涉及18世纪中叶那段核心历史的殖民地人的心理结构——在这里，主要是对被误解的北美消费者提供一种精心的阐释——我们应该能更好地理解：殖民地人如何在一个不断扩大的贸易帝国中构想自己；在紧迫的政治危机中，民众丰富的商业思想和主张如何形成特定的抵抗形式；以及最后，一场对抗英国政策的联合抵制行动是怎样组织起来的，使得分散的殖民地居民携起手来，并开始构想一个属于他们自己的独立的商业帝国。

在1763年，没有人能预见当"商业天赋"被运用到政治抗议中时会在北美产生自由社会的激进新形式。正是商业考虑的意想不到的后果使北美的叛乱成为一场真正的革命。我们先来看看关于商业生活的大众叙事的演变，然后再讨论这种简明但有力的古怪解释大概的经验性和思想性背景。

不安的回应首先出现在波士顿。1764年，一本名为《关于议会法令的思考》(*Considerations Upon the Act of Parliament*)的匿名小册子的作者指出，殖民地人自己要为对英关系的恶化负责，尽管他们不是有意为之。在七年战争期间，殖民地人过得太好了，而且太招摇。他们对英国产品的大量消费强烈地刺激了"军队中的名流以及近来移居海边城镇的人士"。在这些外来人眼里，北美人

---

* 蒂莫西·毕林(Timothy Hall Breen)，美国历史学家，耶鲁大学博士，现为西北大学美国史教授、卡普兰人文中心主任，主要研究领域为美国革命史，代表作有 *Tobacco Culture: the Mentality of the Great Tidewater Planters of the Eve of Revolution*(1985)，*Marketplace of Revolution: How Consumer Politics Shaped American Independence* (2004)，*American Insurgents - American Patriots: The Revolution of the People*(2010)等。

"在进口的英国奢侈品上出手阔绰,毫不吝啬。"

第二年,对英国议会征税的商业性理解得到了更充分的界定。约翰·迪金森,宾夕法尼亚一位受人尊敬的律师,认为帝国的危机部分源于大英帝国对北美人消费习惯的极大误解。他在《最近的法规》(The Late Regulations)这本小册子中写道:"我们知道在大不列颠流传着这样一种观点,即北美殖民地堆满了财富和奢侈品。"迪金森强调,这种论断是对殖民地文化的一种有害的误读。在他看来,通常大部分殖民地居民都是很穷的,英国的观察家们显然被"我们当中的一些异类"误导了,出于个人利益,他们对英国人表现得过于大方和殷勤,"增添了许多不必要的开支"。这种"不合时宜的过分友好"仅仅是为了讨好英国来访者的欠考虑的行为。

其他重视商业叙事的小册子作者也给出了自己独到的解释。比如,1768年,纽约的一位匿名作者把英—美的消费活动置于更大的历史背景之中。同其他作者一样,他把七年战争视作殖民地消费增长的关键时期。战后,北美的消费能力为英国议会的征税政策提供了理由,因为据英国访问者的报告显示,"殖民地到处都是奢侈品,通过战争殖民地一夜之间聚敛了大量财富"。

1768年,费城的威廉·希克斯(William Hicks)声称英国民间议论的背后存在阴谋。他认为,普通英国民众之所以轻信了对于殖民地财富的夸大估计不是巧合,而是有一些来历不明的人一直在有计划地对北美经济状况进行歪曲报道。希克斯断言:"对我们财富的估计不论从哪个角度看都错得离谱,只有那些愚昧无知的人或对我们抱有成见之徒才想得出。这种添油加醋的歪曲背后很可能隐藏着某种政治意图,因为它为强加在我们身上的不平等负担提供了最好的借口。"这种解释框架——希克斯的商业阴谋论——对于殖民地人在商业帝国内的前途而言是一个极为凶险的暗示。通过大胆地将消费与政治联系在一起,希克斯告诫北美民众不要忘了英国议会在听到殖民地财富的不实报道后第一时间的反应。他们难道不是立刻通过了新的税收条例吗?这难道不是他们将要打压殖民地的再明显不过的征兆吗?没有钱,殖民地居民还能干什么呢?很明显这是个阴谋。英国希望北美一直穷下去,殖民地人的钱只要能缴纳不断提高的税收就可以了,"多余的财富只会引发骚乱"。

殖民地的报纸充斥着种种商业论,对消费和政治的看法你一言我一语,热情的北美消费者与困惑的英国到访者、经济的变化、奢侈与贫困成为革命前夕街头巷议的中心。到1771年,关于真实与表象的讨论趋于白热化。"康涅狄格的朋友"(A Friend of the Colony of Connecticut)在《纽黑文邮差报》(*New-Haven*

Post-Boy)上发表评论:"我们在房屋、饮食和穿衣打扮上花了太多不必要的钱在外国商品上,结果给人造成我们很富有的假象。即便不会引起我们邻居的嫉妒,至少也会惹他们注意。说不定最近这些严重不符合宪法规定的法令就是这个原因造成的。"

甚至在殖民地与英国之间的斗争进一步加剧、随时有可能爆发武装冲突时,北美民众依然相信这场政治危机在某种程度上与他们在新的英美市场秩序中的表现有关。下面的一件事可资说明。1774年,康涅狄格丹伯里(Danbury)的埃比尼泽·鲍德温(Ebenezer Baldwin)牧师发表了一篇简短的布道文,布道的对象明确指向那些生活在封闭社区的普通农场主。

"在北美这样一个地方,"鲍德温提醒他们,"财产的分配如此平均,每个人都喜欢攀比,在着装打扮和购置新家具上煞费苦心。我们微不足道的收入大都花在了购买英国奢侈品上。"经济的平等刺激了人们对地位的竞争,消费品成了男性和女性使自己与众不同的法宝。"因而我们其实是在死要面子活受罪",鲍德温声称,这就是文化误解的深刻渊源。他还观察到,"就连殖民地的下层民众都对英国的奢侈品趋之若鹜,英国官兵一回到英格兰便报告了这一情况,英国人兴奋不已,把它当作向富裕的殖民地居民征税的良机"。……北美人还有机会挽救政治局面。他们要做的就是改变自己的消费习惯,不去买那些使人误以为他们很有钱的进口商品。

最后,我们还可以从戴维·拉姆齐的《美国革命的历史》(History of the American Revolution)一书中读到这种商业生活的叙事。这位南卡罗纳的内科医师和退伍军人认为,要弄清楚英国议会最初为何决定向北美征税是非常困难的,他把原因归结于英国不加考虑地接受了对于北美财富的"夸大说法"。他解释道:"人们都在说,美洲种植园主是如何富裕,而且几乎不纳税,英国居民却被沉重的税收压得喘不过气来。"消息似乎仍是从在北美服役的英国士兵中传出来的,"他们所看到的主要是市镇中的情形,而且是在殖民地大力支援军队与舰队以及商品需求旺盛的时候"。在对法国的伟大战斗中,殖民地不惜倾其所有支持它的英国盟友。拉姆塞声称:"为了招待好为他们作战的英国官兵,也为了满足自己的虚荣心,殖民地经常大肆铺张,款待军中的要人名流。"英国来客误以为殖民地人生活富足也在情理之中。这些英国军官们"相信了他们所看到的,而没有考虑殖民地的一般情况,最终得出了殖民地能够承担大部分帝国公共开支的结论"。

众多版本的商业叙事与其他论述一起构成了北美人所理解的与英关系骤

变的原因。尽管在此期间还有一些说法在殖民地流行——比如英国严重的政治腐败——这种从热情的、被误解的殖民地消费者出发的常常被忽视的解释却具有不同一般的意义。它代表了对18世纪中期英—美世界两种显著危机的一个臆断的、又合乎情理的回应。一方面,殖民地的自由男性和女性被诱人的商品卷入新的消费市场并不得不适应它;另一方面,咄咄逼人的英国议会对维持着殖民地居民日常消费秩序的脆弱的商业体系造成了致命的威胁。

二十多年来流行的商业叙事有效地将这些单独的挑战相互关联起来。至少它提供了一份有迹可循的清晰的年表。七年战争期间加速的变化为文化误读提供了舞台,这种误读如此之深,以至于北美居民再也无法使议会相信自己其实很穷。一切都被归咎于北美人对英国商品的消费,他们太热情、太纵欲、太缺乏社会安全感。从北美大陆的所有地区,从不同的阶级和背景,从那些回想起来会对自己的无度行为引起的误会感到不安的人身上,我们读到了故事的多种版本。对殖民地商业生活的叙事表明,伤害了北美人的不是商品本身,而是不知如何使用它;不是购买,而是没有节制。

历史学家未能给予商业视角以足够的重视,长期以来主导美国革命的思想渊源研究的是另一思想派别。据这一派别的核心人物——伯纳德·贝林（Bernard Bailyn）看来,18世纪的殖民地居民所遵循的是一系列支配性的"假设、信念和思想——一套掩藏在时代事件表象下的明确的世界观"。这种经常被贴上"共和主义"标签的复杂的意识形态框架,排斥了商业资本主义的语言和经验。在这种阐释角度下北美殖民地人不是在适应一个快速变化的世界经济体系;相反,他们抵制它的出现。他们谴责现代商业精神。他们思想保守,不信任贸易和银行制度,为英国金融革命引发的政治腐败的蔓延而深感不安。

对这种主导性的阐释持批评意见的历史学家认为,革命前殖民地民众的政治意识要比我们被告知的更倾向于自由主义和洛克的观点。还有人试图在这种混合的政治意识形态中恢复传统的清教神学要素,但这与建立在新的消费市场中的普通男性和女性的经验基础上的政治话语不符。为了在革命前夜的经验与意识形态之间建立一种辩证的、令人信服的解释,我们有必要列出现代历史学没能说清楚的两个单独的、有待解决的问题。

首先,我们要时刻关注日常事件以及当时的人们对这些事件的解读之间难以捉摸的关系。

其次,我们要搞清楚工匠和农场主——可能听到过鲍德温布道的一类平民——是如何与一个持续不断地改变着他们的自我认识的18世纪中叶相遭遇的。

然而，眼界不可太过狭隘。在凡是可堪查阅的历史中，我们发现普通人只有在比较大的架构之下——比如让人困惑又惊惧的资本主义和民族主义——才能充分表达自我，这种架构有赖于个体的反馈，同时提供了前所未有的选择空间。在18世纪中期的北美，外部世界通过进口的商品发出了诱人的信号，作为商业帝国内的一员，先前一个个分散的殖民地居民开始把具体的商业策略——比如更广泛的抵制行动，视作一种常识，以应对经济和政治生活中遭遇的挑战。大众意识催生了政治行动。只是没有人料想到消费市场中的群众政治动员彻底地改变了人们对共同体的认知，以致到18世纪70年代，群众的实践将他们引向了一个独立的、强大的商业帝国的想象。

长期的商业实践培育了北美人针对英帝国的一系列复杂感受和想法，这些都体现在最后的政治危机中。从它们出发，殖民地居民看到的是英国议会对于绝对统治权力的执着。

差不多每一个殖民地人都同意一点，即英帝国的优越性几乎全部仰仗于国际贸易，它是国家财富和军事力量的源泉，也是政治自由的基础。

殖民地报纸一再重申着一条经验：是商业使英帝国从其他帝国中脱颖而出，使它有别于那种站在一切和平、安全和现在北美人所习以为常的帝国忠诚对立面的专制制度。"商业是市民社会最坚实的基础，"《波士顿晚报》（*Boston Evening-Post*）在1764年如是声称，"它从遥远的海岸为我们带来了日用品、便利和消遣；每个地区都为本地外来产品之丰富而感到吃惊，其中许多商品他们都叫不出名字，生活变得更舒适了，人们也更幸福了。"18世纪的北美人以为自己生活在一个满是商品和货币的世界，像牛顿学说般确定无误的市场制度通过一种互利的方式使他们同帝国领域内的陌生人联系在一起。

尽管商业模式在帝国内承担着维持平衡与公平的功能，殖民地人仍然显得忧心忡忡——即便是在征税危机爆发之前。他们的言辞经常性地带有某种焦虑。作家们急切地想要说服英国人——也许也包括他们的殖民地同胞——贸易不仅对中心城市意义非凡，而且也造福了边远地区。对帝国贸易的充分肯定背后是北美消费量的上升。比如在1764年，康涅狄格总督托马斯·费奇（Thomas Fitch）告诫民众，"美洲的殖民地和农场对母国而言举足轻重，理应得到她最悉心的呵护"。殖民地是合作伙伴，而不是竞争对手。他辩护道："殖民地越繁荣，人们越富有，不单是对我们有利，对英国本土也是只有好处，没有坏处。"

在帝国关系上，殖民地的观察者看到了一直以来被现代历史学家们所忽视的某种根本性的东西:18世纪中叶的北美殖民地遇到的是前所未有的新局面。在18世纪40年代以前,很少有人在一个迅速扩展的消费市场框架下来描述殖民地与英国的关系。在此之后,商业联系日益突显出来,这种变化要求相应的适应与调整,并且触动了殖民地每一个地区人们的生活方式。

同时代的人清楚地意识到了这种极大地影响了地区物质文化面貌的变化。日常世界焕然一新。人们打扮得更艳丽,也更奢华。为了追求快乐、舒适和美丽,人们购买的越来越多。1769年,一位"乡下人"(countryman)告诉《波士顿公报》(*The Boston Gazette*)的读者:"如今我年届四十,时代的变化令我震惊。先生,请相信我,我穿的最好的不过是一条羊皮马裤、一顶毛毡帽和一件带有牛角扣的手工大衣。"在他看来,现在他的邻居只相信"英国产的布料,每一码就是一个基尼"[1]。

统计数据充分说明了当时人的这种印象。18世纪的贸易数据显示,英国对北美大陆的出口增长幅度在1720—1770年间超过50%,其中在1750—1770年间增长尤其迅速。

不断增多的消费机遇引发了媒体的激烈讨论,话题涉及奢侈品的意义和限度、信用的道德关涉、自由社会中个人选择的作用,以及鼓励多种公共身份的商业世界同传统的阶级地位之间的断裂性与相关性。这些讨论是北美人试图在市场问题上掌握话语权的最初的努力,他们试图理解发生在自己身边的变化,试图使自己的思想与他们又爱又担心的商业体系保持一致。

这种不断增强的商业意识既不是前现代的,也不是反资本主义的。殖民地人不反对提高生活标准,在他们看来,恢复早期的自给自足式的经济无疑是愚蠢的。1761年,詹姆斯·奥蒂斯谈道:"奢侈是一个模糊不清又十分宽松的术语,如果它意味着大量外来商品的进口,那自然是越多越好……我知道有些人觉得殖民地人太会享受了,但我不这么看,我们的生活还远远称不上好。"

18世纪60年代,英国议会为减少巨额国债而改变了帝国惯例。对殖民地来说,税收法案的出台是一种沉重的打击。他们想不出有什么理由要改变现今合理运作的商业体制。

不断升级的争论走向了更为根本的宪法问题,而当北美人在基本权利和国会代表问题上据理力争时,他们也为自己无休止的消费感到担心。在解释和回应国会政策的突然转向时,他们不只利用了共和式治理的抽象理论,而且动用

---

[1] 英国金币名,初铸于1663年。1基尼等于21先令。1817年英国采用金本位制,停铸基尼。

了自己近来习得的商业经验。他们所讲述的为取悦英国士兵而显得慷慨过头的美洲消费者的故事,就是这种普遍回应的一部分。当然,特定形式的政治动员也包括在内。殖民地居民在自己的思想框架中找到了抗议的手段,这种思想框架在很大程度上是商业生活的产物。

革命性的抵制最突出的一面在于它完全是全新的尝试。之前没有任何民众叛乱是以消费者为中心组织起来的。它是北美人现代性的另一种表现。然而它并未引起历史学家们的重视:它只是刚好发生了,是对"无代表不征税"的一种本能反应。对于大多数北美人来说肯定也是如此。

1765—1766年间的第一波抵制行动是抗议印花税法。类似的抗议还发生在1768—1770年以及1774—1776年间。随着时间的推移,抵制英货运动发展迅猛,越来越成功和大众化。当地的商人团体通常筹划和实施最初的行动,凭借各种委员会和机构的推动,其影响逐渐扩散到大众当中。在各个殖民地,各种法外团体控制了运动,其成员也渐渐以新近的美国公众的名义展开活动。

抵制行动很快成为美洲政治抗议的突出标志,殖民地人开始在一个不断演变的商业语境中重新打量自己。他们不再宣扬互惠原则、不再着眼于与英国的互利关系,而是直接强调北美的贡献和重要性。费城一位作家勇敢地宣布:"公允地说,我认为大英帝国的强大和光荣取决于美洲。"

如果英格兰中部地区的暴动无法使英国妥协,殖民地人还可以打出另一张牌:发展自己的制造业。在《印花税法》颁布之前,它没有在殖民地引起广泛的兴趣;一旦它成为普遍商业对话的一部分,却有可能开启民众新的创造力。北美人坚信能够自给自足——可能要花费很多年才能实现——这使他们得以展望真正的经济独立。

这些看似合理、有些夸大的经济主张给抵制运动提供了动力,不断坚定了个体消费者的政治决心。为抵制英货、提倡制造业而组织起来的地方机构迈出了重建市民社会的最初的、试探性的激进步伐。其实,当时的北美人正试验着新的共同体形式,它不是基于传统的宗教联系,而是建立在共同的商业利益的基础上。只有那些坚持认为前工业资本主义将无可挽回地走向毁灭性的个人主义的人,才会对暂时退出大西洋市场、建立相应的共同体的普遍努力感到吃惊。

真实情况是自由市场的思想被证明能够动员普通男性和女性加入到明确服务于公众利益的各种团体中来。正如1770年给《宾夕法尼亚年鉴》(*Pennsylvania Chronicle*)撰稿的一位"商人"(Tradesman)所指出的,美洲市民社会的兴起存在着共和主义以外的源头。他解释道:"当我们建立起重要的、独立的、受人尊敬的民众机构,我们自然就和其他人一样拥有了平等的参与权和决策权,以一个自由民和忠诚的国民应有的严肃和守纪态度服务于公众事业……为了大家共同的利益,让我们一致同意抵制英国商品,以加强广大爱国者的团结。"

抵制英货运动——实质是把思想意识应用于实践领域的共同体验——在商业语境中显露出平等主义的迹象。为了领会这一点,我们需要知道18世纪中叶的消费市场几乎对每一个有购买力的白人都是敞开的。大批信贷、纸币以及报纸广告都在鼓励消费。通常情况下,自由制造商也是消费者。在革命前夕,抵制运动的成功取决于所有消费者暂时停止消费。对新的英—美市场解放性的全民参与可能的强调并不能掩盖18世纪资本主义剥削和压迫的一面。大西洋经济的繁荣离不开美洲黑奴和契约奴——实际上,是所有非自由人——的辛勤劳动,他们的工作条件通常极端恶劣。新的生活体验构筑在英美广大劳工的苦难之上,正是这些劳工使大规模消费成为可能。

由于每一个自由民都强调私人经济选择的政治化,抵制运动的倡导者诉诸民意以使自己的行为合法化也就不足为奇了。尽管这种民意有其指向性,他们仍坚信自己在为大多数人发声。排外行为与浓厚的动员气氛背道而驰,如果有哪个城镇能够像1770年9月康涅狄格的诺威治(Norwich)所做的那样,宣布"镇民大会在就抵制进口一事进行表决时,几乎获得了全体一致的通过",那将是激动人心的时刻。

所谓的署名运动也说明了18世纪商业思想中的平等主义倾向。署名壮大了抵制运动的声势,吸收了一大批通常不会就公共事务表态的人。通过宣誓或许诺,参与签字的个体消费者得以公开地表明自己的主张。署名的目标部分是宣传教化。署名宣泄了民众积压的种种愤懑,同时宣布在短期内只有抵制英货才能捍卫自由和财产。更重要的是在签署仪式中产生了新的集体主义,赞同抵制行动并签下名字的普通消费者自此以后自愿地支持社区的抗议活动。

保留下来的签名书里充斥着虔诚的、契约式的语言。1767年波士顿拟定的一份协议要求所有签署人"彼此承诺、约定,使用和购买英属美洲殖民地,尤其是本地生产的商品;绝不购买海外商品"。类似的还有1773年南卡罗来纳的一次签名协议。

署名运动吸引了公众的兴趣。从参与的人数上看它是非常成功的。

民众似乎一个比一个积极。1767年,波士顿市政官员鼓励"各个阶层"的人们挺身而出;在马里兰的安纳波利斯,散发"我们的协会文件"的民众预计"各个等级"的人都会参与签署。《南卡罗来纳公报》(*The South-Carolina Gazette*)报道了纽约的情况:"民众的理智被署名运动所占据,有将近800人签名,其中有大约300人没有任何财产。"

更为重要的是,署名运动鼓励女性的参与。在相应的新的共同体中,作为消费者,美洲妇女第一次发出了自己的政治声音。尽管女性是由于无法被编入军队参与正式的抵抗才被动员起来加入署名运动,但是她们充分利用了这次机会。例如1770年,一群波士顿妇女拟定了一份"反对饮用外国茶叶"的协定。126位"年轻的女士们"庄严宣布:"作为那些一直以来为公共利益而辩护的爱国者的女儿,我们十分愿意与他们约定,不饮用外国茶,以阻止一切妄图把他们生命中最珍视的东西从整个社会剥离出去的企图。"另一份波士顿签名书征集了300位"受人尊敬的家庭主妇"的签名,并且在第二周,又有110名女性加入其中。1774年,据当地一家报纸的报道,南卡罗来纳的查尔斯顿的妇女发起了一个同盟并"迅速获得了通过"。

不同于只针对有产白人男性的传统政治活动,这种基于消费者的将人们团结起来加入联合抵制的革新性的行动本质上更具开放性。波士顿的亲英分子彼得·奥利弗(Peter Oliver)声称:"看看签名单上那些搬运工、清洁女工的名字和标志,真是有趣极了。"奥利弗对这样的行动嗤之以鼻。不懂政治的外行人怎么能指望自己的意见受到重视呢?但是波士顿贫穷的劳动者——不论男女——知道自己在做什么。他们的"名字和标志"是他们作为一个新的坚定团体的一员的证明,这一点是奥利弗那一类人所无法理解的。

所以署名运动应被视作殖民地人探索民主参与限度的一种手段。出现在主流政治话语边缘的大众名单提出了政治排他性的问题。比如,参与签名的男性和女性是否真的能够代表民众?如果不是,他们又是代表谁讲话呢?

1770年夏天,纽约的联合抵制运动就民主参与的问题展开了激烈讨论。在英国议会撤销《汤森税法》、废除了除茶叶税以外的所有税种后,纽约主要的进口商们开始蠢蠢欲动,希望尽快恢复通商。稍晚一步恢复对英贸易可能会被费城或波士顿的竞争对手尽得先机。然而不论多么心切,他们都不能单方面打破纽约的抵制进口协议。在这个关键时刻他们需要的是广大民众的授权,他们决定通过消费者的民意调查来获得民众支持——这在美洲也许还是第一次。如果他们能提供民众希望撤销禁令的证据,便可放心了。他们的策略奏效了。纽约每一个选区的民意投票结果都表明,大多数民众支持对抵制协议做重大修改,允许商人进口除英国茶叶以外的几乎所有物品。

纽约的激进派领导人发现自己面临着自古希腊以来一直困扰着民主理论家的难题。当大多数人明显做错了的时候，少数人应该如何做出回应呢？最直接的策略便是宣布民意投票作假，几个月以来支持继续进行完全的抵制的人正是这么做的。他们对准了商人虚假的民主。《纽约信使报》(New-York Mercury)上《抗议》(A Protest)一文的作者认为公布的数字不足为信。他分辩道："在这个人口稠密的城市，在所有阶层的男性和女性中间，给出的选区名单中只有794人同意修改协议。"这位作者强调殖民地消费者的真实票数——即便涉及的是复杂的政治议题——强调它的包容性，强调不分男女、不论贫富的广泛参与，这对本文的论点有突出的意义。

在这种论辩中，"一位公民"(A Citizen)对政治化的消费市场中公开、平等的程序进行了尖锐的辩护。为了充分理解他对自由话语做出的贡献，我们必须要知道他是在新近形成的商业公共语境中来讨论公民责任的。换言之，他是在刚刚兴起的传统公共管理体制以外的大众政治语境中进行辩护的。纽约商人的民意调查使理论与具体事件联系起来，有助于人们更好地理解自由与商业之间的相互依存关系。"其他地区会怎么看，"他提出，"如果我们的大多数居民都迫不及待地要打破抵制协议？"一个比一个尖锐的问题使他的观点显得不容置辩。"假如真的存在一个大多数(即便得不到承认)"，他质问商人，

> 投票是通过公平、合理的方式获得的吗？他们的看法是出于深思熟虑、理性和自由吗？难道不是有相当一部分签署人受你们的劝告和游说所影响，而听从了你们的建议和判断吗？通过这种方式征集的意见能够代表民意吗？废除这样一项事关重大的协议还能被称为民众的意愿吗？……

各个地区、不同背景的北美人都普遍强调一点：离开"德性"他们的事业不可能获得成功。德性是维系着新形成的自由共同体的社会黏合剂。参与签名、支持抵制英货、举着"要自由不要进口货"的横幅上街游行的殖民地人认为，自己要动员的是那些有德性的人。

对18世纪德性的理解有两个突出的谱系。波考克(J. G. A. Pocock)将其追溯到马基雅维利(Niccolo Machiavelli)的佛罗伦萨世界，认为有德性的人是拥有地产，从而能够抵挡商业的腐蚀、维护共和主义政府的纯粹性的人。埃德蒙·摩根一类的历史学家则把18世纪的德性与所谓的新教伦理联系起来。尽管这两种看法都有其合理之处——看起来革命前夕的政治话语确实吸收了这两种传统——但在整个抵制运动过程中回响得最多的却是霍恩(T. A. Horne)提出的

富有争议的"中产阶级德性"。

抵制运动的支持者们谈及德性时,他们所指的主要是一种个人品质。有德性就是能够自觉克制自己的消费欲望。它是一种牺牲。没有人否认新产品的吸引力。但是不管英国的商品多么诱人,有德性的人总能站在公共利益的角度约束自己。

独立之前殖民地所形成的这种简单明了的市场德性意识对于政治动员有着重要意义。只要控制消费,任何一个定期购买英国产品的人都可以成为一个有德性的人。因而,这种德性观将日常的行为体验与对公共利益的普遍认识联系到一起。个人的消费选择与整个社会的命运息息相关,在高度紧张的社会氛围中,放纵自己的购物欲成为明目张胆的公共犯罪。与辛辛纳图斯[2](Cincinnatus)不同,北美的中产阶级小市民们并没有立即响应号召,而是首先检查了自己的家用计划……《波士顿公报》将这种市场德性转译成了直截了当的行动:"管好你的钱袋,拯救你的国家。"

尽管强调自愿原则,抵制运动的支持者们对政治义务的理解却具有一种潜在的强迫性。消费者固然可以不理会抵制英货的呼吁,依旧我行我素,但这也意味着他们放弃了指摘别人破坏政治自由的权力。作为商业社会的一员,意味着对全体民众负有责任。

在中产阶级德性框架内,地方抵制运动和署名运动的组织者在革命到来之时创造了一种新的、极其重要的政治概念。抵制英货运动构建了一个"公众"(public)的概念,一个想象中的民众主体,通过宣布放弃购买英货证明了自己的德性并获得了审判别人的权力。它与北美正在形成的被尤尔根·哈贝马斯(Jurgen Habermas)称之为"公共领域"的那种概念十分接近。在哈贝马斯看来,这种想象中的空间正是知识分子——通常在18世纪新创办的城市期刊和报纸上发表文章的作者们——抨击专制政府的舞台。他们的声音以公众的名义传达给了越来越多受过教育的男性和女性。公众——一个无法被聚合起来的抽象主体——由一个个有理性的人构成,他们欢迎自由的言论,对专制权力充满敌意。

不论是谁被发现购买了英国商品,都将面临中产阶级德性的拷问,通常他们会被要求退还购买的物品,并做出深刻的忏悔。亚历山大·罗伯特森(Alexander Robertson),一个违反了抵制协议的纽约商人,不得不特别属文向"公众"

---

[2] 古罗马推崇的理想公民形象,传说中品德和意志的化身。

致歉。学乖了的罗伯特森陈述道:"招致同胞们的愤恨完全是我咎由自取,正如我在公告文《致公众》(Of Great Importance to the Publick)中所承诺的,我为我所做的一切表示真诚的歉意,并保证绝不会再有类似的、与热爱德性与自由的民众的真正利益和决心相抵触的行为发生。"……"请公众们相信我",最终他以这种可怜的语气结束了他的悔过。

这类地方性的谈话——尽管对罗伯特森这类人是痛苦的——鼓舞着有德性的消费者们去想象一个更大范围的共同体。它的进程是缓慢的、迟疑的,因自我怀疑和相互间的指控而时断时续,然而在革命的预备阶段,散居各地、互不相识的美洲人想方设法地建立了彼此间的联系,使那些不明情况的地区和人们担负起殖民地消费市场的共同命运。18世纪60年代最初的抵制行动使殖民地人认识到建立更广泛和有效的联盟的必要性。他们通过每星期的报纸互通消息,而报纸本身又是不断扩大的商业行动的产物。

1770年抵制英货运动的挫折使美洲人笼罩在失望情绪中。当他们反省抵制行动的失败时,不禁对自己的道德能力产生疑惑——真的能够建立一个充满德性的政治联盟吗?他们在这一时期的自我否定似乎映衬了共和主义的反商业话语,至少,使一些现代历史学家确信前工业资本主义与公共利益是绝不相容的。从最近对抵制运动的背叛中殖民地人能学到什么呢?以下是一篇报纸文章的结论:

> 个人利益是无法抗拒的。
> 违背了个人利益,自由和公共利益都是一纸空谈。
> 个人利益不惮于泯灭个人的良知,采取最卑劣的方案。

这样的表达——尽管很普遍——不应被视作殖民地人排斥前工业资本主义或消费市场的证据。只有对消费习以为常的社会才会去限制人们的过度消费。美洲革命者的挑战在于如何在纵欲奢侈和原始朴素中做出平衡,它要求调整,而不是彻底抛弃。

无论如何,悲观者的哀呼是没有根据的。他们误读了席卷美洲社会的商业变迁,也低估了人们将个人市场行为转化为大众政治抗议的能力。第一届大陆会议的代表们没有犯这样的错误。他们看到了消费在动员来自各个地区、社会背景迥异的人时发挥的关键作用。1774年10月20日,大陆会议正式授权给抵制协会——各地产生的以推行彻底的抵制为目标的各个委员会的集合体。这些机构实际上成为了"公共安全委员会"(committees of public safety)。在这个考验最终的政治忠诚的时刻,人们忙于监督朋友和邻居的商业行为,以公共利益的名义贯彻中产阶级德性。"我们只需要战胜自己,""一个卡罗来纳人"(A Carolinian)在1774年说道,"暂时抑制我们的奢侈和堕落,在自己的家中拿起自我克制的武器,去取得胜利……为了一件漂亮的外衣,而置国家的利益不顾,这样的人应当被绞死。"

我们已经梳理了从思想到行动、从一个商业帝国的设想到具体的政治抵抗形式的复杂脉络。当然,这些思想观念和政治实践绝不是通向革命的唯一路径。还存在其他一些更为人所知的政治话语,帮助北美人理解英帝国内部急速变化的社会经济条件。但是本文特别构建了一个新的参考框架,它着重考察人们在新的消费市场中的参与情况。它有力地说明了强大的历史塑造力——如商业资本主义——怎样影响普通男女的生活,促使他们在一个更大的政治体中重新构想自己。对北美消费者来说,思想的进程带来了意想不到的结果:面向"各个阶层"的政治工具的发现;涵盖了所有能够克制经济欲望的人的德性观念的产生;以及相应地,基于共同的世俗利益的新的共同体的形成。

【Timothy Hall Breen,"Narrative of Commercial Life: Consumption, Ideology, and Community on the Eve of the American Revolution", *William and Mary Quarterly*, 3rd Series, Vol.50, No.3, July 1993, pp.471-501.】

唐·希金博特姆[*]

廖平 译／许二斌 高奕欢 校

北美民兵的优势与劣势

"弟兄们，那边就是黑森人了！今晚不是我们的旗帜飘扬在那边的山头，就是莫莉·斯塔克变成寡妇。"这段名垂青史的话，是约翰·斯塔克将军在本宁顿(Bennington)战役前夕对他麾下的民兵说的。多亏了这些民兵，莫莉·斯塔克保住了自己那自负而轻浮的丈夫。1777年8月16日，斯塔克来自新罕布什尔和佛蒙特的部下击溃了约翰·柏高英所部英军的一支德意志纵队，这是一场影响深远的小胜仗。

在我们为斯塔克高唱赞歌之前，有更多事情值得深思。不久前大陆会议还指责斯塔克，因为他没有将自己的部队与北美北部方面军合并，也没有服从其指挥官指挥。有些历史学家认为这是一次抗命导致的辉煌胜利，如果我们倾向于认同他们的观点的话，那么我们不妨接着看同年10月7日发生的事情：在激烈的萨拉托加(Saratoga)战役中，霍雷肖·盖茨将军对抗柏高英，在战役正打得如火如荼之时，斯塔克率领所部民兵全部撤出盖茨的营地，原因是他们服役期满了。这些插曲显示出分析独立战争中北美民兵的表现有多复杂。

笔者试图对北美民兵进行多方面的考察：一方面对前人研究这一问题的方法进行历史回顾，更重要的是结合近年来学界的成果，并补充一些笔者本人的研究，整合成一篇综述。

美国大多数历史著作都对民兵持有明显的负面印象。C. H. 范泰恩(Claude

---

[*] 唐·希金博特姆(Don Higginbotham，1931—2008)，美国历史学家，杜克大学博士，曾先后任教于朗伍德学院、威廉与玛丽学院、路易斯安那州立大学，并长期担任北卡罗来纳大学教堂山分校教授，主要研究领域为美国革命史，以研究乔治·华盛顿著称，同时是"新军事史"的提倡者，代表作有 The War of American Independence: Military Attitudes, Policies, and Practice (1971), Reconsiderations on the Revolutionary War (1978), George Washington Reconsidered (2001)等。

H. Van Tyne)以斯塔克在萨拉托加战役中擅离职守一事作为典型事例,在他那本获得普利策奖的战争纪事中,宣称"很少有什么事件……能如此说明民兵制度的彻底失败"。

这样的观念是何时产生的?这要从华盛顿和他的大陆军将领说起。他们争取拥有一支常备职业军队,这支军队在许多方面效法当时的欧洲体制,但大多数努力徒劳无功。只有这样一只强大、组织完善的军队,才能与盖奇、豪和克林顿的大军相抗衡。而民兵则被视为是训练无素、纪律涣散和靠不住的。纳撒尼尔·格林将军抱怨道,他们"从家里出来,习惯了舒适的居家生活","并没有充分具备天然的勇气,以面对可怕的战争场面。从死人身上踏过,对伤兵的哀号无动于衷,我觉得很少有人能面对这样的情景,除非因为习以为常而变得冷酷,或因当兵的骄傲而变得坚毅"。

临时征召的士兵还耗费大量补给和武器。宾夕法尼亚的约翰·莱西将军是一名州级军官,他在1777年承认那些开拔的民兵"离开营地时把装备扔得到处都是——毛瑟枪、子弹盒、军用水壶以及毯子——扔在废弃的营房内外,扔在帐篷的每个角落——有的立着,有的倒着"。地方民兵部队带走了太多的大陆军武器,以至于华盛顿恳求"尽一切可能将它们恢复国有,别再送给民兵了"。

鉴于此,大陆军和民兵之间发生剧烈的摩擦就没什么好奇怪的了。对宾夕法尼亚执行委员会主席约瑟夫·里德而言,"在本州的大陆军和民兵之间产生了严重的猜忌",就好像七年战争期间"英国正规军和殖民地部队之间一样"。里德告诫纳撒尼尔·格林,如果这位来自罗德岛的将军为自己对民兵的批评感到愧疚的话(因为已经报告费城方面),那么他应该在以后的评论中更加小心谨慎。更为公开的蔑视发生在1777年,大陆军的杰克逊(Jackson)上校在向马萨诸塞多切斯特(Dorchester)派遣一支正规部队时,命令负责的上尉不要接受民兵部队的托马斯·克拉夫茨(Thomas Crafts)上校指挥。

杰克逊并非唯一对接受民兵部队将领指挥不以为然的大陆军上校。1777年,正规军的古斯·范赛克(Goose Van Schaick)上校向纽约州州长乔治·克林顿(George Clinton)请求道,"我可以完全相信你不会把我交给民兵部队的赫基默将军指挥吧"。这样的情绪到1780年仍在重演,大陆军的丹尼尔·摩根上校警告盖茨将军,如果要他接受弗吉尼亚的民兵旅长指挥,他将感到羞辱。

这样傲慢的态度似乎有根有据,以致战后民兵在革命奠基中的正当地位被完全抹杀。关于这一时期的历史只关注华盛顿所指挥的大陆军,他合情合理地将目光吸引到与他有关的事件上。此外,历史叙述者的任务被简化了,他们的关注局限在主要战场,而对民兵部队经常作战的侧翼或外围战场熟视无睹。最后,美国军事史大多由职业军人所撰写,例如埃默里·厄普顿,他们用职业军事制度来裁剪历史。然而,在今天,革命时期民兵丑陋的传统形象正在受到挑战。1945年后游击战或非正规战的影响,催生了对认识非正规部队在赢得独立过程中地位的诉求。

现在我们开始探讨三个彼此之间有点相关的问题:民兵都是些什么人,他们在战争中有何职能,以及哪些职能是他们最为擅长的。第一个问题看上去很简单,其实不然。的确,英属殖民地将大多数自由白人男子都纳入了民兵体制,而这种近乎全民皆兵的要求在1775或1776年并没有改变。当今许多研究者论述或强调各州民兵的实际构成和大陆军完全不同;家产殷实的居民倾向于参加本地的民兵组织,这些民兵部队通常离家很近;而大陆军大多出自北美社会的下层——契约佣工、受雇代役者、农场工人、失业者和临时工,更不用说黑人和英军逃兵了。

由这样的军队形态可以得出如下结论:在福吉谷等地千锤百炼出来的大陆军,与那些自由战士和雇佣兵相比,和欧洲军队的士兵差别不大。可能确实如此,不必对美国历史加以粉饰。但是,如果应征入伍的人对军饷趋之若鹜的话,那么为什么美军却总是兵员短缺呢?

毫无疑问,无论民兵还是大陆军士兵,入伍的动机需要放在多重语境下进行考察,包括时间和地点。在战争初期,爱国者的响应热情高涨,尤其是新英格兰的民兵;而与此同时,来自从弗吉尼亚到宾夕法尼亚的前线各县的大陆军来复枪连也很快满编,还有许多志愿应征者没能入伍。但大陆军和州民兵的征募工作在例如费城和马里兰部分地区均遭遇挫折,这些地区占统治地位的政治精英不受人欢迎,发战争财和囤积居奇的行为导致的经济摩擦恶化了阶层关系。

对民兵军官也需要进行这样的分析。北美殖民地民众积极寻求获得民兵部队的委任,名声原因和其他原因一样重要。甚至杰斐逊也是弗吉尼亚一个县民兵的中尉。由于新英格兰有选举民兵军官的传统,在与英国的冲突期间,这样的实践,尤其是选举校官以下的军官,扩大到了纽约、新泽西、宾夕法尼亚、马里兰和更往南的地方。比起任何一次殖民地战争,更不要说和平时期,对军官的需求空前增加,因为不少民兵组织在与英帝国的冲突中瓦解或事实上被消灭了。还有,一些前任军官拒绝为拼凑出来的爱国武装效力,因为他们是效忠派;而其他有的军官被指站在国王一边而遭到排挤。其结果是,像在马里兰那样,军官职位显著地向社会开放了。

民兵军官社会组成范围的扩大,对马里兰等地有重大的民主意义。因为地方上的紧张关系导致对战争的支持不均衡,马里兰的军官有时发觉他们的士兵极其难以控制,而军官们或出于自愿或迫于形势都将自己置于普通士兵的立场上。另一方面,在反英情绪高涨的新英格兰,民兵连的士兵不仅选举军官,有时还会通过一份文件——某种契约——明确规定他们的关切和原则、他们的行为准则以及他们长官权威的权限或限制。阿尔弗雷德·F. 扬写道:"你们拥有的不完全是围着营火辩论的克伦威尔式的军队(尽管可能有一点那种成分),而是一支实打实的'民主'军队。"

选举军官并不意味着人才得以被提升至领导地位。因此1775年12月纽约的会议强烈要求以后提拔民兵军官必须"根据其服务公众的实干和能力"。很少有新提拔上来的军官像特赖恩(Tryon)县的比克(Beeker)先生那样谦逊,据报道他"婉言谢绝"了提拔他为连队指挥官的任命,"声称他的学识和经验不足以担当如此责任重大的职位"。比克反而举荐了明显具备一些军事背景的卢克(Luke)先生,后者随后"以绝大多数当选"。报道继续写道,一旦训练开始,七年战争的老兵"特别热衷于指手画脚",在费城和其他地方也是如此。

参加过以前战争的军官中经验最为丰富者常常接受大陆军的任命。后来,民兵的领袖得到了从正规军中解甲归田并在民兵中任职的军官的辅佐。

不过,大多数从正规军退役回家的人是在州警察部队里继续其军事生涯。此外,依靠民兵中获得的功绩捞取政治资本的人也并不罕见。

1781年,弗吉尼亚议会让杰斐逊从州长一职上卸任,他们推举的是自1777年担任州民兵统帅的托马斯·尼尔森将军;尼尔森被提拔主要是因为他的赫赫战功。还有一场州长之争带有"民兵对大陆军"的意味:1777年纽约州州长选举中,民兵部队的乔治·克林顿准将对阵大陆军的菲利普·斯凯勒少将,克林顿将自己塑造为民众——民兵的同义词——中的一人、好战的反英分子。

现在考察第二个问题:民兵在独立战争中的职能。民兵组织无法承担的任务是十分清楚的:即在战争中作为进攻主力。约翰·夏伊提醒我们,在殖民地战争中,民兵部队作为正规编队进行作战相对较少。他们之前的职责更多是"征兵局和现代预备役部队的混合物——少量的军事训练,以及需要时进行征召的机制"。因此,大陆会议选择依靠大陆军进行战争,大陆军的将领倾向于将对民兵的依赖降低到最低。1775年,在坎布里奇(Cambridge)的军营里,纳撒尼尔·格林强调,"至于民兵,我们没有留机会给他们。我们这里有和地方民兵一样多的士兵,我们知道怎样指挥他们们"。几个月后,格林斩钉截铁地说"北美所有的武装都应当由同一个权力机构所招募和任命的指挥官统一指挥,应当遵守同一套军规,并且能够被部署到任何一个需要的地方",他的看法没有改变,只是深化了。

尽管大陆会议和各州通过组建一支巨大的军队来回应格林的观点,但华盛顿却很现实;他的军队几乎不可能抗衡英国正规军,也不足以保卫殖民地免受内部敌人的侵害。他在解释为什么不愿对多个地方的紧急军情做出反应时劝告道,民兵应该"更能胜任"国内安全的"所有用途"。实际上,他可能有意提醒殖民地领导人保护自己免于效忠派、内部潜在的敌对黑人和边境的印第安人的侵袭。把他的团分散到各时各地,将迫使这位弗吉尼亚将军进行小规模作战。由于不能和威廉·豪将军及其继任者正面对抗,华盛顿除了游击战之外将别无选择。

华盛顿则另外提出了一个对付敌人的办法,按现在的话说即集中或大规模作战原则。他解释道:"在战争开始时,尽力将军队集中在几个点上,这样就占据了战场的中心,可以支援任何受敌军直接进攻的地区,这对身陷防御战的国家的安全最为重要。"

他的想法是合理的。把军队分割开来将招致敌人各个击破。除此之外,游击战还有其他缺点:你可以有效地骚扰并激怒敌军,但无法彻底击败他们或将其逐出国境。正面进攻敌军的行动是不太现实的,但大陆会议要求这样做。立法机构希望军队能坚守阵地并勇敢地战斗;华盛顿本性好斗,但1776年后他变得更为谨慎,尽力寻找能以最小风险换取最大胜利的时机。还有,游击战会给革命事业带来内部危险:物质破坏、野蛮暴行、流血,以至于国内的组织机构将和政治法律进程一起,沦为战争的牺牲品。革命领导人的政治军事观点基本上都比较保守;他们的主要目标是维持、建设,而非推倒、破坏。最后,一支完整的大陆军对北美民众而言,是统一的符号和民族感情的载体,对外部世界而言,是一支常规的军事力量(爱国者希望从外部世界获取实际援助)。

因此,在华盛顿看来,大陆军和民兵尽管可以相互支援,但他们应该各自为战。为了改善民兵的效率,并为各地制定统一的标准,大陆会议向各殖民地发出有关民兵团规模和建制的建议。如果这些建议被忽视了,它们肯定仍然有效力;因为尽管爱国民兵组织极力效仿殖民地时代的先辈,北美民众在重建军事组织方面仍然遇到了问题。最初的民兵法律的制定非常仓促,以至于它们不得不被修改或被更全面的法规所取代。

在这一点上,马里兰就是一个例子。1774年12月,马里兰大会通过决议,组建"一支管理有序"的民兵。当大会命令 16 至 50 岁的居民自行编为 68 人的连队并选举长官时，并没有对动员的机制、校级军官和特别民事监督做出规定。民兵是只从全殖民地的大会，还是各地的观察委员会，或是包含两者的重叠矛盾的权力机构接受命令呢？莱克星顿和康科德战役后，大会给出了答案，并召集炮兵部队和紧急民兵连（Minute Companies）。实际上，紧急民兵连在马里兰和其他地方的表现均差强人意，过了一段时间，许多紧急民兵连就淡出了人们的视野，或者像在新泽西和纽约，被明确废除了。

民兵被证明是一种有缺陷的制度。殖民地各州的立法机构都一直不能令这些军事组织胜任它们的职责。部分原因是，随着时间的推移，这些职责大大增加了——几乎包括所有军事内容。如果我们注意到民兵要扮演的全能角色，就能更好地理解他们的局限和失败。如果如华盛顿所说，民兵最适合控制后方，那么问题就是战争的压力不允许他们将自己仅限于此。

只有在最初的一两年里，民兵能够限定他们职责的范围——帮助 1774 年大陆会议的"大陆协会"（Continental Association）实施抵制英货，强迫民众支持抵制英货，平息效忠派叛乱，夺取王家总督的军事物资以及维持对奴隶的控制。然后，殖民地武装越来越多地参与击退印第安人入侵，攻打印第安部落和抵御沿海的英军袭击分队。除此之外，战争时期的需求，特别是大陆军的兵员短缺，促使征募民兵——通常是短期的——补充正规军；这也导致大规模收编现有的民兵部队，然后整编成新的团；和殖民地时期的战争趋势不同，已经组建的民兵团有时也会被强行编入现役部队。各种各样的民兵分队被要求在正规战场上与华盛顿的士兵并肩作战，这样的事情并不罕见。当被要求延长在远离家乡的战场上作战的期限时，当被要求与大批大陆军士兵进行混编时，当被要求在开阔地与英军作战时——民兵部队的表现最为糟糕。他们训练不足，更别提装备补给常常捉襟见肘，它们并不是为这些作战任务准备的。

即便华盛顿被迫将民兵投入前线与大陆军并肩作战——这违背了他更为正确的判断——还是会出现这些业余的防卫者不得不单独面对英军的情况，尤其是英军的袭击分队突然出现在沿海各州，并不时向内陆渗透。在弗吉尼亚就是如此，在 1779—1781 年间，弗吉尼亚遭受一连串的打击。英军将领爱德华·马修（Edward Mathew）、亚历山大·莱斯利（Alexander Leslie）、本尼迪克·阿诺德、威廉·菲利普斯以及康华利勋爵在沿海低地流窜、劫掠，甚至深入山麓地带。各县一次又一次地被要求出动民兵，而这些民兵——杰斐逊哀叹道——"所有的人连敌人的脸都没有见着"。与此同时，该州的资源正被调往南方，因为弗吉尼亚正充当美军在卡罗来纳作战的军队补给中心。

防卫者不成熟,要求他们服役的命令层出不穷,加上武器装备和运输短缺,在这样一个拥有广大农村地区的农业社会里,民兵不可能在战场上旷日持久地坚持作战。即便如此,在宾夕法尼亚、新泽西、纽约等州,民事官员不断努力要使民兵变得更能持久作战。在这一任务上,没有人比1781年的弗吉尼亚州长托马斯·尼尔森干得更卖力。尼尔森主张一些民兵"要不惜一切代价持续进行训练"。这是一种"常备"民兵的概念,训练有素,并随时准备一有动静就奔赴任何地方。尼尔森的计划从未被人接受,但作为州长,立法机构授予他更多指挥民兵的权力。征得议会同意后,州长有权尽可能多地召集民兵,并催促他们尽快前往本州的任何地方;他也有权派遣民兵强征补给,并进行多种类型的行动。逃兵可以判处死刑,怯阵者可被判处延长服役期6个月。

华盛顿和大陆会议寻求通过一种更为有限的方式,在不使正规军受到明显削弱的前提下激励民兵部队。最常见的支援方式是,在有紧急军情期间,派遣大陆军军官返回本州与民兵一同履行职责,例如,1780年乔治·威登将军和彼得·米伦贝格将军返回弗吉尼亚。战争的最后三年,北卡罗来纳唯一一名现役准将叶忒罗·索姆奈(Jethro Sumner)指挥州民兵骚扰英军。为了在关键时刻留住民兵,大陆会议甚至会支付民兵军饷并提供维持费,正如其为驻守斯凯勒要塞的纽约分遣队所做的。

所有这些努力并没有明显地改变民兵部队的表现。当我们试图研究美国革命时期的革命性事物时,正如自 J. F. 詹姆森以来的学者所做的,并没有理由关注民兵,就制度而言,他们仍然和殖民地时期的民兵非常相似。然而,正如我们所看到的,他们的职责在某种意义上讲也是革命性的:他们被要求履行几乎所有可以想象到的军事职能。的确,出于这个原因——地方分遣民兵被提了这么多的要求——我想,对民兵的总体印象应该是钦佩,而非嘲讽。

民兵在哪些方面表现最为出色呢?答案是在他们的家门口,在他们所在地区的作战行动,以及有时候在殖民地或州范围的行动。这些行动一向非常重要,而在莱克星顿和康科德战役爆发前后的几个月里,它们对将革命作为一场战争发动并延续至关重要。民兵武装力量的运用,保证爱国者能在每个殖民地内维持对政治和执法机构的控制。因此,从军事角度上看,这几个月是革命最为关键的时期。这种以民兵为后盾的夺权行为,如果其结果之一是使效忠派一直处于守势的话,那么另一个结果必定是英军一登陆就几乎处处受敌。这样的处境可以解释为什么大量供给英军的补给物资不得不从3000英里外的母国而非殖民地本地运来。

对这两个论点都需要做进一步的考察,尽管后来的许多情形已经充分表明了第一个论点。可能是瓦尔特·米利斯于 1956 年最先开始强调战争初期民兵的地方角色:"备受轻视和常常并不好战"的民兵挫败了他所谓的效忠派"反革命"。不管他们用了什么方式——从恐吓到暴力行为——这些保卫家园的人确实做到了。那些公开抨击或违抗地方委员会、殖民地会议或大陆会议的人,大多受到了惩罚,没有受到惩罚的人也宣布放弃他们的立场,例如马里兰安妮·阿伦德尔(Anne Arundel)县的罗伯特·戴维斯(Robert Davids)。反英民兵试图对其进行讯问,他躲在紧闭的房门后大喊:"你们这些该死的狗娘养的反贼——如果你们再靠近点我就要开枪了。"拷打他的人准备冲进他的房子,戴维斯的威胁只不过是虚张声势。他驯顺地同意来到安全委员会面前,在那里他为自己轻率的言辞悔过认罪。

考虑到英军所处的凶险环境,第二个论点需要进一步的说明。除了柏高英的部队外,英军纵队通常可以相对畅通无阻地从一个据点行进到另一个据点。这些据点是城市,有时是城镇及设防的天然地点,但超出这些据点之外,英军及其效忠派盟友取得的战果则极其有限。尽管不是很情愿,历史学家承认民兵作为非正规部队,取得的一个战果是以打了就跑的战术袭击"敌后"(behind the lines)的英军巡逻队和哨所,其中以马里恩、萨姆特及皮肯斯三人在南卡罗来纳发动的袭击最为著名。但是,根据对英军据点的观察,英军有效控制的地区并没有扩大到足以称之为"敌后"的程度。不管怎样,我们可能需要更细致地考察战区(sectors),它们才是名副其实的"敌后":广义上来说,即在两军之间或没有完全归一方控制的地区。效忠派在这些地区的活动最为猖獗;英军也试图在这些地区获取给养,其中以草料最受青睐。为了在这些广阔的区域彻底打败英军,民兵做出了很大贡献,这仅次于他们在革命爆发时维持地方和殖民地反英政府机构上所做的努力。(我们还要补充一点,正是他们在早期强有力的战术——这些战术后来在战争需要时也反复使用——为大陆军提供了一个相对安全稳定的后方。)

反英、亲英派之间在"敌后"大大小小的冲突非常多——数以百计——事实上以至于在伦敦出版的《年鉴》(Annual Register)都预测道:"这些小冲突……决定了北美的命运。"广为人知的大规模冲突,包括 1776 年的摩尔溪桥(Moore's Creek Bridge)战役,1400 名北卡罗来纳人几乎击毙或俘虏了一整支大约人数相当的军队;也包括 1780 年的国王山(King's Mountain)战役,对阵双方人数也均超过一千，而且亲英武装也是几乎无人幸免。不太有名的战役也规模不小，例如1779年靠近佐治亚与卡罗来纳交界处的壶溪（Kettle Creek）战役，一支700人的亲英武装被人数更少的反英武装所驱散；又如1780年北卡罗来纳的拉姆索磨坊（Ramsour's Mill）战役，另一支700人的效忠派武装被击溃，尽管双方都伤亡惨重。

为了更好地说明问题，需要对这些战役做进一步的评论。在这四个战例中，之前受到当地爱国者威胁恐吓的亲英分子重振旗鼓，因为他们预期英国正规军会来保护他们。摩尔溪桥战役是英军在北卡罗来纳遭受的重大挫折（效忠派纷纷出动，相信海岸边的一支皇家远征军会前来支援），以至于那里的效忠派偃旗息鼓长达四年多，直到1780年康华利勋爵的部队出现在南卡罗来纳北部时，他们才再度看到英军入侵该州的征兆。但他们在拉姆索磨坊仓促起事并试图进行颠覆后，只有30个人逃往肯顿（Camden）与勋爵的部队会合。壶溪战役的结果也同样重大，萨凡纳河（Savannah River）上游地区的大部分效忠派分子一年多噤若寒蝉，直到1780年英军攻陷查尔斯顿。此外，国王山战役中效忠派的战败是一个重大打击，自此英军在卡罗来纳西部的势力就再也没有恢复。

如果说这些战役都是发生在南部的话，那么在梅森—迪克森线以北也明显有这样的战役，只是大多数战役并没有那么辉煌，参战人数也较少，最典型的就是英军占领纽约和费城期间发生的敌后小规模冲突。一名地方史学家在描述从曼哈顿岛直到哈肯萨克（Hackensack）山谷（位于新泽西卑尔根[Bergen]县和纽约奥兰治[Orange]县）的"一场五年之久的邻家战争"时，宣称与此同时"民兵每天都在冒着与来自纽约的袭击者交火的危险"，而大批大陆军士兵正呆在他们寒冷的营地，"接连几年没有听见枪炮声"。

即便有点夸张，这样的观点并非没有道理，尽管民兵常常被最初入侵的英军打得晕头转向，士气低落。然而他们又活了过来，特别是当英军在过冬营地驻扎下来或聚集到据点之后。

英军和德意志士兵在日记中写道，叛乱的民兵不仅骚扰并杀伤亲英分子，这些北美的业余士兵也使得他们不得不派几百到几千不等的正规军护送在乡间搜索的征粮队。有一次这样的搜索行动——由柏高英部派出以寻找食物和马匹——在本宁顿被斯塔克击溃。这样的战役绝大多数只是小规模战斗；但对英军而言，这是令人厌烦的事情，耗费时间和物资，又限制了征粮队的效率。英军中校查尔斯·斯图亚特抱怨这种对征粮队的袭击"使部队在1776—1777年的冬天不断受到骚扰，而且保守估计我们因此损失的兵力比上一场战役还多"。

对在中部殖民地作战的德意志军官约翰·艾瓦尔德而言,这种所谓的"游击战常常要倾巢出动"。最精锐的部队被用于对付反英匪徒,他把这些人称为"乡下人""野蛮的山里人"。但那些精锐之师——"猎兵部队、轻装步兵以及王后游骑兵"——则被袭击者骚扰,被迫在中午休息,"因为晚上和早上都不能好好休息"。

对这些突击、埋伏和夜袭有何对策?艾瓦尔德认为,当英军进入一个地区,应该派出大队人马,而不仅仅是小股部队;按照新近的军事用语,对流窜的叛乱团伙执行"搜剿"(search and destroy)任务。这是个值得怀疑的方子。无论如何,不管是北部的豪和克林顿,还是南部的康华利,都没有找到一个解决方案。"我不想对南部殖民地的民兵有太多溢美之词,"康华利承认道,"但被他们杀伤的英军官兵名单……很不幸地表明,他们并不是完全不值一提。"

在纽约和费城城外的业余士兵坚持对印第安人作战。1776年,弗吉尼亚和南北卡罗来纳等州资助的民兵纵队摧毁了切诺基人的定居点,使其再也无法造成严重的威胁。乔治·罗杰斯·克拉克的远征,如果按其传记作者所说没能征服西部的话,那至少也挽救了肯塔基。即便在对阵经验丰富的英军士兵的正规战场上,民兵有时也提供了许多必要的帮助:比如在普林斯顿、萨凡纳、考彭斯、尤托泉和斯普林菲尔德。为什么民兵在有些战役中表现突出,而在另一些战役中则表现平平呢?这取决于运用和率领他们的方式。有个古老的自明之理是,在战场上民兵被他们的军官带领走多远,他们就走多远。像丹尼尔·摩根、安德鲁·皮肯斯就率领他们前进了相当的距离。

今天,钟摆已经相当适当地回摆向对民兵形象及其对美国独立的贡献做出更为正面评价的一头。但我们不希望它摆得过头,以致否定华盛顿大陆军的合理成果。约翰·夏伊准确地提出"战争的三角关系",认为英美两军"竞相争取民众的支持和对民众的控制,多过互相斗争"。总体上,笔者认为在合理得体甚至细致入微地对待非战斗人员方面,大陆军的表现可圈可点——比英军要好。像华盛顿、格林、盖茨、斯凯勒和林肯这样的将领意识到了战争微妙的这一面。

民兵则不然。因为后方防卫者的某些行为,并没有如此提醒我们革命也是一场内战。他们作为警察和执法者所取得的成就形成了一种威胁。随着战争的进行和仇恨的加深,反英民兵行为残暴——以及疏忽大意,难分敌我,更不用说牵扯地方政治——惊动了州和大陆会议当局。新泽西斯普林菲尔德的詹姆斯·考德威尔牧师是一名坚定的爱国者,他的妻子在一次英军袭击行动中遇害。而他自己被一名乱开枪的民兵枪杀;这位牧师进入一座敌占城镇,并带出一名年轻女子,当他举着停火的旗帜走回来时,他就被无辜地枪杀了。宾夕法尼亚的莱西将军承认他手下造成了许多破坏,并同意一个朋友向他抱怨的"许多居民开始害怕我们自己的民兵甚于豪将军的军队"。南部的格林将军同样关注反英民兵对亲英分子和据称同情效忠派的人施加的极端报复行为,担心这会导致大量潜在的盟友离心离德。

格林的关注引发了另一个观点。大陆军军官不仅试图在平时的军事行动中抑制民兵的暴行;他们可能还坚决说服爱国居民接纳回到美国的效忠派,因为战争慢慢接近尾声。关于再同化的过程还没有人进行过深入的研究,认真仔细地考察这一过程就显得十分必要,因为尽管双方怨恨很深,爱国者也不情愿,但还是允许大多数亲英分子返回原来的社区。

革命的过程表明,改革各州民兵需要强有力的中央控制。尽管华盛顿、斯托本等人所倡导的改革没能打动18世纪80年代的邦联政府,但宪法的军事条款看起来体现了这些理念的胜利。这份新的政治文件规定了一种截然不同的民兵制度。用宪法中的原话说,国会"有权"征召"民兵,以执行联邦法律、平息叛乱和抵御外侮"。这些条款承认了民兵在革命战争中的广泛作用;但现在他们必须在联邦而不是州的监督下被运用。鉴于革命时期民兵的训练极其匮乏,国会将有权"规定征召民兵的组织、装备和纪律",尽管"民兵军官的任命和按国会规定纪律、训练民兵的权力由各州保留"。

不管后来民兵经历了怎样的兴衰起伏,这一制度尽管有其缺陷,但在革命中为国家立下了汗马功劳。很少有一支军队能在这样弱小的情况下做出这么大的贡献——为各种各样的军事需要储备了大量的人力,参加了1331场陆战中的绝大部分(常常没有得到大陆军的支援)。的确,在回溯历史时我们可以和约瑟夫·里德一样对民兵心存怜悯,在整个战争期间他密切关注这些半吊子士兵,并宣称:"简而言之,在此时,我们必须像谈论妻子的价值一样评价他们;我们对他们的瑕疵睁一眼闭一眼,对他们的长处衷心感激。"

【本文选自 Don Higginbotham, *Reconsiderations on the Revolutionary War*, West Port: Greenwood Publishing Group, 1978。】

波林·梅尔[*]

彭戈 译/陈遥 校

宣布独立

何以独立的决心如此难下？恐惧在此起到了重要的作用。殖民地能对抗大英帝国的力量吗？全面战争将带来更多的死亡和灾难，同法国联盟能够帮助殖民地进行军事抵抗，但这种联盟本身就极其危险。对于大多数殖民地民众来说，法国是宿敌，她在七年战争中的失败让北美殖民地从天主教绝对主义的威胁下解脱出来。1776年的法国比十五年或二十年前更值得信任吗？路易十六不会因为同情或对自由事业的热爱而帮助北美殖民地，法国这样做只是为了自身利益。可以设想，一旦英国无法继续维持所有的殖民地而想结束英美冲突时，它会遵照波兰的惯例，提出瓜分殖民地，将加拿大归还法国，将佛罗里达归还西班牙。法国会拒绝吗？或者设想法国和北美殖民地结成同盟并且打败了英国，那时谁将保护北美殖民地不受法国的统治呢？"我们将会对着自己的胜利哭泣"，约翰·迪金森如此预言。英国的暴政比法国统治可能带来的危险似乎更能让人接受。

与英国政府有特殊关系的北美人士通常是最坚定的反对独立者：从殖民地出身的王室官员到治安法官，英国官员成了效忠派的大多数。其实，除了一些新来的欧洲移民外，几乎所有殖民地人民都为独立的前景担忧。因为他们将自己视为英国人，为这种身份而自豪，这种自豪感在七年战争胜利后达到高潮，且经久不衰。

---

[*] 波林·梅尔（Pauline Alice Maier，1938—2013），美国历史学家，哈佛大学博士，曾任麻省理工学院美国史教授、美国历史学家协会会长等，主要研究领域为美国革命史，代表作包括 *From Resistance to Revolution：Colonial Radicals and the Development of American Opposition to Britain*，1765-1776（1992），*American Sculpture：Making the American Declaration of Independence*（1997），*Ratification：The People Debate the Constitution*，1787-1788（2011）。

北美民众认为英国不成文宪法是迄今为止"人类智慧"发明的最完美的宪法,并且,任何一个主流政治作家对此都深以为然。他们为身处这个完美的宪法统治之下而自豪。在英国,权力不是委托给任何个人或团体,而是在国王、贵族和平民之间进行权力分割并使之相互制衡,这样一来就限制了统治者的野心并保障了自由。在"温和而公正的英国宪法之下",据参加1776年1月12日马里兰议会的成员回忆,他们和他们的祖先体验到了一种崇高的幸福感,因为在所有的政治结构中,英国政体是最能保障其臣民自由的模式。然而,当英国大臣和议会挑起关于目前问题的争论时,他们的幸福感消失了。但是不管怎么样,马里兰议员想要恢复记忆中的和平与自由,甚至1月初的消息也没能动摇他们的愿望:马里兰议会指示其大陆会议代表尽力推动与母国的和解,并明确指示,除非大陆会议一致通过,否则他们不会投票赞成任何一项可能导致独立的提案。

1775年底到1776年初正是危机的高峰期,一些其他殖民地的议会,特别是处在新英格兰和弗吉尼亚之间的那些"中部殖民地"也遵守了类似的指示,要么禁止其大陆会议代表同意从母国分裂出去,要么像宾夕法尼亚和新泽西一样,反对北美殖民地政府任何形式的变更。这些指示部分反映出会议代表中的温和派——尤其是迪金森,为加强自身在大陆会议中的地位而采取的策略。对政治变化的抵制绝不仅限于中部殖民地:任何对英国政体表示尊敬的殖民地都反对从母国分裂出去。在与英国冲突的整个过程中,殖民地很少质疑英国政体,而是把怀疑的矛头指向一些具体的人。然而不久之后,北美殖民地居民就会读到一部影响巨大的论著,这一论著将对殖民地居民因为认同英国而产生的自豪感提出质疑。

1月9日,正是詹姆斯·威尔逊提议再次否决任何独立要求的一天,罗伯特·贝尔(Robert Bell)的出版社开始在费城发行《常识》第一版。这本小册子虽是匿名出版,但是托马斯·潘恩的名字很快就广为人知了。潘恩是一个自学成才的英国人,此前没有什么特殊的成就,他在1774年11月30日第一次来到北美殖民地。

潘恩认为,在英国的统治下,北美民众的自由从来就不是安全的,因为"被大肆吹嘘的英国宪法"存在很大的缺陷。这个问题在于两个主要的"宪法缺陷"——君主制和世袭制。问题不仅在于邪恶的人可以滥用权力,英国政体的设计本身就有问题,像所有其他政体一样,它无法限制世袭统治者的权力。解决问题的唯一办法就是重新设计政体,消除君主制和世袭制成分,扩大英国政体中的共和部分,使政府的权力不是源于出身而是出自选票。简而言之,解决之道就是革命。

潘恩说,北美殖民地民众之所以害怕独立,不仅因为他们将旧制度想得太好,而且因为他们没有建立一个新制度的规划。因此,他提出一些建议,这些建议以一句"格言"为指导,即"任何事物愈简单,愈不易紊乱,即使紊乱也较易纠正"。英国宪法中复杂的分化和制衡实非必要。他建议,国家政权应由每年选举出来的殖民地议会组成,各殖民地议会设一名议长或主席,与现今各州的非法议会有些类似,他们应"服从大陆会议的权威"。北美共和制的具体结构可以通过讨论和实验来决定,但潘恩确信,通过消除君主制和世袭制,可以建立完全以人民的意愿为基础的政府,北美人民可以"制定出世界上最高贵、最纯洁的宪法",这一宪法将摆脱数个世纪以来困扰人类的难题。他写道,"我们有能力重新建立一个新的世界",北美人民所做的事将会影响"整个人类"的未来。

潘恩没有回避殖民地民众对独立前景的各种忧虑。北美人民能够抵抗英国的力量吗?可以,因为他们有足够的人力、物力、政治团结以及国外援助的前景。北美经济能够在英国的贸易体系之外繁荣兴旺吗?他指出,"只要欧洲人还要吃饭,殖民地产品就一定会有消费市场"。他列举了国王的罪状:包括利用印第安人和奴隶来反对北美人民,蛮横无理地拒绝了北美人民与英国和解的请愿。《常识》随后的版本提到国王在1775年10月26日的演讲,这个演讲的消息凑巧在《常识》的第一版发行时传到了北美。在潘恩看来,"英国的恶毒"恰好证明了"殖民地追求正义事业的必要性"。然而最重要的是,潘恩坚信战争已经使独立的诉求势在必行了。"在1775年4月19日的灾难发生前,没有人比我更希望看到和解",他写道,"但是一旦得知那天的事情,我就永远地拒绝了这个冷酷、喜怒无常的英国法老,鄙视这个带着'人民之父'的虚假头衔却无情地屠杀人民的卑鄙小人,他居然能够枕着人民的鲜血安然入睡"。战争产生了怨恨和不满,上帝将这种情感灌输在人们心中使之达到"善良和明智的目的",怨恨也使和解成为"虚妄的梦想"。"死者的鲜血,人性的恸哭,是时候独立了。"任何解决方式都"只是东拼西凑"而无法"维持幸福",临时的解决方案需要付出巨大的生命和金钱代价,既然如此,北美人民何不"再向前走远一些","使这个国家成为世界的荣耀"。

可以肯定,在此之前的六年里,像潘恩这样通过殖民地报纸和"布道坛"反对君主制的人大有人在。然而,《常识》融合了这些观点,并不是以此来说服大陆会议(当时大陆会议正迅速地向独立迈进),而是用它来说服人民,因为人民的支持正是大陆会议所需要的。在小册子印行的那些日子里,新罕布什尔代表乔赛亚·巴特利特(Josiah Bartlett)报告说,"它正在被所有阶层的人们贪婪地购买和阅读",修订的版本很快就被费城和其他城市的出版社出版印行,潘恩估计仅在北美就已售出约15000本,他引以为傲地称之为"自有文字以来的印刷品中最大的销量"。小册子的风格有助于它的畅销,它就像是一些爆炸新闻:有诺福克火灾,有国王1775年10月的讲话,然后很快也有《禁令法》(Prohibitory Act)。这一切使独立成为唯一的选择。"独立的时机已经成熟,只需要某个人告诉人民,给他们决心、勇气和信心。"

与独立的观点相比,潘恩对政治结构的设计却引起更多人的反对。约翰·亚当斯不无遗憾地说,"由于对一院制政府的粗浅无知",《常识》"带来的危害和对自由之友(Friend of Liberty)的分化作用,将比托利党所有文章的总和还要大"。亚当斯在他的《对政府的思考》(Thought on Government)中表达了自己的观点,他认为潘恩是"一个敏锐的作家,但对政治科学非常无知",并倡导在美国的共和政体里保留复杂与平衡的机制。然而,亚当斯对《常识》的批评恰恰证明了这本小册子的成功。潘恩想要将公众争论的焦点从对英国统治的评价以及和解的前景转移到商讨如何管理一个独立的美国上来,他成功地做到了这点。

对于那些对独立犹豫不决的人来说,建立一个共和政体的想法给了他们另一个推迟独立的理由。潘恩提倡,在共和政体中所有权威应基于人民意愿而非贵族头衔,而在1776年,世上还没有出现过他所提倡的这种"共和"政府。历史上最著名的共和国,例如雅典和罗马或者1650年的英联邦都不存在了。通常来说,人们认为共和国是如此短命,以至于对建立另一个共和国是否明智产生怀疑。

简而言之,共和政体"伴随着混乱与暴动,这使其容易退化为粗糙的民主体制"。其实,那些持反对意见的人有理由害怕革命,因为革命常常带来"内战和骚乱"。比起在一个怀着敌意的国王和议会的统治之下生活,这种情形对北美人民来说更为不幸。他们看到共和国的未来充满了威胁:贫穷的白人、效忠派和马里兰东部海岸将会暴动的奴隶;其他地方的奴隶由于按自己的观点理解自由事业而变得难以驯服;暴民将释放监狱里的债务人;平民要求在弗吉尼亚议会中占有席位,正如兰登·卡特在报告中所说的,其中一个暴民将独立解释为这样一种政府形式,在这种政府形式中"政府不受富人的控制,每个人能够做他们想做的任何事"。另外,如果尖锐的甚至有时引起流血冲突的土地所有权问题扩展到弗吉尼亚和宾夕法尼亚西部地区,或者纽约和佛蒙特之间的地区该怎么办？当然，这些矛盾应该得到解决，或者至少应该在宣布独立之前形成一个牢固的联盟来取代英国的统治。新英格兰人对于这些问题产生过疑虑，甚至约翰·亚当斯也认为由人民授权的政府不会"如我所希望的那么稳定"，只有经过"长久的时间"，通过相互之间"和睦、信任和情感的沟通"才能将各殖民地凝聚为一体。最后，他只能祈祷"神灵使新生的共和国繁荣昌盛，比以往的共和国获得更多的荣耀"。

大陆会议于1776年5月10日最终向"各个殖民地议会和联合殖民地议会成员"提出建议，"鉴于到目前为止还没有哪个政府形式能够满足当前形势急迫的需要"，他们"根据人民代表的意见，权且采用这样一种政府形式，这种政府形式有助于增进选民和北美大众的幸福与安全"。然后，大陆会议建立了一个由约翰·亚当斯、理查德·亨利·李和爱德华·拉特里奇组成的委员会负责起草决议序言。三天后，委员会提交了由亚当斯所写的草案。这一草案比先前提出的解决方案更为激进：

> 鉴于英王陛下以及英国的贵族、平民在最近的议会法令中将北美殖民地居民排除在王国的保护之外；殖民地希望消除怨恨并与大不列颠和解的任何谦卑请求得不到、也不可能得到答复；相反，王国的全部武力，在外国雇佣军的协助下，将对这些殖民地上的善良的人们横施暴行；同时，鉴于理性和良心的召唤，殖民地人民做出了誓言和决断来建立新的政府，而在大不列颠的王室统治下没有任何妥协的余地，那么就有必要取缔王国在殖民地的一切权威，使政府的所有权力处于殖民地人民的授权下，为了保卫内部的和平、道德和良好秩序，为了保卫他们的生命、自由和财产，反抗他们敌人的入侵和残酷掠夺；因此，我们下定决心。

经过两天激烈的辩论后，会议在5月15日批准了这一序言。虽然会议有在重大事情上追求一致的惯例，但这一次序言仅以一票之差获得通过，六个或七个殖民地赞同，四个反对，还有至少一个或两个殖民地弃权。正如詹姆斯·杜安（James Duane）清楚地表明的，纽约殖民地指示其代表禁止批准不利于修复殖民地与英国关系的任何文件。詹姆斯·威尔逊也指出，宾夕法尼亚的代表团受到同样的制约。其实，马里兰的代表们在序言批准后立即离开了会场。亚当斯在写给他的妻子阿比盖尔的信中说，序言和决议实现了"一种整体的、完全的独立"，不仅独立于英国议会而且也独立于英国国王。然而亚当斯认为，一个正式的独立宣言仍然是有必要的。

在 5 月 15 日的序言中,大陆会议第一次公开地将殖民地民众的不满归咎于国王。此事意义重大,因为只有在不满情绪日益普遍,国王与议会沆瀣一气的证据确凿无疑,以至于引起对英国政府权威的争论之时,控诉的对象才会扩展到国王。简而言之,对国王的攻击具有宪政意义。这与过去英国人进行革命时所采用的方法如出一辙。

大陆会议在 5 月 15 日对国王的具体指控很少,但却强而有力:他通过了《强制法令》,将北美置于英国保护之外;他拒绝回应殖民地和解的请愿,而是派来"在外国雇佣兵支持下王国的全部武力"来对付殖民地人民。在这里,"外国雇佣兵"是一种新的提法。这年年初,大陆会议接到报告说国王企图从外国雇佣军队,5 月初,大陆会议从科克的一份报纸(a Cork newspaper)中了解到,英国将往北美派出大约 40000 名外国士兵,包括大量的"黑森人(Hessian)、汉诺威人(Hanoverian)、梅克伦堡人(Mechlenburgher)、低地苏格兰和高地苏格兰人"。5 月 16 日,约翰·汉考克在给马萨诸塞的信中宣称,"欧洲最好的情报员"表示,"英国已经到了最后的绝境,并开始招募外国军队,这些外国军队很可能现在正在来北美的路上"。五天后,通过一个从英国回来的将文件缝在衣内的密使,大陆会议得到几份协议的副本,这些协议由乔治三世分别与布伦瑞克公爵(Duke of Brunswick)、黑森-卡塞尔伯爵(The landgrave of Hessen Cassel)和哈瑙伯爵(Count of Hanau)签署,协议对德意志士兵将在北美殖民地为英王提供服务做了详细规定。不到一周,宾夕法尼亚的各大报纸就披露了协议内容。

结果是令人激动的,部分原因在于伴随该协议披露而来的是来自加拿大的令人震惊的消息。

北美人民对即将到来的灾难充满忧虑。约翰·汉考克给约翰·托马斯将军(General John Thomas)的信中写道,如果大陆军被迫撤离那片地区,不仅加拿大会失陷,北部边境的纽约和新英格兰地区也会容易受到印第安人和英军的攻击。大陆会议派出了更多的军队设法补救这种局面,但是这些努力并不能挽救颓势。在此前不久,甚至对加拿大的惨败负有一定责任的阿诺德(Arnold)也明白,继续这样下去没有任何意义,"最好是在为时未晚之际撤离北部,保卫我们自己的家园"。

其实,保卫殖民地的领土需要尽可能多地征兵。1776 年 5 月 17 日撤离波士顿之后,英国军队在哈利法克斯和新斯科舍重新部署兵力,想要在 1776 年春季或夏季沿大西洋一带的某地发动强大攻势。如果英国招募德意志和苏格兰士兵来加强攻势,那么北美人民将不得不为自身安全而乞求外国的援助。但是哪个欧洲国家会同意支持仍是英国臣民的北美人民呢？反对独立的人坚称，无论如何，那些想从法兰西帝国获得帮助的人一定是别有用心；为什么路易十六要支持美利坚共和国的革命斗争呢？他们认为，与乔治三世的敌视相比，天主教法国的"友谊"对自由的威胁更大。对于长期以来把法国当成敌人和绝对主义化身的殖民地民众来说，这种观点很具说服力。

英国的突发事件再一次使那些反对脱离英国的殖民地人士哑语塞。5月底，殖民地民众了解到，在国王倾尽英国军力对付殖民地之前，伦敦市民曾请求国王制定公正和体面的和平条款，却遭到了国王的拒绝。乔治三世无比遗憾地做出这样的回应，"北美人民无理反抗王国宪法权威，其悲惨境遇实属咎由自取；倘若他们承认这一权威，我将无比乐意地以宽容之心和仁慈之心来减轻其痛苦，现今之叛乱亦将终结"。罗伯特·莫里斯之前曾千方百计阻止分裂，如今也承认，国王对伦敦市民的答复"完全摧毁了和解的任何希望"，使"宣布独立"成为必然之势。对于这次突发事件，他说，"英国只能责怪自己"。

6月7日星期五，大陆会议这天的时间表排得很紧。首先，大陆会议批准了用一艘帆船和其他货物来补偿一个叫查理斯·沃克(Mr. Charles Walker)的人。接着商讨了一个关于南卡罗来纳议会所提及的委员会的报告。为了指导弗吉尼亚议会的工作，理查德·亨利·李提出了一些"具体的提案"，得到了约翰·亚当斯的附议：

> 这些联合殖民地按法律应当成为自由和独立的国家，不再臣服于英国国王，也应当断绝与大英帝国的一切政治联系。
> 权宜之计是立刻采取最有效的措施来促成与外国的同盟。
> 准备好组成邦联的方案并将之提交给各个殖民地进行协商和表决。

由于大陆会议还有其他事情需要处理，对李的提案的讨论被推迟到第二天早上。

当大陆会议于6月8日再次讨论李的提案时，成立了一个全体委员会并花了两天(6月8日和10日)时间来讨论这个主题。一些与会代表，包括宾夕法尼亚的迪金森和他的同事詹姆斯·威尔逊、南卡罗来纳的爱德华·拉特里奇、纽约的罗伯特·R.利文斯顿(Robert R. Livingston)，都承认殖民地不可能"再与英国联合"，他们表示"支持李的提案"，但反对立即采纳。大陆会议过去遵循了一条"明智合理"的原则，就是"推迟任何决定性步骤，直到人民的声音驱使他们这样做"，因为"人民是我们的力量，没有他们，我们的宣言不可能实行"。然而就目前来说,几个殖民地的代表——包括马里兰、宾夕法尼亚、特拉华、新泽西和纽约——还没有被授权就独立问题进行投票。如果立刻进行投票,这些代表可能会从大陆会议里"退出",同时也"可能导致他们所代表的殖民地正式退出",这会极大地损害革命事业,到那时即便有外国同盟者的帮助也于事无补了。大陆会议认识到,其实分裂会使外国势力更不愿"加入我们的事业",或者让他们借口援助而提出苛刻的要求。推迟决定将会防止意外事件的发生,因为中部殖民地的独立形势正在快速成熟,在不久的将来,那里的人民将会加入到北美人民对独立的普遍呼吁中。考虑到法国和西班牙需要它们自己殖民地的继续服从,推迟独立的支持者不禁怀疑它们是否愿意帮助北美人民。他们认为,法国和英国更有可能形成同盟,一起分割北美殖民地。

这个提案的支持者,特别是李、约翰·亚当斯和弗吉尼亚的乔治·威思(George Wythe)回应道,李在大陆会议上的提案第一条只是"宣布一个久已存在的事实"。他们认为,北美一直以来就独立于英国的人民和议会,且国王自己也已经宣布殖民地脱离其保护并发动战争,那么现在殖民地也就无须再效忠国王。除非殖民地宣布独立,否则没有哪个欧洲国家能够与之谈判、接待其外交使节或者允许北美舰队驶进他们的港口。北美殖民地和英国关系的恶化确实有利于法国,然而正如反对独立的人所宣称的,假如法国不愿支持北美,那么"我们将孤立无援;但是如果不试一试,就不可能知道他们到底会不会援助我们"。另一方面,只要法国切断英国的海上军事补给线,或迫使英国分散兵力去保护其西印度群岛的殖民地,那么在接下来的军事战役中法国就会起到相当大的作用。欧洲列强曾达成协议瓜分波兰,为避免重蹈波兰的覆辙,最可靠的办法就是在英国使这种可能性变成现实之前宣布独立并同时确保与法国结盟。至于中部殖民地反对独立的意见,李的提案的支持者愿意像5月15日通过亚当斯要求反抗英国权威的提案一样,放弃大陆会议长期以来坚持意见一致的努力。"花上几个星期或者几个月来达成绝对一致纯属白费力气,毕竟让所有人对每个问题形成同样的观点是不可能的。"

这一次,大陆会议更加谨慎。它决定给举棋不定的殖民地一些时间去接受独立,并将这个问题搁置到三个星期后的7月1日。因此,即使大陆会议在那时批准李的动议,也不会浪费任何时间。6月11日,大陆会议授权一个委员会起草独立的宣言。这个委员会有五个成员:托马斯·杰斐逊、约翰·亚当斯、本杰明·富兰克林、康涅狄格的罗杰·谢尔曼(Roger Sherman)和纽约的罗伯特·R.利文斯顿。七天后,也就是6月28日,委员会向大陆会议提交了草案,立刻被付诸讨论。直到那时为止,只有马里兰和纽约不允许代表投票赞成独立。而那一晚,马里兰和其他殖民地保持了一致,投票支持独立。

在大陆会议的决定出台前战争就爆发了。6月29日,华盛顿报告,在纽约港通道附近,50艘英国船只驶抵新泽西海岸的桑迪岬(Sandy Hook),船只数量在几天之内增加了一倍。华盛顿在为即将来临的进攻做"一切准备",但是报告称北美军队"因给养奇缺而士气低落"。到7月1日,大陆会议也了解到,另外五十三艘英国船只抵达南卡罗来纳的查尔斯顿,北美军队被迫从加拿大撤离。急迫的军情引起了大陆会议代表们的注意,影响了他们的思考。因此,当大陆会议再度讨论李的提议时,他们明白,战争的结果将决定他们是作为国父而名垂青史还是作为叛国者被送上绞架。

7月1日,大陆会议再次决定召开全体委员会,"讨论关于独立的决议案"。争论持续不断,但是亚当斯认为"那不过是浪费时间,因为除了六个月来不断重复的陈词滥调外别无新意"。

大陆会议于7月2日再次召开时,收到华盛顿等人的来信,内容大多和军事形势有关。随后,大陆会议接受了全体委员会的决议,而这个决议近一个月前就已经被理查德·亨利·李提出来了。表决时,赞成票从几天前的9张增加到12张,不仅南卡罗来纳投了赞成票,而且特拉华(恺撒·罗德尼的到来打破了该代表团内部的僵局)和宾夕法尼亚也投票赞成决议。由于约翰·迪金森和罗伯特·莫里斯在7月2日弃权,宾夕法尼亚代表团的选票从过去的3/4反对独立变成2/3赞成独立。一周以后,纽约殖民地议会允许其大陆会议代表加入到其他十二个赞成独立的殖民地行列。耐心的政治——"敏捷快速的水手"放慢步子,与那些"迟钝缓慢的水手"步调一致——获得了胜利。公众的一致掩盖的是对何时独立的不同意见而不是独立本身。最终,他们别无选择,甚至连最犹豫的殖民地也赞成独立了。

独立之意已决,大陆会议决定再次召开全体委员会来起草文件,"宣布殖民地脱离英国的原因"。其他的情况中断了委员会的讨论……然而当英国开始集结最强大的舰队和军队投入到反对北美人民的行动中时,大陆会议却花了两天的宝贵时间来修改独立宣言的草案。因为它懂得,仅有舰队、水手和武装不能赢得战争的完全胜利,文字对独立事业的成功同样至关重要。

【本文选自 Pauline Maier, *American Sculpture*: *Making the American Declaration of Independence*, New York: Vintage Books, 1997。】

革命中的民众

琳达·科博*

李熹莹 译/贺新 校

革命与女性的权利

像所有的革命一样,美国革命有着双重议题。爱国者们致力于解除英国人的权力;这个任务在本质上是物质的、军事的。爱国者也寻求完成一种激进的心理和思想的转型:"我们的原则、观念与习俗",本杰明·拉什(Benjamin Rush)宣称,需要变得适合"我们所采取的政府形式"。正如辛西娅·恩露(Cynthia Enloe)所评论,一场成功的革命运动将重新定义"什么有价值,什么遭唾弃,什么令人畏惧,以及什么能增进安全"。

在北美,这种转型涉及对社会阶层的有力冲击以及对家庭关系——特别是夫妻之间、父母与子女之间关系的重组。通过军事斗争,足以达成反叛的目的;而价值观的转变——它在托马斯·潘恩的《常识》中获得了经典表述,定义了美国革命。两种任务互相交织,并且两种任务——抵抗和重新定义——都包括了作为支持者与作为反对者的妇女,远远超出我们的了解。

如果仅从中心指标着眼来描述、分析军队,就会忽视妇女与孩子。从下层士兵和数千随军的妇女着眼来看军队,是为了突出双方军队中后勤服务的限度,以及平民——特别是妇女和孩子对军队的渗透性。从妇女的角度看,北美军队远非如多数学者对这场革命的研究所显示的那样专业和有组织性。

妇女卷入直接军事斗争的程度比我们所了解的要大得多。除了法国革命,美国革命是最后的早期现代战争。正如16世纪以来的那样,数以千计的妇女和孩子随军跋涉,充当护理工、洗衣妇和厨娘。以"带水罐的莫莉"(Molly Pitcher)

---

* 琳达·科博(Linda K. Kerber),哥伦比亚大学博士,现为爱荷华大学人文与科学学院教授,主要研究领域为美国妇女史,代表作有 Women of the Republic: Intellect and Ideology in Revolutionary America (1980), No Constitutional Right to Be Ladies: Women and the Obligations of Citizenship(1998)等。

为典型代表,他们尽其所能支持战斗——为炮兵部队送水,给战火中的男子带饭。按照英国惯例——七年战争期间殖民者对此已很熟悉——每个连队都有自己的妇女配额,通常是士兵的妻子,但不总是这样,有时是母亲;英国人出航时,也有妇女随行。最初由英国增派到北美镇压叛乱的 8 个军团中,每个团有 677 名男子和 60 名妇女,比例约 10 比 1。柏高英的军队有 7200 名士兵和 2000 名随军妇女。北美的女性依附于士兵并随军辗转,是因为她们害怕与其有关系的士兵失去联系——她们有的还怀了孩子;甚至她们对留在爱国者夺回的亲英地区心有余悸。

爱国者对于是否要给予军队中的女性正式的地位犹疑不决;华盛顿反对妇女的固定配额。尽管如此,妇女还是随军,显然出于同英国和德国妇女差不多的理由。到战争结束时,华盛顿的例行条例确立了在一个军团中每十五名男子对一名妇女的比例。从这个数字推测,琳达·格兰特·德·鲍(Linda Grant De Pauw)做了较高的估计,她认为在战争期间大约有"2 万名妇女作为军妇服务于美国一方"。大多数随军的妇女是贫困的。当丈夫和父亲在前线作战时——不管是出于热情还是期望赏金,他们的妻子和孩子都没办法支持——只有追随在后并尽心照顾,在缺医少药的地方和军粮供应不足的时候,通过为士兵护理、煮饭和洗洗涮涮赚取生活所需。在这些妇女中最具传奇色彩的也许是来自宾夕法尼亚卡莱尔(Carlisle)的玛丽·海斯(Mary Hayes),当丈夫作为步兵应征入伍时,她追随其后。她似乎在福吉谷度过了 1777、1778 年的冬天。在蒙茅斯战役(Battle of Monmouth)中,她不仅为他的机枪小队带水(显然是妇女的通常任务),而且当他受伤不支时加入了战斗。夫妇俩都留在军队里直到战争结束,虽然丈夫在之后不久死去。在简短的第二次婚姻之后,"带水罐的莫莉"在卡莱尔度过余生,"做看护和佣工"直到 1832 年死去。"在生命的这最后一个月",她的回忆录写道,"宾夕法尼亚州承认她为退伍军人",并给予她一笔抚恤金,但她没有活到享用它。

军队中的妇女令华盛顿不安。他有充分理由质疑她们。虽然她们洗衣做饭供应给养,但也消耗了军中从来不够的补给。即便最值得尊敬的女性也代表了某种道德的质问声;出于私人感情的缘故,她们可能以展示一种对家庭或爱人的替代性忠诚的名义阻止士兵再入伍甚至鼓励逃跑。她们不断地使士兵想起一个不同于管制军营的世界;逃亡在战争中时有发生,没有哪个将军需要任何可能推波助澜的人。更为严重的是,这些妇女可能随便惯了,很难用军事条例加以约束,被怀疑成偷窃犯或是英军间谍也不奇怪。因此,华盛顿时常发布一些矛盾的指令。有时规定随军妇女得乘坐马车以免拖累行军；有时又命她们步行以腾出车内宝贵的空间。但她们一直存在，华盛顿知道不能驱逐她们。这些妇女在北美军队中领取配给；她们带着孩子，孩子也要领取一半配给。军队小心地坚持"吃奶的婴儿"不能领取配给的规定，因为他们显然不能吃饭。"正是这些拒绝安顿所有妇女的规定给了妇女一席之地。"

确实，煮饭、洗衣和看护是女性擅长的事情；随军妇女只是在军中做着她们平时在家里做的事情。但我们不能因此而轻视妇女的工作，或认为只有在舒适安逸的坏境中才需要这些服务。"美国士兵的一位观察员把士兵的邋遢、衣衫褴褛归因于缺少足够的妇女清洗和缝补；不习惯于做这种事情的美国人宁愿让他们的亚麻衣裳烂在背上，也不愿自己动手洗一洗。"

就维持军队运转而言，为这些士兵服务的妇女执行着最必要的任务。约翰·夏伊评论说，军中妇女的相对缺乏使美军与英军相比处于不利；妇女维持着"某种表面的整洁"。不论在哪一方，她们的生活环境都不好，条件很差。她们虽然不名一文，却并非不善于表达。我知道的关于约克镇（Yorktown）最动人的描述是由萨拉·奥斯本（Sarah Osborn）提供的，她为华盛顿的士兵做饭并在战火中送饭，因为——如她告诉华盛顿本人的——"让男人打仗还挨饿，那可不行"。最终她看着英国士兵卸下武装，并"回到城里去接受他们的命运"。

1786年，本杰明·拉什对革命"大戏"的"第一幕"——由军队完成的战争，以及"为适应我们所采取的政府形式而导致的原则、观念和习俗上"的革命两者做了著名的区分。这种两分法既适用于妇女的角色，也适用于他想到的生活中更普遍的方面。妇女被卷入对英的军事战争，在政治上却看不见她们的角色。美国人简直缺乏一种语言来形容出现在他们眼前的事物。另一方面，就革命以及爱国者改革政治文化的努力而言，妇女是可见的，甚至是关键的。这种变革至关重要，如果美国人要坚持宣称他们正在做的不只是拒付他们应付的税款的话。美国人既含蓄又明确地宣称他们正在创造一种新的政治制度，一种民众享有选举权的民主政治，其中每个成年公民有义务扮演一种明智的深思熟虑的角色以塑造国家的命运。当美国人提及——他们常常如此——政治动员将开启的"新时代"时，他们想到的正是这种文化变革。

革命前的政治动员的一个生动表现是消费抵制。抵制行动对于转变价值观、削弱对英国的心理和经济纽带，以及把普通民众拉入到政治对话中来意义重大。消费抵制看似由男子设计，却要以妇女的支持为前提。妇女既是消费者又是生产者，她们既要在进口英国商品和本地产品中做出选择，又希望提高家庭生产的水平。

原本自认为与政治无缘的妇女现在发现,不得不与政治发生联系,即使在自家围墙后面。亲英分子彼得·奥利弗抱怨说,"连奥蒂斯先生的黑人军团、清教的神职人员也开始行动起来,鼓吹制造生产而非福音"。许多中产阶级的妇女为教会纺纱,向牧师提交她们的丝线,这究竟是为了教会还是出于抵制英国的政治目的已经分不清楚了。当她们决定纺多少纱、是否安排奴隶做家庭手纺,以及饮茶还是喝咖啡时,男性和妇女发明了一种与妇女对其家庭角色的理解相称的政治惯例,并欣然纳入日常生活。

通过签署请愿书和宣言确立的抵制行动是关于集体政治实践的一次很好的教育机会。1767 年,男性和女性都签署了《联合协定》(Association),承诺不进口课税的商品。5 年后,当波士顿通讯委员会(the Boston Committee of Correspondence)通过《庄严盟约》(the Solemn League and Covenant)以发动对英国商品的另一项抵制时,他们动员男女两性都在盟约上签字。这些集体声明中最知名的也许是北卡罗来纳州伊登顿反对进口茶叶的妇女宣言。直到 19 世纪末,集体请愿书一直是妇女们最实用的政治手段。

叛乱对价值观转变的依赖在各地民兵组织的持续性征兵中可见一斑。除了宾夕法尼亚,各州的自卫队将每一位健康的自由白人男子记录在册,并在公共演习日将他们召集起来训练。妇女却没有相应的演习日,无法取得男性那样各个人、各个社区以及各邦各州都一齐行动的那种亲密的合作体验。

演习日标明了男性和女性不同的政治角色;军事训练是男人的惯例,它排斥妇女。妇女转而斥责其是男性反社会行为的竞技场。当和平时期的操练变成实际的战争,妇女自然会抱怨未经她们同意就置她们于危险之中。有虔诚信仰的女性对男性的这种军事文化抱有深深的疑问,他们把会喝酒作为显示勇气的不可或缺的条件,而对那些打破第三戒律的行为却满不在乎。

在这种情况下,爱国者们需要找到一种方式替换妇女的怀疑论和对作战动员的抵触。其中之一是送儿子和丈夫去打仗。《宾夕法尼亚晚邮报》(Pennsylvania Evening Post)于 1776 年以"新泽西伊丽莎白镇的一位老祖母"为例,提供了范例:"我的孩子,我有一些话要对你们说,你们将以正义之名走上战场,去为国家的权利和自由战斗;我祝福你们,让我为你们祈祷……如果你们倒下了,也要像个男人一样,不要把伤口留在背后。"

送男人上战场是女性表现爱国主义的一种独特方式。国家鼓动她们去动员她们的男人;她们是整个社会的道德资源的一部分。在一个妇女不参加作战的社会,送男人参战在某种程度上是她们对应征的替代表达。这是她们塑造军事共同体的方式。她们使她们的男人羞愧,不得不为国家的利益而战;实际上,使人羞愧将成为战时普通妇女的标准作用。

妇女价值观转变的第三种方式是群众行为——有时很无序,有时很程序化,有时两者兼而有之。那些作为市井妇女和小买卖者,在街道中度过了大半生的工薪阶层妇女自然是这群人的一部分。

革命群众的组织者是男性,大部分的参与者都是年轻工匠。在伟大的教皇日,在以教皇、魔鬼和妄为者的肖像为中心的暴力战斗中,群众用男性象征和男性语言表达自己。在这些景象中,妇女似乎被边缘化了。但妇女设计了她们自己在公共仪式中的角色。她们为波士顿屠杀的受害者和屠杀前殉难的孩子克里斯托弗·西德(Christopher Seider)组织了盛大的公共葬礼。

妇女也发明了她们自己的公共仪式。这当中最值得一提的是1770年春季纽约的汉娜·波斯特维克·麦克杜格尔(Hannah Bostwick McDougall)的事迹。当作为爱国者的丈夫亚历山大·麦克杜格尔因发表煽动反叛的抨击文章遭到逮捕时,汉娜"带领着妇女们从教堂大街一路游行到监狱,之后在自己的家里招待她们"。

更知名的是费城的女性爱国者挨家挨户的募款行动。这场运动由伊斯帖·里德(Esther Reed)和德博拉·富兰克林·贝奇(Deborah Franklin Bache)领导,旨在为华盛顿的士兵筹资,并呼吁各地响应。运动伴随着尖锐猛烈的政治抨击和威胁恫吓的集资手段。"我认为她们通过敲诈勒索获得了不少的资金",贵格派亲英分子安娜·罗尔(Anna Rawle)讥讽道,"一些人之所以捐款仅仅是因为害怕自己拒绝后会遭到报复。"

从家庭中带出的对英国仪式上的抵制,进入街道后逐渐变为暴力。我们知道的最暴力的抵制也许是1776年英国人进入纽约时的大火案(the Great Fire),该城的一名妇女被控纵火。她获得了埃德蒙·柏克在众议院议席上作的颂词:

> 大陆仍未被征服;一位可歌可叹的妇女的行为就是证据,她以一己之力做了由10万名男性组成的军队都不能做的事——阻止了你们的前进,在你们胜利的时刻。这位悲戚的女性于一个地窖里被发现,脸上满是污垢,带着愤怒、绝望、决心和最高贵的英雄气概,埋首于易燃物中,为了燃烧纽约,并在它的灰烬中毁灭自己;——她为此而生,她自知难逃一死,当问及她的目的时,她说:"烧了纽约!"她决心不放过任何一个响应国家号召的机会。她的裙摆飘扬并燃着火光;你们应该注意到,当公开的武力抗争徒劳无功时,上帝怎样乐于使用那些卑贱的手段服务于美国人的目标。

抵制进口、使男子感到羞愧、无法无天的示威游行——显然都是妇女进入由革命创造的新的政治共同体的方式。这种入场意味着什么还不甚明显。随之而来的是一场如何定义现代共和国中妇女的政治角色的斗争。妇女在战时的经典角色有两种：两者都将女性定位为批评者，并以希腊传说中的人物命名。安提戈涅（Antigone）坚持道义，预见了特洛伊战争悲惨结局的卡珊德拉（Cassandra）则代表了普遍的焦虑和批评。

在美国盛行一种卡珊德拉福音派的变种。很多、可能大部分妇女不加掩饰地批评战争并以宗教措辞表达她们的观点。1787年，当参加费城会议的代表致力于巩固革命政府，以及在联邦宪法中体现他们对革命的理解时，代表了另一种观念的经典文本出现了。这是一本名为《妇女受邀参战》(*Women Invited to War*)的匿名小册子。作者自比为"美国的女儿"(Daughter of America)，并向"杰出的妇女和可敬的美国的女儿们"致函。她承认战争是一次"英勇的……对生命和自由的保卫"，但贬低它的终极意义。她认为，真正的战争，不是对抗英国或谢斯叛军，而是对抗魔鬼。

"美国的女儿"呈现了一种不寻常的声音，这是牧师的声音，它谈论了妇女的特别责任，阐明了男子比妇女更易于犯罪的抱怨："但或许你们有些人会说，有些可怕的罪恶，我们女性并不像男子那样常犯；尤其是酗酒这类恶劣的罪行，还有亵渎誓言和诅咒，轻慢上帝的荣耀，男性比女性犯得更多。"

作者用几页的篇幅讨论了从对处于战争紧急状态中的妇女的沉思到讨论妇女应根据不同于男子的战争定义进行自己的战争的转变；共和国面对的主要任务是心灵而非政治，在这些心灵任务中妇女应发挥主导作用；她们确乎怀有展现"哀悼与悲痛"的特殊使命。

在革命战争的余波中，许多妇女继续以宗教术语定义她们的公民义务。她们走拯救城市的路线，宣称"美国的女儿"要净化一个人的行为并为社会的罪恶忏悔。在19世纪早期，妇女带着丈夫和孩子，涌入第二次大觉醒中的新教教会，并确信她们对宗教救赎的热忱将对自身唤起一种新的自信——她们批评邻居和友人的罪行，有时来到新社区建立新学校，有时急剧地增加阅读量。教会也为妇女的慈善活动提供了条件。有感于世俗政治在处理战争后遗症上的无力，虔诚的妇女们以前所未有的联合行动组建起一个个社团为社会上的孤儿寡母提供救助。如果妇女受邀参战，她们将以自己的方式投入到自己的战争之中。

1775—1777年期间，法定术语从臣民变为居民、成员，最后变为公民。在1776年，爱国者已准备宣称：所有忠诚的居民——无论男性或女性，都是新共和国的公民,而不再是国王的臣民。但公民一词仍然带着从古典时期和文艺复兴时期继承而来的言外之意,当时的公民通过以城邦之名举起武器使市政成为可能。按这种思路或逻辑,男性公民"投身于保卫城邦的公共事业,同时要确保在他不在场的情况下,任何人都不能替他做决定;而拥有武器使一名男性成为一个完全的公民。"这种思考模式、这种将男性与邦国联系起来的方式,没有给女性预留空间,她们作为要被避免的一类被排除在外。

美国政治文化的许多方面加强了公民身份的性别特征。首先,最明显的是,男子通过服兵役与共和国相连。军队中妇女的服务不被认为含有政治成分。其次,男性通过选举的政治仪式与共和国相连,这种仪式本身表达了植根于洛克政治理论的政治话语和财产所有权之间的传统联系。在18世纪晚期,大多数辖区将选举权赋予拥有土地、一定动产或纳税的男性;不论哪种情况都把财产控制和独立的判断联系在一起。如果财产所有权对于政治独立是必需的,极少妇女——甚至在富裕的家庭中——能够达到要求。贫穷的劳动妇女当然首当其冲。同所有已婚妇女一样,她们在法律上依附于丈夫;作为劳动者,社会能提供给她们的工作机遇也极其有限。比如,从学徒见习合同就可看出,城市常常给男孩提供了大量的工匠职位,却将女孩限制在家务事上,偶尔包括一些裁缝技能的培训。救济院的记录反映出一种固化的模式:被收容的大多是妇女和孩子;大多数"外包活"都是妇女来做。为了生计,缺乏谋生技能的女性迫不得已沦为妓女。在早期共和国,妇女的物质依赖性相当明显。

最后,男性通过他们对自我、荣誉和耻辱的理解,在心理上与革命的共和国相连。这种心理联系带有性别指涉,因而对妇女是不适用的。托马斯·潘恩在他关于叛乱的心理前提的敏锐分析中,把对帝国的反叛比作儿子成年后独立成家的自然行为。这种意向符合大多数北美男性的常识,所以他们把潘恩的《常识》奉为宣言。

对荣誉的追求极大地鼓舞了作战士气。反之,对损害荣誉之事的惩罚也更加严厉。怯懦者将受到军事审判并被逐出军队。他们也会被羞辱。具体的方式——据历史学家查尔斯·罗依斯特(Charles Royster)观察——可能是"穿一件连衣裙踏步走出军营,士兵们朝他扔大粪"。这样,男子气概和荣誉感同女人气、不知廉耻形成了鲜明的仪式化的对比。革命期间决斗的风气进入北美并非偶然。人们通常将其归咎于"英国和法国贵族",但这不能解释美国人为什么接受它;决斗契合军官的需要,他们通过决斗证明自己的英勇,决斗使他们免于蒙羞。

所有这些对共和国公民身份和市民关系的表述都与男性和男性气概密切

相关：是男性去服兵役，男性寻求荣誉，男性为捍卫荣誉决斗。荣誉就像名声，在心理上属于男性。妇女的公民语言必须被重新设计。

美国最早的、影响较大的为女性在更大的政治共同体中谋求位置的努力，必须追溯到贝奇和里德为募捐运动设计的抨击性的小册子，它与募捐所得一起被转交华盛顿。这些檄文般的声讨文章是她们对自我政治观的含混表达，论述视角不时在第三人称与第一人称之间游离。有时作者以一种加强的群体的语气发声，宣称挡在她们眼前、阻止她们"同男子一样迈向光荣之路"的仅仅是一些较琐碎的"观念和习俗"；另外，"我们对于公众利益的热爱至少与他们同等，有时胜过他们"。有时她们以一种仿佛被排斥于运动中心之外的谦卑口吻陈述观点："我们的士兵的情况刚刚传到我的耳朵。"她们的模棱两可反映了早期共和国的女性公民概念的矛盾性质。

在男性角色理解上的变化，有助于完善女性公民的观念。革命批评语境下的"民众"一词显然意味着比文艺复兴时期的佛罗伦萨全体公民更广泛的人口区域；美国的公民身份里究竟包含着多少妇女的内容暂且不论，但显然它绝不仅仅指那些拿起了武器的人。

但公民身份本质上还带有性别区分。在它背后仍潜藏着古老的共和思想，其中首要的一点就是认为男性的公民资格中包含军事成分，而女性没有。经典的共和主义世界观在核心上呈现两极对抗：理智对激情，美德对拜金主义，自律对放纵，男子汉气概对柔弱娇气。在这些对比中，前者被认为是一种男性品质；后者被认为是女性的本质特征，当男人体现出这些女性的特征时，就被视为失败的表现。独立和个人选择(也可称为自由)的新话语承认女性的公民身份；老派的共和主义话语则质疑这一点。

1770—1800年间的许多作家，不论是男性还是女性，都表达了对共和国女性公民角色的一种新认识。这种认识保留了某些旧的成分，但是重新排列，并且添加了新的内容以建立一种对于公民身份的性别定义，进而试图(部分成功地)消解那种极端化的男女对立。这种新公式也寻求提供一种女性公民形象以替代卡珊德拉的消极性或安提戈涅的危机特性。新的表述有两个主要且相关的要素。首先，强调妇女的天赋能力、才干并将其作为女性公民资格的前提，这一点在美国的朱迪斯·萨金特·默里(Judith S. Murray)以及英国的玛丽·沃斯通克拉夫特(Mary Wollstonecraft)那里都得到了异常清晰的表达。"你怎能要求一个一无所有的人慷慨？或指望一个不自由的人品行高尚？"沃斯通克拉夫特问道。默里则提供了一些自力更生的妇女的典范，其中一位经营着自己的农场。

通过宣扬自身的公民美德,女性破坏着传统的两分法。她们对公民资格的新的表述重塑着社会关系,使传统的妇女角色政治化,并将妇女变为其爱人、丈夫和孩子的政治行为的监督者。这种表述要求妇女承担起她们的使命,打破那种革命成就必然伴随着社会堕落的历史循环论;女性将坚守政治共同体的底线,维持共和国的德性。因而洛克的教育理论得到了政治上的发展;独立自主、自力更生的中产阶级美德也在革命经历中找到了共鸣。

男性,乃至年轻男性似乎都承认甚至欢迎这种新的女性角色。"是的,你们女人,你们的力量正在改变世界",在哥伦比亚学院的毕业典礼上,一位演讲者如此承认。考虑到致力于"国家的荣耀和全人类的幸福"的女性"爱国者和慈善家的尊贵特征",他坚称女性在恋爱、婚姻和为人母的时候都展现了这种爱国主义和博爱精神。恋爱时,她们对"浪荡子和花花公子"敬而远之,使追求者在交往中对于"真理、名誉、坦率和真诚的男子气概"保有一种神圣感。在婚姻中,妻子能确保丈夫的"忠诚习惯",使其"不偏离诚实正直的道路"。

在谈到母亲的角色时,他对共和国妇女的赞歌变得最为热情。毕竟,共和国妇女正是以母亲的角色进入历史进程和共和国的政治理论,她们做出了抚育优秀的下一代的保证,含蓄地承诺将阻止那种不可避免的道德滑坡的怪圈。作者以欢迎妇女的新政治责任作为结语:"想想蒸蒸日上的美利坚联邦,想想你们的努力将最令人满意地保卫它,为它添砖加瓦,使之恒久长存。自由秩序的巩固取决于你们,既然只有当美德凌驾于一切时,自由才会落地生根……你们捍卫着国家的道德,你们维护着它的独立,你们保证了它的繁荣。"

就像这位演讲者的致辞所暗示的,共和国女性角色的构建标准着性别关系史上的一个重大时刻。"男性该做什么?女性该做什么?"被战争和革命赋予了极端重要性;当战争结束时,可以看到对性别角色的改造仍在进行。由非职业军队进行的战争几乎总会带来性别角色的动荡,即使仅仅因为当某一方的性别模式发生改变时,另一方不得不做出回应。在这一点上,美国革命并不独特。然而,在这种新建立起来的性别角色的持续性上,美国革命的确与众不同。它不仅贯穿于革命一代的一生,还深深影响着19世纪甚至20世纪美国人对于什么适合男性及什么适合女性的理解。

男性角色的某些改变是有意为之的:共和主义者有心修正男性个人与国家的关系。而且,反抗大不列颠的独立要求与男性标榜的果敢自信不谋而合。男性角色的有些改变则在意料之外。等级关系被打破了。或者数千人恐吓印花税的收税员,或者闯入像总督托马斯·哈钦森(Thomas Hutchinson)这样的保皇派精英的家里，或者因无法忍受欠薪而在军队内部挑起叛乱。学院里的学生抗议古老的约束，奴隶跟着英国人逃跑了，或如夸克·沃克（Quock Walker）一样，凭借新的宪法体制成功地取回了自己的天赋权利。

革命的意识形态并没有为女性角色的重构预留空间。但出于革命的需求和作为对男性角色变化的一种回应，女性角色不得不做出改变。依赖与独立以一种尴尬的方式联合在一起。比如，士兵离不开军中妇女的工作。并且，矛盾的是，虽然在战时男性自许"保护者"而将女性视作"被保护者"，但是当他们为"保护"妻子或母亲而参军时，也可能置她们于更大的粗暴危险之中。在军队扎营占地、占用物资的社会现实面前，即使那些固守旧的性别角色的顽固分子，也不得不转变观念。女性的生存策略必然不同于男性。她们也会产生自己与国家关系的新认识，对此我们不应感到奇怪。在共和国早期的岁月中，中上层阶级的妇女渐渐清楚了自己在共和国中扮演的角色。她们确信无愧于那些为保卫她们而冒险的生命，她们维系着社会的道德和伦理价值，应由她们来评判父亲、丈夫和儿子是否达到她们所宣称的共和国的道德标准。妇女抓住公民美德的理念，并将它归为己有，她们要求自己肩负起教育下一代的责任，使他们浸淫共和政治的光辉和公民美德，她们做得如此出色，以至于到南北战争前这些美德和思想已成为她们的代名词，而其与男性的古老联系大部分被遗忘了。美德之于妇女正如荣誉之于男人：私人的心理立场满载了政治的弦外之音。

致力于构建共和国女性意识形态的那些人——如朱迪斯·萨金特·默里和本杰明·拉什——真实地反映了革命事实，但这种反映也是有选择性的。他们从革命思想和革命经验出发，强调牺牲、自豪、体面以及对礼节和自尊的维护，却否定革命中令人恐惧的因素。在这种新的构建中，我们看不到那些制造骚乱的妇女——她们朝印花税代理人泼尿，恐吓囤积者，或者跟随华盛顿和格林行军；看不到那些明确质疑战争的正面性和合理性的妇女；看不到1779—1781年间对战争感到绝望并不惜一切代价祈求和平的厌战的妇女；看不到随亲英分子一起出逃的妇女——总而言之，看不到那些与这种新的意识形态构建不相称的妇女。不承认失控和无序大概与联邦共和国将革命体系化有关。军队中的妇女和谢斯叛军一样，是得不到承认的；褒奖和神化他们就等于褒奖和神化革命中最令人难堪和最危险的一面。

最终，撰写一部真实的完整的革命史会是令人难堪的，作者要能够同时呈现多重视角。

革命会比我们此前所意识到的激进得多，因为它触动了最深沉和最私密的人际关系,不仅在统治者和被统治者之间、在精英和平民之间、在奴隶和自由人之间,也在男性和女性之间、丈夫和妻子之间、母亲和孩子之间。但是革命也会比我们所认识的保守得多,为了寻求政治稳定,它回避了暗含于革命宣言中的两性政治内涵,正如它回避了变化了的种族关系所体现的革命原则一样。稳定革命的代价是蛮横地拒绝了对于种族关系和两性关系的承诺,革命一代未尽的任务只能留给后来人去完成了。

【本文选自 Linda K. Kerber,"History Can Do It No Justice: Women and the Reinterpretation of the American Revolution", in Ronald Hoffman and Peter J. Albert ed. , *Women in the Age of the American Revolution*, Charlottesville: University Press of Virginia for the United States Capitol Historical Society, 1989, pp. 3-42。】

伊拉·柏林*

范长福 译/陈遥 校

黑人与美国革命

1770—1810年是美国非裔文化的形成期。这期间汇聚了三件相互关联的大事:首先,由于北方废除了奴隶制以及南方部分地方大范围地释放奴隶,大量黑人获得自由;其次,在经历了一个多世纪的奴隶生活后,本土出生的美国非裔群体日渐成熟;最后,白人的种族态度出现新的变化,即使这一变化是短暂的。这三件事使得这个时期成为美国黑人生活发展历程的分水岭。革命年代里建立起来的社会模式和机构不仅证实了革命前那个世纪的文化转变,同时也塑造了黑人的生活,使其适应。在奠定现代美国非裔文化的基础上,与现在已经被研究的较透彻的美国重建时期相比,美国革命时期的影响更大、更深远。

革命年代的各种事件与观念激烈地改变了黑人社会的结构与美国非裔文化的实质。在革命剧变的压力下,获得自由的黑人数量从18世纪60年代区区几千人迅猛增加到了19世纪最初十年的20万人左右。即使是在白人统治的限定界限内,自由给黑人带来了更多的机会,也使他们更加成熟。但是黑人生活中的革命并不仅限于那些法律上的自由!由美国革命所激发出来的能量不仅快速地超出了自由黑人社会,并且随着大量移民迁移至下南部[1](the Lower

---

* 伊拉·柏林(Ira Berlin),美国历史学家,威斯康星大学麦迪逊分校博士,现任马里兰大学历史系教授,主要研究领域为18、19世纪美国史,同时尤为关注奴隶制的历史,代表作有 *Slaves Without Masters: The Free Negro in the Antebellum South* (1974), *Many Thousands Gone: The First Two Centuries of Slavery in North America* (1998)等。

[1] 北美殖民地一般分为北部殖民地和南部殖民地两个部分。而在美国史研究领域又存在两种划分方法。一种是分为三个部分,包括北部和南部,其中南部殖民地又分为上南部(the Upper South)和下南部(the Lower South/ the Deep South);另一种是分为新英格兰殖民地、大西洋中部殖民地和南部殖民地——译者注

South),深深影响了那些重要岁月里奴隶的生活轨迹。最重要的是,在北部、上南部与南部殖民地中的黑人人口特征、自由与奴役上,黑人生活中的革命不仅创造出了新的地区差异,而且也扩大了已有的地区差异。在每一个这样的区域中,自由黑人与黑人奴隶人口数量的发展规模大小不一,特点迥异,发展变化原因也不一样。这就形成了黑人与白人和黑人与黑人之间的特殊的关系模式,影响了19世纪及其以后的黑人生活的发展与美国的种族关系。

自由黑人人口数量的增长,是革命年代最具有深远影响的事件之一。在美国革命之前,仅仅只有极少数黑人在英属北美殖民地享有自由。据一份1775年马里兰的人口统计表(这是少数现存的有关殖民地自由人口的统计表)显示,其中仅有1800多名自由黑人。这大概占据该殖民地黑人人口的4%,且不到该殖民地自由人口的2%。此外,这些人中80%以上是混血儿,五分之一以上是残疾与年老体衰的"过时劳动力"。极少有完全是非洲血统的黑人能够获得自由。尽管对殖民地自由人口需要更进一步的研究,但是马里兰州的自由黑人的情况或许可以成为整个英属北美殖民地自由黑人的典型例证。

虽然自由黑人在数量上极少且在外表上与白人很像,但还是引起了白人对于一种颠覆性的恐惧。在殖民时期,法律制定者们总是不断地啃噬自由人的自由,他们一边剥夺自由人多种多样的民事、政治与社会权利,又一边向他们征收各种赋税。在革命前夕,极少有白人,即使是那些反对奴隶制的白人,有任何意愿增加自由黑人的数量。但是在革命时期所发生的各种事情,远远超出了预料,且无法控制。随着战争的深入,军事的需要迫使英国,接着又是不甚情愿的美国,招募黑人加入他们各自的军队。他们给黑人开出的条件是以军队服役换取自由。

由于英国在奴隶制上并没有直接的利益,所以它首先提出了这一条件。1775年11月,弗吉尼亚皇家总督邓莫尔勋爵宣布实行军事管制,并解放所有能够也乐意在王室的军队中效力的黑人。虽然邓莫尔的这一宣言震动了所有弗吉尼亚人,但是它的出现并不令人感到惊奇。因为在之前几个月里,邓莫尔与其他英国官员就一直威胁将采取类似行动。那些曾经渴望自由的奴隶,迅速地对这第一次隆隆的自由之声做出了反应。在更早的几个月里,一群黑人曾去拜访邓莫尔,并提出要加入他的军队,武装起来。但那时邓莫尔直接遣散了他们。这次当邓莫尔正式提出自由的承诺时,黑人并没有迟疑,而是大批大批地投奔到诺福克港(Norfolk harbor)的英军指挥部那里。

然而战争的失败打破了邓莫尔的自由承诺。在12月,即他发表宣言之后的一个月,爱国者军队彻底打败了效忠派的军队。他们当中有很多肩带上写有"给奴隶自由"字样的黑人。这次的失败击溃了邓莫尔试图用来镇压弗吉尼亚叛乱的后援。

随着战争的深入,因为人力短缺问题越来越严峻,邓莫尔被迫使用了黑人军队。尽管在英格兰,民众们反对招募奴隶,但是英国军队指挥官越来越多地遵循邓莫尔的策略,积极招募黑人入伍。当1778年战争重心转移到南方时,成千上万的黑人成群结队地倒入了英国一方。英军总司令亨利·克林顿将军正式承诺给那些叛逃他们主人来为英国服务的奴隶们自由。在接下来的几年中,英国对于黑人的依赖大大增加了,对于利用黑人军队的支持者也越来越多了。

相比之下,殖民地的军事领导人和政策制定者们在考虑接受奴隶入伍时,显然更加小心谨慎,因为他们相当一部分人是大奴隶主,只要奴隶制有任何的损坏,他们的损失就会很大。然而奴隶主们最担心的是奴隶叛乱或大量黑人被武装起来之后使奴隶主倒向英国一方。尽管黑人偶尔也会在殖民地的民兵中服役,并在革命最初的战争中显示出了他们的作用,但是大陆会议在南卡罗来纳的鼓动下,仍然禁止黑人加入大陆军。但是爱国者与英国一样面临战争的紧迫需求。随着独立斗争的延长和人力短缺的日益严重,爱国者的政策也被迫改变了。以新英格兰为代表的北方诸殖民地开始设法招募黑人入伍,罗德岛为此还创立了一个黑人兵团。虽然上南部黑人人口庞大且更依赖于奴隶劳动,但是当战事转移到南方时,即使很不情愿,上南部仍采取了相类似的措施。马里兰允许奴隶应征入伍,并最终入伍对象扩大到自由黑人。弗吉尼亚则允许自由黑人在陆军与海军中服役,偶尔也允许奴隶作为他们主人的替身去参军。特拉华与北卡罗来纳也追随此政策。然而在下南部,白人固执地坚决抵制武装奴隶。在种植水稻的低洼沼泽区,庞大的黑人人口、大量新近到达的非洲奴隶,以及奴隶平常的旷工,引发了对奴隶叛乱的强烈焦虑。尽管有大陆会议的呼吁和军队领导人在战场上的强烈要求,上南部勉强武装了奴隶,但是南卡罗来纳与佐治亚仍拒绝实施这一政策。

战争几乎在每一个方面都为黑人赢得自由增加了机会与可能性。当战争结束,英军离开北美时,他们把成千的黑人带到了不列颠、西印度、加拿大,最后是非洲,给予他们自由。还有成百或许上千的由于英国战时政策而获得自由的黑人,逃离了他们的主人,留在美国生活。正如1781年愤怒的弗吉尼亚白人请愿时所说,"有理由相信由英国军队所携带的大量奴隶,现在作为自由人正穿越这个国家"。很多与爱国者协同作战的黑人也维护住了他们的自由,一些对黑人抱有感激之情的奴隶主释放了他们的奴隶,此外有些殖民地的立法机构通过特别法案恢复了契约奴的自由。

不管英国与美国各自官方政策的效果怎样,那些恣意妄为的军队所制造的混乱确实是给黑人增加了获得自由的可能。敌对双方士兵的行为和爱国者与托利党人的民兵自卫队之间的暴力冲突,导致了一个近乎无政府的状态,暴露出了奴隶主权威的局限,并且也鼓动奴隶们争取自由。在革命战争之前,逃亡者的数量还很少,但是在战争的混乱中,逃亡者的数量迅速增加。这种现象在上南部地区尤其明显,因为那里的农业种植需要两三代非裔美国人精耕细作,这就使他们能够十分熟悉乡村的情况。在战争结束时,这些逃亡者也成为了不断增长的自由黑人的一部分。

尽管战争持续的时间并不足以摧毁奴隶制,但是爱国者们为他们自己的反叛所找到的正当理由——自由思想意识,在战争结束后仍继续受到挑战。如果人人生而平等,那为什么有些人仍然是奴隶?

奴隶制最先坍塌的地方是新英格兰,因为在那里黑人很少并且也从来不是劳动力的重要组成部分,对白人的统治不构成威胁。而在比新英格兰黑人人口更多、奴隶观念更加牢固深厚的大西洋沿岸的中部诸殖民地,奴隶制对于革命变化的抵抗也更加强劲。大量白人移民的涌入可以确保雇主有足够的劳动力供应,这削弱了反对废除奴隶制的论据的说服力。到1804年为止,北方的每个州都为一个最终解放方案做了相应的准备。

但是奴隶制仍然在苟延残喘。1810年,大概占据了黑人总人口数四分之一的3万名黑人仍然是私人奴隶。尽管在接下来的几十年中,奴隶的数量大幅减少了,但是奴隶制仍然存在。1840年,在"自由"州有超过1000多名奴隶。此外,在很多北方新州中,奴隶所有者与他们的盟友企图推翻《西北法令》中的反奴隶制条款并试图恢复奴隶制。但是,这一企图并没有成功。为此他们又制定了各种各样的长期契约关系,这就允许私人奴隶秘密地兴盛起来,直到内战才结束。尽管奴隶制仍在垂死挣扎,但是它注定是要被毁灭的,北方众多的黑人已经获得了自由。

在宾夕法尼亚州的南部,解放奴隶面临的障碍仍然很多。如果从长期来看,这些障碍是无法克服的。但是在南方的很多地方,18世纪中期福音教派的复兴所激发出来的基督教平等主义,补充和强化了革命的理想主义影响。正如革命思想一样,宗教的觉醒也超出了各个群体之间的界限。卫理公会与浸礼会的信条交叉影响着南方殖民地,上百个宗教集会使得成千上万的人皈依各自的教派。他们受到这一革命性思想——在上帝面前人人平等——的驱动,常常用同样的热情来接待白人与黑人皈依者。圣餐桌上的平等极具感染力,一些教徒往往会打破世俗心态的各种局限,把精神上的与世俗间的平等连接起来。卫理公会、浸礼会及其他新教派别与贵格会一同成为南方反对奴隶制运动最重要的组成部分。他们也和北方的教派一样,组织反对奴隶制的各种协会,向立法机构请愿,并协助各种寻求自由的诉讼。

在上南部发生的经济变化,尤其是在马里兰州、特拉华州与弗吉尼亚州北部地区,给奴隶解放者打开了缺口。从18世纪60年代开始,世界范围内的粮食需求不断增加,这就鼓励种植园主去扩大谷物生产。战争及与独立同时产生的萧条,导致商业关系混乱,进而加速了切萨皮克大部分地区由烟草种植向谷物农业的转变。这一改变又导致了奴隶需求的减少,因为依靠现有技术,小单位小麦种植的繁荣完全依赖自由劳动力。很多农民发现过多的奴隶是他们的负担,并且农业转型及随之产生的新的加工方法与市场模式的发展,加快了商业的步伐,刺激了轻工业的发展和城市的扩大。巴尔的摩(Baltimore)、里士满(Richmond)、弗雷德里克斯堡(Fredericksburg)与匹兹堡(Pittsburgh)获得了前所未有的发展。总之,农业景象的改变增加了商业活动,刺激了尚处于雏形的城市化,与此同时工业化也深远地改变了这一地区。很多美国人相信上南部将会追随宾夕法尼亚的发展模式,而不是以远离北部州的南方各州为榜样。随着这些变化的发生,奴隶的价格也随之下跌,奴隶制的未来成为了一个有待于进一步讨论的问题。

上南部的经济转变也间接地从其他方面为黑人获取自由提供了支持。在这一地区,佃农与独立商人的数量不断增加,他们往往需要额外的劳动力,但很少染指奴隶买卖。所以他们常常雇佣黑人,并且很少有人来质问他们。能够找到一个哪怕是获得几天安全的避难所的能力,对一次成功的逃亡或是重新成为奴隶都会有巨大的影响。如同相对混乱的奴隶解放一样,许多逃亡者的成功不仅增加了自由黑人的数量,而且更多的是来自上南部地区。人口更庞大、肤色更黑的自由黑人掩护了逃亡者,增加了他们成功的可能性,还鼓励那些仍然是奴隶的黑人摆脱奴隶制,走向自由。从革命的混乱期开始,逃亡者的数量不断增加,一直持续到战争之后。

尽管释放的与逃亡的奴隶人数不断增加,但是奴隶制仍然存活了下来,并且恢复了它的势力,在大多数地方甚至还有所发展。然而革命时期所发生的社会变革极大地改变了上南部自由黑人人口的数量与特征,并且把自由的影响反馈到这一地区的奴隶社区之中。

自由黑人的数量变化可以通过马里兰州的情况清晰地看出来。在1755年到1790年之间,该州自由黑人的数量几乎增长了350%,大概达到8000人。在接下来的十年中它的数量又翻了一倍多。到1810为止,马里兰州大概有四分之一的黑人获得了自由,达到了3.4万人。尽管并不明显,但是马里兰州的奴隶制受到了致命一击。

在整个上南部,自由黑人的数量也快速增加。1782年,弗吉尼亚州将私人释放奴隶合法化。圣·乔治·塔克(St. George Tucker)估计他所在州的自由黑人的数量是2000。到1790年,弗吉尼亚州自由黑人的数量达到1.2万。十年之后,数量变成2万,到1810年为止,这一数量超过3万。从1790年至1810年的20年内,弗吉尼亚州自由黑人的数量翻了一倍多。总计起来,上南部自由黑人的数量在1790年到1800年之间增加了90%,而在接下来的十年又增加了65%,这就使得该地区自由黑人的数量占到了该地区黑人总人数的10%以上。

尽管如此,在北部与上南部促使黑人社会转变的各种社会力量在下南部仍遇到了顽固的抵抗,因为在那里,经济与人口因素制约着观念与宗教复兴。战争开始以后,下南部白人从南方各州与北部进口了几千名奴隶。1803年,南卡罗来纳州重新开启了与非洲的奴隶贸易。直到1790年代圣多米尼克(Saint Domingue)的黑人革命成功后,几百个肤色较淡的人才逃亡到美国海岸,这样下南部自由黑人的数量才大幅增加。因此,下南部和北部与上南部的情况不同,它的有色人种中自由人的数量仍然是该地区黑人总数中的占极少部分的黑白混血人。

1790年至1810年自由黑人人口数量表

	1790年	1800年	1810年
美国	59,466	108,395	186,466
北部	27,109	47,154	78,181
南部	32,357	61,241	108,265
上南部	30,158	56,855	94,085
下南部	2,199	4,386	14,180 *

* 1800年至1810年,下南部自由黑人的增加主要是由于路易斯安那州的加入。
数据来源:1860年美国人口(华盛顿特区,1864年统计),第600—601页。

在改变黑人社会结构的过程中,发生在革命期间的一系列事件不仅使得北部、上南部与下南部的黑人数量出现了新的变化,而且也扩大了原有的地区差异。到 18 世纪末,北方白人致力于解放奴隶,绝大部分黑人都获得了自由。而在另一方面,上南部的奴隶制经受住了革命年代的各种挑战,但是在这一时期自由黑人的数量迅速增加,以至于到 1800 年,超过十分之一的黑人获得了自由。而下南部尽管受到战争的巨大影响,但是奴隶制从来没有直接面临过北部、甚至是上南部那样的废奴主义者的压力。在整个战后时期,它不仅几乎没有受到过挑战,而且还迅速弥补了战时的损失,进入了一个大扩张时期。下南部自由的有色人种仍然如同在殖民时期一样,仅仅是不断快速增长的奴隶人口中的一小部分。奴隶与自由黑人社会结构上的地区差异不仅反映与影响了白人的种族态度,而且还改变了后来黑人生活的发展。

黑人社会中结构性的与文化上的变化深深影响了白人的态度与行为。从长期来看,他们强化了白人种族主义。但是由于越来越多的黑人获得自由,白人不再能够仅依赖地位就把自己与他们所鄙视的人区分开来。于是,他们开始摸索各种新方法,使自由黑人处于次要地位并把他们自己与所有黑人隔离开。就这样,由于自由黑人人口的增加,白人约束黑人的流动,限制他们的经济机会,剥夺他们的大部分政治权利,并图谋把自由黑人驱逐出这个国家。然而,革命强调的是平等,这迫使白人反思他们的种族观的价值。这一反思导致了一些白人种族态度的变化以及肤色界限的短暂消失。释放奴隶法令的自由化,反诱拐奴隶法的通过,自由黑人数量的增加与奴隶制面临的挑战,所有这些都反映出白人种族态度微小但实质性的变化。这些变化给黑人提供了些许空间,使得他们参与到一个经常对他们的基本生存怀有敌意的社会中。尽管如此,种族主义在革命的美国仍具有强大的力量。在第一次重构美国黑人生活的努力中所出现的社会与文化,体现出黑人仍然生活在种族压迫的体制下,但白人的种族歧视有所减轻。

自由、文化的成熟与白人态度的新变化,这三者累积的效用释放了黑人的创造力。刚刚获得自由的黑人立刻就赋予他们新赢得的自由以意义,带来了美国黑人生活的文化转变。他们取了新名字,建立了新的住宅与就业,重建了家庭生活,选择了第一个被认可的领导阶层,还建立了新的社会行动的各种机构与模式……

尽管自由仍伴随着禁令与排斥,但是不管是对自由人还是奴隶,自由都为他们创造了新的机遇。新的机遇允许黑人获得一些以前禁止他们担任的职务。一下子,黑人就可以成为画家、诗人与作家,还可以是天文学家、牧师与商人。

本杰明·伯纳克(Benjamin Banneker)的历书,菲莉丝·惠特利(Phillis Wheatly)与朱比特·哈蒙(Jupiter Hammon)的诗歌,以及乔书华·约翰斯顿(Joshua Johnston)的画像,这不仅代表了这些具有天赋的男女的成就,而且也是革命时代文化转型的象征。

自由所创造的新机遇也允许一些自由黑人积累财富,维持一定的经济安全。威廉·芙罗拉(William Flora)是革命战争时的一个老兵。他一从军队退役就在弗吉尼亚的朴次茅斯买了几块地皮,后来又开了一个马房。他在那里经营了30年,最后把财产留给了儿子。詹姆斯·麦克亨利(James McHenry)是马里兰的一个鞋匠。他于1783年赎买了自己,四年后又以一年35英镑的价格租佃了一个农场,并拥有"一所房子和其他资本来经营他的农场"。亨利·卡特(Henry Carter)是弗吉尼亚的自由民,他也同样获得了成功。他于1811年被释放,六年之内,他不仅有"足够的资金来赎买他的妻子普利茨拉(Priscilla),而且还有一些其他的私人资产与不动产"。在全国范围内,随着自由黑人数量的增加,一个黑人资产持有者阶层也在不断形成。甚至在一些地方,自由黑人还控制了规模庞大的贸易商业。马萨诸塞州新贝德福德(New Bedford)的海运船长鲍尔·库费(Paul Cuffee),费城的帆船制造者詹姆斯·富顿(James Forten)以及北卡罗来纳州威尔明顿(Wilmington)的商人罗伯特·谢丽丹(Robert Sheridan)的巨大成功,可以表明黑人利用自由创造出不断增多的机会(即使仍然受到限制),是多么的迅速。尽管大部分黑人仍然是奴隶,或是穷苦或是毫无资产,但仍有一些自由黑人积累了少量的财富与名望。

渐渐地,一个新的黑人精英阶层出现了。波士顿的普林斯·哈尔(Prince Hall),费城的理查德·艾伦(Richard Allen),巴尔的摩的丹尼尔·寇克(Daniel Coker),里士满的克里斯托弗·麦克费森(Christopher McPherson),萨凡纳的安德鲁·布莱恩(Andrew Bryan)以及全国黑人社区中的一批其他精英出现了。他们都是在革命发生前的十年里出生的,等到自由黑人数量增加,美国非裔文化成熟时,他们也就成年了。他们当中的大部分都是由于美国革命所激发的变革才获得自由的,并且他们还有与自由相伴的乐观与热情。他们比大多数黑人更加富裕,接受了更好的教育,因此也就更加容易成为黑人社区的领导人物,并能够迫使白人增加黑人的自由范围。这一黑人精英阶层利用《独立宣言》中的思想,领导黑人向国会与州立法机构请愿废除奴隶制,去除其他阻碍自由黑人享有全部市民权利的障碍。诺福克的自由黑人在一次具有典型意义的行动中就请求他们能够在法庭中作证,这样他们就可以证明白人的说辞是否属实。波士顿黑人要求他们能够平等地享有该市的教育基金,这样他们就能使他们的孩子受教育。南卡罗来纳州的自由黑人请求去除一项加在他们身上的特殊人头税,因为这一人头税使得他们陷入了一种"近似于奴隶制"的境遇。而田纳西州纳什维尔的自由黑人请愿"他们应该拥有任何一个自由市民所有的机会,而且机会的大门应该向所有的种族平等地开放"。在北方,那些刚刚获得自由的黑人强烈要求彻底结束奴隶贸易,并实行奴隶普遍解放。偶尔也会有些胆大的南方自由黑人,像丹尼尔·寇克一样,公开遣责奴隶制。但这些自由人的抗议请愿是徒劳的。即使是最起码的请愿也只会增强压制,进一步把他们抛向自由社会的底部。

自由人对于白人顽固的敌意感到沮丧,于是他们采取了两种不同的策略。一些自由人通过证明他们比其他黑人更加自由,开始远离奴隶,转而努力取悦白人。这一策略在下南部及其他地方都十分有效,因为在那些地方,自由人与奴隶之间的关系从来就没有紧密过,并且很多新近到来的有色人种由于海地的奴隶叛乱而遭受了重大损失。18世纪90年代,查尔斯顿的自由有色人种建立了一个"棕色联谊会"(the Brown Fellowship)。这一组织仅限于肤色为棕色的自由人,并且在内战前仍保留着黑白混血的特征。

但是大部分自由人,尤其是北方与上南部的自由人,则采取了另一种策略。他们越来越亲近黑人,致力于加强黑人社区的力量(其中包括自由黑人与黑人奴隶)。奴隶常常与自由人一起建立一些组织,在那里他们可以祈祷,教育他们的孩子,娱乐,以及保护他们自己。非裔教会、学校及一些友好的组织,不仅能够满足由于自由黑人增多而不断增加的各种新需求并赋予黑人自由的意义,而且也象征着美国非裔文化的出现,体现出黑人社区团结的努力。

然而,即使黑人获得自由,他们也没有很快地组织各种独立机构。例如,非洲教会的发展不单是自由黑人增多的结果。起初,大部分黑人依赖于白人主持的福音教会,这使得接受四福音书成为救赎的唯一标准,教会也欢迎黑人加入该教派。不仅是自由黑人,奴隶与贫苦白人也体会到了公开的会员关系、极富感情的布道与充分的表达自由。这与以往那种古旧、呆板的宗派的各种冷冰冰的限制形成了强烈的对比。为了避开怀有敌意的治安官与奴隶巡逻队,这些包含不同种族的会众常常迫不得已在不固定的时间聚会传道,但是在这些教会中黑人会员迅速增加。到18世纪末,成千的黑人,自由人也好,奴隶也好,都加入了卫理公会与浸礼会。

福音教派的特质与他们所宣扬的基督教平等主义共同促成了新的种族关

系。在很多教派的教会当中，黑人与白人可以毫无区别地坐在一起。由黑人牧师来主持白人参加的宗教会议与集会也是很正常的。1794 年，当弗吉尼亚的一个教会质疑这种行为时，朴次茅斯浸礼会坚定地宣称："不论上帝的话，还是体面的教规都没有禁止教会派出他们送出的男性作为代表！"有时候，黑人也会成为一个种族相互混合的会众的牧师。长老会的黑人巡回牧师约翰·查维斯（John Chavis）在白人之中的传教就获得了很大成功。亨利·伊万斯（Henry Evans）是一个黑人卫理公会的牧师，法耶特威尔（Fayetteville）的白人认为他是"那一时期在这一教区内最好的牧师"。理查德·艾伦（Richard Allen）从他费城的布道坛往下看时，他看到"白人与黑人几乎一样多"。

然而旧有的种族关系模式具有强大的恢复力。基督教的平等主义只是一时突破了肤色的界限，但是并没有打破种族界限。在大多数教会当中，会员关系并不能确保黑人平等参与教会活动。实际上，白人往往会把黑人的座位排在一个边缘的角落或是走廊上，并限制黑人教会会员的大部分权利。弗吉尼亚的一个教会还专门把一些座位漆成黑色，以免让人混淆。

当黑人发现自己被白人教会剥夺了教会权利，或者在一个混杂的教会中被歧视时，他们就开始尝试组织自己的宗教组织。在这一过程中，黑人不仅缺少资金和组织经验，而且还会面临白人们的激烈反对。这一现象在南方尤其明显，因为那里的白人往往把自由人与奴隶混为一谈，并且把每一个自由黑人的集会都看作是一个叛乱的阴谋，不管这些集会多么无害。而在北方，奴隶制的废除在很大程度上使得白人消除了类似的忧虑，这就给黑人更多的组织机会。北方白人通常温和地对待黑人的各种机构，并和本杰明·拉什一样相信"给黑人建教堂比建监狱更加廉价"。

白人对待黑人的态度允许黑人在北方的行动更加公开。当北方自由黑人迅速建立他们自己的教会与学校时，南方的自由黑人（奴隶也常常加入其中）仍然遇到强烈的反对。尽管白人反对的呼声不断高涨，但是黑人教会的数量在 18 世纪 80 年代到 90 年代之间仍然稳定增加……白人主导的教会对不同黑人实行不同程度的歧视，导致黑人分离主义的形成，而一些黑人却乐见这种分离。因为这种分离第一次允许他们完全控制自己的宗教生活。到 18 世纪末，从波士顿到萨凡纳的黑人社区都以拥有自己的非裔教会而自豪。

19 世纪初，黑人继续在北方建立非裔教会，还扩张到南部的奴隶州。1816 年，来自于北方的不同地区的黑人牧师一起建立了第一个独立的黑人教派——非裔卫理公会（the African Methodist Episcopal Church）。虽然这一非裔教会在北方繁荣发展，但它在南方却面临困境。当北方白人由于奴隶制的废除而免遭叛乱的恐惧时，这种恐慌却在南方白人之间不断蔓延。1800 年，当弗吉尼亚州加布里埃尔·普诺色（Gabriel Prosser）流产的叛乱几乎把这种南方白人的恐惧转换成可怕的现实时，非裔教会面临着巨大的压力。歇斯底里的白人关闭了很多黑人教会，迫使黑人牧师逃离了南方，即使是那些给黑人传教的白人牧师也受到了攻击。1802 年，当一名白人巡回牧师试着在里士满的一个黑人与白人混杂的教会中传教时，就有人威胁要鞭笞他，并把他驱逐出该市。查尔斯顿的卫理公会教徒因为允许黑人参加宗教集会，也受到"监视、嘲弄与公开的攻击"。黑人教会的发展在 19 世纪的最初几年内突然停止了！但是之后它将会在各种不同的情况下得到恢复。

非裔学校和独立的黑人教会一样，其最初的发展道路很是曲折。在革命战争之后的几年中，种族敌对有所缓解，这就鼓励一些自由人和富有同情心的白人在北方、甚至一些边境州建立起一些混合学校（integrated academies）。但是在这一过程中，缺乏福音教会中那种把穷苦白人与黑人联合起来的特殊的情感与理想。学校是中高层阶级的机构，仅阶级的显著差异就毫无疑问地把绝大多数自由黑人排除在外。由于缺少资金和白人不断增长的敌意，混合学校的维持举步维艰。在世纪之交，革命的平等主义日渐消亡，这使得当时仅存的混合学校陆续关门或是将教室隔离开来。黑人学校的维持大部分都要依赖黑人社区。在北方，依附于黑人教会的非裔学校通常仍能维持，甚至在一些地方其规模与数量还有所增加。但是在南方，非裔学校被白人看作是颠覆活动的滋生地，遭到白人的激烈反对。

不管奴隶制在哪里继续存在，拆除黑人教堂与学校表明了白人对独立的黑人组织发展的强烈反对。即使白人为了永久地限定黑人低劣的社会地位，而去关闭黑人教会与学校，并且给黑人的自由设置了新障碍，他们仍不能抹杀在自由鼎盛时期黑人所获得的成就。在北方，非裔教会和学校继续发展，有时还会繁荣。而在南方，尽管这些组织常常被迫接受白人的监督或是秘密进行活动，但是仍在困境中艰难发展。

从表面上看，非裔文化与学校，以及相互帮助的友好协会不过是粗糙地模仿更大区域中社会上相类似的机构。这些机构不仅经常反映白人的价值观，而且还模仿白人社会中对等物的条条框框。但是仔细观察，就可以发现他们把经过一个多世纪才形成的美国非裔文化具体化了。那些观看过黑人宗教集会或者参加过黑人葬礼的白人，几乎一致地发现在严肃的礼仪上黑人与白人的巨大差异。所以黑人称他们的教会为非裔教会,黑人学校为非裔学校,黑人兄弟会为非裔兄弟会,这并不是偶然的。

在整个19世纪甚至到20世纪,这些组织机构给黑人的生活提供了一个社会福利机制的核心(an institutional core)。在非裔教会与学校当中,黑人给他们的孩子施以洗礼,教育年轻一代,照顾老弱病残的生活。非裔教会坚持婚礼必须在教堂举行、惩罚通奸者,偶尔也促使离异的夫妇复合。通过这些措施,非裔教会加强了黑人家庭生活的联系。这些机构的领导者,尤其是牧师,成为黑人社区与教会的显要,反过来又给那些具有雄心的年轻黑人提供一种前进的动力。此外,这些机构还给黑人社区提供了团结感和共同的目标。奴隶和自由人一起参与改变黑人社会,并塑造了过去一个世纪的文化转型。这比革命前的任何时期都更加明显。不久,自由黑人和奴隶将会分道扬镳。在这一时期较早时段形成的很多组织机构与自由黑人和城市奴隶手工艺人密切相关,这些人把它们放在北方与南方城市的黑人生活的中心。但是在革命后的几年内建立起来的新的社会与机构形式,并没有因为大量的黑人奴隶而缺失。革命所激发出来的变化遍布奴隶生活的方方面面,其作用方式现在仅可以勉强辨别出来。新的职业、宗教、家庭关系和新的社会角色与社会行为模式是由革命时期非裔美国人与英裔美国人生活的变化相融合而建立起来的,当棉花贸易的繁荣使奴隶退出沿海诸州,转而进入下南部时,它们继续在奴隶社会弥漫。黑人生活中的革命在美洲大陆扩散传播。在土壤肥沃、适合种植棉花的南部,奴隶重塑了革命时期的文化遗产,以此来满足新的种植园生活的需要。内战时期,《解放奴隶宣言》(the Emancipation Proclamation)和《第十三号宪法修正案》(the Thirteenth Amendment)这些革命时期的制度与文化的遗产再次出现,并且矗立在黑人生活的中心。

【本文选自 Alfred F. Young, ed., *Beyond the American Revolution: Explorations in the History of American Radicalism*, Northern Illinois University Press, 1976, pp. 369-377。】

罗伯特·卡尔霍恩[*]
肖莹 译

内战、革命和党派之争视角下的效忠派

效忠派是美国独立战争历史上一个复杂的群体。在大部分北美中南部殖民地人烟稀少的地区,很多人都倾向于默认那些能维持秩序和安全的政权。在此背景下,约翰·夏伊认为英国人和北美爱国者实际上是在争夺数量较大且不受约束的那一部分人的服从和敬意,这些人的忠诚、中立、温顺或不满都取决于他们自己的直接观察。为了将效忠派置于一个更广阔的社会背景下,历史学家们曾用内战、党派之争和革命等术语来定义那些引发和推动独立战争的社会冲突的不同性质。"内战"暗示两支军队来自同一个国家;"党派之争"则指其中至少一方会采取分散的、游击式的战斗手段;"革命"则是指反对现存制度的巨变。

本文将要展示的是:这些术语在检验效忠派军事活动的实际情况时——尤其是战争前半段——究竟有多大作用。但是,如果有人想通过效忠派的视角观察战争的后半段进程,了解战争对效忠派(这些人为自身和英国所面对的军事困境而苦思冥想)的心理影响,那就必须用到另一种术语——"内战"。

从1775年4月的莱克星顿战役和康科德战役到1777年豪和柏高英的进攻,北美战争的爆发是一些破碎且混乱的事件。没有简单的模式可以解释为什么战争前期会有近万名效忠者拿起武器。促使中立者拿起武器的原因大致可分为五种:(1)一些效忠派拿起武器只是为了保护不列颠在北美的财产(新到的英国移民,那些与驻扎在纽约城、奥尔巴尼的英国军队或者印第安人领导者有

---

[*] 罗伯特·卡尔霍恩(Robert McCluer Calhoon),美国历史学家,北卡罗来纳大学格林斯伯勒分校教授,主要从事早期美国思想史和效忠派的研究,代表作有 *The Loyalists in Revolutionary America*, 1760-1781 (1973), *Dominion and Liberty: Ideology in the Anglo-American World*, 1660-1801(1994)等。

密切的利益联系的人);(2)有些效忠派是在愤怒、困惑和恐惧的心理驱使下加入战争的;(3)还有效忠派认为他们应该在战略上对叛乱者施以可怕的报复,其行为是在深思熟虑和冲动共同作用下的结果;(4)王权派提出这是筹划安定与和解的必要步骤,有些效忠派只是回应了这种需要;(5)一些武装了的效忠派只是反对爱国贵族精英的农村激进主义者。很显然这五种因素相互重叠、彼此渗透,可以解释在不同情况下效忠派的行为。

  对革命不满的人大有人在,仅仅是这一点就反映并加剧了社会不稳定,正是这种不稳定性使双方都不能利用最好的机会。新泽西就是不列颠无力将军事优势转化为政治优势的典型代表。当英国军队在1776年初冬夺取纽约城并占领了新泽西之时,该殖民地的革命政权就已经分崩离析了。在大约13000名效忠派同情者中有近2500名新泽西志愿者,他们为一个被征服的殖民地的安定提供了丰富的人力资源。即使是在这样有利的条件下,安定仍无法实现。黑森雇佣军和英国军队的劫掠以及效忠派的很多报复性的残忍行为是对英国的嘲讽,讽刺其不过是虚情假意地去保护国王在中部殖民地的朋友。即使是在英军被迫撤退到安波伊(Amboy)和新布伦瑞克(New Brunswick)的海滩阵地后,新泽西的骚乱起初也为纽约城的英军指挥官提供了袭击的机会,但是这种渺茫的优势很快就消失了。在纽约城的新泽西流亡团体喜欢进行非法的恐怖活动,这对英国指挥官的威信造成持续不断的损害。

  有了像纽约城一样的驻防点,英国人就能为效忠派难民提供安全据点和庇护所。驻防点也是充满各种骚乱和意外事件的社区,社区内到处都是凶暴、粗鲁之徒。东佛罗里达的圣奥古斯丁(St. Augustine)和西佛罗里达的彭萨科拉(Pensacola)是15000多名南部各殖民地效忠派的避难所。为了将这些庞大的战时社区组织起来,英国人给难民分配了新的丰富的土地财产并且向其保证英国将会永远统治佛罗里达。在东佛罗里达,很多人都加入到效忠派的殖民地军队——东佛罗里达突击队中,这一突击队后来不过是成了亚历山大·普雷沃斯特上校(Colonel Alexander Prevost)和州长帕特里克·托尼(Governor Patrick Tonyn)之间进行激烈权力斗争的棋子。托尼任命一个不负责任的南卡罗来纳偏远地区的爱国者托马斯·布朗(Thomas Brown)来指挥突击队。这支突击队最初只是巡逻东佛罗里达和佐治亚州的边界,后来逐渐跑到佐治亚实施抢劫,偷窃牲畜和奴隶。

  托尼有野心去主动重新征服佐治亚,同时他又害怕叛乱者组成的民兵和正规军会偷袭圣奥古斯丁,他希望普雷沃斯特能做好一个下属应尽的职责。托尼还试图阻碍印第安人领袖约翰·斯图尔特(John Stuart)对克里克印第安人(Creeks)和乔克托印第安人(Choctaws)进行认真管治。这个急躁的总督希望斯图尔特为他们提供印第安人的有力支持,以帮助他征服佐治亚并定期加强圣奥古斯丁的军事防御。斯图尔特认为,印第安人的支持是珍稀资源,需要细致的谈判和谨慎的运用,但是总督却对此充耳不闻。在这方面,托马斯·布朗说知道有几千名潜在的效忠分子住在佐治亚和南卡罗来纳的偏远地区和小片的沿海地区。在托尼的支持下,布朗把一个危险的任务交给了突击队,让其去做征服偏远地区的先锋。托尼和布朗努力向西佛罗里达的效忠派流亡团体倾注力量、决心和热情,这正是1776年到1777年北美其他地区所极度缺乏的那种强有力的军民政策,但这些努力都得不偿失。对佐治亚州的袭击,用印第安人来当突击队的尝试,以及对残忍手段和非正规战争的采用都使沮丧且混乱的南卡罗来纳和佐治亚的革命政府意识到战争给他们的社会带来的巨大威胁。

为安抚革命中的北美十三个殖民地并重建英国的权威,约瑟夫·盖洛威(Joseph Galloway)在费城的行政管理可谓做出了最彻底和最成功的努力。盖洛韦于1777年被任命为费城治安和进出口主管,并在1778年英国军队撤离前一直担任此职。他成功将一个军士官僚体系中的次级工作范围加以扩展,使之有权对英国在费城的政策进行行政监督。1776年12月盖洛韦逃到纽约的避难所后曾竭力劝说豪攻打费城,甚至安排了一些水手与英国进攻军队在特拉华河(Delaware River)附近会合。

盖洛韦对豪进军城镇的迟缓行动十分不满,英国军队一驻扎,他就担任起该地区平民霸主的角色。他任命了一大堆辅助人员,并着手进行系统的搜集情报工作,确认效忠派,揭露可疑的叛乱同情者,掠取食物,建立医务管理部门,确保关于宵禁、垃圾收集、酒店经营许可证、救济穷人并实施其他地方政府职能的法规。他自己出资组织了两个由效忠派难民组成的连队,并亲自培养了许多具有高度纪律性和忠诚的游击队人员及间谍。重建名存实亡的市民政府对盖洛韦来说只是与殖民地重新和解的重要前提条件之一,另一个则是依照他的1774年邦联计划进行的宪法改革。

盖洛韦在1779年成为英国国会调查豪的战争指挥的主要证人。他荒谬地宣称80%的北美人都效忠于王室,这一言论降低了他对战争评估的信用。实际上,盖洛韦和豪对战争的本质和绥靖政策的要求都有很多相同的看法。豪认为,一旦大陆军队被迫撤出人口集中地区且无力抵制英军对领土的蚕食,那么大部分北美民众会开始站在王室这边。盖洛韦预言,如果对大部分效忠派加以哄骗劝导、保障其安全,使他们有机会支持绥靖政策,那么很多效忠派就会对这一政策给予回应。

在中部殖民地仍有许多走投无路的人,他们宁愿冒险也要反对革命时期的政权。在哈德逊山谷(Hudson Valley)和马里兰东海岸,一些平民主义叛乱者反对社会等级制度,渴望更广泛地分配政治权力,这种权力分配范围远远超出了纽约和马里兰的辉格派寡头统治集团所能容忍的限度。

哈德逊山谷佃户的不满已经郁积了10年。利文斯顿大庄园(Livingston Manor)是有着"伟大的辉格派家族"之称的男爵领地,庄园的佃户在1775年逮到了申诉冤情的机会。约有400名佃农在1776年为国王拿起武器;民兵充满不平情绪。最后,在1777年,柏高英将军进攻行动的消息激发了一场仓促的起义,但是这次起义很快就被忠于利文斯顿的民兵击溃。在马里兰的东海岸地区,战争使尖锐的经济和社会矛盾日益突出,在那里革命政权缺乏对政治进行直接管制的机构和途径。这一地区的部分黑奴回应邓莫尔勋爵(Lord Dunmore)号召他们离开自己主人的呼吁;前三个想要投奔英军的黑人奴隶被抓到后当众绞杀、斩首和肢解。白人效忠分子人数更多,且更加难以对付。地方监督委员会和殖民地安全委员会都缺乏实际权力和政治力量对那些公开承认的英国同情者施以严酷的惩罚。在革命期间,34%主张采取政治攻势的东海岸居民都是些没有土地的农民,而群众压力促使法官和陪审团对其宽大处理。由于有人要求指挥官的产生必须由地方选举而非政府任命,民兵组织也陷入瘫痪。在食盐起义中,一些具有武装的人迅速从富有的辉格派商人手中夺走原本就稀少的食盐储备。在很多情况下,辉格派行政人员总是被攻击甚至诅咒,但行凶者却可以逍遥法外。

猛烈的下层阶级效忠派动乱只是个别例子,并不能对革命的成功构成真正的威胁,但是它们显示了社会秩序的一个重要特征:引用威廉·H.纳尔逊(William H. Nelson)一句贴切的话,存在一个相当数量的少数派,他们"感到无力且受到威胁,并且有着与大部分北美人不同的利益"。这些人包括和平主义者和虔信派教徒、刚到南部偏远地区的人以及莫霍克山谷(Mahawk Valley)的印第安人和白人定居者,后者仰赖于北部印第安部落的监管者提供的领导和保护。这些群体的存在及其态度并不意味着只要英国开发利用这些资源就会赢得战争;而只是意味着要将英国的这一强大的资源动员起来,母国要付出超过它能力所及的代价。英国为此要派遣足够多的军队占领由恐惧、慌乱的国王子民居住的广大地区,从而克服这些自卫者的怯懦,将他们动员起来。效忠派军事积极性的起伏有助于更精确地定义"党派之争""内战"和"革命"的本质。党派之争是非正规的战争,通常会包括由非正规的叛乱队伍引起的恐慌。当战争一方或多方的军事和政治机制在战时有争议的领土上停止运作时,党派之争就会爆发。这时权力真空会被这样的人取代——他们行事莽撞,无视人性,不服从有正式任命的长官。非正规战争不会代替传统的主力军队作战,前者发生在传统战争的边缘地带,在那里没有哪一方可以利用常备军保持行政稳定。尽管发生在传统军事作战的外围,但非常规战争仍是一个不稳定因素,它使数量相对少的一群人能够打乱之前由各竞争派别所建立的平衡。

内战是在同一个国家内部不可调和的社会敌对双方之间发生的长期战争,对立双方都不想让对手获得政治权力和社会优势,并力图破除对方的主张和原则。从某些标准来判断,北美独立战争是一场内战,因为有19000名效忠分子曾经拿起武器。然而内战的重要性往往表现在它是一场潜在的战争,而不仅是一场实际发生的战争。当效忠分子恳求英国在某些地区集中兵力,如特拉华山谷、切萨皮克海湾、哈德逊山谷、俄亥俄山谷和宾夕法尼亚东南地区,以动员众多效忠派居民的力量时,这些自我任命的战略顾问确实认为内战有可能即将来临。他们推测,这场战争将取决于效忠派与反叛者在控制地域的较量。当英军能冒必要的风险,并肯花足够的人力和物资在殖民地为效忠派和屈服的王室追随者建立安全据点时,内战可能就会爆发。

革命战争是最难定义的,因为严格来说,这一术语主要用于如下两种社会状态:一种是正处于要彻底分配财产和机会中的社会,一种是正在从一种生活方式迅速向另一种方式转变的社会。但这两种情况都不完全符合美国革命的情形。对英国权威的抵制和共和政府的出现引发了强烈的激情,这种激情近似于一场革命中的情绪。另外,内战和党派之争反复无常的混合时断时续地发生在独立战争期间,这使得冲突具有潜在的革命性,因为它使野蛮的幽灵出现。

从这个角度来看,在对边疆地区的争夺中,独立战争是党派之争;当英国威胁要对大部分地区取得牢固统治时就成了内战;当北美胜利的希望时不时地预示着一场令那些团结且不安的效忠派和中立分子恐慌的社会变化时,战争就有了革命的性质。这一临时模式没有严格区分内战、党派之争和革命战争。比如莫霍克山谷的居民就觉得他们被卷入到一场持续的内战中,但是只有圣莱杰(St. Leger)的进攻时期才符合内战的确切定义;两支敌对的常规军队相互对抗,英国还几乎获得了该地区的控制权。然而这一时期莫霍克印第安人对亲美的奥奈达人(Oneida)的劫掠,却标志着一场莫霍克武士和巴特勒(Bulter)突击队反对爱国的白人定居者及印第安人的党派之争的开始。

正是这种复杂性促使像哈利·埃克斯坦（Harry Eckstein）这样的政治理论家提出"内部战争"的理论模式，以此来解释整个冲突的过程——涵盖了社会革命、民族解放斗争、独立战争和伴随着政治现代化的内部冲突。政治现代化意指"在政治秩序内通过诉诸暴力来改变宪法、统治者和政策"。在效忠派叙述后半段战争的现存文献中，他们更加急切、集中地讨论了内部战争的问题，并揭示出隐藏在社会秩序深处的反革命活动的起因。

效忠派关于战争本质的论述或许不能算是作为军事现实主义者的精确客观描述，但是他们确实揭示了战争对人类精神和想象的巨大影响，这种影响在那些认为自己是北美残忍行径和英国无能的受害者的人身上表现得尤为明显。将战争视作一种惩罚手段表明英国人和效忠派所面临的军事困境异常复杂。南卡罗来纳州的效忠派地方长官罗伯特·格雷（Robert Gray）上校之前是个辉格派，出生于偏远地区，他承认在1780年夏天南卡罗来纳被占领时曾向往秩序且害怕社会分裂。他写道，"对南卡罗来纳的征服是彻底的，效忠英国的居民占总人口的1/3，绝不仅仅只是最富有的人欣然拿起武器维护英国政府，其他人也加入到（效忠派）军队中，部分是因为他们认为战争将在南部各州结束，部分是因为他们想讨征服者的欢心。他们满心欢喜地希望能在战争所带来的灾难中获得喘息的机会，期待英国政府的重建措施能使他们重新享有战前的幸福生活。辉格派和托利派都抱有这样的想法，并争先恐后地证明他们对英国权威忠实的顺从，于是南卡罗来纳的骚乱最终平息"。

这种情况对英国人来说远算不上是优势，反而是一种危险。发誓表示效忠的叛乱者返回他们的农场，查尔斯顿的商业复苏了。人们沉迷于这种经济繁荣之中，因而对英国军队征用马匹、牲畜和生活物资的行径感到愤怒。在市镇和军事重建中效忠派的突然崛起使之前的辉格派官员"因抱负受阻而备受煎熬"。当声名狼藉的叛乱者被抓到后，"无知的"英国长官让他们宣誓效忠，然后将他们放回农场。几天后这些叛乱者背弃承诺并报复那些曾协助逮捕他们的效忠派士兵。时局不断在麻木的顺从和愤怒的报复中来回摇摆，在不稳定的局势下，效忠派武装力量失去了作为战争团体的凝聚力。"长官无法激励他们，让他们具备战士必需的信心，"而且英国常备军也鄙视"在风俗习惯和行为上如此迥异的一群人所组成的军队。"弗格森（Patrick Ferguson）的效忠派军队在金斯山（Kings Mountain）的解体以及南卡罗来纳偏远地区对效忠派越来越残忍的处置，这两点共同粉碎了英国对该地区微弱的控制。"不幸的效忠派在边境地区发现整场战争的狂怒向自己袭来。他再也不能在自己的房子里安然入睡,只能藏在沼泽地里。"格雷认为,由于英军反对处决被西部边境的效忠派抓起来的叛乱者,很多效忠派"为了能安然入睡而不用担心性命朝不保夕"被迫与叛乱者联合起来。其他的效忠分子则是简单地采取像切罗基战争的幸存者那样的残忍的游击战策略——伏击,即刻处死无助的俘虏,夺取受害者的财产。"总之,整个殖民地就像一块百衲布","各个定居点上意见相投的居民都拿起武器站在他们最喜欢的一边",甚至"对其他的定居点展开持续的袭击"。

效忠派对革命中社会秩序的优劣性有敏锐的洞察,他们坚持使用常规的和非常规的武力来破坏那种秩序,这两点导致效忠派在战争的后半段将这场冲突视为一种惩罚和报复手段以及社会控制方法。但是,革命中的社会秩序见不到这种惩罚。效忠派的沮丧和愤怒是可以理解的,面对这样的军事局势,他们变得越来越急躁和不安分。结果,他们将战争视为一种惩罚手段的基本考虑却被忽视了。他们的观点的核心是假定1778年到1779年革命将会崩溃,并认为英国人若施以灵活、坚决的压力,这一过程将得以实现:"叛军的货币体系将在崩溃的边缘摇摇欲坠,如果不能恢复的话,即使普通民众不反对一个只会带来不幸和严格管制的政府,他们也会采取漠不关心的态度";"最初能使资金拮据、准备不足和资源匮乏的北美人变得如此成功的那股热情现在已经消失在厌恶和失望中了,曾经存在的那种普遍的团结一致被取代,目前仅存在一个派系和一支规模有限的、虚弱的军队,而且这两者均不是由人民组成"。这些结论正是纽约城效忠派难民的领导者要求帕特里克·弗格森少校在1779年11月转达给克林顿将军的内容。

弗格森告诉克林顿说,民众对革命支持的减弱以及革命政权的虚伪本质为英国人提供了战争胜利的关键条件。一旦叛乱者意识到他们无力将英军逐出佐治亚,一旦反复无常的法国舰队撤出北美海域,英国就可以不受限制地进行一场报复行动去"折磨乡下人",逮捕和惩罚叛乱带头人和"那些依靠劫掠生存的人"。到那时华盛顿要么迎战要么耻辱地撤退,货币体系将会崩溃,大陆会议将无力惩罚叛逃者,而人民会发现"他们的苦难没有终点"。这一切需要英国政府采用"唯一正常的、无可非议的高压模式,摧毁他们的一切资源",没收那些妨碍对叛乱进行镇压的人的财产。

深受约瑟夫·盖洛韦信任的伊萨克·奥格登(Isaac Ogden)在一年前就做出与此相同的估计。他在1778年11月向盖洛韦保证说,"叛乱分子已命悬一线了。"

奥格登和弗格森都认为这次叛乱是一次真正的社会运动。这意味着大陆会议和军队至少在初期是"由人民组成的",民众的"狂热"曾一度取代了金钱、官僚体系和领导权。在英国人的军事行动戏剧性地向大部分人显示抵抗的徒劳之前,这两个人都承认这场运动不会消亡,从这个意义上来说,他们都承认这场运动有着固有的社会根源。奥格登和弗格森似乎更深刻地意识到叛乱的内在特征是对其施以镇压的关键。通过将战争带入整个社会,将劫掠和杀戮作为心理武器并威胁会引发彻底的社会动乱,英国可以将心灰意冷的叛乱者转化成绝望和不再抱幻想的和平与顺从的支持者。约翰·古德里奇(John Goodrich)建议克林顿从詹姆斯河和约克河对"声名狼藉的首府"威廉斯堡发起一次大反攻。他解释说,"一次破坏行动的教训将会产生良好的效果,人们的心理因骇然受惊而期望整个国家同呼吸共命运。对抓获活跃的叛乱者的行为给予奖励,奖励大小依叛乱者的地位和重要性程度而定,施以适当的惩戒和奖赏,并保护那些温顺和诚实的农民。这些工作做好后,每个叛乱者都会怀疑其邻居,彼此的信任也就消失,民众中那些自觉有罪的人来不及转移生存物资就不得不遁入边远地区,饥饿使他们陷入绝望并睁亮双眼,他们会向那些将他们引入毁灭的领导人发起攻击,和平和归顺理所当然地将会继之而来"。

从1778年到1781年,效忠派决心用战争来鞭笞北美社会,惩罚其忘恩负义和拒不服从的罪行。这种决心是政治洞见和道德绝对论的奇异混合,与辉格派的思想意识特征一脉相承。效忠派对军事现实的看法恰如"1776年精神"(Spirit of '76)漫画中的镜像。

【本文选自 Robert McCluer Calhoon,"*The Loyalists Confront Civil, Revolutionary, and Partisan Warfare*",*The Loyalist Perception and Other Essays*,University of South Carolina Press,1989,pp. 147-162。】

格里高利·唐德[*]

肖莹 译

注定失败的印第安人

在美国革命的大部分时间里,上俄亥俄(Upper Ohio)地区仅有一派印第安人坚持与新兴的共和国保持友好关系:他们是环科肖克顿(Coshocton)地区多语言聚集村落的居民。在1777年秋季之前,其他所有的印第安人部落均与合众国(the United States)兵戎相见。随着北美革命的第一枪在东部打响,科肖克顿及其周围地区成为一些印第安人的避难所,这些印第安人试图与敌视盎格鲁—北美人叛乱的印第安人划清界限。尽管这些保持中立的村落领袖是操乌纳米语的德拉瓦尔人(Unami-speaking Delawares),科肖克顿仍成为穆恩斯(Munsee)—德拉瓦尔人和肖尼族人(Shawnees)的庇护所。肖尼族人常被刻画成是顽固的好斗分子。科肖克顿肖尼族人是肖尼人的一支,其存在显示了在共和国的扩张时期,是武力而非对部落和种族的忠诚对印第安人起分化作用。一些反对武力的肖尼族人选择与他们"志同道合"的德拉瓦尔人住在一起,而不是加入他们的亲族与合众国为敌。

印第安人部落之间的派系之争使泛印第安人统一运动(pan-Indian unity)中断。有些印第安人反对这种统一运动,若没有对这些人的观点、政策和失败做相关研究,就不可能对此运动有充分了解。科肖克顿的肖尼人和德拉瓦尔人正是对这一运动持反对态度。基于对生活物资的考虑,在南北俄亥俄河流域,皈依基督教的印第安人希望与英国结盟,但科肖克顿的村民们却试图与合众国保持和平。尽管在上俄亥俄地区科肖克顿的印第安人孤立无援,但是他们在大陆

---

[*] 格里高利·唐德(Gregory Evans Dowd),普林斯顿大学博士,现为密歇根大学美国文化系教授,主要研究方向为北美革命时期的军事史和印第安人研究。其主要著作有 A Spirited Resistance: The North American Indian Struggle for Unity, 1745-1815(1992),War under Heaven: Pontiac, The Indian Nations, and the British Empire(2002)。

内部仍有同道者；卡托巴族（Catawbas）、切诺基族（Cherokees）、克里克族（Creeks）、契卡索族（Chickasaws）、波塔瓦托米人（Potawatomis）、皮安卡肖族（Piankashaws）这六个部族中的一些派系和其他部族的印第安人希望与盎格鲁—北美革命者们互相合作，争取包容与和谐。正如科肖克顿人一样，很多印第安人最终只会更加失望。

从四个在地理上相互接近的地区可见，在革命时期俄亥俄地区已有相当程度的分化，它们是：摩拉维亚（Moravian）传教士密布的科肖克顿、北美在匹特堡（Fort Pitt）骚动的驻防地、英国在底特律（Detroit）的驻防地、英国间谍活动活跃的伊利湖。科肖克顿的历史不仅显示了印第安人在政治和外交上的复杂分化，同时也反映出边界地区的印第安人在向东寻求和平时所面临的棘手难题，这一困难深深扎根于对盎格鲁—北美人不断增加的恨意之中。

与科肖克顿的和解（1775—1779 年）

德拉瓦尔人领袖怀特·艾斯（White Eyes）和基尔巴克（Killbuck）一直支持与合众国保持友好关系。他们的族人居住在美春镇（Schönbrunn）、格纳登徐滕（Gnadenhutten）、塞勒姆（Salem）等摩拉维亚传教士聚集地附近，但是他们并没有皈依基督教。其中最耿直的中立者怀特·艾斯一直反对那些威胁传教士的印第安人。从1773年以来他就一直提议与盎格鲁—北美人建立合作关系。

怀特·艾斯力图为他的族人实现两大目标。首先，他希望大陆会议对德拉瓦尔人占据北俄亥俄地区表示认可；其次，寻求盎格鲁—北美人的指导。他希望在白人老师的指导下能获得领土自治和有效的经济合作。他认为，这些目标一旦达成，他的地位将会得到巩固，并在当地建立起自给自足的经济模式。他们也将重新获得那些信奉基督教的印第安人的支持，或者至少能为德拉瓦尔人提供稳定的住所。

尽管北美革命者在当时急切地想让印第安人主战派远离边境，但并没有批准任何暗示德拉瓦尔人所占领土具有合法性的协约。他们并不希望触怒在很大程度上仍保持中立的六大部族，这六大部族自以为是地要求将阿巴拉契亚山脉以西的大部分地区据为己有，而实际上这些地区很多都已被殖民者所购买，其中就有邓莫尔战争中肖尼族割让出的肯塔基。北美人支持六大部落对俄亥俄地区的土地要求，对肖尼族和德拉瓦尔族人的要求却置之不理，这给肖尼族中立者科恩斯托克（Cornstalk）和德拉瓦尔人中立者怀特·艾斯为其和平政策寻求支持的努力造成障碍。怀特·艾斯希望北美人承认德拉瓦尔人占据领土的合法性，如果说这一愿望在战争的前几年中只是未得到满足，那么他对双方进行经济交往的热切希望则几乎破灭。

1778年9月，匹特堡的协约委员会经过协商后制定了一组文件，印第安人中立者由此开始实现与北美人进行经济和技术交流的希望。这一协议主要由怀特·艾斯谈判达成。根据协议条款，科肖克顿村落中的德拉瓦尔人与米夸歇克（Mequashake）—肖尼族人"融为一族"。怀特·艾斯强烈反对印第安人中分离盎格鲁—北美人与印第安人的观点，反而希望科肖克顿和北美的"年轻人可以相互熟识且彼此间再无嫌隙"。大陆会议代表曾答应派遣教师去科肖克顿指导孩子学习。在一份相当激进的方案中，北美方面保证德拉瓦尔人对其所要求和暗示的土地拥有所有权，并大胆建议那些一直与合众国保持友好关系的俄亥俄印第安人建立一个邦国，"在这个邦国中，德拉瓦尔族人是首领，并且在大陆会议中有自己的代表。这种方案从未被大陆会议采用，在得到大陆会议的批准之前，这一条款中的任何内容都是无效的"。诚然，即使是最为宽容的会议成员也很难接受这样的议案，但它明确地反映了北美相关人员在这一问题上有多激进，同时他们也希望编造谎言以获得德拉瓦尔人的中立。

中立的德拉瓦尔领导人基尔巴克和怀特·艾斯十分重视与合众国的和平关系，并派遣他们的三个亲人——乔治·怀特·艾斯（George White Eyes）（怀特·艾斯8岁的儿子）、约翰·基尔巴克（John Killbuck）（基尔巴克16岁的儿子）和托马斯（Thomas）（基尔巴克18岁半的弟弟）深入到盎格鲁—北美人中。他们去了普林斯顿（Princeton）、新泽西（New Jersey），并住进处理印第安人事务的代理人乔治·摩根（George Morgan）上校家里，还在那里的学校和学院学习。

怀特·艾斯打算在科肖克顿附近建立北美人的驻防地，以保护其族人免受来自好战的同族邻居日益强烈的敌视，这更是体现了他与合众国合作的意愿。这一要塞将为科肖克顿人提供粮草补给、弹药和军事保护，但这并不意味着军事结盟。德拉瓦尔人并未准备好将他们建立要塞的要求与为北美人提供有力支持的保证结合起来，至少在1778年以前并未做好这种准备。

北美邦联答应建立军事要塞，以此作为补给基地和德拉瓦尔人的防御避难所，并计划利用这一军事要塞夺取底特律和劳伦斯堡（Fort Lawrence），后者原本由于孤立且缺乏供给而无法发挥作用。但印第安人野蛮的劫掠活动却阻碍大陆会议对底特律发起进攻，经济困难也使北美人不能有效地补给这个小型驻防地或通过它补给印第安人。在劳伦斯堡的北美军队疲惫不堪,当军队长官警告德拉瓦尔人要支持北美的军事行动以免招致北美邦联的敌意时,印第安人面对他的威胁只是一笑而过。

补　给

嘲笑是最有力的证明。印第安人对劳伦斯堡事件的嘲讽态度显示了德拉瓦尔人和肖尼族人最终放弃中立的一个重要原因,北美邦联在1770年代晚期不能为德拉瓦尔人提供他们赖以生存的生活必需品。1776年,乔治·摩根上校曾说过,印第安人的友谊是能买得到的,但是他担心英国人能够为印第安人提供更便宜的货物,"其价格比我们的商人开出的价格低得多"。两年后,匹兹堡指挥官爱德华·汉德(Edward Hand)绝望地要求,"即便是没有子弹,有一些弓箭也会让我们满足,因为我们的人并不擅长砸石头来杀死印第安人"。汉德的军队没有子弹意味着他的印第安邻居们也没有子弹。

物资供给的缺乏削弱了德拉瓦尔中立派的力量。在1779年秋的费城,一支科肖克顿的代表团提醒大陆会议,邦联曾许诺建立市场为德拉瓦尔人供应物资、学校教师、技工和农民,"为其年轻的族人提供有用的技术指导"。这提醒大陆会议,在达成的所有协议中,北美邦联总是给出新的承诺,但从未实现,"这导致了德拉瓦尔族人衣不蔽体,食不果腹"。

其实,大陆会议早已自身难保,它自己的军队已无力为印第安人提供物资。大陆会议中的一些成员还怀疑"那些偏远地区的人"是否会让印第安人补给线正常运行,因为人们对印第安人有着极深的偏见。即使是德拉瓦尔人同意割让土地也没能得到更多的物资补给。

与此同时,英国人尽全力使北部其他的印第安人部落有足够的衣物、火药和炮弹,他们认为自己在处理与印第安人的关系上占据优势。1780年,弗雷德里克·哈尔迪曼德(Frederick Haldimand)将军在给上级阿伦特·佩斯特(Arrent de Peyster)的信中写道,"印第安人普遍都希望战争打得更久"。印第安人更喜欢英国人,"因为他们无法从叛乱者身上得到任何物资,但他们生活的各个方面几乎全部依赖英国人",这给盎格鲁—北美殖民者造成了更大威胁。忍耐力已然耗尽,贸易被战争中断,俄亥俄地区的冬天寒冷刺骨,印第安人亟须毛毯保暖。尽管这只是一种简单需求,但是如果与盎格鲁—北美人的贸易无法满足这种要求,那么他们就不得不另辟他径。即使有些印第安人不认同其好斗族人的行为和泛印第安人主义,英国人的物资供给也促使他们与盎格鲁—北美人兵戎相见。

北美人的劫掠活动也促使原本中立的印第安人与他们兵戎相见。在南部,1776 年北美人的劫掠活动迫使切诺基族人转向中立,但是北部的情况却刚好相反——北美人的劫掠只是加深了印第安人的敌意。塞内卡族(Senecas)在 1779 年遭受了最为严重的一次劫掠,肖尼族人也受到肯塔基劫掠者的威胁并前后遭受了三次侵袭:1779 年约翰·鲍曼(John Bowman)上校劫掠并摧毁了奇利科西镇(Chillicothe);乔治·罗杰斯·克拉克(George Rogers Clark)于 1780 年 8 月和 1782 年 11 月两次劫掠并摧毁了一些被武装起来的肖尼族村落;克拉克劫掠时正是农作物的生长季节,这不仅毁掉了印第安人原有的粮食储备,还使他们下一季的食物毁于一旦。这些劫掠活动远没有击垮肖尼族人和塞内卡族人的武装力量,反而使其军事力量得到强化。劫掠活动可能拖延了肖尼族人入侵肯塔基的时间,却并没有造成任何肖尼族和塞内卡族士兵的死亡。肖尼族人没有像 1776 年的切诺基族那样在遭受劫掠活动后选择中立,而是选择撤退到底特律或者其他主战派的村落以寻求援助和保护,塞内卡族人同样选择撤退到尼亚加拉。其结果是,劫掠并没有迫使任何一族的武士选择中立。恰恰相反,这些劫掠迫使这些无家可归的肖尼族人转而依赖英国和北方的军事部落,反而使这些印第安人的军事力量得到增强。

中立遭扼杀(1777—1779 年)

在所有重要因素中,英国人对印第安人的物资补给并不是促使原本持中立态度的印第安人在北美革命后期加入主战派的唯一原因。同样重要的是,在革命战争期间宾夕法尼亚、马里兰、弗吉尼亚的西部定居者对印第安人的仇恨愈发强烈。仇恨就像偏远地区的商业一样,在印第安人的土地上蔓延开来,尽管这是一些印第安人或北美殖民者所不愿看到的。仇恨加上对土地的渴求刺激了一系列杀戮的发生,正是这些杀戮毁掉了科肖克顿与北美邦联合作的机会。早在 1777 年,匹特堡的乔治·摩根就曾担心他的邻居们已迫不及待地准备"在他们的狩猎营地屠杀我们熟识的印第安人朋友以及与我进行贸易的商人"。

1777 年下半年,几起谋杀案严重破坏了俄亥俄地区印第安人的中立。9 月,一群塞内卡人中立者在去匹兹堡（Pittsburgh）参加一年一度的秋季谈判时遭到北美叛乱者的袭击。摩根认为有必要安排印第安人代表住在自己家中，对印第安人的恐怖谋杀使谈判委员会流产，同时也使很多塞内卡人转而与北美人为敌。

这些可怕的谋杀仅仅是另一个关键行动，即谋杀肖尼族中支持中立的首要代表人物科恩斯托克的开端。早在科恩斯托克被暗杀之前，他的很多族人就已经反对他的中立观点。肖尼族中的一部分人在战争早期曾袭击过盎格鲁—北美人在弗吉尼亚和肯塔基的定居点，即位于伦道夫堡的军事驻防地，也是弗吉尼亚在幸福角（Point Pleasant）的一个前哨阵地，北美人对肖尼族人的仇恨因此逐渐加深。

9月19日，伦道夫堡的指挥官马修·阿巴克（Matthew Arbuckle）带走两名肖尼族囚徒。11月7日，阿巴克带着两名囚徒（一人是曾经的本土主义者雷德·霍克（Red Hawk），一人是中立者科恩斯托克）拜访了肖尼族酋长，以此宣示"顺肖尼族者乃吾敌"。对科恩斯托克的羁押给俄亥俄地区带来了一定震动。

与此同时，在驻防地外，伦道夫堡的一名士兵在对印第安人的一次劫掠活动中丧生。为了报复，驻防地朝那些手无寸铁的囚徒开枪，杀死了科恩斯托克、雷德·霍克及他们的同伴。屠杀消息很快传遍了北部的所有印第安人村落，随之而来的则是对弗吉尼亚行为的强烈谴责。原本中立的肖尼族人尼姆华（Nimwha）立刻与北美邦联为敌，他后来抓走了丹尼尔·布恩（Daniel Boone）并领导印第安人对伦道夫堡进行了一次毁灭性的袭击。汉德将军写到，与印第安人和解的机会"现在已完全消失"。这次大屠杀后，明戈人（Mingos）和塞内卡人中最后的中立者也加入主战派，但汉德并不确定科肖克顿印第安人是什么态度。

北美行政官尽力维持科肖克顿的肖尼族和德拉瓦尔人中立派的立场。在这次大屠杀发生一个月后，汉德给帕特里克·亨利写信说，"将此次可怕屠杀的行凶者绳之以法是没有用的"。但是在4月份时，仍有几名盎格鲁—北美人在罗克布里奇县（Rockbridge County）法院接受审判。不言而喻，所有罪犯都被释放了，没有人会愿意作对他们不利的证词。

另外几起杀戮加深了科恩斯托克被杀事件对德拉瓦尔人的影响。1778年2月，汉德将军带领500名战士离开福特堡去摧毁英国军队在凯霍加河（Cuyahoga River）的藏匿点。春汛阻碍了行军，但是在放弃行军前这些爱国者在河狸溪（Beaver Creek）发现了6名德拉瓦尔人，并将其杀害。这些受害者包括来自乌纳米族的老人和妇女，穆恩西族的三名妇女和一个男孩。这一暴行使德拉瓦尔人彻底放弃了中立态度。科肖克顿委员会派人对北美人说,德拉瓦尔人在邻近部族中已经信誉扫地。德拉瓦尔族人曾一度向北部的印第安部落吹嘘和平的好处,委员会的一位成员抱怨说,作为回报,北美人"迫使我拿起战斧支持战争,其他族人为我的主战态度而高兴的同时也会嘲笑我"。

即使在这起严重事件后,怀特·艾斯和基尔巴克仍反对战争。他们劝导族人说,他们根本打不赢白人殖民者。与大多数北方印第安人不同,他们认为即使是北部印第安人部落与英国人联合起来也不可能战胜人数众多的、具有扩张性和武装起来的北美人。怀特·艾斯和基尔巴克因此决定不计较河狸溪事件,继续努力加强与北美邦联的联系。

由此可见,怀特·艾斯无意与北美人一同作战。但是如果可能,他愿意为北美人当向导,应允他们在匹特堡和两个新要塞之间的危险地带传送信息。这个为北美人服务的中立者在1778年11月丧生。北美人害怕这一消息会对科肖克顿造成不利影响,因此对外宣称他死于天花。很久之后,乔治·摩根才说他是受到北美军队的伏击而丧生的。从舆情的导向上看,摩根的说法听起来是真的,这一说法也被大多数人普遍接受。

怀特·艾斯死后的随身物品中有鞍囊、鞍衣、马鞍和缰绳,从这一点至少可以看出他是在马背上被杀的。从"杂乱的物品清单"中可以发现印第安和欧洲物品的混合风格很适合这位对盎格鲁—北美人的生活方式颇感兴趣的领导人。他有一条鹿皮制的裤子和一套护胫、两条短裤和一条绯红色的马裤,还有四件外套(其中一件用绯红色的丝绸制作,并装饰有金色的蕾丝边)、一顶毛皮帽子和海狸皮帽子。他用来福枪打猎和战斗,走路时穿鞋(他有三双鞋),还炫耀他的装饰扣以及一枚刻有乔治三世肖像的银质勋章,并有两件绿色的外套来御寒;同时他也会在脸上涂涂画画,用战斧型烟斗抽烟,谈判时手拿一根贝壳腰带,戴着眼镜看世界(或许只在近距离观察时如此)。以偏远地区的标准来衡量,即使参照边界两边的居民,他的穿着已经是比较得体了。他的财产状况不仅反映了他对欧洲产品的依赖,同时也表现了他作为与北美人打交道的中间人在经济地位上的重要性。如果他能从北美人那里弄到商品,他就能将这些东西传给他的族人。

尽管怀特·艾斯被杀的真相被掩盖,北美人和德拉瓦尔人的关系还是随着1779年不断升级的谋杀行为和阴谋而愈发恶化。6月,布罗德黑德(Broadhead)上校抚慰匹兹堡的印第安人"兄弟们"说,是附近地区某个邪恶的人给一名德拉瓦尔人带来了致命伤害,声称自己爱受害者就像爱"自己的儿子"一样。在1779

年年底,这些杀戮事件促使许多(但不是所有)科肖克顿的德拉瓦尔人和肖尼族人投向主战派,原先的中立阵地在内部冲突中分裂了。

两极化与再联盟(1779—1781年)

怀特·艾斯和基尔巴克领导下的科肖克顿德拉瓦尔人与由科恩斯托克、尼姆华领导的肖尼族中立派在早期曾与北美邦联保持和平。在1777年以前,科肖克顿的德拉瓦尔人聚集在他们的村落里,500名德拉瓦尔战士中有400人,90名穆恩西—德拉瓦尔战士中有20人驻扎在村落周围。科恩斯托克被谋杀后,300多名肖尼族火枪手中有50人也加入进来,这50人中大部分是米夸歇克人。作为中立堡垒的科肖克顿由此有了大约470名持中立态度的青壮年,我们可以设想他们的家人也是中立的。如果能战斗的青年占总人口的1/5到1/4,科肖克顿很可能有多于2000人支持中立;这对于边境上任何一边的族群来说都是一个可观的数字。

在北美革命战争初期,主战的德拉瓦尔人和肖尼族人只占两族总人口的小部分。战争刚爆发时,100名乌纳米—德拉瓦尔火枪手向西迁移,加入主战的怀安多特族和迈阿密族人,250名肖尼族武士中的大部分人与主战分子一道仍然留在上俄亥俄地区。随着战争的进行,这些主战人士发现他们的人数随着自己科肖克顿同胞的牺牲而逐渐增多,北美人对印第安人的敌视情绪与日俱增,这迫使原来的中立者逃离宾夕法尼亚和弗吉尼亚的边界。但是直到中立者完全与北美邦联脱离,北美人对科肖克顿的军事态度才变得异常强硬。

1779年,俄亥俄印第安人之间的分化在达到高潮。这一年,科肖克顿德拉瓦尔人与反美的同族人之间发生了真正的战斗。七年战争之后,上俄亥俄地区印第安人之间总是兵戎相见,1779年就可以看到这样的实例。基尔巴克及其下属抛弃中立并不代表其部族一致同意如此,这反而会加深不断萎缩的科肖克顿印第安人部族间的分化。在接下来的两年,科肖克顿人面临的形势已如此严峻,以至于在1781年初大部分科肖克顿人放弃与北美革命者的友好政策,转而加入到与北美邦联作战的族人的队伍中。

1779年初,当怀特·艾斯身亡的消息传到科肖克顿后,村民们即承诺他们一定会保持中立。尽管在1779年的前几个月德拉瓦尔人并没有为北美人打仗,但是他们和附近的摩拉维亚传教士小镇一样,以两种有效的方法为劳伦斯堡的驻防地提供重要的帮助。第一,他们提醒劳伦斯堡和匹兹堡的驻防地有一支包括德拉瓦尔族和肖尼族在内的军队,这支军队行动一致,计划在底特律集合对劳伦斯发起一次袭击。劳伦斯被围攻后,德拉瓦尔人又运用同样的方法通知匹兹堡关于劳伦斯被围困的情况。第二,他们帮助劳伦斯解围,在1779年3月12日结束的一系列谈判中,劝说北美邦联的敌人撤退。正是在这些会谈后,大部分袭击者撤退,随后来的援军解救了这座围城。摩根因此把"解救劳伦斯"的成功归功于科肖克顿德拉瓦尔人。

基尔巴克在怀特·艾斯死后及派普(Pipe)撤退后成为科肖克顿最重要的代表,北美指挥官对其赞赏有加,这激怒了北部印第安人。这使得基尔巴克发现,他不可能在保持中立的同时与北美邦联和西北部的敌人保持友好关系。

1779年6月底,亲美的科肖克顿人干脆孤注一掷,与其主战的同族人发生了流血战斗。一个德拉瓦尔年轻人诺瑙兰德(Nonowland)(乔治·威尔逊)集结了20个民兵抢劫塞内卡,在途中碰到了一群塞内卡人和穆恩西人。诺瑙兰德亲自投入战斗,他的团伙还割下了一名穆恩西—德拉瓦尔人的头皮。当这些战士和远征队一起回匹兹堡时,他们向来科肖克顿访问的代表们展示了自己的战利品。这些人拿着头皮回到村子里,村子仍然是中立的穆恩西人的避难所。科肖克顿也仅有一名战士在边境上被憎恨印第安人的白人杀害。现在一个科肖克顿人杀了与其他居住者关系密切的本族人。基尔巴克对诺瑙兰德的行为表示支持,这使好战的穆恩西人一直厌恶他。

然而,7月12日,基尔巴克和科肖克顿委员会保证将成为北美邦联的坚定盟友。不久,一伙德拉瓦尔人和北美人又割下了一块印第安人头皮,1779年8月11日,8名科肖克顿战士和布罗德黑德的648名士兵一起对塞内卡部落领地西侧发起了一次进攻。布罗德黑德到达废弃的塞内卡地区后摧毁了其中8个镇,将房屋和粮食付之一炬,迫使塞内卡难民更依赖英国。结果,北部印第安人对科肖克顿的敌视更盛。

这时候,只有10名科肖克顿人真正与其北部和西部的本族人及邻居为敌。1779年9月中旬,布罗德黑德回到匹兹堡后有三十多名科肖克顿人(包括一些米夸歇克—肖尼族人)希望能与北美人一同战斗,但是布罗德黑德并没有物资补给,于是他不得不将这些人遣散。这些人回到科肖克顿,没有武器也没有衣物,他们的城镇很容易遭到敌人的袭击。

在整个1780年,布罗德黑德都无力持续补给他的军队。没有任何物资,他几乎连防御的姿态都做不出来,远征底特律的士兵得到的物资补给就更少了。

当布罗德黑德在 1779 年放弃驻守劳伦斯堡时,他对科肖克顿人承诺,以后会重建这一军事要塞保护他们的安全。1780 年秋,他对此显然已经无能为力了。1779 年远征时,北美人看起来似乎有可能摧毁西部和北部的印第安武装力量。但是在 1780 年,这些主战人士明显越来越多,并且比以前更加活跃了。科肖克顿人之前在日益强大的本族人中一直不顾自己的声誉,最终其声誉一文不值。1781 年前期,一个反基尔巴克的派别夺权,科肖克顿的政策也因此骤然发生变化。

布罗德黑德在 1781 年 2 月听闻此政变。他收到令人沮丧的消息说值得信赖的基尔巴克再也不能领导科肖克顿人了,基尔巴克当时正与摩拉维亚教徒生活在一起,并正考虑"皈依基督教"。布罗德黑德还了解到,这个被抛弃的领导者倍感孤立,他既不相信布罗德黑德,也不相信"无可救药的科肖克顿委员会"。基尔巴克坚持私下里与北美邦联建立联盟,与自己的族人渐行渐远。他与布罗德黑德一同执行关于德拉瓦尔人的计划,因为他仍有一定资源。

在这一严峻时期,布罗德黑德决定对他原来的盟友科肖克顿德拉瓦尔人发起一次快攻。布罗德黑德得到基尔巴克和他的追随者的援助,这标志着基尔巴克与他的族人彻底决裂。1781 年 4 月 7 日,布罗德黑德带领 150 名北美人从俄亥俄南下到惠灵(Wheeling),惠灵的军队数量是他的两倍。这 300 名惠灵战士是由亲美的科肖克顿流亡战士领导的联合军,他们向北行军,意图征服并彻底摧毁科肖克顿。

基尔巴克仍想当然地幻想这支军队对印第安人的态度是友好的,而入侵者迅速处决了 15 个被俘的科肖克顿战士,这使得基尔巴克的自欺欺人显露无遗。不仅如此,一名叫马汀·韦策尔(Martin Wetzel)的北美人杀害了一位敌军使者,而此前北美邦联方面曾许诺为他提供安全保护;另有 5 名前来访问的中立的摩拉维亚印第安人不得不在美军战火下逃回家。但是,为免招致来自北部印第安人的报复,基尔巴克和他忠心的追随者除了与北美人冒险外已无路可走。在北美邦联并不稳定的保护下,基尔巴克和他的战士与大陆军一起回到了匹特堡。

与在北美革命期间对印第安人村落的大部分远征一样,布罗德黑德的袭击重创并驱逐了科肖克顿人,但是却并没有对新兴军事力量起到制约作用。科肖克顿人衣衫褴褛地逃到桑达斯基(Sandusky),在那里他们被主战的德拉瓦尔人和怀安多特族人(Wyandots)收留并得到来自英国的物资补给。这些科肖克顿人加入了 1781 年几次严重的劫掠活动,这是革命时期住在边界的盎格鲁—北美人所见过的最恐怖的袭击行动。

"两股怒流"

北美印第安人的抢劫目标之一就是摩拉维亚传教士。

北部的印第安人抓住这些传教士并把他们交给底特律的英国人处置。他们虽然放走了当地的居民,但是却将他们的房屋劫掠一空,威胁其首领,还杀死了许多家畜,他们之所以会这样做"不仅仅是因为杀人成性,还由于情绪上的反复无常"。

北部印第安人之所以会抓走牧师并摧毁印第安摩拉维亚教徒的城镇,主要原因是摩拉维亚教徒与北美人合作。但是,对基督教的排斥敌视也在北部印第安人中起了重要作用……一直以来,对摩拉维亚教徒庇护巫师的怀疑总是使摩拉维亚传教士灾祸缠身。

尽管反对基督教传教士的印第安人在1781年抓了一些牧师,但是这并没有给整个传教团带来严重冲击;反而是摩拉维亚教徒费尽心思去保护的北美革命者对整个教团带来了极大伤害。在一次对科肖克顿地区中立者最为可怕的袭击中,大卫·威廉森上校(Colonel David Williamson)带领八十多名北美人在1782年3月残忍且有计划地杀害了塞勒姆和格纳登徐滕这两个摩拉维亚村子的居民。总之,北美民兵杀死了96名集聚在格纳登徐滕的手无寸铁的男人、女人和孩子。大部分受害者是穆恩西人,还有一些乌纳米人,其中一些可能不是德拉瓦尔人而是肖尼族人。这一行为简直就是卑鄙无耻。在一个多世纪后,反对美国扩张的第一人西奥多·罗斯福强烈谴责这次事件和造成这一事件的主谋威廉森及其团伙:"命运竟然没有将这些残忍的战争狂热分子变成毫无人性的懦夫,也没有对他们施以罪有应得的惩罚,这怎不叫人扼腕叹息。"

威廉森的行为并不是边界地区狂怒情绪的突然爆发。在大约一年前,300个民兵就曾计划对摩拉维亚教徒发起攻击。在匹特堡的约翰·吉布森(John Gibson)上校本来反对这个早年的袭击计划,他写信给弗吉尼亚总督托马斯·杰斐逊说:"摩拉维亚教徒一直以来都为我们提供敌人的情报,这足以证明他们与邦联之间的紧密盟友关系;在后来的远征中,摩拉维亚人在布罗德黑德上校及其军队粮草不济时给予了大量物资上的帮助。"但是在1782年,随着传教士在底特律被俘,以及宾夕法尼亚、马里兰和弗吉尼亚的边境一直受到印第安人的袭击,北美人对曾经帮助过他们的印第安摩拉维亚教徒不再友好。

偏远地区的北美人对所有印第安人有着根深蒂固的敌意,这对一些科肖克顿人有一定影响,这些人原本追随基尔巴克与北美人结盟并在匹特堡寻找庇护。在之前的种族灭绝运动后,威廉森上校又回来屠杀基尔巴克派的成员。尽管大多数人逃脱了,但是德拉瓦尔人心中的美洲事业失败了,最后悲剧性地走向了终点。大陆会议无力提供物资补给,边境上盎格鲁—北美人对印第安人的敌对情绪日深,加上北部主战的印第安人势力的增强以及与英国结盟的吸引力,这些因素使科肖克顿人与北美邦联的友好关系走向终结。

基尔巴克自己在北美民兵的复仇中幸存下来,在1785年以前他一直待在匹特堡;蔡斯伯格(David Zeisberger)后来说,"因为民兵复仇的原因",基尔巴克可能永远也无法"肯定自己的人生"。18世纪80年代后期,由于同时受到北美人和北部印第安人的敌视,这个可怜的亲美派加入了上加拿大效忠派的摩拉维亚教区。从北美革命爆发到1794年俄亥俄主战派被打败的这段时间,俄亥俄印第安人在与美国合作时总是面临各种无助,基尔巴克的经历正是这种无助的写照。只有了解这种无助,我们才能真正理解泛印第安人的政策为什么在革命战争期间和战争正式结束后的十年中获得如此广泛的支持。在绝大多数情况下,由于边界上的土地纠纷和彼此间恨意的加深,与美国的合作和中立政策已经并且将继续被排除。印第安人与这个新兴国家之间的冲突将成为常态。用传教士大卫·蔡斯伯格的话来说,与中立的科肖克顿人和摩拉维亚印第安人一样,印第安主战派和盎格鲁—北美人之间的和解空间"已经变得很狭窄了"。

【本文选自 Gregory Evans Dowd,"*There Was No Winning Strategy for the Indians*",in *A Spirited Resistance*:*The North American Indian Struggle for Unity*,1745-1815,Baltimore:Johns Hopkins University Press,1992,pp. 65-87。】

宗教与美国革命

威廉·麦克洛克林[*]

李熹莹 译/贺新 校

宗教在美国革命中的作用

要理解宗教在美国革命中的作用,就要正视它在革命前后所扮演的角色。如果我们将宗教定义为一种为社会提供文化凝聚力的哲学观,关于人们与邻里、环境、未来的关系的一系列基本假设、理想、信念和价值观,那么革命既是产生美国文化凝聚力的开始,也是其高潮。在这个意义上,革命既是一场宗教运动,也是一场政治运动。

革命中最突出的宗教进展涉及诸如废除国教、宗教自由的加强、自愿捐助制度的采用或政教分离等多种内容(并不都一样,但都密切相关)。从稍微长远一点的时段来看,这在美国是一种自大觉醒时代以来,并在一个世纪后——通过马萨诸塞最终废除强制的宗教税制——达到其逻辑上的结论的不可逆的发展。从更长远的时段来看,这种发展往前可追溯至斯克鲁比的分离主义者罗杰·威廉斯(Roger Williams),或者再洗礼派教徒的改革,往后可延伸到今天联邦援助教区学校的种种问题。从一种更加普遍的短时段来看,废除国教始于1776年乔治·梅森拟写的《弗吉尼亚权利宣言》(the Virginia Declaration)中关于宗教自由的条文,"大体上"——如 J. 富兰克林·詹姆森所说——完成于1800年通过的宪法第一修正案及大部分州宪法中对于担任公职人员的宗教审查的废除。

在这篇论文中,我要将观察的时段扩大一些,致力于弄清从1776年到19世纪中叶出现于最初几个州的自愿捐助制度的原则和真实的定义。但是这使我

---

[*] 威廉·麦克洛克林(William Gerald Mcloughlin,1922—1992),哈佛大学博士,长期担任布朗大学历史系教授,主要从事美国宗教史、切诺基人和罗德岛历史的研究,代表作有 New England Dissent, 1630-1833: The Baptists and the Separation of Church and State (1971), Soul Liberty: The Baptists' Struggle in New England, 1630-1833 (1991)等。

开始至少要考察一下 1740 年至 1776 年间的宗教自由和政治自由的发展态势。

大觉醒运动有时被看作是对阿米尼乌斯派教义的宗教反动,有时被看作殖民地启蒙运动的上扬,但我认为,它其实是美国国家认同——革命的起点——的开始。在大觉醒之中产生的力量打破了从佐治亚到缅因辖区不容置疑的宗教机构的权力。但是还不止这些,大觉醒构成了美国人将"什么是美国人"概念化及自我定位的分水岭。支撑起殖民地的政治经济基础和催生文化凝聚力的关于社会秩序和权威的传统假定消解了。集体的、等级制的社会理想开始让位于个人主义与平等主义。虽然中世纪基督教共和国的观念还留存着,它的社会基础却支离破碎了。

我无意描述导致旧有秩序崩溃及促成美国制度现代化(革命是其运作方式)的复杂力量。我也不准备追踪维持社会改革的微细的神学转变。但大体上,1735—1790 年间的殖民地居民是在一个有凝聚力的架构中重新定义他们的社会准则的。这种架构必须足够激进,以在政治上与旧世界分离;并足够保守,以维持一个新的国家。

宗教史学家会强调为新的国家观念提供了模式的三种相互关联的思想线索:强调个人与神建立直接、私人、经验联系的福音派加尔文主义(民众普遍信奉的宗教)的影响;对主张个人权利不可转让性和契约式自治政府的自然神论的普遍接受;仇视等级制暴政(教会与国家的联合专制统治)的激进的辉格派思想——体现在约翰·亚当斯的《论教规与封建法律》("Dissertation on the Canon and Feudal Law")一文中——的复兴。

大觉醒之前,大多数人乐于将选择与良知让渡给"更有才智的人"——通过神赋权、作为神的代理人执行政府法令、服务民众的教会和国家的统治精英——服膺于他们的知识与需求。大觉醒之后,这种次序颠倒了:国家与教会被越来越多的美国人视为民众的造物,民众享有最高的权威。在大觉醒之前,国王及其主教、法官、总督们解释神意,遵从神示。而在此之后,民众相信自己能够比任何精英更好地诠释神意,并要求他们选举的官员充当他们在神之下的代理人。权威不再从神导向统治者,再从统治者流向民众;而是从神流向民众,再从民众流向他们所选举的代表。自此以后,国家与教会要服务于民众的需要,或者毋宁说——根据民众的定义——服务于民众对神意的解释。中间人被摒弃了,每一个个人被认为与神直接相联,只对神负责,因而他们的集体意志就是神的意志。大约到托马斯·潘恩写作《常识》的时候,这种理论在逻辑上变得更极端了,并在杰克逊时期得以实践。

在这些虔敬派个人主义者最初的猛攻下,宗教、政治机构并没有倒下。但在疏离的潮流来临之前,权威已被逐渐侵蚀。新英格兰的公理会机构一直受到相当普遍的控制,它们通过改变姿态——在体制内让渡权力给新光派,并允诺不曾享有宗教自由的人更多的自由——回应挑战。而圣公会机构对权威的控制变得比以往更加强硬,这意味着对大洋彼岸的国王与主教权力的依赖加深,并且坚持在美洲设立主教。革命一爆发,圣公会的权威与影响立即荡然无存了。

尽管有雄辩的理性作支撑,但在本质上革命仍是一种非理性的冲动,它将虔敬主义自以为是的普遍精神与自然权利(由启蒙运动所助长的)不可剥夺的新承诺结合在一起。二者都以长期酝酿的令人陶醉的共和激进主义果实培育了对于国家自主的狂热激情。歇斯底里的理性主义者热情地拥护英国人及全人类与生俱来的天赋权利,反对专制的乔治三世;福音派的虔信者急切地强调基督的死不是为了国王神圣的权力或者是等级制度,而是为了圣徒的自由。二者最终都服从于他们自己内心的判断,除了上帝,他们不对任何人负责。1775年后,当人们最后一次"祈求于上帝"时,上帝为爱国者和虔信者做出了判决,无论大英帝国曾拥有过怎样神圣的权力,它现在都确定无疑地堕落到了无可救药的地步。国王与主教的权力已经转交到民众手中,千禧年的未来发生地再次向西移动,守候它最终、或许是即刻的到来。《巴黎和约》(the Peace of Paris)带来了虔敬者的欢呼:"快来吧,主耶稣",以及理性主义者的信念:对全人类而言,美利坚合众国是"上帝最后的也是最好的祝福"。

一旦跨过命运的卢比孔河,与英国决裂,一系列新状况将使政治和宗教力量结合在一起。言论要落实到对权利法案与州宪法的构建中。在为独立而奋斗的过程中,这些正在开展的社会契约的构想需要相互妥协——如果想保持和谐——也需要公平对待所有宗教派别。废除古老的教会机构的机会——需求——摆在眼前,必须携起手来在各州创建全新的宗教组织。

把宗教自由的理想写入权利法案、州宪法和各项法令中后,美国人还需将其付诸实践。在这里,开拓者的务实品性,与教派的多样性和政府分散的权力系统相结合,为解决宗教多元引起的摩擦提供了多种解决途径。

最终,革命使不同宗派剥去了它们非政治性的虔敬主义外壳,走入政治权力的新天地。它们作为参与伙伴进入国家的主流,不再是边缘人物。个别新教教派独尊的地位,让位于所有新教徒的平等。此外,当各殖民地的界限被打破、国家统一的时候,教派形成了州际的或全国性的团体,有时教派之间会正式联合,参加福音或慈善活动。狭隘的门户之见为国家视野所取代。由于变得受尊敬和变得可敬,教徒们发现,有地位和职务的人现在愿意加入他们的教派。在南方各州,不仅在人数上而且在势力和财富上,浸礼会、卫理公会和长老会迅速成为支配性的教派。

通过打破习俗,开创新的机会,革命仅仅是以这些最明显、最普通的方式,与所有宗教团体的理想、希望和忠诚相互作用,在最大限度上将个人的、教派的、地方的利益与国家的利益统一在一起。在"统一"的迫切需求下,天主教徒、犹太教徒,甚至最极端的外教者都发现,自己已被纳入到这个新的国家中来。许多人甚至说,即便是佛教徒与伊斯兰教徒在这里也同样会受到欢迎。

然而和谐是虚假的。在革命抽象的辞藻和普世主义的理想——强大到足够打断与母国的纽带——之下,仍然保有远非普遍、绝对的设想、信念及价值标准。美国人没有立即停止像英国人一样思考,他们的文化遗产和同质性创造了一种相对主义的、带着种族优越感的宗教自由。如果有人将托马斯·杰斐逊视为革命的发言人,或者带着自然神论的阐释——最高法院已将其运用于20世纪——来看一看权利法案和宪法第一修正案中的宗教条款,那么19世纪的新教组织——在托克维尔和布莱斯勋爵(Lord Bryce)看来再清楚不过——似乎是对革命的一种背叛。但是,正如我希望在下面表明的,美国人决心建立一个新教基督国。宗教自由被赋予所有人,但将国家团结在一起的心灵黏合剂必然是新教徒。

革命一代对宗教义务(强制的)和宗教自由(不受限制的)的模棱两可常常被注意到,却难以做出总结:规定应尊重安息日甚至规定去教堂做礼拜的法律已经通过,但很少强制执行;尽管明文禁止,神职人员仍可出任政府职位;杰斐逊、麦迪逊和约翰·利兰(John Leland)反对给联邦政府和州的专职教士发放薪水,尽管许多浸礼会教徒与福音派教徒十分骄傲地接受了这样的职位;《西北法令》(Northwest Ordinance)与《西南法令》(Southwest Ordinance)不顾宪法第一修正案的规定,为了宗教目的而利用联邦资金;"我们信神"这句话被铭刻在硬币上,却没有出现在宪法中;免税权适用于所有教会财产,但经常只针对牧师而言;某些总统、总督定期宣告庆祝禁食日、感恩节、祷告日,而另一些官员极力反对;在下个世纪,针对赌博、决斗、看戏以及酗酒的立法讨论伴随着很大程度的宗教情绪……在杰克逊时代,针对政府是否有权在礼拜日递送邮件展开了激烈的争论;直到1836年,亵渎上帝、违背基督教教义的公民会遭到法院控告,并且整个19世纪的大多数法学家——除了杰斐逊——都把基督教教义视为普通法的一部分。

这些优柔寡断、不一致以及矛盾的核心恰恰在于,开国元勋们可能将哪一类"友好援助"给予基督教事业。并且,对于新国家中的教会与国家之恰当关系的第一次大辩论必然涉及对教会支持的一般评估。这次辩论的本质可通过杰斐逊和乔治·华盛顿之间的对比来概括。杰斐逊在他的《宗教自由法令》的导言中断言:"甚至强迫公民支持与他同一信仰的这个或那个牧师,也是剥夺了他向某位被他视为道德楷模的特定牧师提供捐助的舒适自由。"乔治·华盛顿消极地回应麦迪逊的"规劝书":"我必须坦诚,我不在那些一想到要让民众掏腰包支持他们的信仰就小题大做的人之列。"

基于一般评估的概念,公民要按其财富比例纳税支持宗教(特指某种形式的新教),但纳税人可按自己的意愿指定税款分派给特定的教会或牧师(可以认为是与他相关的教会或牧师)。无信仰者、无神论者、罗马天主教徒、犹太教徒以及其他非新教教徒同样有义务纳这种税,但有时为了保护他们信仰自由的权利,又为其税款的分配提供了各种替代选择。在弗吉尼亚,一项一般评估计划声明非新教徒可以将他们的税款用来帮助穷人,而另一个州宣称非新教徒的税款将用于公共教育;马里兰计划免除所有在两位法官面前宣誓信仰的犹太教徒或伊斯兰教徒的税;在马萨诸塞,不参加任何教会的人的税款被分配给其所在教区最古老的教会(一般是公理会教会——这导致许多人断言马萨诸塞的一般评估计划偏袒旧的机构)。

鉴于一般评估计划的所有努力在南方均告失败,经常有人推断:新英格兰又退回到过去、与宗教自由与平等的流行趋势脱节了。但从更广阔的背景中看,老的清教州也经历着完全相同的命运与困惑。新英格兰支持一般评估系统的原因,可更多的归结为历史传统与实践,而非民意在宗教强制税问题的重要性上达成了一致的结果。

其他因素也可以解释为何新英格兰愿意尝试一般评估计划。首先,在新英格兰异教徒很少,在1780年可能少于五分之一;因此,他们没有选票或影响力去阻止它。其次,新英格兰的公理会体系坚实而且兴盛,尽管在大觉醒时期发生了分裂,但仍牢固地控制着几乎每个教区。再次,公理会的神职人员是革命的忠实支持者,在危机时期获得了日渐增加的尊敬与拥护。最后,康涅狄格与马萨诸塞的统治者比弗吉尼亚的统治者多少更惧怕社会混乱。在弗吉尼亚,上层阶级坦然接受教会系统的解体,反正它从未非常有效地发挥作用。

美国人积极宣称的宗教平等承诺,逐渐产生了在现行体制下对罗马天主教、犹太教的容忍状态，这与殖民地时期的弗吉尼亚的长老会或马萨诸塞的圣公会类似，但美国人不可能把宗教自由的主张扩展到包括像摩门教、美洲印第安人的宗教、伊斯兰教或各式各样的东方教派的极端情形。最后两类甚至以这样或那样的方式（有时称为"君子协定"）被阻止进入这个国家，他们太过古怪，以至于"不可同化"。摩门教徒与印第安人则被迫服从，前者通过一系列暴乱的、军事的、司法的结合体；后者通过被贬为这个国家中不合格的病号，对他们的教育被移交给各种教派。

如果说宗教在美国——通过吸收自愿捐助制度和新教伦理而制度化——变得甘于接受"文化设限"，是为了在19世纪中叶作为一种新形式并入官方机构，它并不意味着宗教变为美国人生活中无关紧要的方面。如果说革命是一场复兴，这个新国家就成为一个教会。宗教对美国民众来说是一种难以置信的刺激，而远非一种麻醉剂。

【本文选自 *Essays on the American Revolution*，edited by Stephen G. Kurtz and James H. Hutson，University of North Carolina Press，1973。】

乔恩·巴特勒[*]

李熹莹 译/贺新 校

存在一个革命的千禧年吗？

在1760年至1800年之间，英国殖民者在美洲造成了重大的变革。他们对抗、并且推翻了自殖民时代开启以来自己所熟知的政府。他们建立新政府，有些人也寄望于创建一个新社会。他们宣称自己的行为为"时代的新秩序"并没有错。他们对前途抱有隐忧也情有可原。1776年，本杰明·富兰克林告诫他的同胞，共和国将幸存，"如果你们能坚持下去"。部分——也许是最重要的部分——的挑战在于美国人打算建立何种形式的共和政体。

革命本质上是一次彻底的世俗事件。从革命的起因和塑造了革命的思想来看，宗教的影响不大。然而有组织的宗教不仅幸免于革命时期，而且还兴盛起来，这既是危机的性质造成的，也得益于各教派应对危机的灵活方式。尽管早期的态度犹豫不决，并始终处于对革命进程的焦虑之中，但教会还是把力量借给了美国的事业——在未来数十年里他们得到了丰厚的回报。随着不久之后新的紧张关系在殖民地新的政治、社会和宗教格局中的出现，各个教派开始将"独立"神圣化。

研究美国革命的史学家对宗教不是很感兴趣。戴维·拉姆齐和乔治·班克罗夫特都把革命看作一个完全世俗的事件，他们的观点代表了他们所处时代的主流看法。南北战争前的复兴运动和临近的内战使情形有所改变，虽然很大程度上仅限于宗教史学家之间。

一个世纪后，越来越多的人开始关注宗教对革命的重要性。卡尔·布里登

---

[*] 乔恩·巴特勒（Jon Butler），明尼苏达大学博士，现为耶鲁大学教授、明尼苏达大学文学院历史系兼职教授，主要研究领域为美国宗教史，代表作有 *Power, Authority, and the Origins of American Denominational Order*（1978），*Awash in a Sea of Faith: Christianizing the American People*（1990）等。

博在《牧冠与权杖》（Carl Bridenbaugh, *Mitre and Sceptre*, 1962）中提到了"主教问题"：当殖民地议会抵制收税和抗议英帝国加强权力控制时，新教徒谴责圣公会教徒密谋在殖民地设置主教。艾伦·海默特的《从大觉醒到革命时期的宗教和美国思想》（Alan Heimert, *Religion and the American Mind from the Great Awakening to the Revolution*, 1966）开创性地提出，用加尔文教教义中的福音主义代替神学的自由主义作为革命主要的理论基础。此后，许多历史学家——加里·纳什就殖民地城市，里斯·以撒（Rhys Isaac）就18世纪的弗吉尼亚，哈利·斯托特（Harry S. Stout）就新英格兰的布道，帕特里夏·博诺米（Patricia Bonomi）就教派的反专制主义——强调了福音"形式"对于塑造革命的重要性。根据这些叙述，福音主义疏导了对经济的不满，促进了公共演讲的新模式，激起了民众对旧秩序的反抗：这些秩序腐蚀着民众对当前政府的信心，并一步步推动着民众把反抗升级为叛乱。然而，大体上，在他们聚焦于福音主义时，他们所持的主要宗教力量有可能塑造了革命的观点却不免狭隘。他们避开了其他那些影响了革命政治话语的宗教议题和传统，夸大宗教对于革命的一般重要性，也忽视了革命对美国教会造成的困境——尽管教会最终克服了它们。

　　从《独立宣言》中可以清楚地看到宗教和基督教精神在革命斗争中所扮演的次要角色。《独立宣言》援引的宗教世界充其量是一个自然神论者的世界；甚至可以说，《独立宣言》对宗教关怀和议题根本不关心。当杰斐逊写到"自然法则和上帝的意旨"时，他指的是自然神而不是基督教圣经里的耶稣基督。在其他被引用的场合，自然神要么作为"全世界最崇高的正义"出现——美国人诉诸于它，"说明我们的严正意向"；要么作为"上帝"出现——人们依赖于它，寻求它的保护。除开这些，其余所有的词汇都是世俗的：税收、士兵、暴政。《独立宣言》很长，它罗列了一份清算英国在美洲罪行的最权威的清单——要不是限于篇幅，它还能列出更多——但是在这些"接连不断的伤害和强取豪夺的历史"中，我们却看不到哪怕一个宗教事例，包括对圣公会计划在美洲设置主教的抗议在内。

　　《独立宣言》在宗教议题上的沉默值得注意，但不能因此否认宗教在次要问题上的重要性。例如，主教问题暗含了某种重大的、长期的革命性的不满，因为它削减了人们对于英国政治家及其动机的信任。争端实际上承认了圣公会机构在18世纪的发展态势。新教徒害怕设置主教——传统上无论在哪里主教都是由英国教会派人担任——因为很明显，即便缺少主教，圣公会的发展都显得过于顺利了。当新教徒进行清点时，他们发现圣公会会众有着惊人的数量：在

1776 年大约有 400 名。他们清楚地知道这些会众的影响,他们不仅在殖民地城市——可以看到圣公会在那里统治了很多年——而且尤其在住着大多数殖民者的乡村,都有很大的势力。

圣公会教徒与新教徒之间针对在美洲设立主教职位的争论加剧了多年来大洋两岸紧张的政治关系。斗争首先出现于 1710 年代,随之减弱,直到 1750 年代又兴起,然后于 1761 年第三度兴起,其时圣公会教徒在马萨诸塞的坎布里奇购买了一所特别大的房子,被新教徒讥讽为"主教的宫殿"。1763 年以后,新教徒的论争与殖民地的抗税运动以及其他抵制英国集权措施的行动结合在一起,并且在 1774 年对《魁北克法》——通过它,英国政府承认了法国在加拿大建立的天主教教会——的抗议中达到高潮。

《魁北克法》催生了另一种想象:隐秘的天主教教义,与 17 世纪 40 年代查理一世和詹姆斯二世当政以来英格兰每一次暴政的尝试,以及 1745 年苏格兰的小王位觊觎者叛乱密不可分。这些指控在一个把反天主教作为一种传统坚持了两个世纪的社会中,甚至圣公会教徒之中,得到了清晰的回应。1774 年,保罗·里维尔(Paul Revere)在一幅精彩的手工版画中表达了那些恐惧:魔鬼、圣公会主教和英格兰最臭名昭著的政治家——诺斯勋爵和布特勋爵——组成阴谋集团去实现他们最终的蓄谋已久的秘密目标——使北美殖民地天主教化。

基督新教也强化了掩盖在早期革命的豪言壮语下的辉格派政治信念。辉格派的观点扩展到整个殖民地,它大体上源自 18 世纪英国的政治文化,而不是复兴主义或新英格兰加尔文主义中更狭窄的源头。因而,对辉格派的宗教支持并不限于新英格兰或福音派新教徒。辉格派的基本文本——洛克的《政府论(下篇)》、本杰明·霍德利(Benjamin Hoadley)的《论国民政府的起源与机制》(*Origin and Institution of Civil Government Discussed*),以及约翰·特伦查德和托马斯·戈登的《加图的信》(*Cato's Letters*)——传播到整个殖民地,并且不只是引起福音派教徒的注意。

政治的辉格主义以两种特别重要的方式出现于殖民地的布道中。首先,布道强化了 18 世纪殖民地和英国社会的世俗政治讨论中对美德和道德的关注。实际上,正是神职人员对政治宽泛和敷衍的影射使得布道在当时的政治辩论中派上用场。在大量的教会和集会中,听众和神职人员一起,确信自由源于公民的美德。当然,确保这种美德是一种基督教的美德是牧师们的责任所在。

神职人员对美德、责任,特别是道德的频繁强调,有助于我们理解针对英国政治家和英国社会中的腐败与罪恶的革命修辞。1758—1763 年的法印战争为一些美国人认识那种不道德提供了再详尽不过的视角。从英格兰派往美洲参战的英国"正规军"的行为使约翰·克里夫兰(John Cleveland)厌恶,在担任马萨诸塞第三军团的牧师时,他目睹了他们的荒唐行为。"亵渎的诅咒成为他们的日常用语",他写到。在每一个礼拜日,他和其他随军牧师都要为这些罪恶的"赌博、抢劫、偷窃、嫖娼、交友不慎等"行径惋惜悲叹。

其次,随着抗议升级,一些牧师专门地讨论革命政治。既讽刺(鉴于革命频频地呼叫自由)又让人意外(鉴于历史学家近来对福音派教派的强调)的是,大部分支持革命的牧师都是国教的神职人员。虽然在北部和中部殖民地——在那里圣公会教徒经常不得不扮演"异教徒"的角色——几乎所有的圣公会牧师成为亲英分子,在弗吉尼亚和马里兰——一些圣公会的神职人员支持对殖民地征税——三分之一的圣公会神职人员支持革命。在其他地方,既有持革命观点的牧师,也为支持征税的牧师保留了合法职位。在大多数殖民地,革命促使殖民地的政治机构与不断膨胀的帝国行政机构相互较量,而殖民地牧师更应感激前者而非后者,即便对圣公会教徒来说也是如此。这些在1763年之后带头抗议英国政策的政治上活跃的殖民者,通常用国教系统支持本地的国教会众;支持征税的国教牧师也支持革命。此外,正如殖民地的政治精英以本地政府为基石,发动革命时代的抗议和反叛,国教教派的牧师在战时通过斋戒日和感恩日的布道反对英国政策。以这种方式,国教主义的控制,而不是新教徒反专制的志愿主义,确保了殖民地牧师们对自由的宣扬和对保守主义的批判。然而,在动乱的1760和1770年间,大多数殖民地牧师在政治上保持沉默。

大多数长老会牧师根本不参与革命政治。在殖民地的长老会成员中对顺从的呼声与在圣公会教徒中间一样强烈,并且在革命前不久长老会的忠诚就得到了检验。在18世纪60年代后期的北卡罗来纳和南卡罗来纳所谓的守道运动(Regulator Movement)期间,由德国路德派和圣公会牧师支持的居于边远山区的长老会牧师毫不迟疑地利用他们的布道坛抨击叛乱,他们从传统的圣保罗文本中引经据典,谴责人们对由沿海地区的种植园主精英主导的殖民地政府的反抗。

在1775年的牧函中,费城教会会议的成员最终既指示长老会信徒效忠乔治三世,又表示支持辉格党的政治原则。他们表达了"对我们的君主乔治国王的拥护和尊敬";也表达了对"使其威严的家族位列皇室的革命性的准则"的敬佩。但是当暴力围着他们打转时,服从仍然先于反叛。牧师明确地支持"君主"本人,而不只是抽象地对君主制效忠。他们相信君主可能被误导了,但是他们驳斥美洲抗议者"对至高无上君主的这般侮辱"。

长老会的表述说明了亲英主义为什么如此频频地拥有双重宗教基础,并且发展到超出英国国教牧师——他们中的三分之二在革命开始后前往英国——的地位。一个原因是在殖民地的布道中对权威和服从的传统强调。在每个殖民地教派中都能发现亲英派神职人员。

第二个原因是宗教歧视。早先,在许多地方,领导了革命的政治精英经常歧视宗教少数派。不管怎样,某些团体,像弗吉尼亚的浸礼会教徒,是支持革命的。但是偏远地区的长老会教徒、德国路德派教徒和德国改革宗移民,以及中部和北部殖民地的圣公会教徒经常转向亲英主义,这不仅出于政治和宗教信念的不同,也与他们对先前用政府和法律对抗他们的移民的敌意有关。

当然,革命也以非常复杂的方式塑造了美国宗教。这种复杂性甚至体现在基督教教派的兴衰中。受革命侵蚀最严重的是圣公会教会,它在其他教派最脆弱的地方往往是人数最多的,并且它的成员在该世纪初已经促成了公共基督教崇拜的复兴。在一个接一个的教区里,圣公会牧师因为公开地支持国王,因为不堪忍受本地爱国者的谩骂,因为SPG(英国福音传播协会)或教区委员会不再为他们提供补助而离开。在革命前,50位圣公会神父在宾夕法尼亚、纽约和新英格兰工作;后来只剩下9位。在南部殖民地的150位神父中大约有100位逃到了英格兰。结果,尽管有之前半个世纪的苦心经营,还是有75%的国教教会失去了他们的神职人员,他们维持公共基督教崇拜的主要领导力量也随之失去了。

对圣公会教会肆意粗暴的破坏令人想起16世纪英国反天主教时的掠夺行为。在一个接一个教区里,虽然革命的支持者通常未破坏建筑和其他设施,但都卸下了圣公会教会的王室纹章。

其他危险来自爱国者社会内部。为推进基督教信仰奋斗了半个世纪的神职人员发现他们的许多成果在战争的动乱中丧失了。费城教会会议不断地安排斋戒以缓解"在我们之间的宗教低迷和衰退状态"。其牧函里提及"严重的不道德""与日俱增的严重的虔敬衰退""礼仪的堕落",甚至"公共精神的丧失"。这种感受并不限于说英语的美洲人或旧中部殖民地。德国改革宗牧师——大多来自宾夕法尼亚西部——抱怨革命使公民的虚荣心增加,减少了他们的谦卑心;他们"没有羞耻心和道德感,沉湎于最让人憎恶的罪行中"。弗吉尼亚和南卡罗来纳的浸礼会教徒谴责在革命中愈演愈烈的罪恶和不道德,以撒·巴库斯(Isaac Backus)对新英格兰的道德问题深为担忧,但他把问题归结于衰落,而不是对道德和宗教的持久的冷漠。

由革命产生的宗教紧张关系在革命军队中异常强烈地出现了,在那里,随军牧师和士兵被迫在正常环境之外重建他们的生活和宗教。不论在英格兰还是美洲,随军牧师都是英国军事、政治文化的传统组成部分。在法印战争期间,北美的民兵组织和英国军队安排了随军牧师,他们中的一些人现在又服务于这场革命。从军事角度看,随军牧师的存在主要是为了维持纪律,其次才是维护信仰。在法印战争中,乔治·华盛顿将一个好的牧师形容为"稳重、严肃、具有宗教品行的绅士,他能够鼓舞士气,劝阻赌博、咒骂和酗酒"。华盛顿和其他革命的指挥官希望随军牧师服务于同样的目的,当华盛顿被委任为军队最高统帅时,大陆会议也很快批准了对随军牧师的任命。

在《独立宣言》签订的1776年到乔治·华盛顿逝世的1799年之间,美国的教会与教派的领袖重新致力于为一个刚刚宣告独立的社会引入基督教的价值观与目标。其中的三个尝试显得尤为重要:对革命和美国社会应采取怎样的政治制度做出基督教的权威解释;对反宗教,尤其是怀疑主义和自然神论的攻击;新的宗教团体的创建——它们第一次体现了独一无二的美国信念。

社会、政府与基督教的联合是殖民地政治文化的传统。而革命以几种方式加强了社会与基督教联合的要求:揭示先前联合的松散的基础,强调"共和主义"在政府和社会中的特殊形式,激起一种强烈的、契合某些宗教主题的文化乐观主义观点,特别是美国的千禧年主义。

对美国宗教前景的悲观情绪绝不限于服务于军营的牧师。教会建筑的破坏、教派组织的中断、会众和成员一时的减少、圣公会教会的瓦解以及对革命成果的世俗自豪感的升起,这些都使美国的宗教领袖忧心忡忡。甚至当革命向前推进时,教派领袖们也经常为美国人的道德品质长吁短叹而不是称赞。

共和国的政治意识形态加深了对于道德和宗教基础的担忧。共和主义的原则对美国宗教有举足轻重的影响,因为尽管它们通常是含糊的、难以理解的,却赋予那些神职人员与之长期争斗的世俗平民很大的权力。

根据共和主义的定义,时人同意,一个好的共和社会及政府依赖于"贤人"(a virtuous people)。这种观点并非植根于重生的清教主义,而是植根于更为现代的18世纪的信念。整个社会——而不仅是它的某些部分——构成了未来的基石。在马萨诸塞,这种对比特别明显。约翰·温斯罗普(John Winthrop)的清教社会以一种分派层级责任的方式确定社会秩序:"高尚、杰出者拥有权势和尊严;鄙陋之人被统治。"然而,1780年马萨诸塞州宪法却将秩序置于一种更广泛的基础之上:"民众的幸福以及公民政府的维持与有序,在本质上依赖于虔诚、宗教和道德。"它没有提及"高尚、杰出者"或"鄙陋之人"。

乐观主义为新的共和国增添了动力。植根于世俗的而非超自然的生活态度,时代进步的构想为新共和国的乐观主义做了担保。布道——像那些几乎都在7月4日发生的事件一样——同时庆祝着胜利与独立。斋戒日与感恩节的布道继续进行,甚至增加了。到处都在不知疲倦地宣扬美国的独立与基督教。

千禧年信徒对基督再临世间的雄辩预言风行一时。然而,恰恰是这种预言的无所不在产生了一种令人眼花缭乱的多样化风格。在国家早期,千禧年信徒的想象并不是单独出现的。正如露丝·布洛赫(Ruth Bloch)注意到的,支持者们纷纷预言即将到来的真正的解放与自由、虔诚的增加、美国领土的扩张,甚至免于饥饿的自由。许多鼓吹者模棱两可地做出他们的预言,就像他们的前任在1740年代与1750年代所做的那样。为具体事件提供确切日期的少数人常常编出不同的、有时是奇异的年表。在赢得独立之后,当美国人经历了政治、社会与经济的挫折时,其他人转向对这个世界的更灰暗的想象,并将这个新的国家安置其中。新罕布什尔州的塞缪尔·麦克林托克(Samuel MacClintock)警告人们远离"奢侈和其他罪行"。新泽西州的雅各·格林(Jacob Green)预见了"争吵、压迫以及种种灾难"。纽约州的"先知内森"(Prophet Nathan)写下了由于美国人的贪婪与不和而导致的一连串失败。

尽管——或可能因为——不一致,千禧年信徒的言论在革命的社会中发挥了重要的功能。最重要的是,基督教的千禧年主义在流行的世俗乐观主义的合理化过程中扮演了重要的角色。比起它面对的,它的改变更频繁。千禧年的鼓吹者提供了一种借由基督教目的论而变得更易懂的乐观主义进步想象,而不是对世俗乐观主义进行广泛的批评。这种进步不是根植于人,甚至在革命中人的缺陷都太明显了;而是根植于神,他的完美由无形而凸显。

与此同时,在革命期间,世界末日的思想普遍衰退了。革命的特点和结果似乎标志了基督千年统治的开始,因而使世界末日或者成为历史,或者变得无关紧要。

千禧年主义也具有重要的政治含义。千禧年信徒的言论用基督教时代的挽具将一个不情愿而且常常备感困惑的社会拴牢在基督教的犁上。它要求在一个民众成为君主的社会中安放信仰。当新英格兰人基于"民众的声音就是神的声音"(《新英格兰编年史》的观点)寻求一院制议会以及一个基于民选的行政部门时,这种讨论很大程度上有益于基督教的发展:代表神的立法机构也应该听一听那些阐明了基督教神学、道德和伦理的人的声音。

革命期间,千禧年信徒在吸收世俗乐观主义的同时,也同样坚决地反对无宗教,反对怀疑论、无神论以及自然神论的理性伪装。饶是如此,美国神职人员再熟悉不过的怀疑论却幸存下来。它的最杰出的代表——富兰克林、杰斐逊、麦迪逊和华盛顿,还有其他人——似乎是启蒙运动的理想化身。他们对启蒙话语的支持透露出一种对怀疑论,甚至对无宗教的宽容。在新的共和国里,这些总的说来是危险的。

在反对无宗教的战争中,自然神论成为主要的攻击对象。这一选择被证明是明智的,部分地因为自然神论是给一个熟悉的幽灵穿上新衣。最重要的是,它给它的批评者提供了一个难得的机会来证明对于真正的宗教——在新的共和国中指正统的基督教——的需要。这是可能的,因为——对其批评者来说——自然神论是伪善的典型。它乔装成宗教,但完全是非宗教的。自然神论者承认宗教需求的正当性,但他们使宗教对现代生活来说变得无关紧要。自然神论者的神是死的。充其量,只在遥远的过去发现他存在的迹象,而不是现在。

当美国人从战争转向建设国家时,神职人员把矛头对准了自然神论,以解释他们在后革命时期的失败和危机。自然神论充当了新的、危险的标签,标签背后是关于新旧罪恶的一长串清单。托马斯·潘恩的《理性时代》(*Age of Reason*)出版于1794年,但人们对于这本书的谴责远远多过对它的阅读。1798年,杰迪代亚·莫尔斯(Jedidian Morse)解释了为何潘恩推动的自然神论如此令人恐惧:"神的存在被大胆地否定了。无神论与唯物主义得到有条不紊的宣称。被神化的理性与自然受到推崇。基督教及神圣英明的造物主,不仅遭到怀疑、拒绝和蔑视,甚至被憎恶。"

1800年,托马斯·杰斐逊竞选总统,引发了第二次反自然神论运动。这场运动因探讨了总统私人的宗教观与美国共和政体的命运之间潜在的密切关系而显得特别重要。杰斐逊实际的宗教观点是复杂的。他可谓一个自然神论者,但他对基督和基督教伦理也表达了一种心平气和的尊重。虽然福音派教徒出于杰斐逊对宗教自由所做的努力而长期支持他,但他拒绝基督的神性并热烈地批评宗教强迫,使人怀疑他真正的宗教观点。联邦者把杰斐逊与在当时臭名昭著的法国革命中的反教权主义者和无神论者联系在一起;在他们的词汇中,"雅各宾"意味着无神论者和民主主义者。许多牧师在他们的布道中公开谴责杰斐逊,控诉国家的命运落入撒旦的代理人,一个红头发的自然神论者手中。

美国独立后,发展基督教的运动并不是完全消极的。在对准自然神论、怀疑论与理性主义的愤怒中，一些美国人重新寻求宗教的改革与复兴。在理性自由主义者阶层中，产生了这种探索最直接、也最引人注目的方式。大体上由亨利·梅（Henry May）所称的"温和的启蒙运动"发展而来，并在后来的普救论派和唯一神教派运动中居于中心地位的理性自由主义者发现，自己是那种重塑了美国政治生活的革命的早期受惠者。其主要学说——对人持相当积极的观点、普救论、对三位一体的否认、对科学的着迷，以及系统化的趋向——契合时代的政治乐观主义。在人身上同时去除过去的硬壳与产生新的宪法，从而赋予国家及各个州以新的生命——对简单、普世的宗教原则的强调有相当大的吸引力。宗教改革者在一些主题与教义中为基督教的本质寻求定位，以免除过重的历史神学的负担，拥抱新科学，这一切都是为了在新的社会与新的时代中推进人类与基督教精神的发展。

在后革命时代的美国也出现了满载期待的复兴。18世纪晚期的复兴展现了与革命相关的三个重要特点。一个是还原论与反神学主义——如果不是反智主义的话——的明显趋势。它与唯一神教派的理性主义而非其心灵淡漠并行。其次，革命与后革命时代美国的复兴主义有包含梦境、想象、鬼魂和神介入身体显灵等等18世纪早期的某些复兴运动内容的趋势。最著名的例子是震颤教（Shakers）。在英格兰，耶稣第一次向安·李（Ann Lee）——震颤教的真正创始人（以及基督在世上的第二次显灵）——和她的同伴显现，在1772年，耶稣指示他们移居新英格兰，把这里作为基督第二王国的所在地。他们于1774年到达纽约。革命仅仅加强了他们的千禧年想象，并且"在他们对于神的光明天国的想象理念中"，禁欲变得"显而易见"地正确。对震颤教徒和美国革命者而言，天堂始于世间。

震颤教对梦境和想象的强调实属司空见惯，并不稀奇。自由意志浸礼会教徒本杰明·兰德尔（Benjamin Randel）通过身体之外的经验和梦境证实宗教真理："我从来不能分辨我是否在身体里……我看见一件白色的礼袍撞过来，罩向我，它盖住我，而我变得像雪一样白。"卫理公会的两个牧师，福瑞博·加勒特逊（Freeborn Garrettson）和詹姆斯·霍顿（James Horton），煞有介事地与他们的听众分享自己的神圣梦境，听众反过来则将同样不可思议的事情说给他们听。

总而言之，基督教异常迅速地从美国革命中恢复过来。教会虽然受到革命的重创——革命战场与军营的情形暴露了大众基督教信仰的脆弱，同时强化了它在世俗政治原则上的活力——但到18世纪80年代，它焕发了新的活力。他们通过一种基督教的语言寻求将革命与美国社会神圣化，同时将世俗乐观主义推进基督教的轨道中。在 18 世纪 80 年代，他们经历了令人惊讶的发展态势，在 18 世纪 90 年代甚至发展得更为迅猛。从唯一神教派的理性主义到浸礼会、卫理公会以及震颤教徒的狂喜，他们在新的宗教运动中找到了日益增加的本土共鸣。在不到 20 年的时间里，他们证明了宗教团体尽管没有发起革命，仍然可以幸存。在接下来的半个世纪里，他们将通过发起一种宗教创造力——这种创造力更新了心灵的映像并完善了机构的力量——开始掌控新的美国环境，所有这一切都服务于基督教的目的。

【本文选自 Jon Butler，*Awash in a Sea of Faith：Christianizing the American People*，Harvard University Press，1992。】

革命的意识形态与启蒙

伯纳德·贝林[*]

陈曼荻 译/贺新 肖莹 校

美国革命中激进主义的转变

美国革命改变了美国人的生活,并将人类历史带入新的纪元。但革命最初的目标并非是颠覆乃至变革旧有的社会秩序,而是从英国体制显而易见的堕落中拯救政治自由、建立起相应的自由秩序。因此,对重大问题的理解和沟通便成为革命运动的核心。

美国革命的基本构成并非是社会的破坏和与之相伴的恐惧、绝望与仇恨,而是对自由遗产,对处在世界历史进程中的美国将何去何从的省悟、理解和践行。对美国来说,法国和俄国革命中那种从根本上改变每一个人生存方式的巨大社会冲击早在一个世纪之前就已经开始,只不过它的过程更缓慢、更隐蔽,几乎不易察觉。它不是社会矛盾的总爆发,而是通过无数细微的变化和调整一点点地改变着社会秩序。到1763年,欧洲生活的两大标志、旧社会近乎一切制度和思想的基础——教会和正教理念、国家与权力思想,已在美洲那开放、蛮荒的环境中渐渐消失。但是在18世纪60年代的动乱之前,这些变化从未被当作重新安排社会和政治秩序的理由。它们常常被定义为对时代潮流的偏离,是企图回到原始生活状态的倒退和反动。1760年以后,特别是在1765年后的十年间,随着殖民地居民寻求更先进的社会政治原则以解决眼前的紧迫问题,它们都成了可以公开讨论的话题。

当然,最初的英美冲突围绕的是英国议会在殖民地的权限问题。但这个问

---

[*] 伯纳德·贝林(Bernard Bailyn),哈佛大学荣休教授,主要研究领域为美国早期史以及美英工业革命前的历史,其对共和主义和大西洋史的研究深刻地影响了这些领域的学术面貌。代表作有 *The Origins of American Politics*(1968),*The Ideological Origins of the American Revolution*(1968),*Atlantic History: Concept and Contours*(2005),*The Barbarous Years: The Peopling of British North America: The Conflict of Civilizations, 1600-1675*(2012)等。

题不能被孤立地讨论。这场辩论最终涵盖了广泛的社会和政治问题,直到1776年形成了一种美国生活的构想才告一段落。从那以后,美国人开始将自己视为被历史所选择的特殊群体,正要去实现人类生存的诺言。在他们看来,那些发生在他们自己社会中的变化是美好的:它不是什么异常或倒退,而是一种改善和进步;不是堕入原始主义,恰恰是对政治和社会生活水平前所未有的提升。乡野人的土气和笨拙如今成了选民的标志。在《印花税法》颁布的那年,约翰·亚当斯这样写道:"人类之自由与人性之光辉由他们守护着,美利坚是由上帝指定人类扮演其真实形象的舞台,在这个舞台上,科学、美德、自由、幸福和光荣和平共存。"

努力去理解、传达和实现这种使命,这个过程在整个革命一代中间还要不断继续——实际上,它一直持续到19世纪美国人的这种创造性成就成为一种信条之时才停止。不过,它有三个特别集中的阶段:1776年以前,包括1776年,专注于讨论英美差异;1776年以后到1780年之间,设计第一批州政府;以及18世纪80年代后期到90年代初期,对州宪法的反思和全国性政府的重建。美利坚人在每一个阶段的贡献都是双重的,他们不仅勾画了宪政理论的框架结构,而且在社会思想的相近领域做出了极大贡献。但是不论在哪个时期,其创造性都比不上独立前期,其影响也不如独立前期来得激进、深远。正是在那个时候,一系列重要的前提和假设得以确立;正是在那个时候,人们开始探索新的思想领域,勾画了第一幅全面的地图,并标出了路线。从此,心理上和智识上的障碍都被打破了。在美国政治思想史上,那是最具创造力的一段时期。以后发生的一切都得益于那一时期的成果,并建立在它的基础之上。

这是一个鼓舞人心的、处于转变之中的景象:一个新的、年轻的、充满活力的、尤其是刚刚从道德中获得新生的民众主体正从默默无闻中走出来,去守卫自由的堡垒;他们以胜利的姿态站在最前列,激励并支持着各地的自由事业。在这种构想下,殖民地的一切以及殖民地同母国的矛盾都获得了全新的理解。狭隘的地方主义消失了:美利坚人已能够和历史上为自由而战的英雄们,同现存的少数自由斗士们并肩而立。孤立、制度简单、作风原始、宗教繁杂、国家权威弱小等一系列曾经被认作为缺点的东西,如今都成了优点。不仅美利坚人自己这样认为,一切为改良、革新和希望代言的开明人士——不论他们是坐在伦敦的咖啡馆里、巴黎的沙龙中,还是在日耳曼贵族的庭院内——也这样看。突然之间,殖民地人的渺小存在成了哲学教程中的范例。他们的习俗,他们的道德,他们的生活方式,他们的物质、社会和政治情形都成了某种永恒真理的证明,并展现出他们的见解和言辞所无法表达的、只存在于18世纪哲学家梦想之中的天国乐土的美德。

另一方面,殖民地居民的见解和言辞又很重要。这不仅仅是由于他们复述了启蒙运动和英国自由主义中常见的乌托邦式的意识形态。他们在1776年所宣扬的,与西方世界一切改革者和先觉者们所讲的都十分相似,但两者却是不同的。在十年的激烈论战中,各种词汇和观念已经在殖民地人的脑海中被重新构建。这样的重建对他们而言是不寻常的,它把人们带往不熟悉的方向,使他们得出了他们自己也无法说清楚的结论。在独立之前的那些年里,当他们努力去领会他们所秉承的那些信念时,他们发现了一个政治思想的新领域。这不是一个随随便便就能掌控的领域,他们常常在迷茫中撤回到自己更为熟悉的地方。但是他们触碰到了它的边界,在某种意义上,窥探到了它的本质。其后的人——起草和修订第一批州宪法的人,草拟和批准联邦宪法的人,以及就所有这些举措的意义不遗余力地详细辩论的人——将沿着1776年以前人们所讨论过的这些问题继续探索。

这种对传统观念的批判性探索成为了对欧洲和美洲的进步和改革深入讨论的基础。它是殖民地人表达自己所理解的现实,并致使其向理想的方向发展的一种努力。1776年美利坚人传达给世界的激进主义既是一种被转变了的力量,又是一种仍在转变之中的力量。

代表问题是在英国及诸殖民地中间产生的第一个重大思想问题,尽管它不是英美争端中最重要的问题——麦基尔威恩(McIlwain)教授认为,代表和税收问题只是发生在更为基础的体制斗争中的一个"意外事件"——它仍然吸引了最早的和最为详尽的考察,并且使人们的观念经历了一次极具启发性的转变。这种转变发生得非常快;它始于并且实际上结束于《印花税法》引发争议的两年。但是美利坚人在那个短暂时期内表露出来的思想立场实则有很深的历史根源;它是三代人的政治经验的结晶。殖民地人并非在创造什么时髦的东西,他们提出的是一个早已存在的观点;通过明确有力地表达对随意征税的不满和对英国议会的道德批判,他们的思想也在不知不觉中一点点地从殖民地混乱的宗派意识中脱离出来,变得普遍化、系统化。

就事实的层面而非理论层面来看,在殖民地早期历史中出现的代表观念是对英国历史上的一种代表观的部分再现,它一度流行于中世纪的英格兰,但在十五六世纪渐渐消失,被另一套观念和制度所取代。在中世纪最初对议会代表的选举中,人们遵循的是一种将代表权赋予"与选民的利益息息相关的、关心地区事务的本地人"的设计。被选出的代表作为选民的代理人,有责任通过议会这个神圣的场所寻求解决各种问题的途径,而作为回报,选民需要为这些代理人提供一定的经济资助。出席议会是下议院代表们很不情愿去履行的一项义务,因而地方社区用尽各种办法使其受到本地利益的牵制,比如:规定只有在本地居住或在本地拥有财产的人才有参选资格,严密控制公职薪酬,就代表所拥有的权力和能被允许的特权进行详细的说明,要求代表对以选民名义实施的每一项行为承担严肃的责任。这导致的结果是,中世纪的下议院代表不为地区以外的人说话,也不为具体选举他们的那个团体以外的其他任何群体说话。

然而,形势的变化彻底改变了这种代表的形式和做法。在美洲殖民地的政府机构日渐巩固成型之时,英国议会也已经发生了转变。那些使下议院代表严格充当选民代理人的种种限制已经不复存在。下议院的成员如今"不仅仅是地方的代表,也是全国一切平民的代表"。作为整个国家的一种象征,议会实际上代表了国家政府的意志,其成员不再真实地、明确地代表某一类人,而是象征性地成为全体国民的代表,包括选举他们的那些人在内。他们代表整个联合王国的利益。套用埃德蒙·柏克对这种代表观念的经典论断,议会不是"各种敌对利益集团的代表的集合体,在不同利益互不相容的碰撞交锋中寻求平衡;恰恰相反,它是一个民族、一种利益的审慎集合。它不受地方性的目标和偏见所约束,而是从全体国民的普遍理性出发,对一种普遍的共同利益负责"。"因此,"下议院议长恩斯洛(Onslow)曾说道,"选民对其选出的特定代表的指示只能作为一种信息、劝告和建议……而绝对不能干涉议员的表决权、行动力和道德判断。"那些曾经使得代表们成为选民代理人的限制消失了。

然而,作为英国制度缩影的殖民地被环境的力量引向了相反的方向。出于形势需要,从17世纪的一系列假设开始,他们好像又退回到了中世纪的代表和代理人关系。他们的情况与英国人早期所面对的状况极为相似。殖民地的郡县与市镇,就像英国中世纪的郡县和市镇一样,拥有很大的自治权。他们并不指望从沉默宽松的中央政府那里得到什么,相反,他们做好了付出的准备。通常他们都把自己当作施恩的一方,而不是中央政府、地方政府或帝国政府的受益者。如果需要更高一级权威的支持,他们寻求的是来自本区域的、特定的,实际上是私人的帮助。把本地区的利益同中央政府的利益等同起来是没有道理的,他们需要的是能够明白、清楚地代表地方利益的声音。只要有必要,他们就会努力确保代表的利益高度从属于地方利益——尽管由于缺乏革新的、采取更广泛的重大行动的意识,它还称不上一种全面、系统的努力。在北美殖民历史的开端时期，马萨诸塞的镇民大会中最先开始了这种指挥地方议会代表的做法。并且在随后的一个半世纪中，只要有用，人们都会沿用这种方式。在其他地方，基本上大同小异。同马萨诸塞一样，对于参选人必须是本地居民、在本地拥有财产、同时当选以后要严格服务于地方利益的要求已经成为一种惯例。其结果是，同时期对此表示不满的人谴责议会中"全是平庸无知的农夫，他们只想着公路的规章，想着消灭狼、野猫、狐狸，只懂得关心各自所在选区的蝇头小利，其他的再也不会了"。

所有这一切，加上所有殖民地在英国挑选和控制代理人的相关的共同经验，构成了英美争论中第一个重大问题的讨论背景。为了就议会对殖民地征税的权力作辩护，英国方面提出了一个论点，即殖民地人同"不列颠十分之九的国民"一样，虽然未曾亲自选举议会代表，但实际上已经被代表了。这种观点声称，实际投票选举代表只是一种偶然的权力，而非代表制的必然属性，"因为这种选举权是与特定的居住地区、特定的财产和某些特殊权益相挂钩的"。最重要的是，北美人与那些偶然居住在英国的人之间并没有本质区别："议会并不特别代表任何人，但实质上所有的人又都能在议会找到代表。"因为：

> 议会中的每一位议员都不再是他们选区的代表，而是代表大不列颠全体民众的庄严的下议院中的一员。不论整体的部署会对他们各自的选区产生怎样的影响，全体民众的权利和利益始终是指导他们行动的伟大目标和唯一准则。置全体民众的利益于不顾，而去追求本选区的利益，就是一种渎职。

在英国惯例中，这种对"实质"的强调为社会主体利益的真实代表问题提供了合乎情理的说辞，并且也没有引起广泛的争议。反而是它的对立面——将代表视为选民代理人的思想，被当成了"现代对现状感到不满的人所极力游说的一种新的政治学说"。但在殖民地，情况刚好相反。殖民地的政治经验使人们对于代表的程序产生了不同的期许，当前一切避实就虚的代表方式都被看成是有害的。因此，英国的论点一经提出，便在殖民地遭到了断然和普遍的反对，最后成为嘲笑的对象。在一篇全面驳斥这种观点的文章中，丹尼尔·杜兰尼（Daniel Dulany）写道，"它全由虚假的事实和不能接受的结论构成"。他以几乎每个北美作家都会赞同的措辞指出，重要的是哪　种代表制度能更好地保护人们的利益，使其不受政府的侵害。从这个角度看，是不能将英国的非选民与美洲的未投票者混为一谈的，因为英国那些非选民的利益与投票产生了议会代表的选民的利益密切相关。"就个人而言,非选民、选民,以及议会代表这三类人的利益是相同的,何况他们之间还存在着邻居、朋友和亲属的联系。非选民的安全保障恰恰在于,对他们的压迫迟早也会降临到那些选民和代表头上。想要单独保全自己是不可能的。"但是在大不列颠的选民和殖民地居民之间并不存在这种"密不可分的联系"。征税对两个地区的影响绝不相同:"一项针对美洲的征税法令不会立刻对哪个英国的选民造成影响,但对殖民地居民来说,它的实施却是对财产的一种普遍威胁。"

一旦承认了代表和平民之间原本的利益一致性的缺失,所谓的"实质"代表观念便失去了其应有的一切影响。因为按这种思路,詹姆斯·奥迪斯(James Otis)曾写道,我们"同样可以证明英国下议院实际上代表了地球上的所有人,就像它声称自己代表了美洲一样"。这样一来,这种观念就完全成了"没用的""荒唐的""政治空想家"的东西。阿瑟·李援引博林布鲁克(Bolingbroke)、洛克、西德尼(Sidney)、卡姆登(Camden)、保特尼(Pulteney)、培梯(Petyt)、约瑟夫·杰克利爵士(Sir Joseph Jekyll)的论述,并结合议会发言人的言论写道,这种观念"在迷信时代,将被称为巫术",因为它意味着"我们的特权是'实质上'的,我们的苦难却是真实的……或许我们可以对一种看法感到心满意足,即'实质上'的代表对应的是'实质上'的顺从,但那不过是格伦维尔先生为了调和矛盾而想出来的说辞。他妙不可言的智慧着实超出了我们微薄的理解能力。因而,这种'实质上'的权力要求的仍然是一种'真正的'顺从"。确切地说,谁才是美洲自由民在英国的"实质"代表呢?

> 他认识我们吗?或者说我们认识他吗?不。我们对他的行为有任何约束吗?没有。他会受到职责和利益上的束缚来保护我们的自由和财产吗?不会的。他熟悉我们的环境、近况、需求以及其他吗?不可能。那我们指望他什么呢?只有无穷无尽的税收罢了。

但是,殖民地人关于代表制的讨论并未停留在对"实质"代表制的反驳上。他们的争论扩大到了对于代表制的本质和功能的一般认识上——将选举者和被选举者、有选举权的人和选举权被剥夺的人的利益一致或不一致的情形都考虑在内。现在他们清楚地知道了将代表和选民的指示绑定起来的好处。一些人谨慎地探讨了这个问题,他们声称,虽然"选民可以以通过指令来约束代表"的观念在近些年已成为"一种过时的主张",但"在大多数情况下",且不说指令的"强制力",单就它的"劝说性影响"而言,指令也仍旧应该受到重视:"对选民的坦率建议不闻不问,甚至背道而驰的代表,理所当然地应失去选民的尊重和信任。"但更多的人选择了直截了当地、坚定地表明自己的立场。阿瑟·李在其《监视》(Monitor)论文集的第四篇文章中宣称,这种指示代表的权利得不到承认的唯一原因"在于英国的体制腐败已经到了异常危险的程度,并开始主宰我们的政体。专制的大臣及其堕落的随从开始宣扬一种对我们的自由极为有害的论调,即议会代表独立于民众。唯有这样做才能够满足他们专横而自私的目的"。他指出,被选出的代表"是选民的受托人,为选民处理政府事务。同其他代理人一样,此种服务的报酬由他们各自的选民支付,直到他们发现出卖自己在议会中的发言权对自己更有利可图,继而想要独立于民众为止"。他写道,这种对民众的背弃被威廉·温维姆爵士(Sir William Wyndham)斥为"史上最卑屈、最荒谬透顶的规定";自由人的权利不仅仅是选出他们的代表,更在于确保这些代表听从他们的指示,"这是在这项制度一开始就已经确立好的应有之义,是民众古老的、不可让渡的权利",从德摩斯梯尼(Demosthenes)到柯克(Coke)的所有伟大的权威都将支持这种观点。尽管"在解释英国法时,布莱克斯通先生得出了完全相反的观点",但这对于阿瑟·李来说没有丝毫影响,因为很明显"布莱克斯通的观点是在他当选为整个联合王国的代表,而非某个特定地区的代表之后提出来的,建立在对于人类的那种虚幻构想之上。他的诡辩漏洞百出,并且已被彻底推翻了。英国的宪法不是哪个宫廷律师能说改就改的"。每个人都会同意,选民拥有"嘱托和指示代表的固有权利",因为代表们,詹姆斯·威尔逊总结道,确切地说是选民的"造物","选民所授予他们的每一项权力的使用都应受到严格的约束"。

但这意味着什么呢?它有多重深远的含义,其中的一些在这十年的辩论中被推导出来,并且仍旧是一个长期性的难题,要等到19—20世纪美国民主实现了以后才会最终得到解决。有一点是清楚的,即使在18世纪六七十年代,人们发现,如果一名代表被要求严格对选民负责,他实际上会"在各个方面像选民那样行事……就好像选民本人在场一样"。因此其结论就是,代议制议会"应该不偏不倚地成为广大民众的一个缩影,它应该如同整个群体那样思考、感觉、判断和行动"。如果群体的成分发生了变化,那么议会的构成也应相应转变,因为"民众中的利益划分就是议会中的利益划分"。实际上,"为了永远维持这种比例,代表的数量应该随其代表的民众人数的变化而增减"。

果真如此,那么它将是对人类先进思想的一个重要贡献,即便不是一种完全原创的贡献,至少也可称作是对英国政治理论主流中早已消失的激进理念的回归。因为这些论辩复原并详细阐释了政府建立在被统治者积极、持续的同意基础上的理念,这种理念在一个世纪前的共和国时期曾短暂盛行,后来又在王政复辟时期消失了。之后只有最极端的激进分子和最声嘶力竭、最不肯妥协的议会反对派领导人还坚持这种观点。正在北美形成的代表观点暗示着,用洛克的话说,既然政府的合法性源自民众的直接同意,那么民众在最后时刻为了捍卫自己的权利,就有权采取激进的手段推翻它,这一点同样适用于平和的、反复的政府换届。必须把征求民众同意作为一个持续不断的日行程序,只有这样,政府才能敏锐地反映民众的愿望和感情。实际上,在公共事务中,民众通过代表而在场,并经由代表一点点、一步步地扮演自己。他们不再仅仅是政府的最终审查者,在某种意义上,他们就是政府。政府无法独立于他们而存在;它是民治的、民享的政府;它的权力来自民众的许可。法律的本质和意义亦在于此。霍布斯和比之更甚的布莱克斯通所宣称的传统法律观念,是一套"由上级权威规定而下级必须服从"的命令,它意味着某个人或某个机构独立于法律条款之上,并将其意志诉诸法律。但随着民众代表认识的发展,这种观念遭到了质疑。这些年来,已经有很多迹象显示,詹姆斯·威尔逊和其他一些人预备彻底抛弃布莱克斯通对法律的定义,以另一种观点去取代它,即:法律的约束力源于选民对法律条款的同意;"一个自由和独立的人受到人类法律约束的唯一原因——是他自己约束了自己。"

这些便是系统地、从原则和实际两个层面使代表成为"民众直接作用的法律替代品"的深层含义。这些便是激进的可能性,初露端倪而没有被完全把握,它在革命前一系列创造性思想的碰撞中隐约闪现,并在宣布独立之前被带进了第一批州宪法的讨论中。在早期,一些冷眼旁观的托利党人可能更敏锐和清楚地捕捉到了这种激进性,他们带着恐惧观察着事件的发展和理论变化的趋势。圣公会牧师塞缪尔·西伯里(Samuel Seabury)在1774年写道,"在我们中间流传着一种新颖的看法,即在法律中找不到这样的规定——不经民众或民众代表的同意,就可对民众做出限制。但这种观点不论在古代还是现代的英国宪法中,都找不到任何支持它的权威记录。其本质是共和主义的,有彻底颠覆英国君主政体的倾向"。

美国革命并不是一场明显的社会革命。也就是说——正如我们所知道的——没有人计划破坏或大规模改变社会秩序。然而作为革命的一个结果,转变确实发生了。这种转变并不仅仅意味着没收和重新分配了效忠派的财产,或者说战争摧毁了一些人的经济基础,为另一些人创造了梦寐以求的机会。剥夺效忠派的财产和重新安排经济生活的确是一个方面,后者——如果不是前者的话——也确实刺激了社会的流动性,使一些提前就绪的人能够说,"水一烧开,就会有泡沫翻滚"。但是这些都是表面上的改变,他们影响到的只是人群中的一小部分,也没有改变社会的组织形式。

影响并及时和永久地改变了社会结构本质的,是观念和态度领域的转变。人们对于彼此之间的关系,或者说社会的准则与类型的看法,在独立前的十年迈向了新的阶段。1760年的北美人仍然像他们的先辈那样,一直认为,一个健康的社会是一个等级社会。在这样的社会中,贫富之别、高低贵贱之异、强弱之分都是很自然的事情。他们相信,优越性是一种统一体,那些受人们青睐的属性——财富、智慧和权力,彼此之间有着天然的姻亲关系,因此社会领袖也就自然而然地拥有政治上的领导能力。当然,也会存在变化:一些人的社会地位上升,一些人则下降;但是反映等级秩序原则的、人与人之间显著的外部差异是必需的,适宜的,应该保存下去,这是事物的自然本质。

这种推论与殖民地的现实环境格格不入。从一开始,北美的蛮荒环境就不利于这种复杂的、精挑细选的社会区别论的生存;实际上,随着时间的流逝,许多社会区别已经消失了。另外,清教主义和18世纪中期流行的福音主义也对传统的社会分层观点提出了挑战;越来越多的人相信,人的本质才能并不由他们的外部条件所决定,每个人都有机会取得非凡的成就。而在殖民地独特的政治形态中,围绕公共权力展开的杂乱无章、没完没了的派系争斗,使得传统上对政府和官员的尊重几乎不复存在。

然而,在殖民时代的任何时期,对于这些实际状况中的偏差和含义,人们从来没有明确地表达或为其辩护过。在殖民地社会的成熟期——也可以说是令人困惑的早期——人们依旧假定:社会将遵照从前的模式运转,权威会不受挑战地存在下去,充满智慧的、高人一等的上层人士将肩负起责任,身份卑微的人只需感恩戴德。这些假设和期望根深蒂固,不可能轻易地或迅速地交出阵地。但革命从无休止的反复论辩中带来了新的主张和观念,一点点地摧毁了旧制度这些假设的根基。

十多年来,在殖民地的出版物中,以及在北美大陆半数的布道坛上,随处可见对于当局任命的最高权力的蔑视和反抗。合法地对抗当局权威成了一种普遍的呼声,成了一种权利、需要和当仁不让的责任。劝诫警告和资格限定已沦为形式,只能求助于古老的虔敬辞令。在控告某个人的不服从行为时,往往会以一段道德说教作为开场白,即:任何政府都免不了有缺陷,心平气和地承担

"一些伤害"是必不可少的。但对于民众的示威游行和"强词夺理"来说,警告是不够的,还必须严令禁止:当伤害危及当权者"基本的权利"(谁来判断到底有没有呢?)时,"在他们的权力范围内采取合法的、审慎的、有效的手段来捍卫自己的利益,就完全是出于对上帝、对他们自己的权益的信仰,以及对他们自己、对社区以及对未出生的后代的责任了"。对于服从的原则人们再熟悉不过;对不服从的理论却知之甚少。因此,一种观点被一而再、再而三地强调:对当局权威的反抗"源于对我们信仰的遵从,是英国民族一贯的信条,正是这种信条捍卫着我们的权利和宪法,一次次将我们从暴政的侵犯中解救出来……它是那场值得永远纪念的光荣革命的信条和坚强支柱,我们伟大的君主乔治三世也正是凭借它戴上了大英帝国的王冠"。还有什么比这更好的说辞呢?要是再在这种论证后面加上另一部分内容,即服从同样"是基督徒责任中的重要部分,没有它,政府将面临解体,陷入一团糟的(最令人惊骇的)无政府状态,使一切都失去控制",那就显得太蹩脚了——尤其是当人们很容易把这种"基督徒的服从"同那种"盲目的、使人成为奴隶的服从"混为一谈的时候。那种服从"不属于基督教制度的内容,但是对于宗教信仰、对每一个自由政府、对整个人类的利益都极为有害,它是专制政府的温床,是奴隶制的催化剂"。

对权威当局的反抗如同燎原之火,每到一处都会不断集聚新的能量。在一次对马萨诸塞官方教会的攻击中,激烈的宗教分歧和一触即发的斗争形势使这种反抗的声势达到顶点。艾萨克·巴库斯[1]代表某些浸礼会和公理会独立派教众,反对牧师的预定权力。他警告道:

> 我们不应该盲目地或习惯性地服从和追随牧师。每个人都必须独立思考。除非在昨天、今天以及未来的每一天里,他们的每一次谈话都以称颂上帝作为结束,他们才值得追随……否则,到目前为止被迫追随牧师的人,反而会因追随了他们而担罪。

对于巴库斯的读者和听众来说,不难从这种警告中发现一种一般性的劝诫,即不应不加批判地服从于任何形式的权威。其他一些人说得更直白。一个浸礼会牧师不仅对当地的正统教会提出了质疑,而且对"'正统'一词的词源"也提出了疑问。他向全世界的人宣称:

---

[1] 艾萨克·巴库斯(Isaac Backus,1724—1806),美国革命时期马萨诸塞浸礼会领袖,信奉宗教自由,发起了一系列旨在废除新英格兰地区官方教会(公理会)的活动。——译者注

> 在上帝和人类面前,一旦英国国王、政府部门、上议院和下议院侵犯了他们作为美洲人的权利,他们就有权像抵御任何外敌一样与之斗争。根据自然法则,这种做法不应被视作叛乱,它与反抗法国国王并无二致,假设法国国王现在入侵了这片领土的话。

然而对于浸礼会教徒而言明白无误的准则,在安立甘国教徒看来却是一种异端思想。即便在新英格兰地区的官方教会公理会中,也无时无刻不存在着对于外来教会迫害的担忧,并且形成了一股不亚于最极端的左翼教派的反权威主义潮流。它是教会的希望,同时也为新英格兰的斗争姿态提供辩护:新英格兰人"在信仰问题上绝不承认一切人类权力。我们的教会不需要教皇,也不需要君主。我们也不承认哪个议会有权对教义、教规、崇拜的形式或圣餐的内涵做出规定";他们宣称,"我们只对基督负责"——自罗马帝国衰亡以来,这句话曾准确地戳中了一切当权者的要害,不论是世俗的、还是宗教的;最后,他们以一个明显的悖论为自己的辩护作结,即"自由是我们的建制的根本原则"。

在这样的宣告中,政治论点成为了一种道德命令。合理拒绝服从的原则以及在接受公共权威之前先质疑它的本能,得到了新的支持与活力。当然,这种反抗主义最初是针对英国议会的,在那个 3000 英里之外的议会中,美洲人没有自己的代表。但是引起人们强烈反对的,与其说是这个机构设立的地点和组成成分,不如说是它所采取的行动的性质。是不是那些地方性的议会,仅仅因为它们是本地区的,有殖民地人自己的代表,就可以免受审查、安然无事呢?是不是它们就能较少地受到那种规则——一旦它们的权力超出了"上帝的律法和自由宪法所允许的范围……'它们的法令实际上就不再有效,就没有义务去遵从'"——的影响呢?答案是不言自明的。任何立法机关,无论它们设于何处、如何构成,其命令只有严格遵照公正、合理的程序才值得服从。任何政府机构都有可能遭到挑战,不论有没有代表、在不在本地。1776 年,弗吉尼亚奥古斯塔(Augusta,Virginia)的地产所有者把从议会斗争中学来的反抗经验直接运用到了当地政府身上。他们写信给他们在弗吉尼亚代表大会(Virginia's Provincial Congress)中的代表,信中这样写道:

> 要是我们的立法机关将来证明了我们对于它的公正性和明智性的怀疑是多此一举的,你们至少要告诉他们,你们的选民从来没有受那种卑躬屈膝的政治准则,也就是"被授予最高国家权力的少数人所颁布的任何法令,都应该被无条件地服从"的观念所左右或影响;你们的选民坚定地相

信,废除一项不公正的法律要比简单地向立法者抗议有效得多。[2]

但是,这些威胁不过是对传统权威理念提出质疑的最为明显的方式,还存在其他一些更具颠覆性的、隐蔽性的威胁,它们在不知不觉中消解着社会秩序和社会准则的传统基础。

显然,"权利"在英美争论中处于核心位置:英国人的权利,人类的权利,特许的权利。即便是理查德·布兰德(Richard Bland)——这位平等主义倾向最少的革命领袖也认为,"权利意味着不论在何种场合,人们都是平等的,应该受到一视同仁的对待,而无关个人的身份高低"。这绝非老生常谈,因为"法律面前人人平等"的思想在当时固然已属司空见惯,但"无关身份高低的平等"却并非如此,它对社会平等的强调意义重大。虽然它最初是为了说明英国人和北美人之间存在的不公正的区别对待,但显然它具备更广泛的适用性。一些人抓住了这句话的含义并加以发展——特别是在那个充满变化的动荡年代,人们正积极寻求新的政府形式,以替换一切即将毁灭自由的旧制度。1776 年,宾夕法尼亚的一个小册子作者写道,"自诩高人一等"和"自视'要人名流'的假定区分"已成了业主派(the Propriety party)的不利因素。在一个像美国这样的新国家中,富有除了表明偶然先来到这块土地定居这个事实以外,再没有其他含义了。"早期定居者的后代必然会获得"越来越多的财富,因为最初土地便宜,而后随着定居者数量的增多,土地价格自然会相应地上涨。

> 变得富有纯属意外,财富并不能像在以前的国家中那样获得同样的影响力。在现在的美国,一个人的地位更多的是由其资质而非财产决定。上流阶层由品德可靠、举止亲切和忠于原则的人组成,这条标准也会一直持续下去,直到家族的起源被人遗忘,粗俗愚笨的人主导了简单质朴的新世界。

因此,在这种新的安排中,"没有人会因为自己的出身而受到非议,只要他的行为表现与他所处的环境相符,并且不刻意隐瞒自己的身份"。

这种理念在本质上腐蚀了地方官员和旧制度的传统权威,并激发了其他相似的观念,那些观念对裹足不前的稳定局面构成了潜在威胁。在 18 世纪的政治思想中,没有什么比这种理念更被人熟知了——它体现在每一种政治宣传和每一份牧师训词中——权力的行使者不仅是"上帝的代理人",也是"社会的公

---

[2] 即强调比起向立法机关申诉,他们有权采取直接的废除某项法律的行动。——译者注

仆",他们需要具备特殊的资质:他们必须熟悉世俗事务;必须明智、博学和谨慎;必须品德高尚、笃信宗教。但这个理念又能带人们走多远呢?它在道德、宗教、智识上对执政者提出的资格要求,必然与人们对于公共领袖必须拥有显赫的身份和社会地位的传统期望相冲突。对于任何稳定社会中的当权者来说,这种思想都是危险的。在传统观念中,领导权必须交付给那些具备"个人权威和影响力",以及"卓越或高尚"的人,这样"人们才会心甘情愿地服从,而没有任何轻视和抱怨",普通人不会轻易认可"一个比他们自己都好不到哪里去的卑鄙小人"。这种准则从未遭到挑战,并且一直受到尊重和沿用。但如今,在叛乱初期的热烈气氛中,这种"领袖是民众的仆人"的理念被推演到极致,其潜在的颠覆性也显露出来。在1774年以前,它源于这样一种思想,即"合法的统治者是民众的仆人",且统治者"之所以优越于其他人,不是因为满足了自己的利益,而是他们造福了所有人;人们并非只是摄于统治者手中的权力而服从他们,而是因为他们制定的行使权力的规则遵循了自然法规和公平原则"。据说在1770年的公职分配中,唯一值得考虑的因素是"候选人的优点"——不是出身、财富或忠诚,而是个人的优点和长处。即使是就这个问题发表的一份小心翼翼的陈述也透露出对传统权威的蔑视:"不是财富,也不是家庭出身——既非拥有其中之一,也不是兼具两者,使人们身居要职(尽管我希望两者都不被忽略),除非人们在其他更重要的方面有所成就并获得认可,否则他们就不会获得任何机会。"自然,人们也完全可以把这句话反过来说,即:官员的富裕是其明智和审慎行使公共权力的结果,而非前提条件。

这才是人们关注的焦点。历来最让那些能言善辩的现状的捍卫者所担心的,不是一批统治者取代另一批统治者,而是那些与现存的稳定制度和秩序相违背的思想观念取得了胜利。他们的恐惧并非没有道理,因为在18世纪社会的思想背景下,确实难以想象要如何从这样的思想中建立和谐稳定的社会秩序。争论人人平等是万万不可的,那只会助长反抗精神,即拒绝服从权力——最终只会导致无政府状态、蛊惑群众和暴政。如果这些理念世世代代流传下去,那么即便是那些最谦恭的人,他们胸中"暗藏的星星之火"也会被那些"不满思想的倡导者们"一再地点燃,后者将会提醒人们,"人在宇宙中拥有崇高的地位;人人生而平等;国王不过是民众的代理人;民众出于自身的利益授予他们权力,而当权力被用于压迫他们时,民众有权将之收回,并决定是将其授予他人还是掌握在自己的手中"。煽动叛乱的种子被不断埋下,最终收获的将是恣意妄为、无法无天。

这种局面将如何收场呢？在一个权威还未得到认可就被质疑的地方，在一个社会差异被视做出于偶然、而非社会秩序本质的地方，在从原则上受到质疑的优越性不允许被掌握在少数人手里、而要被广泛地分散在民众手中的地方，要令人信服地建立并保持一个什么样的社会和政治秩序才算合理呢？没有人能说清楚。但有些人被一幅未来的愿景吸引住了，在这个愿景中，美国人的生活特质成了上帝选民的标志，在对传统制度的反抗中，人们找到寻求自由生活最坚定的理由。尽管这个新世界的细节尚未得到清楚的描述，但越来越多的人开始相信，与已经过去的旧世界相比，一个更美好的世界即将建立。在这个新的世界中，权力不被信任且经常受到监督；人的地位由其取得的成就和自身资质决定，而非家庭出身；对人们生命的控制权受到高度警惕和严格限制。唯有在存在反抗、拒绝屈从、质疑所有社会和政治权威的地方，那里的制度才能够表达——而不是摧毁——人类的渴望。

【本文选自 Bernard Bailyn,"*The Ideological Origins of the American Revolution*", The Belknap Press of Harvard University Press, 1992, pp. 19-21, 160-175, 302-310, 318-319。】

戈登·伍德[*]

赵怡 译/肖莹 校

作为一场启蒙运动的美国革命

自《独立宣言》发表十多年以来,没有什么比1788年联邦宪法的正式批准在美国民众中受到更多一致而热烈的欢迎了。"大功告成!"本杰明·拉什在1788年7月这样说道,"我们已形成了一个国家"。但退一步说,这有点夸大其词。拉什竟然认为新的合众国能在一夜之间成为一个国家,他说:"在美国的各个角落,都弥漫着欢乐的情绪,这在其他任何时代或任何国家都不曾有过。公正从天堂降临到我们居住的土地上,通过新宪法,那些在专制政府、虚伪宗教、非法贸易的旧世界里所蒙受的一切伤害将被停止,人类的本性最终完全复原。"这个新国家是知识战胜蒙昧、道德战胜堕落、自由战胜奴役的伟大楷模。

像拉什一样的革命者对美国能立即实现国家独立充满信心,这种信心源于他们对启蒙的信仰。早在1765年,约翰·亚当斯就曾说过,所有美国的早期历史都是朝着18世纪的启蒙运动演进的。他说,17世纪北美社会的建立是"上帝为实现教化愚民,解放全世界被奴役的人民的宏伟远景和设计的开端",美国革命就是这部宏伟的历史剧的高潮。启蒙运动正在西方世界广泛传播,但是只有在北美,这一运动才最有发展前景。随着北美十三个殖民地从英国独立以及联邦宪法的批准,很多美国人在18世纪90年代就认为美国已是世界上"最启蒙"的国度。

正如宾夕法尼亚的塞缪尔·布莱恩(Samuel Bryan)所说,这些名不见经传

---

[*] 戈登·伍德(Gordon S. Wood),美国历史学家,哈佛大学博士,布朗大学历史系荣休教授,主要研究领域为美国革命史,代表作有 *The Creation of the American Republic*(1969), *The Radicalism of the American Revolution*(1992), *Revolutionary Characters: What Made the Founders Different*(2006), *Empire of Liberty: A History of the Early Republic, 1789-1815*(2010), *The Idea of America. Reflections on the Birth of the United States*(2011)等。

的外省人住在"一个满是荒芜、野蛮和野兽的地方",竟然宣称自己是启蒙运动的先锋并"已经实现了历史上从未有过的进步和成就",这似乎太不可思议了。1789年的美国,与之前的母国相比仍旧是落后的国家。美国人没有雍容华贵的宫廷生活、规模宏大的城市、金碧辉煌的音乐厅、纷华靡丽的画廊,也没有很高的艺术鉴赏水平。它的经济发展水平落后。它还没有能与英国中央银行相提并论的机构;也没有股票交易,没有大型的商贸公司,首都没有宏伟的市中心,甚至没有可行的汇率兑换机制。在美国,20人中有19人仍然从事农业,而且大多数居住在偏僻的小村镇。至1790年,全美只有24个城镇的人口超过了2500人,其中只有5个城市的人口达到了10000人。在英国发生的新闻大事传到费城就需要两个多月,这也难怪很多欧洲人认为美国是基督教世界中最边缘的荒蛮之地,离西方文明的中心十万八千里。

然而,尽管确实远离文明的中心,很多美国人一直坚信自己是世上启蒙程度最高的民族,坚信他们因受到启蒙而成为一个独立的国家。的确,美国是世界上第一个将自己的独立基础完全建立在启蒙运动的价值观上的国家。格特鲁德·斯泰因(Gertrude Stein)或许是正确的,她说美国是世界上最古老的国家。

美国革命者所坚持的是一种奇怪的民族主义。美国人通过启蒙运动认同自己的国家,启蒙对他们来说就是一种跨越国界的、实际上是普世的标准。但是,他们并不知道,启蒙运动中的普世原则与他们对自己国家的忠诚是冲突的。历史学家戴维·拉姆齐声称他是"一个世界公民,因此他鄙视那些民族主义思想"。但是,他认为普世信仰与希望"自己的国家由自己人治理"的想法并不矛盾。约珥·巴洛(Joel Barlow)并不认为他被选举为法国国民公会的一员(1792—1793)就意味着他不是美国人了。在很多关于美国革命影响的历史撰述中,从没有过对这个国家的地方主义和多元主义的称赞。确实,正如拉姆齐所说,这些历史撰述是表达美国对启蒙的信仰的誓词;历史学家们想要"摒除偏见,磨平我们的棱角并将我们打造成一个同质的民族"。

同质的民族!这个形容似乎要将我们与那个多元而遥远的18世纪世界完全隔绝开来。因为我们今天可以将国家独立看作是理所当然,可以尽情地颂扬我们的多元文化。然而两百年前,美国人正在竭力从零开始锻造一个国家,他们绝不会以多元性为荣。他们极度渴望把自己变成一个民族,而最好的方式就是强调他们无与伦比的启蒙程度。因为启蒙运动一再强调同质性和成为统一民族的价值观,所以美国人把自己描述成世界上启蒙程度最高的民族,进而断定自己必须是一个独立的国家。更重要的是,对成为一个独立国家的渴望促使美国人坚持认定自己启蒙程度最高。但是，他们怎样推断出自己是启蒙程度最高的民族呢？当然，在新的合众国中有很多像理查德·普赖斯（Richard Price）那样的欧洲激进分子，认为启蒙运动实际上是由他们创造出来的。1787年，普赖斯告诉本杰明·富兰克林，起源于美国的"一种精神"现在正扩散到整个大西洋世界。普赖斯说，这种精神会带来"一个前所未有的更热爱和平、道德、科学和自由（最终达到人类幸福和尊严）的社会状态。人们的思想会越来越开明，世上的那些昏君将不得不尊重人权，并要注意限制自己的权力冲动以免被赶下台"。

但是，仅有普赖斯的颂扬并不完全能够使美国人认为自己是这个世界上启蒙程度最高的民族。他们认为自己的信心有足够的理由。他们在理性分析上或许存在错误，但重要的是要了解为什么他们认为自己的推理是正确的。这样，我们才能了解美利坚合众国的起源，同时也更加明白启蒙运动对很多18世纪大西洋世界的人们的意义。

美国人非常确信自己正生活在一个启蒙时代。各地黑暗与蒙昧的范围正在不断缩小，光明与理性正在向外扩散。跟大多数大西洋世界的人们相比，美国人敏锐而强烈地意识到野蛮和蒙昧正在让位于教养和文明。正如史学家佛朗哥·文图里（Franco Venturi）曾指出的那样，正是因为美国人是住在文明边远地区的外省人，在那里"落后世界与现代世界的联系越来越快也越来越紧密"，所以他们认为接受启蒙的过程十分重要。与那些旧世界的大都市中心的人相比，美国人更能直接感受到自己正在变得越来越优雅和文明。

美国人不断告诉自己，他们是一个正在成长的年轻民族。因为他们处于一个可塑性很强的新世界，所以，与那些身陷旧世界的陋习和偏见的人们相比，他们更有可能变得文雅和有教养。在著作、演说、诗歌中，在每一种可想象得到的方法和如痴如醉的华丽修辞中，美国革命者告诉自己，他们比世界上任何人都更有能力改造自己。

共和主义者试图自下而上地建立国家，他们坚信洛克式的感觉论——知识更多地来自感性经验而非理性。因为所有人都有感性体验，所以洛克式感觉论不仅给普通人的能力赋予了新的意义，还使人们有可能通过改变影响自己感性体验的环境，从而得到教化和进步。

这些观点来自人人生而平等的启蒙思想。甚至连像威廉·伯德和弗吉尼亚总督弗朗西斯·福基尔（Francis Fauquier）那样的有贵族派头的人都不得不承认人人生而平等，甚至包括不同国家和种族的人。正如伯德所写，"一个民族与另一个民族最重要的不同只源于不同的进步机遇"。1769年，总督福基尔写道：

"白种人、红种人、黑人;野蛮人、文明人;所有人都是同样的人。"美国的革命领袖准备接受这样的思想,即文化是社会性的,只有依据教育和文明程度才能把不同的人区分开来。事实上,革命者对于那些极富争议的思想的接受能力很强,而这些思想后来成为所有现代思想的基础,这可以解释为什么他们会成为美国历史上最卓越的一代领袖。因为他们是雄心勃勃但出生相对普通的一群人,所以他们自然渴望提高关于文雅的新标准和学识的重要性,这与过去对家族、血缘的重视是相反的。他们知道自己与祖辈父辈的那个旧世界格格不入。尽管总是失败,但他们依然真诚地寻求实现自我价值,并成为杰斐逊所说的"自然贵族",这类"贵族"的地位基于开明的价值观和慈善的行为,而非出身和血统。要成为一个天然贵族意味着变得理性、宽容、正直、高尚、率真。它意味着要成为世界主义者,站在高处以宽广的视野去观察人类事务,从而摆脱偏见、狭隘主义和粗俗野蛮的宗教热情。简而言之,这包涵了我们今天所说的博雅教育的全部特征。

几乎所有的革命领袖,甚至第二、第三等级的领导阶层,都是第一代的绅士。换言之,他们就是几乎所有家族中第一个上大学、接受博雅教育、展示 18 世纪开明人士新面貌的人。杰斐逊的父亲彼得·杰斐逊(Peter Jefferson),是一位富有的弗吉尼亚种植园主和测地师,通过婚姻而成功地进入了显赫的伦道夫家族。但是他并不是一个接受过博雅教育的绅士,他没有阅读过拉丁文,不懂法文,不会拉小提琴,据我们所知,他从未对确立宗教的理念或拥有奴隶存在过质疑。

他的儿子托马斯则完全不同。其实,所有的革命者都知道一些父辈们所不知道的事情,他们渴望通过他们坚信和珍视的东西,通过他们的美德和无私来证明自己。

最重要的是,这些革命领袖感到,与欧洲精英们相比,他们与普通大众更相似。史学家彼得·伯克说过,上层阶级总是想与未受教化的大多数平民划清界限,但美国革命领袖对此却不以为然。因为美国的绅士正在创建的是共和国,这就要求他们与欧洲的同行相比,必须对人类本性有一个更为宏大的观念。正如我们所看到的,君主制国家可以包含辽阔的疆域、混合的王国,统治那些自私、堕落和在利益与种族上不同的人。但是,共和国所要求的社会不仅要受到启蒙,还要有凝聚力、德性并奉行平等主义。看上去美国人似乎很符合共和主义的要求;但他们必须要有其他民族所没有的一致性和统一性。正如 1792 年约珥·巴洛解释的那样,美国的"人民"一词与欧洲的"人民"含义完全不同。在欧洲,人民只是社会的一部分人;他们是穷人、暴民、不幸的人、平民和下等人。但是在美国,人民就是整个社会。在共和制下的美国,没有臣民、没有等级制、没有贵族,人民拥有财产。人民即一切。

或许一些美国绅士在会客厅里私下讨论时,继续表达着传统精英对普通百姓的鄙夷。但是在公共场合,任何一个美国领袖都不会将民众称作"群氓"。1788年7月,弗吉尼亚批准宪法时,埃德蒙·兰道夫(Edmund Randolph)就曾用这个术语指代过人民,很快帕特里克·亨利就斥责了他。亨利说,"兰道夫把人民称作'群氓',是将民众贬低到了最卑贱的程度,将他们从受尊重的独立国民贬低成卑贱可怜且从属于他人的臣服者或奴隶"。兰道夫不得不立刻提升人民一词的意义,并反击道他"并不是想用这个术语激起憎恶,而只是为了表达一个大多数群众的概念"。

从这一刻起,再也没有任何美国政治家敢在公共场合用这样一个毁谤轻蔑的词汇来指代人民了。相反,他们在演说和著作中用各种各样的方式来取悦作为一个整体的美国人民,说他们的启蒙程度最高。

当美国人为自己的启蒙正名时,他们开始坚信美国例外论和自己与旧世界人们的差别。美国人告诉自己,他们既无欧洲堕落腐化的奢侈,也无巨大的贫富差距。法国移民作家赫克托·圣·约翰·德·克雷弗克(Hector St. John de Crevecoeur)在一次典型的对新世界独特性的颂扬中说,"这里没有贵族,没有宫廷,没有国王,没有主教,没有教会统治,没有压在人们身上的无形权力,没有雇佣上千人的大工厂,没有奢华之风,贫富差距也不像欧洲那么大"。克雷弗克继续说道,美国根本没有伦敦那样的极度贫穷和酒气熏人的贫民窟。美国由大量的"分散在辽阔疆域的耕种者"构成,他们每个人都为自己劳作。他说,如果忽视南方种植园主的豪宅与成百上千的奴隶居住的狭小房间并存的那段时光,那么没人会在美国发现"那些冷漠和傲慢的城堡和宅邸与可怜的小泥屋形成强烈反差,在小屋里人畜睡在一起相互取暖,过着贫穷、低贱和混乱的生活"。

正如杰斐逊在1787年所说,正是因为美国人远离欧洲,因此也"得不到所有其他的援助,我们必须要自己去思考和行动,靠自己的力量找到解决方案而不是依赖他人"。杰斐逊说,"运用决策和谋划去克服每一个困难"的能力和美国式的实用主义带来了一种普遍的繁荣。美国白人享受着世上最好的生活,整个社会都能享受到不同的利益。的确,衡量一个社会的启蒙程度可以有它物质财富的分配广度,可以看大多数人是否拥有杰斐逊所说的"生活必需品"。民众是否用刀叉吃饭而不是用手,民众是否睡在毛绒床垫上而不是草梗上,民众是否用瓷器饮水而不是木杯,这些都是繁荣、幸福、文明的象征。杰斐逊相信要了解一个社会启蒙程度的真实状态就必须要"透过他们的茅屋搜寻,看他们的水壶、吃他们的面包,佯装懒散地躺在他们的床铺上,名为放松,实为检验床铺是否舒服"。

美国革命使美国人变成了一个更为智慧的民族。戴维·拉姆齐在1789年说道,它"使美国人的活力得以爆发,使他们在思考、说话、行为上达到了前所未有的高度"。18世纪最后35年出版的书籍和小册子数量占1640年到1800年间的四分之三。按18世纪识字率的标准,美国北部的识字率比世界上任何一个地方都高,而且还在快速攀升,尤其是对白人妇女而言。他们的阅读让他们受到启蒙。杰斐逊认为能想出将一块单独的木头制造成轮子的农民,一定是美国而不是英国农民。杰斐逊之所以这样觉得是因为受到荷马史诗的启发,他认为"我们的农民是唯一可以读懂荷马史诗的农民"。

英国的保守派贵族之所以反对大众教育,是因为害怕滋生不安于现状的雇工和社会动乱。而美国精英则不同,他们全心全意地赞成大众的教育事业。建国早期的领袖们发起了那些探讨大众教育重要性的演说和著述的狂潮,在这一点上美国日后的历史或任何其他国家的历史都无法企及。正如本杰明·拉什所说,美国精英们认为教育的目标不是为了激发个人的才能,而是形成一个"普遍而统一的教育体系",从而"使大众更加具有同质性,更易使他们适应一个统一而温和的政府"。

只有通过正规的学校教育才能使民众更具同质性和启蒙性。因为各种各样的消息在杂乱无序的国家中到处散播,美国人开始建立邮政系统,这一行动早于世界上的任何国家。不断扩大的邮政系统的一个结果就是报纸发行量的惊人增长。诺亚·韦伯斯特(Noah Webster)说,"世界上任何其他国家,包括大英帝国的报纸都没有像在美国一样如此广泛地流通在民众中间"。尽管有一半的美国人不满16岁,还有五分之一的人是奴隶和不被允许读报的人,到1810年,美国共有376份报纸,每年的购买量达到了两千两百万份。这是当时世界上最大的报纸发行量。

正如本杰明·拉什所言,因为共和制天然是"平和与仁爱的政府形式",所以美国人必然在促进人道改革方面处于领先地位。事实上,杰斐逊认为美国是世界上最富怜悯心的国家。他说,"世上没有一个国家,比美国更安宁稳定,法律更宽松和易遵守,陌生人更易被接受、受到更热情的对待和更好的尊重。"在革命后的几十年里,美国人很郑重地认为他们是一个温情而感性的特别民族,比其他民族更正直、更慷慨、更关心爱护他人。

他们开始急切地建立成百上千的仁慈宽厚而富有人道精神的社团。的确，这样的社团在革命后的十年中出现的数量比全部殖民时期还要多。这些成倍增加的社区照顾病人，援助勤劳的穷人，安置孤儿，给被关押的债务人提供食物，给遭受海难的船员搭建棚屋，马萨诸塞州人道社团甚至试图帮助"处于假死状态的人"——比如那些看起来死了但其实没有的溺水者——苏醒过来。在当时，对活埋的畏惧是一个很严肃的问题。很多人像临终的华盛顿一样，恳求不要立刻埋葬他们以免他们从假死状态中苏醒过来。

人道主义改革最著名的案例是革命带来的新犯罪惩罚体制。杰斐逊和其他领袖都起草了废除殖民时期那些严厉残暴的刑罚法典的计划。托马斯·潘恩说，因为民众会模仿他们看到的行为，专制国家公开执行的残忍而野蛮的惩罚措施会使民众变得更加冷血和嗜杀成性。"正是(专制独裁下的)血腥惩罚使得人类堕落。"英国有超过200种罪行可以被判处死刑，这也许是合情合理的，因为专制独裁就是建立在恐惧和酷刑之上。但是共和制不同，共和国能培养更加友善而绅士的人民。

现在人们相信人并不是天生就是罪犯；环境对他们的潜移默化使他们去犯罪。正如洛克的自由思想所提倡的那样，如果人的角色由自身所处的环境决定，那么也许罪犯并不应该对他们的行为负全责。也许是他们邪恶和冷酷的父母犯的错，或者甚至是整个社群的错。新罕布什尔州的一位部长在1796年这样说，"我们在良心的制裁前都应该服罪，因为我们对社群的道德堕落和他人的犯罪行为都负有责任"。如果说犯罪行为是通过模仿产生的，那么它也可能不是这样。一位作家在1790年说道，"如果把每一个犯罪行为都当作是一种有害的精神失调下的行为，那么心理疾病是所有罪恶的源头"。如果是这样，那么罪犯似乎是可以被拯救的，而不是被简单地施以重刑或处死。

在新的共和政府中，这种启蒙思想的传播最终使死刑得以废除。这并不意味改革者对罪犯行为的纵容。虽然杰斐逊的法典提倡针对叛国罪和谋杀罪的死刑，但他仍旧提议用同态复仇法来惩罚罪行。所以被投毒的受害者可以向施毒者投毒，可以阉割强奸犯或鸡奸者，可以在有罪妇女的鼻子上钻半英寸深的孔。1785年在马萨诸塞州，一个造假者不再被绞死，而是被公开侮辱，他的脖子被缠上绳子，并被带到绞刑场站一段时间，鞭打20下，砍掉左臂，最后被判处做三年苦力。

虽然大部分州都进行了一些改革，但宾夕法尼亚州在18世纪80和90年代仍起到了示范作用,就像它的法律所说的那样,用开明的态度去"感化而不是消灭"罪犯,去"矫正罪犯"而不是简单地把他们示众或处死。宾夕法尼亚州废除所有的体罚,比如"烧手""削耳"等,除了谋杀罪外,对其他的罪行不再使用死刑。这个州提出了一系列以罚款和监禁为主的刑罚来代替死刑和体罚。一位出色的法国观察家说,罪犯们应该被关进监狱,与外面热闹的世界隔绝,让他们自己去体会自己犯了罪,在监狱里他们可能会"冷静地反思,忏悔罪行"。

除这些努力之外,改革者还创建了感化院,这使得监狱变成了费城官员所说的"改过自新的学校"。到1850年,纽约州、新泽西州、康涅狄格州、弗吉尼亚州和马萨诸塞州继宾夕法尼亚州之后,根据单独监禁原则建立了感化院。启蒙思想家发现,美国进行的这种改革程度是西方世界其他地方所望尘莫及的。

美国人不仅认为他们拥有一个比其他国家更智慧、更平等、更繁荣、更富有悲悯心的社会,而且认为自己比旧世界的其他民族更不迷信、更理性。美国人摧毁了宗教政治,创建了欧洲自由改革家只能梦想的宗教自由,用1777年纽约州宪法的话来说,很多美国人认为革命结束了"精神上的压制和偏狭,而这正是野心勃勃的、偏执、懦弱而邪恶的牧师用来踩踏和鞭笞人类的工具"。

虽然不同宗教组织的激增使宗教自由成为可能,但美国人并没有赞颂和庆祝他们宗教的多元化;实际上,宗教上的分裂让大多数人感到惊骇。大多数美国人接受宗教的差异性的原因是这种差异促进了宗教宽容和良心自由。即使是连像杰斐逊这样的启蒙改革家都希望人人能成为一神论派教徒。

自从1790年代起,越来越多的来自英国和欧洲的难民涌入美国,美国人坚信他们的国家成为了自由的特殊避难所。1794年春天,当著名科学家约瑟夫·普利斯特列(Joseph Priestley)英国的迫害下逃到新世界时,都柏林爱尔兰人联合会(the United Irishmen of Dublin)向他献上了最美国式的祝福:"你将要到一个更幸福的世界,一个华盛顿和富兰克林的世界,在那个国家科学能得到更好的利用。"

这种移民过程意味着欧洲各民族的代表都会出现在美国,这会帮助美国人完成启蒙运动的博爱之梦,正如本杰明·拉什描述的那样,在这个梦里,"来自不同国家和语言的人们像兄弟姐妹一样互相交谈"。美国领袖们并不是从现代思想的角度赞叹美国的种族多元性。他们离现代思想还很遥远。革命领袖所看重的并不是这些移民的文化多元性差异,而是他们令人瞩目的文化适应和同化过程,这使得他们变成同一个民族。约翰·杰伊(John Jay)居住在全美种族和宗教的多元色彩最强的纽约城,他自己就有八分之三的法国血统和八分之五的荷兰系统,却没有一点英国血统。但是,杰伊却能够一本正经地在《联邦者文集》第二篇中宣布:"上帝乐于把这个连成一片的国家赐予一个团结的民族——这个民族是同一个祖先的后裔,语言相同,宗教信仰相同,隶属于同样的政府原则,风俗习惯非常相似;他们用自己共同的计划、军队和努力,在一次长期的流血战争中并肩作战,光荣地建立了全体的自由和独立。"

革命领袖有着和18世纪英国、法国、德国的启蒙改革家一样的现代国家观,认为现代国家应该是一个同质性的国家,而不是被不同语言、种族、宗教信仰弄得支离破碎。18世纪欧洲的大部分地区仍然是由近350个公爵领地、侯国封邑和城邦组成的拼凑物。即使有些民族国家开始合并,但依然不是非常稳定或缺少一致性。英格兰花了好几个世纪才将威尔士、苏格拉和爱尔兰控制在它的统治下。只有在1707年《联合法案》(the Act of Union)以后,大不列颠帝国才作为一个独立实体而存在,但是后来的事件证明,不列颠还远不是一个民族国家。法国甚至更糟。18世纪的旧体制下的法国仍是一个多省份与多民族的大杂烩,按现代标准来看,它根本不能算是一个国家。西班牙在那时才刚开始将卡斯蒂利亚王国(Castile)和阿拉贡王国(Aragon)同化成一个统一国家,但巴斯克人的省份和那瓦拉王国(Navarre)依然保持着不受中央集权控制的高度独立。

各地的欧洲改革家都想要在他们国家的疆域内消除这些差异,使民众接受同一种文化。美国改革家也并没有什么不同。他们认为美国之所以是世界上启蒙程度最高的国家,就是因为他们有一个更理性和同质性的社会。他们远离了各种粗野习俗、技艺表演、原始的怪习——如莫里斯舞、狂欢纵乐、斗熊游戏以及其他民间活动。新英格兰清教徒禁止了很多这样的民间节日和习俗,而在别的地方随着不同民族间的融合和定居,大部分习俗也消失殆尽。在新英格兰,所有能让人们想起旧世界节日的就是11月5日教皇节——殖民地版本的盖伊·福克斯日(Guy Fawkes Day)。由于各地启蒙精英将绝大部分怪异的平民习俗和节日看作是迷信与蒙昧的残余,所以这些残余在美国的相对缺乏似乎是新国家启蒙性和同一性的表现。

与欧洲国家相比,美国人在很多方面都更像是一个统一的民族。大多数美国人说同样的语言,各地人民都能互相交流,这是18世纪受启蒙的美国人最自豪的事情。旧世界的启蒙改革家最大的苦恼之一就是在欧洲国家并没有一种通行语言。即使是同一个国家,欧洲人也说着不同的地方方言。萨默塞特(Somerset)人听不懂约克郡(Yorkshire)人的语言,反之亦然。在法国大革命前夕,大多数法国人都不会说法语。

相反，从缅因(Maine)到佐治亚(Georgia)，各地的美国人都能互相交流。新泽西学院(后来的普林斯顿大学)的校长约翰·韦瑟斯普(John Witherspoon)说，形成这种情况的原因非常明显，因为美国人并不"那么安土重迁，他们总是频繁地搬家，并不那么容易受到地方特性的影响，包括口音和措辞习惯"。

诺亚·韦伯斯特说，在英格兰，语言能把英格兰人与其他人分开。宫廷和上层贵族制定了语言的标准用法，因而他们与国内其他普通人相比显得与众不同。韦伯斯特说，美国则不同。语言的标准是通过人民的共同实践而形成的，因而美国人拥有"人类有史以来最平等的机会来确立一个国家的通用语言，使其更具一致性和简明性"。的确，韦伯斯特坚信美国人已经准备好"说一口目前所知的最纯正的英语"。他预言在一个半世纪里，美国北部将会住着一亿名"说着同一种语言"的居民。只有在美国，才会有如此众多的人"像一家人一样相互交谈"。

还有人对美式英语的传播有更为夸张的幻想。约翰·亚当斯就是其中之一。他坚信美式英语最终将成为"下一个世界语言"。在1789年，甚至连一个法国官员也赞同这种说法；事实上他一时轻率地说道，美式英语注定取代古老高雅的法语而成为世界语言。他说，美国人"因为苦难而脾性温和"，"更加人性、慷慨、宽容，这些特质使一个人想要分享这个民族的观点，接受他们的习俗，讲他们的语言"。对此，我们唯一能预见的是这个法国官员的事业是短命的。

对于美式英语也许能征服世界这一说法是可以理解的，因为当时美国人是世界上唯一的真正的公民。华盛顿说，"要接受启蒙，就是要成为一个充满人道主义的伟大共和国的公民"。与后世的美国人相比，革命的这代人最渴望展示美国的世界主义。对于农民和落后的民族来说，对地方的强烈依恋是很正常的，但有教养且接受启蒙的人则认为应四海为家。确实，不受地方偏见和乡土观念的束缚，正是对一个启蒙绅士的定义。衡量一个人的人道主义，就是要看他与陌生人的交往能力和融入一个陌生环境的能力。美国人为他们的殷勤好客和对待异乡人的方式而感到骄傲。克雷弗克指出，在美国，"异乡人"的概念几乎不存在。"在欧洲，一个人只要一离开他自己的王国就是一个异乡人；但在这里却不同。我们知道，严格地说这里没有异乡人；这是所有人的国家；我们的土地、境况、气候、政府都不同，但生产的东西必须使每一个人感到快乐。"

托马斯·潘恩在《常识》里宣称，美国人确实是世上最具世界主义的民族。他们克服了一切地方性的偏见，他们把每一个来自不同国家的人都看作是同乡人；看轻街坊、乡镇、郡县等特性，因为这些特性对"美国人来说太狭隘了"。因为他们都是自由人,他们认为四海之内皆兄弟。

这就是两百多年前的美国人的启蒙梦想。若用我们无所不知的后现代视角来回溯过去,我们只会惊异于他们在自由的启蒙帝国的建构中所表现的不可一世和虚假浮夸。正是因为当今美国已是有史以来最强大最富庶的帝国,所以我们只会看到他们成就的局限和想象力的欠缺。由于他们不愿意废除奴隶制,不愿意促进种族平等和公正对待印第安人,所以我们认为他们所有关于启蒙运动的言论和对美国的承诺似乎都是伪善的。其实,正是美国人对启蒙的信仰,才能第一次如此大规模地使他们有动机和道德资格谴责自己曾经对待印第安人和非洲人的方式。在革命后的几十年,美国白人对待印第安人和非洲人的残忍方式被越来越多具有启蒙思想的美国人所谴责,指出这是一种道德上的罪恶。这在启蒙运动之前的前现代时期是闻所未闻的。

鉴于这些启蒙的理想仍是美国国家形态之源,我们需要了解这些理想以及它们的起源。尽管我们现在还在讨论多样性和多元文化主义,但正是因为这些理想,我们在处理世界范围的人口变迁和移动上仍旧是先进民主国家的佼佼者。欧洲的所有先进民主国家都发现,他们很难使移民被同化吸收,并且在国家认同的问题上遇到严峻的危机。与欧洲国家相比,美国在这方面遇到的问题就显得微不足道了。

当然,美国并不是唯一以启蒙运动的价值观为建国基准的国家。法国也同样声称自己是以普世的启蒙原则为基础而建立起来的。但讽刺的是,法国人把建立一个独立同质性国家的启蒙愿景看得如此重要,以至于他们在民族同一性的共识上并未给阿拉伯人和其他少数族裔留下位置。正因为美国并未将自己设想为一个独立的实体,而是作为一个由个体组成的国家——在我们更好的时刻,向全世界每个人打开国门——这样才能更好地处理未来爆炸性的人口迁移。未来的几十年将检验美国人有多想成为一个由移民组成的启蒙国家。

【本文选自 *The Idea of American*: *Reflection on the Birth of the United States*, New York: The Penguin Press, 2011, pp. 273-290。】

宪政革命

杰克·雷克夫[*]

汤金旭 译/肖莹 校

推动宪法制定的观念与利益

在所有可能被问及的关于宪法制定者意图的问题中，最没有争议的是给予所有州在参议院平等投票权的解释，这一冲突很容易被归结为这样一个问题：是否所有的州将在全国立法机构的一个分支中获得相同的投票权，或者比例代表制的安排是否将被同时运用到上下两院。当小州领导人在七周的抗争之后毫无妥协之意时，他们的对手接受失败并开始了务实的协调进程，这将成为余下两个月的磋商的主旋律。

[7月16日]伟大妥协的政治智慧很好地反映了当时将制宪会议视作循序渐进的讨论和妥协的看法，其间，对原则的顽固坚持让位于为达成一致和建立共识所进行的务实尝试。

这样的侧重具有明显的优势。它使学者能够以我们所熟悉的通常被用来分析立法政治的框架来探析1787年的讨论。历史学家和政治学家以大致相同的语言来解读会议的结果："行动的改革联盟"的务实成果或体现了代表团中不断变化的联盟——这可以通过分辨投票集团中的关键协议或转变体现出来。这些视角假定，制宪会议在当时看来无论是多么特立独行或史无前例，最终不过是与其他商议团体(deliberate bodies)并无二致的一次集会，其进程体现了分享着一套清晰的基本价值的代表们在争取不同利益时的博弈。

制宪会议的政治真的一如往常？对这一观点持不同意见的学者主要是那些试图找回制宪者行动所依据的深层信仰以及宪法本身所体现的原则的政治

---

[*] 杰克·雷克夫(Jack N. Rakove)，哈佛大学博士，现为斯坦福大学教授，其主要研究方向为美国宪政史。代表作有 The Beginnings of National Politics: An Interpretive History of the Continental Congress (1979), Original Meanings: Politics and Ideas in the Making of the Constitution (1996), Revolutionaries: A New History of the Invention of America (2010)等。

理论家。乍看起来,这些对利益和观念迥然不同的强调,相互间并不调和,但归根到底,这些诉求之间的协调互补要甚于难以理解。然而,即使认为观念和利益都各有称道之处也无法使我们在会议讨论的真实场景下评价两者之间复杂的互动关系。

两种考虑使我们可以估计对理论的迷恋是如何影响了宪法制定中的非传统政治。首先,7月16日的关键决定并不能简单地理解为实用主义的胜利。最终,伟大的妥协不过是名义上的妥协而已,小州以可能的最为微弱的优势守住了他们的立场:5州对4州,属于大州集团的马萨诸塞因为盖瑞(Gerry)和卡立巴·斯特朗(Caleb Strong)的投票而出现分裂。胜利者当然将这一结果称作妥协,但失败者则有理由视之为失利,并且一直否认他们得到的名义上的让步,即众议院对财政法案的单独立法权是对此的回报。

其次,尽管7月16日的投票实现了突破,但它的达成经历了一个相当长的过程,准确地说是因为主导此前七周辩论的不是寻求共同立场的努力,而是旨在通过劝说、理性的争辩和对原则的诉求来瓦解小州的抵制。在这段时间里,大州代表试图超越革命之初盛行的那种代议制理论,以重新构想出一种使不同个体和共同利益在政府中能最大限度地得到合理代表的基础。认为政体由统治者和被统治者、少数人和多数人,或(更贴切的)虚拟的集合单元所组成的设想已被人们广泛接受,为了替代这一设想,他们努力设计一幅更加现实——现代的——社会图景。当然,最后理性没能战胜意志。但解释它为何没能取胜或许能说明塑造了宪法政治的特殊观念和利益之间复杂的互动关系。更为重要的是,认真重构大州代表的这种努力就会发现,詹姆斯·麦迪逊扩大的共和国的理论正是贯穿会议初期辩论的中心议题。

没有人对代议制问题会导致会议的最大分歧而感到惊讶。毕竟,这也是1774年第一次大陆会议所提出的首要实质问题。为了避免了在这一问题的争论上陷入僵局,会议同意给每一个殖民地一票的权力。这一先例在之后的几年里延续下来,其间,会议断断续续地开启了建立联邦[1]的任务。针对一批批大州代表尖刻的言论——首先是帕特里克·亨利和约翰·亚当斯,后来是詹姆斯·威尔逊——来自小州的与会代表坚持各州拥有平等的投票权。在邦联时期,大陆议会做出的关键决定必须要得到所有州的一致同意,这使得采用比例代表制在当时似乎并没有迫切需要。

---

[1] 原文为 confederation,但此处指的是联邦。——译者注

各州的平等投票权不过是革命时期的权宜之计，小州在拟定条例时所取得的胜利其实并没有形成很强的思想意识，但它在理论上的影响却在18世纪80年代兴起的对《邦联条例》的批评中起到了重要作用。由于平等州权的原则可以很自然地使拥有主权的州为了特定目的加入邦联，它严格限定了《邦联条例》的改革者授予联盟以额外权力的范围，即使这些额外权力经过了严肃考虑。

实际上，需要各州一致同意的要求使得通过《邦联条例》的任何修正案都显得不太可能，也使得改变代表制变得不现实。当零散改革的策略在1786年最后几个月被放弃之后，这一议题——亦即代表制问题——才有可能，也有必要重回它在最初关于邦联的讨论中所占据的中心位置。"我认为当务之急是改变代表制原则"，麦迪逊在1787年4月初给埃德蒙·伦道夫的信中写道。

由于麦迪逊在费城所扮演的中心角色，以及他的观点在目前所有对于"建国"的解释中占据的主导性地位，人们一定会问为什么他要坚持要求实现向某种比例代表制的转变，而这一转变正是其他变革得以发生的基础。现在的解释标准认为，当麦迪逊考虑代议制问题的时候，他主要的关切是建立"这样一种选举程序，它能够最大可能地从社会大众中选出具有最纯粹和高尚品格之人"。然而，实际上，麦迪逊对比例代表制的追求在时间上早于他关于将最合适的人选进公职的选举机制的思考，在概念的厘清上也超越了后者。在1787年，麦迪逊准备接受各州采纳的只要平等投票权的原则得到认可的任何选举机制。

麦迪逊在制宪会议前的信件中最清楚明白地论述了比例代表制的问题。他分析的起点是邦联制下国会过度依赖各州，从而导致效率低下。正如麦迪逊在他当时的备忘录中对政治制度缺陷的观察，依靠各州"自愿合作"的行政机构"将永远无法推行联邦的措施"。麦迪逊因此得出结论，认为必须使新政府不直接受命于各州，而直接听从各州的人民来行动。剥夺各州所谓的邦联功能，将削弱他们对平等代表权的主要诉求。

麦迪逊从未怀疑过这一改变的公正性；与以往不同的是，他认为现在这不仅是"可行的"，也是必要的。最小的州会反对任何变革，但麦迪逊认为，从地域角度看，分配不仅将对北方具有吸引力，因为"他们在实际上有人数优势"，也将吸引南方，因为"他们在长远上存在优势"。

在形成他扩大的共和国理论的时候，麦迪逊的脑中有两个最为重要的目标。首先，他断然驳斥已经广为接受的观点，即认为稳定的共和制政府只能建立在小的且相对同质化的社会中。他必须证明，一个全国性的共和国可以避免已经给州立法机构带来"杂乱""变动"以及最终导致州立法"不公正"的"邪恶"。在这一理论的两个关键要素中,关于何者将更为主要以及政治的自然分野的学术讨论将长期延续下去:扩大的共和国对政治体或立法机构中形成多数派的限制,或者它对组建有才能和良知的立法机构的支持。这一争论的两个方面都落到同一个点上:要证明全国性立法可以避免州议会中普遍存在的邪恶势力。

这仅仅解决了一般的问题。此外,麦迪逊也深信,州立法的不公正要求赋予全国性立法机构在"任何情况下对各州立法议案的否决权",就像此前由君主实行的特权那样。

麦迪逊对这一方案的偏爱对他关于代议制的观念有重要的影响。麦迪逊除了支持比例代表和民选的观念之外,还维护被他赞颂为解决共和政府"燃眉之急"(the great disideratum)的机制,这使他更加不愿在分配问题上妥协。由于预见到两院否决可能导致失控,他早就决定由全国立法机构的上院"实施法律的否决权最为合宜"。这会导致两个结果,首先,大州永远不会接受全国性的否决,如果它是和现存的国会组成方式相同的上院所做出的。其次,否决也会是无效的,如果上院成员由地方立法机构选出并听从他们的意愿。因为麦迪逊视上院为政府最为重要的机构,其组成问题也变得更为敏感。

但是,除了盲目信任大州的善良意志之外,又有什么能使小州将否决权或其他任何实质权力委托给一个不再有平等投票权的实体呢?他们最大的担忧是代表人数的相对缩减将使他们面临大州联盟肆意冲动的威胁。

部分是为了回应这些反对的声音,麦迪逊重申了其宪政理论中最为人们所熟悉的内容:要认识到"所有的文明社会都被划分为不同的利益和派别,他们恰巧是债权人或债务人,富人或穷人,农民、商人或制造业者,不同宗教派别的成员,不同政治领袖的追随者,不同地区的居民,不同财产的所有者"。通常这段文字(或《联邦者文集》第10篇中更为精致的版本)是在论述麦迪逊反驳关于共和国的稳定有赖于公民的美德以及他们利益的相似性的正统观念时经常被引用。但他关于派别实际来源的现实考虑在两个主要方面都与比例代表制直接相关。首先,如果麦迪逊真的能证明共和国的扩大将保护所有利益免于多数的侵害,那么小州为了安全考虑对平等代表的要求就会被打消。小州将不再需要平等投票权,因为全国立法机构的程序将阻止任何多数践踏少数的权利。

这一观点解释了为什么小州不需要平等代表权,但是麦迪逊要进一步证明为什么他们不应该要求平等投票权。为了让他们的观点更具说服力,大州的发言人必须反驳作为组成单元、作为最初组成联盟的主权成分,各州都需要平等代表权的观点。正是基于对社会的现代想象构成的麦迪逊的核心理论,他们提出了这样的主张。它的逻辑暗示州本身并不是需要被代表的真正利益。作为政治体,它们不过是为了方便而组成的单元,最终只是体现了所有组成单元的虚构的法律人格。

麦迪逊在会议之前的备忘录中对政治体制的缺陷表现出明显担忧,这与他对比例代表制的特别诉求有紧密联系。他带到费城的不是一套互不相关的建议,而是对联邦主义和共和主义问题的综合分析。他并不想将他理论的要素按照重要性进行排列,将那些本质性内容与那些仅仅是值得做的事项区分开来。在他的论述中没有给最终盛行的"妥协"留有任何余地。

尽管这是一套非常完备,甚至综合统一的理论,但也有致命缺陷。当然,最明显的缺陷,也是后来最容易成为众矢之的的,是他钟爱的对州法律的否决权。但是在费城,另外两个问题被证明更加具有威胁性:一是要设计出一个令人满意,又能顺利剥夺州立法机构对平等代表权的要求的上院选举程序,这是十分困难的。在这里,麦迪逊观点的模糊之处使他非常被动,特别是由于他意图使参议院独立于立法机构和人民,这使得人们很难弄清楚这样的参议院究竟代表了哪种政治群体。

另一个麦迪逊没有充分考虑的问题招来了更加不利的弦外之音。当他最喜爱的"充斥各种利益、追求和情感"的社会图景在会议中遇到一些源于特定的利益、超越州的界限且无法回避的冲突时,该如何是好?

1787年5月聚集在费城的代表中,麦迪逊是准备最为充分的一位,但他并不是唯一一位思考过会议该如何发展的人。在他的同僚中,实力相当的潜在竞争者可能是来自特拉华的约翰·狄金森(John Dickinson),他在11年前准备《邦联条例》的第一份正式草案时发挥了主要作用。狄金森没有在宽泛的原则上寻求共识,他认为会议只需要认同"邦联是有缺陷的,接着再来界定实现联邦既定目标所需要的权力"。

在很多其他方面,狄金森和麦迪逊是一致的,但到头来还是麦迪逊关于辩论应该采取某种程序的观点占据了上风。机会和远见使之成为可能:只有其他代表的姗姗来迟才使这些弗吉尼亚人有时间拟定伦道夫于5月29日提交的方案。

这一方案具有先发制人的特点。它事先假定新的中央政府具有实质权力,但试图推迟对这些权力的准确性质和范围进行讨论,直至就其结构和一些分支的组成达成基本的共识。这一方案的第6章仅仅是对授予立法机构的主要权力进行了总的概述，并未详述政府不再有的具体功能。这是些令人敬畏的权力，包括"由联邦授予国会的立法权"和"单个的州无法胜任，或合众国的和谐可能因为单个[州]立法机构的行动而受损的情况下的立法权"，对"与《邦联条例》相违背的"州法律的全国性否决权，以及"任何成员没有履行义务时要求联邦出面"的权力。这种措辞的开放和《邦联条例》修正案的谨小慎微之间的对比异常明显。最后，在代表制这一关键问题上，弗吉尼亚方案要求"普选按照贡献的大小，或是自由民的数量进行分配，这两种方法都能适应不同的情况"。对州权仅有的让步是允许各州自己提名候选人，众议院将从候选人中选出参议院的成员，而参议院将由民选产生。

正如麦迪逊和他的同事所希望的那样，接下来就要处理代议制的问题，因为全国政府将是非常有权威的，也应该是公正的，这就要求它的政治意志——表现在立法机构——体现社会的真实选民利益，而不是虚构的州的利益。

对辩论规则的坚持指导了大州代表辩论开始几周的行动。只有当会议在6月末似乎濒临僵局的时候，他们才开始考虑更加和缓的妥协，但更称奇的是，无论在理论上还是在策略上，他们的立场到7月14日辩论最后总结的阶段都没有发生改变。

最初对弗吉尼亚方案的讨论是沿着麦迪逊希望的路线进行的——并不是因为他的反对者对设想的变革范围感到震惊。狄金森表现出很大的意外，他在5月30日号召"一个更加简单的"程序，3天后，他发现关于代表制的冲突"可能必须以相互让步的方式结束"，"至少在全国立法机构的一个分支中各州都保留平等的投票权"，于是又再次这样提议。麦迪逊的方案所引起的最明显的不满出现在6月15日对新泽西方案的审议后的一次交锋上，当时愤怒的狄金森将麦迪逊拉到一旁确认其立场是否明确。"你看到将事情做得过头的结果，"他强调，"一些来自小州的成员是一个好的全国政府的朋友；但是我们宁可屈服于国外势力，也不对立法机构两个分支中的平等投票权让步。"

这种不满是有道理的，因为从一开始麦迪逊及其盟友就表现出拒绝任何平等州权主张的坚定决心。"当联盟是众多主权州之上的邦联的时候，平等投票权的要求尚还合理，"麦迪逊在5月30日说到，"当全国性政府出现的时候，平等投票权必须终止。"

此时，辩论在很大程度上仍没有讨论如果两院都实行比例代表制，小州特定的权利和利益将受到怎样的损害以及该如何加以保护。辩论第二阶段以威廉·帕特森（William Paterson）在6月15日对新泽西方案的解释而开始，并将这一问题提上议程。表面上,新泽西方案提供了替代弗吉尼亚方案中国家主义观点的可靠的邦联方案,但在授予联盟的权力的实质上,它与18世纪80年代讨论过的修订《邦联条例》的方案相似。

很明显,这成为它的主要缺陷,人们不禁要问新泽西方案的优点是否被认真讨论了。它显然不会将大多数代表认为必需的权威授予联邦政府,其支持者为其方案的主要条款辩护时的软弱无力也证明了这一点。实际上,他们的中心论点是针对弗吉尼亚方案的合法性而不是其长处。

就其长处而言,新泽西方案几乎没有什么可圈可点的地方,在麦迪逊发言之后,全体委员会以7比3的决定性优势否决了帕特森的方案,其中一个州出现了分裂。

但是,新泽西方案的支持者已经达到了他们的目的。那就是使大州相信,除非小州在其中一院享有平等的投票权,否则弗吉尼亚方案所设想的变革范围将不会被采纳。如果大州坚持它们的最后通牒,小州将以同样的手段加以回应,拒绝接受任何比18世纪80年代中期讨论过的温和修正案更激进的方案。

6月下旬,争论的双方之间的重大问题才得到清晰的界定,大州的优势和劣势也变得越发明显。

对平等州权的辩护是沿着三条平行线部署的,可以依据形势的变化放弃其中任何两条。第一条,亦即最明显的一条认为,如果在两院都实行比例代表制,小州的利益将被完全忽视或淹没。第二条则坚称,"如果不被允许有效地参与一般政府(Genl. Govt)",州政府的存续就得不到保证。这反过来要求"给予它们在全体委员会(general Councils)中明确且平等的投票权以做防卫之用"。最后,同样的逻辑也可以表明州"作为政治实体"的存在——即作为自治社区——同样有赖于在上院的平等代表原则。

这些观点的缺陷清晰可见,来自大州的主要代表毫不留情地对其加以反驳。

麦迪逊问道,在什么样的基础上"大州的联合会令人担心呢?"弗吉尼亚、马萨诸塞和宾夕法尼亚有什么样的"共同利益"会使它们联合起来与其他州对抗呢?他的回答实际上是对派别理论的重申。"其实,这些戒备州里的猜疑民众已经使分裂的情形出现了,"麦迪逊这样说道,"就有可能在不同社区间产生友爱的行为方式、宗教和其他情况而言,这些州不比其他州更具同质性"。当然,它们也不存在共同的经济利益。

但是,平等州权派在理论观点上的缺陷几乎没有对小州的政治地位产生什么损害。它们的联盟遭受到的每一个小的挫败都增强了对妥协的渴望。艾斯沃斯（Ellsworth）解释了其中的奥妙。概而言之，他对刚刚通过的投票结果"并不感到失望"，艾斯沃斯说到，因为"他希望这会成为就立法机构第二个分支的代表制进行妥协的基础"。于是他转而要求在参议院给予州平等的投票权。

艾斯沃斯一定意义上是用"一半全国性，一半联邦制"的联盟图景证明其观点的正确性。但他更有力的观点是人们所熟悉的安全观："自我防卫的权力对小州至关重要。"参议院平等的投票权将给予它们与大州在众议院所享有的同样的保护。他在第二天声称，"如果安全是所有大州所希望的，众议院已经确保了它们的安全"。但安全实际上并不是大州所想要的，威尔逊和麦迪逊回应道，安全不能等同于正义。真正的问题不是保护而是立法——即全国政府根据国会中的大多数意志和利益来行动的能力……

正是在这一点上，麦迪逊插入了一个新观点，这一观点因其直白地论及分裂主义的威胁而闻名。麦迪逊认为：

> 每一种特殊的利益，无论属于哪一个阶层的市民，或何种类型的州，都应该尽可能地加以保护。但是，他认为各州被分为不同的利益派别不是因为它们大小不同，而是其他因素；造成最大的利益分歧的原因部分是由于气候，但主要是来自它们有没有受到奴隶（的影响）。这两个原因共同造成美国利益的巨大分歧。它不存在于大州与小州之间，它存在于北方与南方之间。如果需要任何防卫的权力，也应该都给予这两种利益。他十分明了这一重要事实，并为了回应这一观点而绞尽脑汁思考应对之道。

如果麦迪逊现在愿意承担引入地域问题所带来的所有风险，这只能是因为他发觉辩论的矛头正在指向他。强调地域分歧可以带来两个非常不同的结果。一方面，它显然可以用来表明小州与大州之间眼下的冲突并不是联盟面临的主要威胁；另一方面，通过引起对不同地区而非简单的各州之间的根本差异的关注，它也能促使每个代表思考如果国会里的势力均衡不利于他们的特殊利益，又该如何保护自己的选民。

如果麦迪逊的观点是建立在这样的假设之上，那么他的预见是非常准确的。僵局本身可以为妥协提供足够的支持，无论双方的观点有何可取之处。会议推选出一个委员会来商议妥协，而其组成恰恰显示出和解意愿的强烈。因为在这一委员会里，大州由之前最希望和解的那些代表出任，如盖瑞、富兰克林和梅森；小州选出的成员包括了其主要的坚定支持者：帕特森、艾斯沃斯、马丁

(Martin)、刚宁·贝德福德(Gunning Bedford)。此外,麦迪逊已经发现理性劝说的机会正在消失。关于投票的中心议题已经没有商量的余地……分歧现在集中在下院代表的确切分配上。正如麦迪逊所预料的那样,这反过来迫使每个成员重新考虑地区平衡的问题。

关于分配的争论既有地理上的也有时间上的维度。可以想象,它使得北方州不仅需要与南方州,还要与将来西部的州相较量,打通密西西比通往美国航道的共同利益可能使西部与南方形成天然的联盟。这不仅需要决定最初的席位该如何分配,也要决定以后关于重新分配的决定该如何做出。促使大会在宪法中批准五分之三条款与定期重新分配的主要考量是,使南方州相信它们现在的劣势将因为预期自西向南的人口流动而得到弥补,甚至发生逆转。争论的最终结果或许可以形容为建立在错误假设之上的妥协,这一错误假设就是南方州将很快控制下院,而北方州在最初阶段在上院占据优势地位,这显得颇为讽刺。

在就两院代表制进行更大讨论的背景下,地方主义的社会学(the sociology of sectionalism)具有明显的知识优势。它表明即使在会议休会后,每个人所理解的不同的客观利益和分歧也一定会持续不变。同样,在影响最深远的条款中,潜藏其下的是不同个人、州和地区的特性。但是,大小州的分歧和特点并没有体现在这些条款中。

然而,通过这种方式获得的有限胜利却没能抵消为此付出的代价。越是认真思考下院的席位分配问题,与会代表就越重视对地区安全的考虑。他们并非将地区差别视为描述全国政治中真实利益角逐的一种替代和更好的方式。另外,如果要建立长久的联盟,就必须对不同地域之间的利益冲突做出妥协。从这种意义上来说,分配问题坚定了小州一直以来所坚守的立场。因为它不是让人关注如何在一个扩大了的,并不断扩大的共和国保护所有不同利益,而是使人注意维护北方和南方最为迫切利益的需要。这种防卫性导向反过来使得大州的代表也看到了要求平等州投票权的优点和必要。

在最后的评论中,麦迪逊重申了他[此前的]论断,平等的州投票权不仅给予小州所渴望的安全,实际上也使得小州有能力阻挠大州的意志。但他接着提到了他认为是反对平等州投票权的最后一种"严肃的考虑"——他以一种间接质疑他已经论述了的内容的方式提出了这种思想。"现在大家似乎都认识到真正的利益分歧不在于大州和小州,而在于北方和南方",麦迪逊提醒他的同事,当然是在暗示前些天对众议院代表分配的讨论。"奴隶制及其结果形成了区分的界线",将马里兰以南的五个州与特拉华以北的八个州划成两边。如果在两院都实行比例代表制,南北的差别以后将不会很大,"尽管不会与当前的差别程度一样;但地区性权力将每天朝着均衡的方向推进"。

麦迪逊此处所说的"均衡"与艾斯沃斯为小州争取的"安全"有什么不同含义?关于分配的争论已经揭示了位于麦迪逊理论核心的紧张关系,甚至是矛盾,而这一理论是麦迪逊千辛万苦才建立起来的。有一个重要议题会带来危险——导致蓄奴州和自由州之间发生巨大的利益分歧,对这种危险的认可与多元主义关于派系多元论的观点是不相协调的。确实,在两种情形下,麦迪逊表达了保护少数人权利的关切,他主要指的是财产权,但也不限于此。然而,人们可以从这两种意图中得出关于派别起源的完全不同的观点。

最终,制宪者不可避免地回到了这样的观点,即州是美国政体最基本的组成部分。仅仅是居住在同一个州也将成为个人政治忠诚最首要也是最自然的联系纽带。即使是麦迪逊也发现,他关于派别的杰出理论难以更加精确地描述实际存在于州之间及州以内的各种利益。

参议员的选举程序尽管有各种不足,还是在会议上得到了关键多数的投票。自此,麦迪逊发现自己只能寄希望于在不损害比例代表制原则的情况下减轻伤害,或者利用分配席位上的最终胜利来推翻关于选举的决定。但是一旦地区冲突的阴霾使小州对安全的要求合法化,这种机会也就消失了。同样消失了的不是他对更好的政府的希望,而是他的信心,他原本认为自己在1787年春天所做出的分析将成为建立整个体系的基础。

审视特定观点在1787年辩论的总体架构中所起到的作用,并不一定使我们得出联邦会议脱胎于一场政治理论的研讨,或者仅仅是麦迪逊和孟德斯鸠幽灵之间的智力竞赛的结论。但辩论开始几周在很大程度上集中于审视詹姆斯·麦迪逊带到费城的最初版本的扩大的共和国理论的长处和优点。他的主体思想在辩论中大放异彩,直至7月16日做出决定。其后的结果不能简单地认为是对麦迪逊理论的全民公决。但是,除非仔细审查麦迪逊及其盟友的理念的实现范围和他们在捍卫这一宏大理论过程中所遇到的困难,否则我们很难对宪法的制定做出很好的解释。

【本文选自 Jack N. Rakove, "*The Great Compromise: Ideas, Interests, and the Politics of Constitution Making*", William and Mary Quarterly, 3rd Series, Vol. 44, 1987, pp. 424-457。】

兰斯·拜宁*

汤金旭 译/肖莹 校

制宪会议上发生了什么?

1787年5月25日,在宾夕法尼亚州议会(独立厅)召开的制宪会议达到法定与会人数。会议一直开到9月17日,55名代表参与其中,不过在这间屋子里,很少有超过40人同时出席每一个小会议。除罗德岛以外所有的州都派来了代表,他们由当时全国各界的精英组成,包括律师(34位)、商人(7位)、农民(27位)、公债持有人(30位)以及公职人员(10位),这些人几乎都是富有之人,大多数是所在各州的保守人士。他们来自不同的地方派别,来自除了西部以外几个州的主要地区。这个国家没能与会的领袖也足以组织一次具有同等影响力的会议。约翰·亚当斯和托马斯·杰斐逊1787年正代表美国出使国外。约翰·杰伊和塞缪尔·亚当斯没能当选代表。帕特里克·亨利"感到情况不对",拒绝当选。不过,大多数州还是试图选出他们最有经验,最有能力的代表,通常也有出于派别的考虑,他们做得非常成功,以致杰斐逊将这一会议称作"半神(demigods)"的聚会。乔治·华盛顿也出席了会议,意料之中的是他很快被推选为主席来主持会议。

同样位于代表之列的有年轻的詹姆斯·麦迪逊——杰斐逊的亲密战友,安纳波利斯会议上颇具影响力的一员,全国性改革一贯的主要支持者。麦迪逊代表的是弗吉尼亚,弗吉尼亚带领其他州组织了这次会议,并选出了具有杰出才能和声望的,足以胜任这项工作的代表。在会前的几周,麦迪逊已经就古代和现代的邦联制度认真做了笔记,并准备了关于"合众国政治体系缺陷"的正式报

---

* 兰斯·拜宁(Lance G. Banning,1942—2006),华盛顿大学博士,长期执教于肯塔基大学,主要研究领域为美国革命史和美国宪法起源史,著有 *The Jeffersonian Persuasion*:*Evolution of a Party Ideology*(1980),*The Sacred Fire of Liberty*:*James Madison and the Founding of Federal Republic* (1998)等。

告。其思考问题的深度无人能及,他还催促其代表团的其他成员及时赶赴费城以商讨出一些初步的建议供会议开始时讨论。弗吉尼亚的七位代表在等待达到法定人数举行会议期间每天聚首,就作为讨论基础的一套解决方案达成共识。作为弗吉尼亚代表团的代表,州长埃德蒙·伦道夫在5月29日会议就议事规则达成一致时介绍了这些方案。

  与会代表有崇高的责任感,并对会议的紧迫目标有强烈的认识,这对会议取得的巨大成功至关重要。尤其是在大多数代表对弗吉尼亚方案所提出的巨大变革没有充分准备的时候,麦迪逊抓住发起激进变革的主动权,他的计划表明他对一些宽泛而模糊的观念有直觉上的把握,而正是这些理念在之后限制和主导了会议进程。作为民主革命的领袖,其中包括30位战争老兵,代表们并没有忘却促使他们独立的抱怨与希望。几乎所有人都认为一个有效的中央政府将必须拥有最低限度的独立财政来源、管理全国贸易的权威以及要求各州服从其法令的权力。同样,几乎所有人都同意,殖民地拒绝让渡给英国的这些权力必须受到周详的制衡,以防止它们被滥用。然而,很多人都不愿同意最初的方案所提出来的具体制衡。宾夕法尼亚人和弗吉尼亚人从一开始就坚持这些权力只能被赋予建构良好且代表全民的共和国。反对者被弗吉尼亚方案吓到了,但他们并没有准备好如何提出反对方案以及在辩论中如何回应这一方案的支持者。然而,他们从一开始就抗辩说,这次会议只被授权改革当前的邦联体制,而不是推翻它。因此,宪法的起草成了一个曲折的故事,主导故事情节发展的就是在追求共同目标的背景下产生的基本利益冲突。

  5月30日到6月13日期间,全体委员会全面评估了伦道夫方案。在这两周里,以麦迪逊和宾夕法尼亚的詹姆斯·威尔逊为主导的一群来自大州的杰出代表对激进改革进行了有力辩护。在关于"全国性"政府和"仅仅是邦联的"政府的分歧上,威尔逊、麦迪逊、伦道夫、乔治·梅森、古瓦内尔·莫里斯(Gouverneur Morris)(宾夕法尼亚)和其他一些人认为,之前邦联的致命缺陷在于其财政收入以及在实施一系列法律和条约时对13个州的依赖性。他们解释说,国会缺少将其决定付诸实施的独立渠道,总是受制于州,即使它的措施得到了绝大多数人的支持,并的确属于其管辖范围之内。只要州还保留可以忽略或对抗中央政府决策的权力,纸面上授予中央政府更多的职责只会带来更多的失望;但是,如果联邦政府有权迫使各州屈服,这可能会导致联盟与其成员之间持续不断的战争威胁。国家主义者坚称,这必然需要废除政府之上的政府、主权之上的主权等不切实际的观念,还要让中央政府有独立的法院和途径去直接影响社会个体成员。然而,革命的原则要求任何对人民的生命和财产享有权威的政府必须直接且公正地代表其公民的利益。考虑到赋予联邦更大权力的必要性,必须废止传统各州之间的平等,以实现人民与大多数控制之间的平等。

但是,由于弗吉尼亚方案的框架逐渐充实起来,加之那些重大问题得不到回答,一些次要问题的处理也愈加困难,从一开始就潜在的冲突终于爆发了。新泽西代表要求就国会席位分配问题达成决议,并在6月9日认定比例代表制将摧毁小州,使整个邦联受制于其最大成员——马萨诸塞、宾夕法尼亚、弗吉尼亚——所组成的联盟。威廉·帕特森警告说,13个州中的10个州必将否决这一方案。如果不能在会议中挫败这一方案,他将在自己所在的州抗争到底。新泽西"永远不会就这一方案妥协"。

詹姆士·威尔逊以同样的方式回应了帕特森,"如果小州不就这一方案妥协",他确信宾夕法尼亚和其他一些州"也不会对其他任何问题让步"。分裂就此公开爆发,并一直持续了五个星期。它成为会议中最为激烈、戏剧化和持久的争论——这一冲突使制宪会议几次濒于破裂。

尽管会议充满了潜在的威胁,不过并不能解释会议在5月30日至6月13日期间的进展。小州与大州之间的冲突不是出现的唯一冲突,仅仅强调冲突和分裂也无法合理解释会议的进程。制宪会议最终取得成功是因为会议中的分歧几乎总是多方面的,且贯穿会议期间的"推搡"(push-and-pull)并不仅仅是出于互相冲突的利益,还因为置身其中的人不仅仅是只考虑自己所在州利益的精明掮客。

将会议最初的两周描绘成一种最初的探索似乎最合适,在这一探索中,各种错综复杂的分歧迅速出现在不断演进的基本思想框架中。像麦迪逊一样,大多数来到费城的代表既担心联盟的问题又担心各州的具体情况。他们欣然同意弗吉尼亚人的方案,认为不受限制的多数人的意志通常与少数人或长远的公共需求并不一致,早期的革命宪法忽视了这一威胁而将太多的权力授予了众议院。正如埃尔布里奇·盖瑞(Elbridge Gerry)所形容的那样,这个国家无时无刻不受制于"过度的民主"。由于对不向人民负责的统治者的根本恐惧,好的政府注定要被牺牲。

在制宪会议上没有人提心多数人暴政的问题,也没有人愿回到贵族或国王统治的过去。大多数人真诚地认同人民对民主制度的强烈渴望,而且几乎所有人都强烈认为不应重复早期革命宪法所犯下的错误。这样,再一次,5月29日的决议成功地划定了分歧的界限。他们认为,好的共和国必须建立在两个立法机构之上：一个由人民选出，另一个的成员应免于大多数人的偏好，并确保能持续保护少数人的权利和关注国家的长期需求。立法机构应该受到强大的、独立的行政机构的制衡，并且司法应该独立于这两个机构。在几乎长达四个月的旷日持久的激烈争论中，对政府体制的这些基本原则从来没有任何严重的争议。

弗吉尼亚方案基本上完好无损地通过了第一次检验。威尔逊、麦迪逊和他们的同僚说得很清楚，他们想要的是在广泛的群众基础之上建立一个明智的、有活力的中央政府，构建一个既能对多数人负责又能制衡强势的民选众议院的多重安全机制。基于对现存制度缺陷的分析，会议很快同意用一个复杂的、有权威的中央政府替代当前虚弱的一院制政体。出于对州宪法的普遍不满，会议从一开始就着手建立真正独立的、相互抗衡的各个分支。

在最初的那些天，麦迪逊和威尔逊就像一个神话团队般在会议中崛起。然而，国家主义者的攻击还是将各种问题带到他们面前。尽管最小的那些州在最初的争论中几乎被孤立，并且在众议院代表制的问题上受到严重打击，但是帕特森和[来自特拉华]的乔治·里德(George Read)发起了猛烈抵制，且这些抵制在与各方面的反对声音结合后越发有力。只有三位代表热衷于建立一个"仅仅是邦联的"体制，但是罗伯特·耶茨(Robert Yates)和约翰·莱辛(John Lansing)无力控制纽约，卢瑟·马丁(Luther Martin)经常使马里兰代表团陷入分裂。此外，每一位反对者看到，一些代表出于对多数暴政的恐惧，将5月29日的决议视为具有共和改革的方案，还加入到了反对将地方权力移交给联邦的阵营。尽管来自康涅狄格和南卡罗来纳的代表特别不信任在更广泛的民众参与的基础上建立一个更强大的中央政府的计划，但几乎每一个代表团的内部成员在对人民能力的判断以及将额外的责任转移到联邦手中的看法上都存在严重分歧。由于小州总是能找到自己的盟友，时而在这里，时而在那里，要从大多数州和大多数人民的代表那里获得认可变得越发困难。即使乐观的国家主义者也不得不加入一个派别阵营，而该阵营承诺在整个夏天坚持到底。

面对如此多的忧虑，民主派国家主义者在会议的前两周不断遇到强烈的反对，还遭到了决定性的反击。弗吉尼亚方案提议参议员由众议院从各州的候选人中选出。6月7日，不顾麦迪逊和威尔逊的强烈反对，每个代表团都以多数否决了这一方案而倾向于由州立法机构选出参议院。其中，很多人受到约翰·狄金森(特拉华)和罗杰·谢尔曼(康涅狄格)立场的很大影响，他们认为由地方立法机构选举能够真实地反映州的态度，确保联邦的和谐并严防潜在的联邦侵权。

对此,坚定的国家主义者深感失望,他们担心由州选举参议员会使这一体系存在缺陷。正是这些缺陷可能会摧毁邦联。如果各州坚持将联邦视为联合的诸邦,这会促使他们要求各州之间的平等权。6月11日,就在关键性的投票之前,谢尔曼呼吁众议院可以作为自由民的代表,而各州可以在参议院获得平等的投票权。威尔逊重提将每个奴隶算作五分之三个自由民的邦联体制,这使得大州的联合可能很快面临分裂。但是,紧随对众议院比例代表制差距悬殊的投票之后,对参议院代表制的投票结果却是非常接近,谢尔曼要求各州平等权的动议被6:5的微弱优势否决:纽约、新泽西、特拉华和马里兰赞成;马萨诸塞、宾夕法尼亚、弗吉尼亚、北卡罗来纳、南卡罗来纳和佐治亚反对。各种忧虑的结合考验着国家主义者的毅力。两天后,全体委员会报告了其对众议院的修正方案,但是会议立即休会,以让反对者准备弗吉尼亚方案的替代方案。

6月15日,威廉·帕特森提出的新泽西方案由几天前投票支持参议院平等代表制的联盟匆忙拼凑而成。这个联盟只有在反对伦道夫方案时才联合在一起,其方案并不能代表他们中任何一位制宪者的真实意愿。正如狄金森和麦迪逊在一次私人谈话中所暗示的那样,许多来自小州的成员在原则上并不反对一个有效的"全国性"体制。在新泽西方案下,一般政府仍将有权征收印花税、邮政税、关税,强制民众服从其要求以及管理各州之间和对外的贸易。联邦法律将高于地方立法;独立的行政机构、联邦法院与国会共同分享权威。对卢瑟·马丁和那两个纽约人来说,这显然已经足够了;对狄金森和其他人来说也很明显,帕特森维持一院制和由各州享有平等投票权的立法机构,这主要是为了要求在其他方面获得让步。

人们很快就清楚地发现,关于代表制的冲突笼罩着每一项次要的争议。在坚持两院制体制上,会议面临越来越多的困难。会议再次就众议院的民众选举和上院的州选举进行投票,投票在众议员两年任期和参议员六年任期上达成一致。然而,在每一个议程中,对纯粹的全国性方案感到担忧的成员都试图加入条款,使州在支付薪水或选举联邦官员时拥有更大的权力。小州代表试图用各种办法去分裂大州联合。尽管麦迪逊和汉密尔顿呼吁小州不需要害怕大州的联合,因为联盟中最大的分别在于南方和北方,但是,康涅狄格的威廉·塞缪尔·约翰逊回应说,一般政府的建立不仅是为了人民,也是为了各州,就连梅森也认为各州应该享有某些权力以保证它们在这个体制中的权利和地位。

6月底,当会议就下院的比例代表制作出6:4:1的投票结果时,会议几近瘫痪。这时,康涅狄格再次提出了谢尔曼几周之前提议的妥协方案,并以一种最后通牒的语气提出了这一建议。奥利弗·艾斯沃斯(Oliver Ellsworth)认为联盟可以"一半是联邦",但也应该保持"一半是邦联",他对会议通过让众议院实行比例代表制并不失望,因为这将符合全国性的观念,也为大州提供了保障。但是如果大州不在一个平等的参议院上让步,会议将没有任何妥协余地,邦联也会濒临崩溃。

就在会议陷入僵局而大州联盟内部表现出明显的紧张关系时,查尔斯·C.平克尼(Charles C. Pinckney)建议任命一个大委员会(grand committee)设计妥协方案。只有麦迪逊和威尔逊反对这一建议,他们担心这将不可逆转地转向妥协,其实也的确如此。从每州各选一人,会议选出了包括艾斯沃斯、贝福德(Bedford)、帕特森、耶茨和马丁在内的大委员会,但是只有那些表现出妥协意向的大州成员入选。

对麦迪逊和威尔逊而言,这一结果根本不是什么妥协,而是向小州投降,并且严重破坏了这个建构中的体制的对称性。为了获得上院的平等代表权,小州接受了下院的比例代表制并同意给予下院对财政法案的独立立法权。麦迪逊和威尔逊认为,最后这一条可能会使参议院无法在必要时制约众议院,且无法阻止少数人利用他们在参议院的地位阻挠全民意志。主要的国家主义者在接下来的两周反对妥协,恳求小州放弃它们的让步要求,因这些要求无法与民主和更大的联邦权力相协调,他们的做法其实是在与日益增强的潮流相抗争。

在这两周里,会议遇到了各种令人费解的动议,并任命了另外两个委员会分配第一届众议院的席次。南方各州曾与大州联合在众议院的比例代表制上投了相同的票,地域上的考虑开始浮出水面。在关于定期进行人口普查、接收新州的程序,以及如何分配众议院席次等问题的讨论中,反对五分之三原则的人或担心西部崛起的代表与南方代表发生了冲突,南方代表意识到自己将在关于参议院的投票中以8∶5的优势胜出,并坚持自己提出的一些条款,这些条款能保证他们通过西部而迅速增强实力。北方小州在这些问题上表现出让步的意愿以实现自己更为迫切的目标。同时,越发明显的是,一些有影响力的大州成员越来越不愿意看到无休止的冲突,他们意识到如果小州退出,会议的成果一定会毁于一旦,还有一些人也承认代表州权的参议院在与众议院保持一定距离的同时,可能有助于维持联邦的平衡。7月16日,会议就委员会的妥协方案做出了5∶4∶1的投票结果:康涅狄格、新泽西、特拉华、马里兰、北卡罗来纳赞成;宾夕法尼亚、弗吉尼亚、南卡罗来纳、佐治亚反对;马萨诸塞出现分裂。

如伦道夫很快发现的那样,7月16日决议中存在的差距并不像投票所体现的那样小。纽约、新罕布什尔和罗德岛没有出席。这些州很可能在至少一个院中支持平等代表制。此外，来自佐治亚、宾夕法尼亚和弗吉尼亚的温和派支持来自马萨诸塞、马里兰和北卡罗来纳的温和派，后者曾投票赞成康涅狄格方案。大州在决定之后形成了一个小集团，威尔逊、麦迪逊和其他人依然希望压制住小州。这一小集团没有达成一致。大州所有的成员回到会议，小州也因反对妥协的人并没有真的要求撤销投票结果而感到满意。

伦道夫还认为7月16日的决议"使得事情变得极为尴尬"。他解释到，认为立法机构的两个分支都会实行比例代表制的设想影响了之前的每一个决定；必须在新规则的指导下对其重新进行思考。实际的影响甚至比这个弗吉尼亚人当时观察到的更为深远。由于采取了伟大的（或康涅狄格）妥协，每个代表都不得不重新考虑中央政府的行为将如何影响到他所代表的州或地区。如狄金森所预料的那样，在确保了在参议院的平等投票权后，较小的中等州的成员立即开始支持更大的联邦权力。南方代表则与之相反，突然变得更加谨慎，特别是对会议提前想赋予参议院的巨大权力尤为谨慎。

令人惊奇的是，至少最初看上去是这样，与会成员只需十多天就可以就宪法的基本内容达成一致。然而，伦道夫没有预料到的是，一般政府将既代表个人又代表州的决议为其他问题的解决奠定了基础。无论大州和小州，北方和南方，现在都有可能控制立法机构的一个分支。由于每个州和地区都有能力抵抗对其核心利益的威胁，每个代表都感到可以更加轻松地处理明显的全国性弊病。

在剩下的难题中，最令人困惑的要属行政长官的权力及选举。从7月17日到7月25日，会议几乎一直围绕这些问题而进行。麦迪逊在25日点评了各种选择。他解释说，总统由立法机构选举产生可能会带来阴谋，并使得行政机构无法制衡立法机构的篡权——而如果行政长官可以连任就能做到这一点。然而，由地方立法机构或各州行政机构选举总统可能会增强各州的影响力，而各州的"有害措施"正是会议所要制止的。还剩下两个选择：一是由人民选出的选举人选举总统，金和帕特森在7月19日已经提出了这一建议，但旋即遭到否决；二是由人民直接选举。麦迪逊开始倾向于这一方案，但这似乎会将小州以及南方置于十分被动的地位。休·威廉森（北卡罗来纳）暗示小州的不利地位可以通过要求人民给多个候选人投票加以弥补。莫里斯补充道，民众可以投两票，其中一票必须投给其他州的候选人。然而，得到盖瑞支持的梅森仍坚持认为人民根本无力做出明智的选择。26日，会议兜了一圈又回到了起点：由全国性立法机构选出一个任期。

几乎没有人真正满意这一"解决方案"。对州平等投票权的不满，对立法的主导权的忧虑，以及尽可能让经验丰富的行政长官连任的愿望——这与立法机构的选择无法调和——使得麦迪逊和其他重要的国家主义者倾向于大众选举和更大的行政权力。然而对选举君主制的担心，对大众选举的不信任以及对完成会议任务纯粹的不耐烦都制约着这些想法的实现。7月24日，会议选出一个细节委员就解决方案拟定法案。然后，委员们一致同意休会直至周一，即8月6日，以让委员会有10天的时间完成报告。

约翰·拉特里奇(John Rutledge)(南卡罗来纳)、埃德蒙·伦道夫、纳森尼尔·戈汉姆(Nathaniel Gorham)(马萨诸塞)、奥利弗·艾斯沃斯和詹姆斯·麦迪逊承担的任务远不止认真整理出7月26日会议达成的决定。在现存的残缺不全的记录中，细节委员会显然认为他们可以自由地做出他们自己的独到贡献，而他们疲惫不堪的同僚也未反对。委员会留心会议过程中发生的几乎所有情况，在会议的决议中加入了大量细节并提供了一些重要的补充。除了对行政和司法权力更为详细的描述外，他们的报告还提出了解决各州之间争论的新程序，并建议国会必须要有三分之二的多数同意才能接受新州和通过贸易管制。他们还加入了对出口征税和干涉奴隶贸易的禁令，平克尼认为这是他所在的州同意批准宪法的条件。最重要的是，委员会列举了全会一直推迟讨论的中央政府应保有的权力，还加入了对一系列地方立法的禁令，麦迪逊曾准备以联邦对州法律的否决权来制止这些地方立法，而全体会议果断地否决了这一权力。

关于这些错综复杂的条款的激烈而又经常的讨论主导了8月下半月的会议。尽管麦迪逊、威尔逊、金以及莫里斯联手谴责对出口税的禁令，辩称这将使政府失去容易得到的收入来源和迫使欧洲人放松他们航海法的有力武器，但南部种植园各州几乎一致坚持这一禁令。尽管受到弗吉尼亚人和北方反对奴隶制的成员的抵制，佐治亚和卡罗来纳还是反对国会对奴隶贸易的限制，强调这是他们的州同意任何方案的必要条件。8月21日，康涅狄格和马萨诸塞的妥协派和南部代表投票重申对出口征税的禁令，以七个州对四个州（新罕布什尔、新泽西、宾夕法尼亚、特拉华反对）的优势重新确立了这一禁令。谢尔曼、盖瑞、艾斯沃斯、戈汉姆和他们的同僚表示希望他们让步的努力能够得到同样的回报，他们已经投票接受了南方的要求，所以也希望南方代表能维护新英格兰地区的核心利益。8月22日，莫里斯将奴隶贸易、出口税以及商业管理的问题送交另一个大委员会，这些问题将成为北方和南方"讨价还价"的主题。一些南方代表表示同意。

8月,北方和南方,马萨诸塞和南卡罗来纳达成妥协,这对于成功制定宪法的重要性仅次于7月16日的决议。8月24日,由新泽西的威廉·利文斯顿主持的大委员会提交了1800年之前禁止立法干涉奴隶贸易的提议,重申了对出口税的禁令,但是要求商业管制条款的通过需要国会三分之二的同意。8月25日,平克尼提议将这一禁令延期至1808年,戈汉姆附议了这一动议,这一禁令以7∶4的结果通过(新泽西、宾夕法尼亚、特拉华、弗吉尼亚反对)。接着,8月31日,在谢尔曼的动议下,会议投票将剩下的问题交给另一个大委员会。这一程序已经成为成员们处理过于复杂或全体成员分歧严重的问题的公认策略。

由新泽西的戴维·布瑞利(David Brearley)主持的遗留问题(或推延部分)委员会处理了会议最后剩下的细枝末节,其中最为棘手的当属一直争论的关于好的行政机构的问题。在9月4日的报告中,布瑞利委员会试图建议由选举人选出四年的任期,而选举人的产生与地方立法机构的选举采取相同的办法。每个州拥有与其在国会席位总数相同的选举人,每个选举人要投两票,其中至少有一票投给其他州的候选人。如果一位候选人获得了选举人票的绝对多数,他就是总统。如果没有人获得绝对多数票,总统将由参议院从得票最多的五位候选人中选出。(无论在哪种情况下,得票第二者将成为副总统,这一委员会第一次建议并定义了这一职位。)这一复杂的程序和一个本质上实属多余的职位的引入都是为了平衡大州和小州的利益要求。

这些细节的一部分是有问题的。由于选举人团很少表现出对任何个人绝对多数的支持,大多数成员意识到委员会的质疑提案将赋予大州在最初提名中的较大优势,由小州主导的参议院将在这些提名中做出最终决定。由于小州即使在选举人上也有着不成比例的优势,一些来自大州的成员表示反对。与会代表像之前一样运用集体智慧完美地解决了这一问题,将总统职位最后的决定权从参议院转移给众议院,由众议院以州为单位进行投票,并将最后的候选人数缩减至三人。

9月10日是成员就议题进行申诉的最后机会。伦道夫说他在5月29日介绍了"一套共和主义方案",但这些方案在会议的过程中被扭曲了,除非会议同意州议会可以向第二次全体会议提出修正案,再由各州自行决定最终方案,他可能"不会同意"已经完成的方案。和伦道大一样,梅森对于模糊的措辞和大多数人对商业的控制感到忧虑,又担心参议院可能与有权势的行政机构联合,打破与下院人民代表的平衡,他在9月12日认为会议还应该加上一个权利法案。

盖瑞旋即表示同意。

为了回应这些疑虑,布瑞利委员会同意用国会三分之二多数替代之前推翻弹劾总统所需的四分之三多数。但是由于谢尔曼指出宪法中没有任何内容会废止州的权力宣言或者侵犯它们所保护的自由,各州一致拒绝起草一份权利法案。当会议转而对文字风格委员会的报告进行考察时——这显然是为了通过不断休会来拒绝考虑重大变革——大会落幕也就近在眼前了。梅森未能成功加入需要国会三分之二多数才能在1808年(他可能认为到此时,种植园州将因为西部而增强它们的实力)之前通过商业管制的条款。伦道夫再次提出动议,建议这一方案在第二次大会考虑州议会建议的变革之前不能被批准通过,并警告没有这样的条款他就不会签字。梅森做出了类似的呼吁,认为最终方案"终将以君主制或一个暴虐的贵族制而告终",盖瑞也这样认为。然而,伦道夫的动议被一致否决。每一位出席的代表投票通过了最终的宪法并开始正式草拟宪法条款。9月17日,仍在出席会议的42位代表中,除了三位,其他人都觉得可以在完成的宪法上签上自己的名字。于是,正如华盛顿在其日记中透露的那样,"代表们去了城市酒馆(City Tavern),一起饮酒,最后愉快地离别",几乎所有人都赞成令人尊敬的富兰克林的说法,即会议主席在主持会议时所坐的座椅上方的图案实际上是正在升起的太阳——华盛顿的出席体现了整场会议的庄严,并使行政长官的权威有可能被授予高尚的道德色彩。

【本文选自 Lance G. Banning, *The Framing and Ratification of the Constitution*, Macmillan Publishing Company, 1987。】

伊萨克·克莱曼尼克*
汤金旭 译/肖莹 校

宪法辩论的主题

1787年10月27日亚历山大·汉密尔顿在纽约的独立报上写道,美国人被"召集起来商讨新的宪法"。他在《联邦者文集》第一篇中指出,通过这一努力,美国人将证明人类能够"通过深思熟虑与自由选择"来创建他们自己的政府,而不再是一直依靠"机遇和强力"。对宪法的讨论无论如何都不会是优雅从容的。太多的议题悬而未决,正如汉密尔顿所预测的那样,"愤怒与恶意的激流"将迸发在这场"全国大辩论"中。

在两个世纪以后,人们又该如何解读那场"全国大辩论"呢?现今绝大部分学者会追随波考克在这方面提出的方法论纲领。这一研究路径的问题在于它假定有且只有一种语言———一种唯一的,甚至是霸权性的范式——才能体现某一特定地点或时期的政治话语。1787年的情况并非如此。其实在关于宪法的"全国大辩论"中,联邦者和反联邦者,涉及了好几种政治话语,他们可以娴熟地运用其中的观点。本文考察了四种"特殊话语",它们共存于1787年至1788年间的政治话语中。没有一种话语居于统治地位,不同话语在同一个作者或演说者那里能够并行不悖。在解读宪法的制定者和批评者时,人们会看到共和主义、洛克式自由主义、新教伦理以及以国家为中心的权力和主权理论的话语。

---

* 伊萨克·克莱曼尼克(Isaac Kramnick),美国历史学家、社会科学家,哈佛大学博士,现为康奈尔大学政府学教授,主要研究领域为美国宪政史,美英政治思想研究,著有 *Age of Ideology: Political Thought, 1750 to the Present* (1979), *Republicanism and Bourgeois Radicalism: Political Ideology in Late Eighteenth-Century England and America* (1990), *Godless Constitution: A Moral Defense of the Secular State* (2005) 等。

宪法中的市民人文主义与自由主义及其批评

当代的学者已经厌倦了无处不在的新古典市民人文主义。这一观点认为,主导英国与美国18世纪政治思想的是共和主义关于德性的话语。人是一种政治动物,只有当与其他拥有财产、持有武器的市民一同生活在积极的公民生活里,在一个他们轮流统治与被统治的共和国里才会实现其终极目标。这一共和主义话语背后是这样一种政治哲学,它根植于亚里士多德的《政治学》、西塞罗的《论共和国》、马基雅维利、哈林顿、博林布鲁克,以及这个怀旧的国家在道德上对沃波尔和英格兰生活商业化的鄙夷。对公共利益的追求超过了对个人利益的追求,自由意味着参与市民生活而不是保护个人权利免于干涉。共和主义的中心议题是他们自诩的"废黜自由主义范式以及与之相联系的洛克式范式"。

为了回应共和主义这些傲慢的言论,被戈登·伍德称为"新洛克主义者"(neo-Lockeans)的一群人坚持认为,在建国时期洛克和自由主义仍然存在并活跃于盎格鲁—美利坚思想之中。在这种解读中,个人主义、个人利益的道德合法性以及市场社会更高于社群、公共利益,以及对公民自我实现的高尚追求(virtuous pursuit of civic fulfillment)。对这些"新洛克主义者"来说,设定了主导"全国大辩论"的文本规范的不是马基雅维利或孟德斯鸠,而是霍布斯、洛克以及对占有式个人主义的假定。

我们可以同时接受这两种看法么?当然可以,如果我们视联邦者和反联邦者的观点代表了建国时期政治话语的同一个文本。一个具有说服力的方案是将联邦者视作自由的现代主义者,而将反联邦者视作怀旧的共和式的社群主义者,后者极力保护受到商业和市场社会威胁的高尚的道德秩序。联邦者倾向于以无关道德的词汇将美国描绘成一个不再将地方社区和道德信念作为政治焦点的扩大的国家。联邦者似乎以一个个人主义和竞争性的美国为荣,这样的美国关注的是私有权利和个人自治。对美国的这种解读与詹姆斯·麦迪逊及其在《联邦者文集》中的文章联系最为紧密。

麦迪逊推崇在扩大的美国中不同派别和利益的存在。他在《联邦者文集》的多篇文章中介绍了这一观点,认为保护少数人权利的唯一方式是扩大政治领域并借此划分社群。在《联邦者文集》第10篇中,麦迪逊将地区、宗教、经济利益、派别和政党的多元化描述成美国自由和公正的保证。在给托马斯·杰斐逊的一封信中，他表达观点的措辞略有不同："分而治之，尽管被斥为专制的准则，在特定条件下却是以公正的原则治理共和国的唯一方式。"在众多的利益冲突中，最重要的是在复杂的市场社会中必然会有的经济利益的冲突，经济利益也是形成一个正义秩序的基本要素。不同的经济利益在《联邦者文集》第10篇时常被引用的段落中得到了讨论：

> 派系最常见而持久的原因，是财产分配的不同和不平等。有产者和无产者总是在社会上形成不同的利益，债权人、债务人、土地利益、制造业利益、商业利益、货币利益。管理各种各样又相互干涉的利益是现代立法的主要任务。

政府之于麦迪逊，正如之于洛克，是竞争的利益各方的中立的仲裁者。的确，在《联邦者文集》第43篇中，麦迪逊将立法的任务表述成提供"仲裁者（umpires）"；在给乔治·华盛顿的一封信中，他将政府的角色描述成"处理争端的无私、公正的仲裁者"。正如政府之于洛克——洛克曾写道"正义给每一个人享有他诚实劳动的成果的权利"——对麦迪逊和联邦者来说：正义实际上意味着尊重私人权利，特别是财产权利。

宪法序言里对"树立正义"的承诺对制宪者而言意味着宪法将保护私人权利，这将有助于实现接下来的目标——"确保国内的安宁"。

联邦者阵营对现代自由社会的认可超越了利益政治的合法化以及政府的目的乃保护诚实劳动果实的信念，同时还有一种对现代商业社会的坦率的欣赏。例如，汉密尔顿在《联邦者文集》第12篇中声称：

> 所有的开明政治家都看到并承认，商业的繁荣是国家财富最有效和最丰富的来源，因而成为他们政治上关注的主要对象。由于报酬手段的增多和促进人们贪婪和冒险的心爱物品——贵金属的采用和流通，商业繁荣有助于活跃和刺激工业系统，使之更加活跃和兴旺地运行。

汉密尔顿很清楚地知道，他对个人满足、贪欲和利益的赞颂与过去强调个人利益从属于公共善的市民道德与公共责任的理想背道而驰。他从对公共道德理想的驳斥中推导出建立联邦常备军的需要。这是对那种视职业军队为邪恶化身的市民道德的又一次沉重打击，削弱了市民在防卫公共领域自我奉献式的参与，而自我奉献式的参与正是民兵组织的前提。但在汉密尔顿看来，已经成为一个市场社会的美国不能再依赖民兵组织。

在为常备军辩护的《联邦者文集》第8篇中，汉密尔顿承认了自我奉献和参与式公民身份这一过去的市民理想在商业化的美国已经逐渐消失:"目前,人民勤勉的习惯——一心一意追求利润,热衷于改进农业和商业——同古希腊一些共和国人民的真实情况,即全民皆兵的情况,是不一致的。"

另一方面,很多反联邦者仍执着于共和主义的市民理想,执着于将美国塑造成塞缪尔·亚当斯口中的"基督教徒的斯巴达"(a Christian Sparta)。新的宪法秩序中,被麦迪逊视为最大优点的多元特征在反联邦者看来却是其致命缺陷。反联邦者的一致论调是,坚持高尚的共和制政府需要一个小的和同质化的人口。帕特里克·亨利注意到横跨大陆的共和制政府"与世上所有的经验都格格不入"。理查德·亨利·李(Richard Henry Lee)认为"自由选举的政府无法推广到更为广阔的地域"。

孟德斯鸠等人提醒反联邦者,"像美国这样广大的地域,拥有如此多样的气候、物产、利益和千差万别的风俗、习惯和传统",是不可能组建一个道德共和国的。反联邦者对扩大了的共和国里的多元化和地域问题感到忧虑。大多数反联邦者认为共和制需要宗教、习俗、情感和利益的相似性。他们深信在一个扩大的共和国里不可能存在这种意义上的社区,在那样的多样性中,不可能存在一套可以通行的法律。南方的一位反联邦者约瑟夫·泰勒这样写道,"我们可以很清楚地看到,来自新英格兰的人和我们是不一样的"。另一方面,詹姆斯·温斯罗普(James Winthrop)声称:"温暖气候下的居民在行为方式上更加放荡不羁,与亚寒气候下的居民相比,也不那么勤劳。双方差异的严重程度甚至会使一方摧毁另一方的活力。不可能有一套法律同时适用于佐治亚和马萨诸塞。"

对很多反联邦者而言,一个公正的社会远不止对财产的保护,人们期待它能够改善道义、美德和宗教。例如,很多反联邦者都对宪法完全世俗化的语调以及对宗教和道德的忽视感到震惊。同样令他们失望的是联邦者对宪法的要求没有任何宗教内容。反联邦者坚持宗教是政府的关键支撑点。

在很多反联邦者看来,联邦者的观点存在一定问题,即仅仅在利益与对其保护的基础上建立的共同体/社群是不完善的。对这些反联邦者而言,一个合理的共和主义社群需要道德上的一致,这反过来又需要相似性、熟悉度和兄弟关系。

麦迪逊和汉密尔顿意识到,这种社群主义情感是反联邦者对新的宪法秩序很多批评的核心所在。在《联邦者文集》第35篇中,汉密尔顿嘲弄了"那些视线局限在邻里和熟人圈子"的人的面对面政治。麦迪逊在《联邦者文集》第10篇中给出了根除派别以及由此导致的利益政治的两种方式。要么"通过摧毁对其存在至关重要的自由；要么给予每一个公民相同的观点，相同的情感和相同的利益"。这两种方式都是不可接受的。任何一种都会毁掉他们孜孜以求的自由政体。

人们可以就此将反联邦者界定为反自由的社群主义者吗？毫无疑问，有些反联邦者确实是，但是还有一些人对联邦政府的扩张以及加强行政权力的反应是要求通过权利法案来保护私人和个人权利。不过，即使是这一点也反映出他们的社群主义倾向。如果政府终究是由位于数百公里之外的城市里更高地位，更富学识，更善谋划，但与他们完全不同的人掌控，那么，个人权利就需要特别的保护。

同样有力的一个观点是将联邦者视为共和主义理论家，这一点我们从交织在1787年的政治话语中已经看得非常清楚。麦迪逊在第10篇中固守共和主义范式的关键一步是，他认定，在一个扩大的共和国里，代议制的功能会造就一批为了公共善和公共利益而牺牲个人、私人和地区利益的官员。使得新的宪法秩序所设计的过滤机制如此受欢迎的正是其终极目标，即造就开明的具有公共精神的人，他们在对公共善的追求中得到满足。在一个扩大了的共和国里，更多地参与代表选举的民众将淘汰"不够格的候选人"并选出"最优秀的人"。一个大的共和国和全国政府将带来"这样的代表，他们思想开明、品性善良，因此较少有地域偏见或提出不公正的计划"。

联邦者的共和主义所关注的阶层是不言自明的。他们构想的是一个拥有市民精神且对共同利益的热爱超越了特殊和狭隘利益的精英集团。这是些有财产、独立人格和声望的人，他们有闲暇时间奉献给公共生活，也有智慧来追求这个国家真正的利益，这与地方和特殊利益的邪恶企图是不一样的。麦迪逊和汉密尔顿的这种共和主义与一般的古典共和主义的贵族式导向是一致的——都是对独立、有财产以及拥有赋闲生活的公民的追求。

在麦迪逊看来，排除平庸之人与对公共善的无私追求是一致的。对很多反联邦者来说，只有当立法机构的成员体现了社会的复杂和多样时才最具代表性——那时，每一个地区和社会阶层都得到了代表。反联邦者似乎希望每一种特殊利益都得到代表，希望代议制的功能是提供镜像而不是过滤机制，这与以利益为中心的自由主义者相似。

汉密尔顿在《联邦者文集》第35篇中反驳了反联邦者的利益理论。他写道，"由各个阶层的人来代表所有阶层的人的想法"，认为这样所有人的情感和利益都将得以表达，"完全是幻想"。汉密尔顿建议，全国立法机构应该仅仅由

"土地占有者、商人,和知识界人士"组成。普通人,无论多有自信——"他们或许自我感觉良好"——应该认识到通过这三种人,"其利益会得到有效的提升"。

当更为仔细地分析联邦者和反联邦者的这些代议制理论的时候,人们会进一步发现范式之间的融合。反联邦者倾向于传统的共和主义观念,这一观念在多数州的宪法中占统治地位,代表应该直接对他们的选民负责,并可以随时替换。当然,这引用了18世纪要求频繁选举的共和主义传统。然而,联邦者关于过滤的观点所暗示的,是对代表仅仅作为其选民的代理人或仆人的观念的否定。麦迪逊脑中"提升和扩大了公共视野",追求"他们国家真正利益"的立法者,不应该受到地方农民或小镇商人年复一年的检查。

高尚的共和主义话语

在市民人文主义的话语中,美德的意义是很清楚的。它意味着公共高于私人。塞缪尔·亚当斯不时地唤起人们对亚里士多德和西塞罗话语的记忆。他写到,"公民将他的一切归功于共同体"。他担心美国人会"忘却他们对共和国以及彼此之间的慷慨情意,以至于让私人利益与伟大的共同体的利益相竞争"。共和制政府需要"一种超越所有私人情感的,对公共善和公共利益的积极情感"。

美德并不仅仅意味着这些。受到冲击的价值是私人性质的,与政治无关。麦迪逊为美国人稳重、审慎和勤劳的品质而担忧。他关心的是"人民的勤劳和道德"。其实,市民人文主义者也可以从非公民的个人角度来描绘道德的共和国人民。约翰·亚当斯在那些"审慎、勤劳和节俭的"人那里看到了高尚政府的基础。

诚然,共和主义传统一直都认为节俭高于奢侈。但此处并非只有这一种无处不在的共和主义范式。将勤劳纳入一连串美德的清单,我们将看到另一项遗产,另一种在18世纪晚期,美国人用来构建他们个人和政治世界的话语。美国人也运用了新教伦理的话语,这种话语源于理查德·巴克斯特(Richard Baxter)、约翰·班扬(John Bunyan)和关于使命与"勤勉"的文学。

新教伦理的中心是勤劳和懒惰这两大势力之间的永恒斗争。相较于市民道德与以自我为中心的商业之间的辩证,其文本更多涉及的是多产的勤劳干劲与毫无作为的懒惰之间的辩证。它的话语更加私人和个体化,而不那么指向公众和团体。工作是对自我满足和自我依赖的检验,是个人救赎的战场。所有人都被"召唤"通过使自己忙碌于为社会和个人服务的勤勉工作来侍奉上帝。

工作和使命的新教语言显然与对自愿和自由的强调是相似的,它补充了洛克的自由主义话语。高尚的人,在本质上是孤僻的、私人的,通过劳动和成就实现自我及其才能;道德败坏的人庸庸碌碌、懒惰,属于恶魔的阵营。

在这一语境下,勤劳、简单和节俭不仅是品德高尚之人,也是自由之人的标志。正如罗德岛的一位作家所说的那样,"只有勤劳和节俭的人才会得到自由"。1767 年 11 月 16 日的《波士顿晚报》写道,"减少我们并不十分需要的产品的消费,辛勤地培育和提高我们国家的自然优势,我们就将保护我们的物产,甚至使我们的土地免于沦为他人的财产,并且我们将最终保存我们的品德和自由,直至千秋万世"。三周后的《宾夕法尼亚期刊》则宣称:"节俭即拯救国家。"

道德在 18 世纪后半期正在变得私人化。它被人们从公共活动领域转移到个人品质领域。品德高尚的人越来越少地带有从亚里士多德到哈林顿所秉持的共和主义理想的特点——土地财产使他有必要的闲暇奉献于公共事业,并在政治或军事上有所成就。财产在新教范式中仍然很重要,不过,不是作为闲暇的授予者,而是作为辛勤工作理所当然的收获。

戈登·伍德已经注意到卡特·布拉克斯顿(Carter Braxton)比建国时期那代美国人中的任何一位都要强烈地意识到建立于公共德性之上的共和主义——公正地追求公共善,排除并独立于所有个人和自私的利益——与实际的美利坚政体之间的紧张关系,因为在这一政体之下,大部分人都践行一种私人道德,每个人"只关心自己,只想提升个人利益"。根据布拉克斯顿的观点,将公共置于私人之上的共和制从来都不是"任何国家里的民众"政治。这一观察体现了布拉克斯顿的真正洞见。共和主义美德在历史上是一个关于少数优越市民的理想,他们拥有的独立财产为他们提供了必要的闲暇时间,通过对公共事务的道德追求而在公共生活中实现自我。从我们的角度出发,我们不禁要称赞布拉克斯顿观察到了在面对洛克式自由主义和新教伦理的其他世界时,共和制霸权的衰落。经济成果和辛劳工作在一定程度上取代市民身份和对公共物品的公共需求,而成为高尚的标准。一个人的使命仍然是为公共善做贡献,但最好是通过经济活动实现,这实际上是为了实现个人利益。以自我为中心的经济生产,而不是公共身份,将成为品德高尚之人的标志。对高尚的看法从共和制向新教理念转变的核心是对工作和闲暇的重新评价。1787 年,很多美国人对亚里士多德在《政治学》中提出的历经数世纪之久的共和制范式甚为不满:"要建构最好的体制,应该有完全公正的人,市民一定不能过手工业或商业的生活,这样的生活是不高尚的,并与美德相违背。那些要成为市民的人也不能是农民,因为他们必须有足够的闲暇来促进美德,参与市民活动。"

权力与国家的话语

今天,有人将宪法视为对凡人行使的权利所设的界限,这种对宪法的合理描述实际上忽视了一个事实,即宪法在多大程度上是对一个集中的民族国家的授权。这种忽视反映出长久以来,在文本解读上人们总是将麦迪逊看得比汉密尔顿重要。尽管后人强调宪法制约与平衡的网络以及对权力的众多制度化分割,"全国大辩论"的参与者,无论他们站在哪一边,都会认同汉密尔顿——认为宪法意味着权力的胜利,以及"在组建我们的政府时对稳定和强势原则的重视,和对政府运行的活力的关注"。

因此在1787年的政治讨论中存在着第四种范式,即以国家为中心的权力话语。它同样可以追溯到古典世界,追溯到伟大的立法者和创建者梭伦(Solon)和吕库古(Lycurgus),追溯到亚历山大(Alexander)和尤利乌斯·恺撒(Julius Caesar)的帝国理想。它的制度单位是帝国以及之后的民族国家,而不是共和制城邦国家。这种政治话语所关注的是权力在运行和使用时道德的、英雄式的和自我实现的维度。

正是独立战争的经历塑造了美国建国者的观念。反对英国的战争为他们提供了一种大陆和国家体验,这取代了1776年以前那代人以各自殖民地为中心的视野。大量制宪者要么参加过大陆军,要么曾是邦联或大陆会议的外交或行政人员。实际上,制宪会议55名代表中有39人曾在大陆会议中拥有席位。多数反联邦者当时都是关注各自州的利益的政客,他们的英雄事迹在1776年以前就有了。大部分联邦者则是在一场国际战争中为实现国家利益的需要而造就的。他们共同的联系纽带是超越州界的经历。

麦迪逊和汉密尔顿曾在1782年至1783年大陆会议的同一重要委员会任职,他们为筹集战争经费、维持与法国的同盟而努力。从这样的经历中,他们与建国的战友开始将13个州整体视作一个"国家",众多国家之中的国家。如果他们的国家要自立于民族国家之林,它需要像其他国家一样成为一个集中的民族国家,有权征税、管理贸易、铸造钱币、发行债券、处理外交事务以及组建常备军。

汉密尔顿将货币与军队作为国家构建核心给予了特别关注,他非常希望能去除国家和个人之间的任何中介实体,尽管这些与他为了宪法所从事的事业直接相关,但是深深地受到他对欧洲国家建构模式的解读的影响。同样明显的是,他认识到,欧洲强制集权的民族国家成功的发展模式,应该通过宪法复制到美国来。相比有限的自由城邦,汉密尔顿对英雄式城邦更感兴趣。像他这样的英雄式国家的创建者不可能畏惧权力,因为权力是国家的核心。权力经常被滥用,但并不能否认它的创造性和有益作用。

所有以权力为中心的范式对权力的委婉说法——"力量""活力""能量"——体现在汉密尔顿关于总统职位的观念中。在汉密尔顿看来,正如君主或首席大臣对过去欧洲民族国家的重要性那样,总统是新美国的心脏。总统是富有活力的国家的强有力的建造者。在《联邦者文集》第70篇中,汉密尔顿认为行政的活力是定义一个好政府的最主要特征。一个孱弱的行政机构只是差的行政机构的另一种说法;执行不善的政府,无论在理论上如何,在现实中一定是一个坏政府。

汉密尔顿发现一个在国内富有能量和权力的政府和一个国际上强势的政府之间具有紧密联系。汉密尔顿深谙商业、国家权力和国际政治之间的关系。但是他并不打算建立一个包括了所有这些要素的美国——金融和商业基础设施,富有活力的领导层,以及强大的军事力量——他只是希望美国能自立于充满冲突、竞争和毁灭性力量的世界体系之中。美国人只要"就建立一套伟大的美国体制达成一致意见",美国就将"挣脱所有跨大西洋势力的控制或影响,并能决定新旧世界之间的关系"。面对一个充满活力的美国,欧洲将不再是"世界的霸主",美国将称雄西半球。

汉米尔顿的广阔眼界令人倾倒。他的国际主义超越了其他联邦者的国际观,更超越了反联邦者的地方主义。在汉密尔顿的丰富想象中,成功地成为美洲所在半球的国家中心将使美国从边缘国家一跃成为世界体系的中心。

然而,我们绝对不能忽略"全国大辩论"的另一个侧面。汉密尔顿对权力的论述及其美利坚帝国的设想,就像富兰克林的避雷针一样遭到了反联邦者的猛烈炮火。帕特里克·亨利对此最为愤怒,并且对联邦者的国家观进行了最为猛烈的批评。亨利的美国精神来源于托马斯·潘恩:联邦者的美国将丧失它的纯真,"大政府"将成为美国的标志和外衣。在这片乐土的废墟上建立的,即使不是国王的宫殿,也会是陆军、海军和巨大的帝国。在弗吉尼亚的宪法批准会议上,亨利唤起了另一种不同的政治话语。

美国精神已经就此丧失;美国人已走到了其不曾想过的地步;成了一味追求宏伟政府,追求强势、有活力的政府的法国人。我们应该模仿那些从简单的国度转变为大政府的国家吗?那些国家更值得我们模仿吗?又有什么可以弥补他在获得这样一个政府的同时所失去的东西以及失去的自由呢?如果我们接受这样一个联合的政府,它就将成为这样的政府,因为我们喜爱的就是一个伟大的、华丽的政府。无论如何我们必须是一个伟大而强大的帝国。我们必须拥有一支陆军、一支海军和许许多多的东西。当美国精神还芳华正茂之时,美国的话语并不是这样的。自由,先生们,才是那时的首要追求。

麦迪逊对这种权力观以及汉密尔顿式的国家持何种态度呢?麦迪逊也是一位建国者,但他的国家观与汉密尔顿有很大的差别。这些差别是接下来二十年甚至直至今日复杂多变的美国政治的基础。麦迪逊和汉密尔顿在很多事情上都有一致的看法。他们都认为有必要建立一个有效的全国联合政府,他们对州立法机构对个人财产权利所构成的威胁以及中央政府在保护这些权利上可能起到的作用的看法也是一致的。他们都看到了中央政府由富有、开明和审慎之人运作的必要。他们也承认宪法在通过创建全国市场、公共债务、统一货币和契约保护为商业发展提供基本框架上的必要性。要知道,麦迪逊将美国设想为农业资本主义国家,而汉密尔顿设想的则是制造业和商业国家。然而,他们最大的分歧还在于是否要赋予联邦积极、独断的权力,赋予它"能量"和"活力"。

汉密尔顿认为新的美国的价值所在就是其本身独断的权力。他以国家所承载的历史和英雄使命来审视美国,在由其他渴望权力的国家所组成的竞争激烈的国际体系中寻求权力。麦迪逊则仅将国家视作保护私有财产和保证公正的需要。像洛克一样,他看到了授予国家权力的必要,但仅仅是有限的授权。麦迪逊认为中央政府应该为竞争性力量提供舞台,自由的民众、组织以及关于利益的私人交易将在那里进行。国家除了确保有序经济生活的框架,没有自身的要求。国家所需要做的一切就是管理"不同和相互干涉的利益",或者,如同麦迪逊直接以洛克式的话语向华盛顿所说的那样,国家是处理争端的公正的仲裁人。在麦迪逊看来,政治的活力来自个人和组织对他们切身目标的追求,而不是追求自身英雄使命的强势国家。

联邦者在关于宪法批准的争论即"全国大辩论"中获得了胜利。但是,后人并不只是记住了1787年和1788年获胜的支持宪法的那些人,反联邦者也活在美国人的记忆中。他们最为担心的事从未发生过,这证明了美国革命与其他革命的明显不同。尽管反联邦者是1788年的失败者,他们却从未消失或是被迫离开。更为重要的是,他们的理念也从未消失过。他们的价值一直留在美国,就像他们自己一样,融进了更广泛的美国政治文化。

正如最终的政治和宣传斗争没有绝对的胜利者一样,在范式争斗中也不存在绝对的胜利者。没有一个范式横扫了1788年的战场并在美国政治话语中取得独一无二的统治地位。自由主义并没有实现对共和主义的决定性胜利。这些话语从"全国大辩论"的双方那里都可以听到。制宪者年代的另外两种范式,新教伦理和主权与权力的理念也是如此,所以它们才保存下来。时至今日,美国的政治话语是以这些著名的话语中的某一种来表达的。

【本文选自 Isaac Kramnick,"*The Great National Discussion*:*The Discourse of Politics in 1787*",*William and Mary Quarterly*,45,Jan. 1988。】

伦纳德·莱维[*]

汤金旭 译/肖莹 校

权利法案的政治

权利法案是美国宪法的前十条修正案。国会于1789年9月25日向各州提请批准这些修正案,并在1791年12月15日获得了所需数目的州立法机构的批准。权利法案体现出的个人自由对政府权力的胜利,是美国历史上最高尚也是最永恒的重要主题之一。然而詹姆斯·麦迪逊,当之无愧的"权利法案之父",却在1789年8月19日私下称其为"令人作呕的修正案计划"。他之所以支持权利法案,部分是因为"它会在所有方面置反对派于死地"。他的这种态度暗示着前十条修正案的制定过程已经浸透了政党政治。

忽略权利法案是制宪会议有意为之。1787年9月12日,来自弗吉尼亚的乔治·梅森说他"希望有一个权利法案作为这一计划的开始",因为它将起到"安抚"民众的作用。梅森认为,有州权利法案为模本,"几个小时就可以将一份权利法案准备好"。他没有为一般的公民自由或者任何特定的权利发表激动人心的演说。他甚至没有提出需要一个权利法案或发起采用权利法案的动议,尽管他表示如果有一个成形的权利法案,他愿意附议。来自马萨诸塞的埃尔布里奇·盖瑞提议组成一个委员会准备权利法案,梅森赞成这一动议。来自康涅狄格的罗杰·谢尔曼注意到如有必要,民众的权利应该得到保护,但鉴于宪法并没有废除各州的权利法案,制宪会议没有采取任何行动的必要。在没有进一步辩论的情况下,代表们通过按州投票的方式,以10∶0否决了这一动议。两天后,在各州一致否决了梅森关于从宪法中删除禁止国会事后立法的动议之后,来自

---

[*] 伦纳德·莱维(Leonard W. Levy,1923—2006),美国历史学家,原克莱蒙特研究院教授,主要研究领域为美国宪政史,著有 Legacy of Suppression: Freedom of Speech and Press in Early American History(1960), Origins of the Fifth Amendment(1968)等。

南卡罗来纳的查尔斯·平克尼在盖瑞的附议下,提议加入"出版自由不可侵犯"的声明。谢尔曼精炼地回应道,"这没有必要,国会的权力并未染指出版权",这一动议也以7∶4的结果而被否决。三天后,制宪会议休会。

邦联国会中,来自弗吉尼亚的理查德·亨利·李提议在联邦宪法中加入他从自己州的宪法改编而来的权利法案。相对于挫败宪法而言,李并不那么关心权利法案的采纳与否。国会提议的修正案需要得到所有州的立法机构的批准,而不仅仅是9个州批准。李的动议以失败告终,但这却表明,在宪法批准争端之初,忽略权利法案就成为反联邦者批评制宪会议的权杖。权利法案的反对者试图阻止批准宪法并夸大权利法案议题,因为他们可以借此获得公众的支持。他们最为效忠的是州权,而不是公民权利。

制宪会议为什么会忽略权利法案呢?没有一位代表在原则上反对权利法案。正如乔治·华盛顿对拉法耶(Lafayette)说的那样,"我相信,制宪会议中没有一个人对权利法案倡导者的主张有任何反对意见"。所有的制宪者不仅是经验丰富的政治家,也是公民自由主义者(civil libertarian),他们深得其选民以及选举他们的州立法机构的信任。即使反对批准宪法最为激烈的人也对制宪会议的与会人员表示称赞,这样一个"半神的集会",正如杰斐逊称呼他们的那样,怎么会忽视了民众的自由呢?

正如谢尔曼所概括的那样,制宪会议的绝大多数人相信"这没有必要"。鉴于制宪会议提议成立一个新的、强有力的,能够直接作用于个人的全国性政府,这又为什么是没有必要的呢?制宪者认为国家政府所能运用的只是宪法列出来的权力或者是为实施那些列举的权力所必需的权力,并且宪法中并没有授权政府向任何自然权利采取行动的条款。权利法案会限制全国性权利;但是,正如汉密尔顿所宣称的那样,这样一个法案不仅没有必要,也将是"危险的",因为它"包含了未授权力的各种例外情况,并且也会因此引来各种借口来列举更多的未授权力。在没有人被授权去做一些事的时候,为什么发布命令禁止涉足这些事呢?例如,在没有授权实施限制的时候,为什么要说不应该限制出版自由的话呢?"

汉密尔顿体现了典型的联邦者的立场,也附和了其他的制宪者以及支持批准宪法的人。将权利法案排除于宪法之外对制宪者的宪法理论来说至为根本。

宪法的支持者们相信,公民自由面临的现实危险可能来自州的镇压行动,因此这一自由应交由州的权利法案保护。他们同样矛盾地认为,一些没有权利法案的州和有权利法案的州一样自由。根据联邦主义理论家的解释,它们之所以同样自由是因为个人自由并不依赖于在汉密尔顿眼中还不足以与"公众需求进行斗争"的"羊皮纸规定（parchment provisions）"，而是依赖于公众意见、扩大的共和国、各种利益进行竞争的多元主义社会，以及一个为制止任何特定利益变成压倒一切的大多数而设计的自由且有限的政府。

六个州没有权利法案，且没有一个州有全面的保证条款的现实，为支持批准宪法者提供了论据。威尔逊就认为一个不完美的权利法案比没有权利法案更为糟糕，因为对一些权利的忽略暗示着未计划的政府授权，从而使政府的侵权合法化。历史记录并不能让人放心，州权利法案非常不完善，当遇到"公共需求"时它们显得十分无力，而且州政府事实上也删除了那些没有被明确保留的权利。

例如，弗吉尼亚的权利宣言就没有禁止颁布剥夺公权法案。1778年，弗吉尼亚大会通过了剥夺公民权利与放逐法案，该法案是杰斐逊在州长帕特里克·亨利的鼓动下起草的，当时是针对以残暴著称的保守主义者约西亚·菲利普（Josiah Philips）及其五十几个无名的"同伙"。通过立法，他们被宣告犯有叛国和谋杀罪，如果拒绝服罪，任何人都有权置他们于死地。在弗吉尼亚的批准大会上，出于对亨利攻击宪法侵害个人自由的极度恼怒，埃德蒙·伦道夫再次告诫人们"令人发指的"剥夺公民权利法案的"恐怖"。当亨利捍卫这一剥夺公民权利的法案时，约翰·马歇尔支持批准没有权利法案的宪法，并说，"如果我们被告知一个人由于一个大会的法案即被剥夺生存的权利，而不经过陪审团的审判，不经过审核，不经过与他的控方和证人的对峙，也得不到这片土地上的法律援助，那么我们可以妄称自己享受着自由与安全吗？"

宪法制定者们对麦迪逊所言的"羊皮纸规定"能否抵抗"绝对多数"表示疑虑。麦迪逊已经看到各个州不断违背权利法案的行为。他说，经验表明"权利法案在面对最需要其进行约束的场合中软弱无力"。例如，在弗吉尼亚，尽管有清晰的对信仰权利的保护，立法机构还是倾向于建立国教，只是由于麦迪逊鼓动民意反对这一法案而作罢。作为现实主义者，制定者们认为在大众亢奋的时候，宪法对权利的保护毫无作用；制宪会议的任何一位成员都可以引证拥有权利法案的州删节公民自由的例子。

弗吉尼亚法案之不完美不仅在于它没有禁止剥夺公民权利法案，大肆吹嘘的弗吉尼亚权利宣言同样忽略了言论、集会以及请愿的自由；忽略了人身保护状的权利、大陪审团程序的权利、法律咨询的权利；忽略了政教分离、免于重复治罪与追溯法令。被忽略的权利与包含的权利一样多、一样重要。包括佛蒙特在内的十二个州都制订了宪法,然而,唯一受所有宪法保护的权利是刑事案件受陪审团审理。尽管都保护宗教自由,五个州要么允许要么准备建立国教。两个州未提及对言论自由的保障。四个州忽略了禁止额外罚款、额外保释金、被迫自证其罪以及常规的搜查许可。五个州忽视了保护集会、请愿、获得法律援助,以及民事案件由陪审团审理的权利。七个州没有禁止追溯法令。九个州没有规定大陪审团程序,有九个州没有谴责剥夺公民权利法案。十个州对言论自由只字未提,另有十一个州对重复治罪保持沉默。无论忽视是否意味着有权侵犯,在联邦者心里,它们可能带来危险,在建立一个有限权力的联邦政府时忽略权利法案,并不是引起这些危险的原因。

事实上,宪法制定者们也认为自己对省略权利法案合理性的论证很难让人信服。他们的一些观点显然是荒谬的,也没有任何历史根据。这一点最常出现在声称权利法案适合英国却不适合美国的言论中。《大宪章》、1628年的《权利请愿书》以及1689年的《权利法案》是从国王那里争取而来的享有特定自由的御准,因此"并不适用于由人民权力所建立的组织机构",因为人民没有任何让渡而保留了一切。这种观点出现在《联邦者文集》第84篇中,并由那些像康涅狄格的威尔逊和奥利弗·艾斯沃斯一样老练的主要批准主义者阐发,但它的纰漏太多,根本不能说服任何人。

在国外,两个睿智的美国人正在外交使团中为自己的祖国服务,他们冷静地称赞了1787年宪法,但并没有表现出要支持论辩的任何一方。在伦敦收到宪法副本的约翰·亚当斯给身处巴黎的杰斐逊写了一封简短的信。亚当斯认为这部宪法看上去"极尽谋划以保存联盟",他希望这部宪法能够得到批准并于稍后采纳修正案。他这样问道,"你对增加一个权利宣言有什么看法?难道不应该在这个草案前面增加这么一个东么?"杰斐逊在他就宪法问题写给麦迪逊的第一封信的开头表示了赞许,却在结尾处表达了不满:"首先是缺少权利法案。"在列举了以宗教和言论自由为首的、他认为值得特别保护的一系列权利之后,杰斐逊指出威尔逊关于忽略权利法案的论证不过是一种拉拢选票的花言巧语,他继而总结道,"我要说,人民理应享有权利法案以对抗世上的每一个政府,无论是一般的还是特殊的,并且所有正义的政府都不该拒绝它或对其加以演绎"。

反联邦者问道,如果权利法案没有必要,宪法又为什么要对一些权利加以保护呢?对部分权利的保护使联邦者遭到强有力的驳斥。他们声称因为没有任何一部权利法案可以是完整无缺的,忽略任何特定的权利都可能意味着政府有权视之为不值得尊重而加以删节。实际上,认为明确规定一些权利将排除所有其他权利的看法,产生了事与愿违的结果。依照联邦者自己的推理,保护刑事案件受到陪审团的审判,禁止宗教验明(test)、追溯既往的法律、剥夺公民权利法案、对叛国罪进行狭义解释以及关于人身保护状的条款都将导致适得其反的结果。

亨利机敏地发现联邦者反对权利法案的观点的"明确暗示",即政府可以做任何宪法所没有禁止的事。因为人身保护状允许在公共安全需要的情况下终止,亨利推论道,"这很清楚地表明,如果宪法没有这么说,他们就能在任何场合下终止它。它与宪法支持者未放弃之权利即被保留的观点背道而驰;因为,真实的情况是未明确保留之权利即告放弃"。理查德·亨利·李反对将人民的权利付诸"逻辑的推理",因为联邦者的原则意味着所有在宪法中未被提及的权利都被视作放弃。

总而言之,一贯老练并主导了会议的政客们因为蹩脚的宪法理论和严重的政治错误而陷入困境。他们忽略权利法案的论证实属不智且难以令人信服。梅森认为权利法案可以平息民众疑虑的观点无可争辩。离间梅森及其支持者是错误的政治行动,这给了反对派一个振奋人心的理由去鼓动人们反对批准宪法。使全国的反联邦者联合起来的唯一议题便是缺少一部权利法案。

在第二个批准宪法的宾夕法尼亚州,少数派要求制定一个和他们州宪法里相似的全面的权利法案。第六个批准宪法的马萨诸塞,是第一个提出需要附加推荐的修正案才批准宪法的州。不过,所推荐的修正案中最终只有两条关于民事诉讼中的陪审团审理和大陪审团起诉的条款被归入权利法案。由于担心反联邦者利用权利法案来证明宪法危及自由,马萨诸塞的宪法支持者撤回了一份供表决的权利法案。马里兰本也准备推荐一部权利法案,但当反联邦者试图对税收和贸易管制等全国性权力加以限制时,便被多数联邦者所抛弃。然而,联邦者勉强接受了附加推荐修正案的批准,以避免有条件的批准或宪法的失败。第九个同意并使得宪法批准成为既成事实的新罕布什尔州要求,在新政府正式运行之后以修正案的形式采纳一部完整的权利法案。弗吉尼亚和纽约也提出同样的要求,它们的批准在政治上至关重要。北卡罗来纳是第四个批准宪法的州,在它的众多提议中还有一个权利法案的模板。但是这些州也提议削弱对明确授予权力的制约。

这样,宪法被批准仅仅是因为,原本不确定是否批准宪法的几个关键州愿意接受以宪法修正案的形式增加权利法案的承诺。各州对修正案的提议,包括宾夕法尼亚少数派的那些提议得到了全国性的回应,也加强了对权利法案的呼声。除了要求私人财产被用作公共需求时获得合理补偿的第五条修正案以外，前十条修正案的每一项权利都包含在州的提议中。

尽管麦迪逊不时地向身处巴黎的杰斐逊通报宪法批准的进程，他却一直没有回复杰斐逊1787年12月所写的支持权利法案的信件。1788年10月17日，在争取众议院席位的前夜，麦迪逊才面对这一问题。他写到，他[此时]支持权利法案，但是也担心适当保护最重要的权利的困难；经验表明权利法案在最需要它的时候不过是一纸空文。毕竟，政府是多数人的工具，会危及自由。"民选政府中的权利法案又有什么用呢？"他退一步回答，它的政治精髓是教化民众，进而抑制大多数人的冲动。

杰斐逊在1789年3月15日的回复对麦迪逊产生了深远的影响，麦迪逊在6月8日所做的伟大演讲将表明这一点。杰斐逊写到，麦迪逊忽略了一个支持权利法案的理由，即"它使司法机构享有审查法律的权力"。杰斐逊相信一个独立的法院能够通过判定任何侵犯权利法案的行为违宪，从而抵挡大多数人压迫性的冲动。这一点对麦迪逊而言并不新奇，因为他自己在制宪会议上捍卫禁止追溯法令时，就已经宣称权利法案将"要求法官宣布[追溯性的]干涉无效"。至于授予的权力并未涉及人民保留的权利这一点，杰斐逊回应道，因为宪法保护一些权利却忽视了另一些权利，便有可能反过来危害这些权利，这就使得权利法案"有必要以补充的形式出现"。此外，他补充道，要使宪法"遵循一定的目标使我们组成一个国家"，就需要一部权利法案来防止滥用权力。至于权利法案不可能实现完美，杰斐逊以"半条面包总比没有好"这句谚语作为回应；既然不是所有的权利都能得到保护，"就让我们尽可能保护我们可以保护的权利"。麦迪逊还认为联邦政府有限的权力以及各州的猜忌已经提供了足够的保障，对于这一点，杰斐逊回应说，权利法案"将成为审判联邦政府所有行为的依据"。可见，权利法案会带来不便或并不总是有效的观点并没有打动杰斐逊。他回应道，它有时候是有效的，并且如果它不合时宜地束缚了政府，其后果也是短暂且可以挽回的，然而没有权利法案造成的不便却可能是"永久的、痛苦的以及不可挽回的"。立法的暴虐，杰斐逊解释道，将成为一个长期的可怕梦魇，而行政上的暴虐也很可能紧随而至。

杰斐逊的观点，尽管很有说服力，但只有在危急的政治局势下才会起作用，而这样的政治局势正是麦迪逊一心想要改善的。包括他自己所在的州和纽约在内的四个州已经要求召开第二次会议，麦迪逊担心他们的目的是"摧毁这个体系"，特别是联邦政府征税的权力。忽略权利法案对新生的联邦政府来说"将是致命的"。麦迪逊坚信,只要有一部权利法案来制约这个新政府,绝大多数的反联邦者都会同意一个有效的联盟。他的策略是通过说服第一届国会采纳保护民众自由的条款来争取他们的支持,从而缓和公众的焦虑,为政府提供民意支持并带来稳定,借此孤立那些以"即便不颠覆联盟本身,也要推翻制宪会议"为终极目标的反联邦者。

在第一届国会中,作为众议员的麦迪逊努力实现他关于后续修正案的诺言。他在反对和冷漠面前所表现出来的风度和涵养使他以"权利法案之父"为人们所牢记,甚至超越了"宪法之父"的称号。许多联邦者认为众议院有许多更重要的任务,比如通过吨位税和司法条例。之前利用宪法中缺少权利法案而为自己辩护的反对派意识到,采纳权利法案将使召开第二次会议的呼声销声匿迹,也会使得任何其他可能约束政府实质性权力的修正案化为乌有。由于对宪法的反对很难迅速推广,他们一度将权利法案议题作为反对宪法的烟幕,于是现在他们想方设法破坏麦迪逊的提议。他们起初拖延阻挠,接着试图加入扩大州权的修正案,最后又贬低保护个人自由的重要性,而在此之前个人自由还被他们视为防止可能出现的暴政的保证。麦迪逊有意证明新政府是自由之友;他也明白他的修正案如果获得通过,将挫败扩大州权以及削弱联邦权力的提案。但他不会轻言放弃,他强势而坚定,最终获得成功。

1789年6月8日,麦迪逊在冷漠的众议院发表了他那值得纪念的长篇演讲,介绍了主要从州宪法和各州,特别是弗吉尼亚,批准的会议提议中挑选出来的修正案。他强调,所有权力都有可能被滥用,所以应该由宪法保护"人类的最大权利",以防止权力的滥用。麦迪逊宣称,他心中的最终目标是限制政府的权力,从而阻止立法以及行政权力的滥用,尤其是防止"民众的组织通过多数人针对少数人"滥用权力。仅仅"羊皮纸规定"可能不足以成功,但是它们教育了多数人抵制他们有可能倾向的行为。

对于认为各州已经在宪法上保障自由,权利法案因而没有必要的看法,麦迪逊有两点回应。一是有些州并没有权利法案,其他州的也"很不完善",并且州对自由构成的威胁比全国性政府更大。另一点便是宪法应该包括"禁止州侵犯平等的良知权、出版自由以及刑事案件由陪审团进行审判的规定"。麦迪逊宣称,这是"整个清单中最具价值的修正案"。对于列举权利会贬低那些未被保护的权利的看法,麦迪逊回应说这一危险将通过采纳他提案中后来成为第九条修正案的那条提议而规避。如果他的修正案被"并入(incorporated)"宪法,麦迪逊说,借用杰斐逊的观点,"正义的独立法庭将通过特定途径保卫那些权利;它们将成为坚不可摧的堡垒,制约立法和行政机构所取得的每一项权力;它们将很自然地被引导来制止任何侵蚀宪法明确规定之权利的行为"。

尽管有响应者的支持,麦迪逊的演讲并没有在国会中立即激起回响。事实上,在他之后的许多发言者,无论党派归属,要么反对权利法案,要么认为众议院应致力于更加重要的任务。六周过后,麦迪逊"恳求"众议院考虑他的修正案,但是众议院将它们分派给一个特殊委员会,而没有进行辩论。一个包括麦迪逊在内的委员会在一周后完成报告。它将言论自由增列为防止州删节的受保护的权利,删去了麦迪逊提到的"不合理的搜查和逮捕",做了一些文体风格上的修改,但所推荐的修正案本质上仍是麦迪逊所设想的那样。委员会的报告被搁置,这迫使麦迪逊不得不在8月3日恳求对它加以考虑。

8月13日,众议院终于开始考虑报告上来的修正案,并且在辩论的过程中做了一些重大修改。麦迪逊原本提议在合适的地方将修正案"并入(incorporate)"宪法文本。他并不建议将它们作为单独的"权利法案"加以采纳,尽管他用这个表达方式指代它们。有成员表示反对,他们认为将修正案并入宪法会给人们留下这样的印象,认为宪法制定者们签订的文件包含了并非出自他们之手的条款。另一个要将修正案单独合并的观点则认为,形式的问题是"微不足道的",众议院不应该把时间浪费在争论将各条修正案置于何处的问题。颇具讽刺意味的是,依旧认为修正案没有必要的罗杰·谢尔曼坚定不移地认为它们应该作为宪法的补充添加上去,而不是并入宪法文本之中。这样,在修正案最重要的支持者麦迪逊的反对下,加之来自两方的反对者降低其重要性的呼声,有了修正案单独合并在一起的形式。

众议院重写了宗教信仰自由的条款以及与其相关的禁止建立国教的条款,润饰了麦迪逊最初的措辞。众议院也将麦迪逊关于任何人都不应被强迫提供对自己不利证据的宽泛表述限制在刑事案件中。另一方面,众议院恢复了被委员会删去的极为重要的禁止不合理搜查和逮捕的原则。在另一个重大决定中,众议院断然拒绝了以盖瑞为代表的反联邦者提出的,不仅要考虑委员会的报告,还要考虑那些由州提交上来的修正案的动议;反联邦者因此也未能强行加入有害的政治修正案。最终,众议院在麦迪逊建议的"未授予合众国的权利为州保留"之后加上了"或为人民保留"。总体上,众议院采用了麦迪逊的修正案,在为期十天的对权利法案的辩论中仅做了少数明显改动。

参议院审议了众议院提交的17条修正案,但没有留下辩论记录。麦迪逊所认为的"最具价值"的一条被参议员否决:保护言论、出版、宗教和陪审团审判的权利不受州政府的侵犯。采用这一修正案的动议没有获得所需要的三分之二的票数,尽管相差几票不为人知。参议院还削弱了众议院对建立国教的禁令。但是,参议院还是接受了众议院的提议,将一些条款合并,使得条款总数从17减为12。这12条中的第一条处理的是各州人口与众议员人数的关系,第二条则禁止任何增加国会议员工资的法律在下一次选举之前生效。

众议院坚持拒绝接受参议院版本的对建立国教的禁令。两院的一个协商委员会出面解决分歧。这一委员会,包括麦迪逊在内,一方面接受了众议院对建立国教的禁令,另一方面接受了参议院的版本。1789年9月24日,众议院投票通过了委员会的报告;第二天参议院同样通过,至此,十二条修正案被提交到各州批准。

在六个月中,有九个州批准了权利法案,尽管交付表决的十二条修正案中的第一和第二条被否决。到18世纪90年代中期还拒不接受权利法案的四个州分别是弗吉尼亚、马萨诸塞、康涅狄格和佐治亚。佛蒙特加入联邦使得批准需要获得十个州的同意。佐治亚认为在宪法运行证明权利法案有必要之前,修正案是多余的。康涅狄格认为任何宪法不完美的暗示都将增强反联邦者的力量。

在马萨诸塞,联邦者对权利法案无动于衷,这是因为他们对宪法目前的状态感到满意,而反联邦者则更热衷于通过削弱全国性政府权力而增强州权的修正案。尽管如此,马萨诸塞的下院通过了除第一、第二和第十二条以外的所有修正案,上院则通过了除第一、第二和第十条以外的修正案。因此马萨诸塞立法机构的两院事实上通过了后来成为第一至第七以及第九修正案的条款。但是,一个由反联邦者主导的委员会要求在州就任何修正案达成共识之前必须接受马萨诸塞提出的所有修正案,结果两院从未通过任何公布这八条修正案的法案。国务卿杰斐逊认为马萨诸塞会"成为第十个批准的州,从而达到所要求的四分之三州批准"。他写信给马萨诸塞官员,要求其就此事做出解释。得到的回复是,"委员会未曾报告过任何法案"。1939年,马萨诸塞、康涅狄格和佐治亚,迟至宪法颁布150周年之际才批准了权利法案。

1789年11月,佛蒙特批准了权利法案,这使得弗吉尼亚成为最后一个行动的州。弗吉尼亚是第十一个批准权利法案的州,也是必不可少的州。尽管弗吉尼亚反联邦主义领袖对权利法案的敌意使批准结果难以预料,但弗吉尼亚的联邦者认识到,采纳权利法案将平息公众的疑虑并阻挠反联邦者所支持的修正案,于是他们开始热心地支持权利法案。

最终，事实表明麦迪逊的信心不是毫无根据的。杰斐逊对权利法案施加了他的影响，反联邦者在舆论面前不得已做出让步。1791 年 12 月 15 日，在耽搁了两年以后，[州]参议院最终以无记名投票方式通过了权利法案，自此完成了州批准的程序而使得权利法案成为宪法的一部分。

【本文选自 Leonard W. Levy,"*The Politics of the Bill of Rights*",*The Encyclopedia of American Political History*, Vol. 2, pp. 104-205。】

美国革命的激进与保守

芭芭拉·史密斯[*]
师嘉林 译/贺新 校

美国革命维持了社会不平等

伍德的《美国革命的激进主义》是一部有力的、雄心勃勃的著作,它是一部综合性著作,试图重新解释长期以来被美国人视为与其民族认同密切相关的那些重要事件。本书的标题表明了戈登·伍德写作此书的目的:详细说明美国革命激进的一面,实际上它"与历史上的任何一次剧变一样激进、富于革命性"。但饶是如此强调,伍德对激进主义的描述仍是难以捉摸的,无法令人满意。17世纪的英国革命推翻了国王,信奉全新的、平等的千禧年理想。18世纪的法国革命进一步废除了奴隶制,并赋予女性作为共和国公民的权利。19世纪早期秘鲁的反殖民革命承认美洲印第安人是"秘鲁人"的一部分。相较这些事件来看,我们应当如何理解伍德不断强调的美国革命的激进主义呢?

哪些特征使美国革命富有激进性?显然,伍德所指的是美国革命的广泛性、彻底性。革命不是一蹴而就的,美国的革命植根于殖民地的历史,并在革命一代人的手中得以完成。正如伍德所构想的,革命不仅仅是许多大学课程中用整整一个学期来学习的那二十几年的社会动乱。伍德认为:对革命的综合性阐述将提供一个更宽阔的视野。一些历史学家援引约翰·亚当斯的观点,认为革命在独立思想进入殖民地民众意识之前就已经开始了。其他人引用本杰明·拉什的观点,声称只有北美社会体制的转变符合自由的前提,革命才会成功。伍德巧妙又雄心勃勃地综合了这两种见解,他笔下的美国革命是一次长期的革命,并且发生过两次。

---

[*] 芭芭拉·史密斯(Barbara Clark Smith),美国历史学家,耶鲁大学博士,现为史密森学会国立美国历史博物馆政治史分馆馆长,主要研究领域为美国革命史,18世纪美国社会、政治史以及家庭生活研究,妇女研究,著有 After the Revolution: The Smithsonian History of Everyday Life in the 18th Century(1985),The Freedoms We Lost: Consent and Resistance in Revolutionary America(2010)等。

革命首先发生在一个尊崇君主制的社会。北美殖民地完全受制于英帝国家长管理式的统治,处于依附地位;个人关系和政治影响在殖民地社会举足轻重;最重要的是,整个社会严格遵从等级制度。然而,殖民地社会也表现出共和的成分,比如殖民地没有明显的贵族阶层,平民难以驾驭,同时有大量流动的商业和消费人口。这些共和主义要素的存在使得革命派能够在适当的时机轻松地废除君主制。但是,伍德的革命只发生在数十年后的民主阶段。随着共和主义(它在北美社会广泛存在,却不容易成为剧变的动因)让位于民主制思想,贵族阶级的傲慢被涤荡一空,对绅士美德的推崇也不复存在。这时,伍德找到了一次"真正的革命"——发生在19世纪的社会转型。

至于这次革命的激进性,读者得到了不同的、相互矛盾的暗示。伍德指出,爱国派领袖们采用了一种新的激进方式来看待他们自身和他们所处的世界。出生在一个看重出身和教养的社会,爱国领导人们敢于提出和接受这样一种观点,即出身卑微的人更适合政治统治。

然而,伍德花了大量篇幅说明爱国派的成果不过是昙花一现,美国革命根本就不是共和主义。革命结束之后,随着杰克逊时代的到来,美国人面临道德政治的局限性,他们抛弃了乌托邦的理想,开始把自利这只看不见的手作为社会、政治生活的基础。革命的激进主义并不是走向共和主义,而恰恰在于对它的背离。

把"革命派"的头衔套在精英人士身上使伍德有可能、甚至不得不遗漏反抗运动这一革命的重要组成部分。在伍德的双重革命设想中存在着一条鸿沟。他开设的非常规的美国革命课程越多,他所教授的东西越少。"革命"一章占用了全书369页中的20页。但是在这一章或其他任何一章里我们都找不到他对如下主题和事件的详细阐述:"波士顿茶会"及"波士顿惨案";"自由之子"的集会;被动员起来抵制英国茶叶、自主纺纱的妇女;就不进口英国商品事宜进行协商谈判的商人、工匠;忙于联系内陆乡村和港口城镇的通讯委员会;1774年建立大陆协会(the Continental Association)以加强各阶层联合的视察委员会(committees of inspection);战时的反保守派暴民及其与垄断商人和价格投机者的斗争。在伍德的"革命"中没有英雄主义、失职行为或叛国罪;没有人反对这次革命(反对领取俸禄的华盛顿除外)。尽管在对联邦宪法的讨论中有所提及,但是在许多课程和专著中被视为"革命"的东西在这里缺失了。

我们无法得知反抗运动的细节:不同角色的较量与角逐;商人的不情愿和工匠们的活跃;在狂热的福音派教士和难以控制的黑人劳工面前战战兢兢的负

债的蓄奴者们。也许我们应当感激,伍德没有拘泥于我们所熟知的一般事件的繁杂进程,但是他却因此忽略了一个关键问题,即一个超越地域范围、社会地位、利益和信仰的爱国联盟是怎样建立起来的。

举例来说,伍德基本没有提到平民的自由观念和民众政治形式。伍德不关心那些出身相对卑微的爱国派革命人士是否积极推动了爱国联盟的建立,也不关心他们对事件的看法。如果说革命年代有什么是激进的话,它并不包括平民的力量:种族之间的联盟、逃亡、起义、违抗法律,甚而擅自占领一片公共地域。如果对爱国派领导者们而言有什么是激进的话,它也不包括他们团结自身,进而与广大的社会下层人士达成妥协和一致的努力。因此,伍德笔下的长期"革命"——从殖民地社会到杰克逊时代的美国——仅仅是浮光掠影、流于表面,既缺乏对革命事件的细心描述,又缺乏对工匠、水手、步兵的历史地位的分析,同时对爱国派精英的勇气和决断不够重视,为了抵御当权机构和捍卫自由事业,这些精英人士把宝押在了广大民众身上。

为了理解伍德的许多观点,领会他的措辞方式,读者们须明白一条:尽管历史上发生过许多的事件,但只有其中一些是有价值的。

值得注意的是,在北美黑人奴隶制问题上伍德最感兴趣的是:奴隶制是否引起了18世纪的欧裔北美人的注意。伍德告诉我们,大多数的蓄奴者和其他人士认为奴隶制并无不妥,好像这就是我们对于这些人所需知道的一切,又或者只有他们的主观观点才重要。显然奴隶制问题已经引起了一些北美人的关切,只不过它取决于谁来看待这个问题而已。

让我们设想18世纪的一次激进革命,它以那些北美人——爱国者和保守派,黑人和白人——的愿景和行动为中心,这些北美人把自由的信条从帝国的争议中延伸到自家后院。当他们再次审视奴隶制的时候,某些北美人革命的激进时刻便到来了。在这种叙事中,尽管某些建国之父依然扮演着革命派的角色,尽管我们叙事的焦点依然放在19世纪,但叙述的中心实质上已经从精英人士身上转移了。

伍德给我们造成了这样一种印象,即他的目的不是为了发现北美激进主义,而是避免承认一些错误形式的激进主义。在市场问题上他贬低历史上的传统观点,暗示普通民众与消费之间理所当然的联系。然而在1765—1775年这关键的十年里,为了自由,无论高低贵贱,殖民地各界人士都团结一致批判消费并抵制英国市场。伍德说,内战之前的北美人都是坚定的福音派信徒,但是他没有注意到许多人只是寄望于宗教——就工会活动、政治参与和社会改革来说——为他们个人主义的消费社会提供一些道德指南。伍德把革命归结为一个舒适的、民主的、终归是皆大欢喜的19世纪社会,那么,当他说美国革命激进的时候,他到底想表达什么呢?我个人觉得,他只是说革命收获的已经够多了。

埃德蒙·摩根曾指出,许多美国人似乎认为美国革命是"一个好东西"。摩根富有特色的含蓄表达蕴含了丰富的洞察力。很少有历史学家或其他人可以如此新鲜又准确地定义美国革命。革命的理念和进程关键在于民众的忠诚……民众无须通过膜拜建国之父的意图来提高自己的革命参与感或作为对革命承诺和目标的忠诚……在殖民地文化中,革命有其自身的要求。

我认为,正是基于此,《美国革命的激进主义》才坚持把革命派与建国之父们等同起来,并最终把革命的激进主义与没有人情味的大众和商业力量的兴起等同起来。这本书把美国革命作为一种有力的合法化叙事,并把它与19世纪早期的社会经济变迁联系起来。这意味着我们既要赞同革命与19世纪的资本主义之间的联系,承认杰克逊时代的流动性、竞争性和个人主义特征的革命色彩,又要给予"革命派"人士应有的赞美和敬意。

通过极力夸大革命的影响,伍德构建了一个一维的、充分的革命派遗产。革命和它最初并未承诺的民众自由之间的关系并不像伍德所呈现的那样明显、直白和简单。伍德的革命过于歌功颂德。它不理会那些想要结束奴隶制的人的努力,甚至褒奖那些反对废除奴隶制的人。"美国人如今承认,奴隶制是一种'畸形的制度',与一个满是工作者的共和国格格不入。如果有人要维护它,正如南方人最终所做的那样,他们必须在新的种族和人类学语境下为其辩护……革命实际上搅起了意识形态和社会力量的动荡,最终导致奴隶制在北方的消亡,并使南方不可避免地走向内战。"但是革命派及其追随者也捍卫奴隶制,那些视奴隶制为共和国基石的人不过是在利用革命派的遗产,就像他们认定宪法就是同魔鬼订立的契约一样。

伍德悄悄摈弃了一种观点,即奴隶制与自由并不是一体共生的"连体婴",而是相互矛盾、彼此冲突的两端。伍德没有留意到奴隶制在18世纪晚期和19世纪初从削弱到重新强化的过程。捍卫奴隶制与抵制奴隶制根本不是一回事。

但是伍德坚持建构了一场"革命"和一个人人满意的杰克逊社会。在他的叙述中,妇女在任何情况下基本都是缺失的。伍德指出,革命在现阶段没能解放妇女,这是它以后要完成的事业。但是革命不是一个超历史的动因,能够穿越时代赋予一直等待的女性以经济、社会或政治权利。女性的不平等是19世纪的现状,伴随它的是影响了一个多世纪的对于女人天性的根深蒂固的看法。女性对美德负责。正如伍德本人所说,把自我利益作为政治和社会基础的美国文化并没有忘却美德,而是把它置于中产阶级妇女的监管之下。在自我利益成为公共生活的全部内容的同时,把美德赋予女性却成了使妇女远离公共生活的关键。

这样,不论是女性还是美国黑人奴隶,都没有被美国的自由所忽略;通过为他们安置的受到批评的、不自由的、有争议的必要角色,他们参与进美国的自由体制。与其说革命带来的是"对依附关系的全面攻击",不如说是对那种关系的一次重组,它不容于公共世界的意识,却在美国黑人、儿童、妇女、佃户和其他穷人中站稳了脚跟;它重塑了美国的面貌,创造了新的参与形式,在一些人的抱负和经验缺席的情况下建构了革命和美国精神的叙事。这类疏忽是必要的,并且发生了,在某种程度上有助于个体家庭户主摆脱依附关系和依赖思想,而对于19世纪这些自力更生、有时甚至白手起家的模范实际上竟也要依赖于那些受他们控制的,在家里、田地里、工厂里都没有一席之地的劳力的事实,我们就不要斤斤计较了。

我想,过于强调革命没能实现的事情对于伍德而言未免有些吹毛求疵,因为革命已经取得了如此多的成就。伍德写道,革命使后来的废奴运动、女权运动"以及现阶段我们所有的平等主义思想"成为可能。也许有人要提醒我们,那些运动和思想是与美国历史不符的,因为革命扩展了、内在地包含了自由。它提供的是关于参与的特别遗产,是公共生活的特殊可能性,而不是其他。

【本文选自 Barbara Clark Smith,"The Adequate Revolution", Roundtable on Gordon Wood, *The Radicalism of the American Revolution*, *William and Mary Quarterly*, 3rd ser., 51, no. 4, October 1994。】

戈登·伍德

师嘉林 译/贺新 校

革命摧毁了君主制，为民主铺平了道路

同其他新进步主义或新左派的历史学家一样，史密斯女士认为激进主义就是"发生在众多遭受压迫、奴役或处于社会边缘地位的人身上的实质性改变"。在她看来，那些受压迫、奴役或是被边缘化最严重的人是美洲黑奴、妇女，以及其他处在美洲社会底层的贫民。

无可否认，这些群体以不同的方式遭受着压迫，正如前现代的大部分人所遭遇的一样，尤其是黑人奴隶，一直处于世界历史进程中绝无仅有的奴役状态。我没有忽视奴隶制、性别或是种族问题。当然，过去几十年内针对性别和种族问题的论著层出不穷，所以我没有做过多重复，但是我认为自己已经将这些问题置于一种合适的背景下对它们进行全面的了解，同时我已经正确地阐述了革命对妇女的传统地位和奴隶制所造成的根本挑战，包括解释第一波解放运动和废奴运动的起源。

毫无疑问，在史密斯喜欢或期盼的革命时期的广大奴隶和妇女的问题上我花费的时间要比她少。但我从未打算仅仅将当代的学术成果杂糅在一起。的确，我的书参考了许多历史学家的著述，然而它并不满足于对当下的学术研究做一个简单的总结，它也提出了一些新的、原创性的东西，从一种非传统——如果不是不受欢迎——的角度来看待美国革命，这就是为什么"在许多课程和专著中被视为'革命'的东西在这里缺失了"。

当代学术研究总是用现代思维来看待当时妇女和黑人所受的压迫，而我希望超越这种视野，还原这种压迫的本来面目。我相信在前现代社会存在着一种更为一般的、广泛性的压迫，不仅包括了黑人奴隶和妇女，也与广大平民利害攸关，革命所消解的正是这种压迫。

这种压迫牵涉到所有美洲普通民众，不仅包括黑人、妇女，也包括白人男

性。当然,这种压迫无法与黑人奴隶所遭受的特殊境遇相比,但是它的消除必须先于黑人和妇女。这种前现代社会一切平民都深有体会的漫长的屈辱绝不像今天的黑奴和妇女所遭受的那样为人所知,正因为如此,我才要反复强调。这种普遍性压迫不同于我们自己时代的种族、性别和民族问题,所以有着现代思想的历史学家们并不容易理解。实际上,对于这些在现代文化战争中浸淫已久的学者来说,在过去有任何白人男性——除非是船员、流浪汉或极其贫穷——曾受到压迫或感到受压迫的观点是不可想象的。他们暗示只有那些在我们的时代受到压迫或被边缘化的人在两个世纪之前才有可能遭受压迫。如果革命没有完全废除奴隶制并从根本上改变妇女的命运,它就不可能是激进的。换言之,历史学家对革命的概念存在严重的时代误解,就好比他们指责过去的美国人不像今天的我们一样思考和行动。因此,他们也无法理解《独立宣言》对革命的深刻意义。

除非我们理解了不平等的早期语境以及包括白人在内的广大平民在过去所遭受的蔑视,否则我们就无法领会 1776 年《独立宣言》在义正词严地断言人人生而平等、某些权利不可剥夺时所蕴含的激进意义。1776 年《独立宣言》的激进性体现在哪里?我们知道它并不是指黑人与妇女同白人男性平等(虽然它会被及时地用来论证那类平等)。宣言之所以激进,是因为它声称所有白人男性是平等的。在书中我试图更明确地表明这一点,因为一旦白人男性在 18 世纪的平等要求得以确立(这绝非易事,西方历史花费了几千年时间来兑现它),其他方面的平等诉求就会随之而至,虽然这种到来在美国的简短历史中并不显眼,但相较于西方的浩瀚历史,已经是非常快了。

因此,史密斯说社会平等运动对我而言不重要,或者我不关注普通民众的理想和抱负,真是误解我了。我叙事的核心恰恰是普通民众的觉醒和斗争;民众的崛起也正是革命的激进主义所在。

与这些批评相左的是,我的分析并没有局限于精英人士的档案,也不单单是东北部贵族的写照。批评家们以为我只是对革命领导人和上层人士的观点感兴趣而忽视普通民众的看法,因为我没有谈到水手、争抢食物的妇女或者无家可归之人。他们真正能想到的普通民众是那些生活在社会底层的人,通常是社会的受害者,他们成为了批评家们伤感和缅怀的对象,被包裹在浪漫的地方自治主义怀旧气氛中。而普通农民、工匠、店主、小商贩、买卖人——今天我们给他们贴上了"中下层阶级"或"中产阶级"的标签——这些人却没有被他们意识到。

然而,这类普通民众是美国革命的主角,也是我叙事的主角。我谈到的人口和经济力量不是什么超凡的存在,它仅仅是对这些成千上万的平凡大众的简略表达。

这些普通人在革命精英人士中也有他们的发言人。杰斐逊是这些发言人中最重要的一位。他比其他任何人都更明确有力地表达了基本的美国思想——我们对自由和平等的信念,我们对教育的信心,我们对普通民众判断力的信赖。但是杰斐逊不是一名普通劳动者,他是一位蓄奴的贵族,有生之年从未真正工作过一天,因此他也从未真正地了解自己所说的思想具有怎样的冲击性含义。他的言辞超出了他的想法,他所说的平民大众在金钱和宗教上远比他想象的更有热情。当然,他也意识不到他所领导的民众力量的商业本质。

但是平民自身也是其事业的发言人,在表达自己时他们带着某种愤怒和感情,这是作为自由主义知识分子的杰斐逊所不具备的。我考虑的是威廉·芬德利(William Findley)、马修·里昂(Matthew Lyon)以及威廉·曼宁(William Manning)这样的中等人士,我在书中给予了他们非常多的关注。这些苏格兰—爱尔兰移民、前织工、前佣人、目不识丁的农民以及他们所代表的数十万中下层民众才是我的书里面最重要的人物和真正的英雄。这些充满智慧、意志坚定的人是民主思想得以兴起的关键。他们是杰斐逊对联邦者的机构和其他古老的等级社会残余发起民主攻势的主角。这些普通民众不需要法国大革命来给他们的民主运动助力,他们的满腔愤怒和不满足以引发一场革命。他们下决心摧毁休·亨利·布雷肯里奇(Hugh Henry Brackenridge)、纳桑尼尔·齐普曼(Nathaniel Chipman)或詹姆斯·鲍登(James Bowdoin)这些对贵族称号念念不忘的人的抱负和奢望,为他们迄今为止备受歧视的劳动建立一种道德优越感。

但史密斯很少承认芬德利、里昂和曼宁的存在,因为这些白人男性不符合对于受压迫人群的现代定义。既然美国革命没有完全解放黑人奴隶或使女性从父权制的从属关系中解脱出来,它就不可能是激进的,用史密斯的话说,充其量只能说是"足够的"。

史密斯无法说明:如果革命改变了人们对于平等、自我价值以及财产和劳动这些重要事项的观念和看法,那它又怎么会仅仅只是"足够的"呢?英国历史学家、社会学家理查德·亨利·托尼(R. H. Tawney)注意到,美国的"经济不平等固然严重,但在社会平等上却十分成功"。德国经济学家维尔纳·桑巴特(Werner Sombart)在他1906年的经典著作《为什么美国没有社会主义》(*Why Is There No Socialism in the United States*)一书中通过对比美国工人和欧洲工人,阐述了这种社会平等:"他高昂着头,迈着轻快的大步,带着中产阶级一般开心愉快的表情。对他而言不存在压迫或奴役。"米奇·考斯(Mickey Kaus)谈到,比财富平等更为重要的是社会平等,这种人与人之间自我价值和尊严的平等感受使人们忘记了财富的差别,直视对方、平等待人,并期望对方报以同等的对待。美国人普遍比其他民族拥有更多的平等感受,这与革命的影响密不可分。

革命改变了民众对财产和劳动的认识,这一点很重要。这种变化以大量的社会变革为基础并与之相关联。18世纪的贵族们热衷于攫取地产或其他任何形式的财产以保障自身的独立性。他们的财富是由一些固定形式的财产构成的,即我们所说的"非劳动所得",包括佃户地租、债券分红、贷款利息等,这确保了他们不必为谋生而工作,从而有闲暇时间和能力来承担薪水不高的公职。这种基于所有权的固定收入当然会受通货膨胀的影响,这就是为什么这些贵族们特别害怕印刷纸币:通货膨胀不光会影响到他们的生计,而且会对他们的特殊身份和社会地位造成威胁。

与英国相比,北美土地充裕,佃农很少,这种靠所有权获取财富的情况不多,而且商业和贸易创造了一种新型财产,并为从事它的人带来了财富和权力。革命加速了这种新型财产的产生。新的财产绝不是固定不变的:它是一种有风险的创业资本,不是贷出资本,而是借进资金;它实际上是近些年来有事业心的人所鼓吹的一切纸币。纸币是商人和一切买卖人的财产,包括商业化的农民、工匠兼制造商、贸易商、店主和一切凭自己的劳作来谋生、生产和交换产品的人,无论他们多么贫穷或者富有。

与基于所有权的财富不同,这种新型动态的、流动的、容易消散的财产并不能产生个人权威或身份标识。约瑟夫·斯托里(Joseph Story)说:"它就像大海的波涛一样,一直在变化着。"因此,它便不能作为独立性的来源而获得信赖。理解了这一点,就能理解为参与公共生活而制定的财产资格限制——不论是对于投票者还是担任公职者,将失去依据,很快地衰落下去。

革命期间民众在财产观念上的这种根本改变与他们对劳动的全新理解相关,但在我的批评者看来,这似乎是"某种错误形式的激进主义"。

在一个推崇贵族式闲暇的世界——闲暇被定义为不必劳动、不受工作的束缚——辛苦谋生或为了钱而工作历来是为人不齿的。实际上,普通人的工作需要,特别是从事体力劳动,正是他们在历史上处于低人一等的、受压迫的地位的原因。即便是美洲印第安人男性对于普通劳作也怀有一种贵族式的轻蔑;他们狩猎、打斗,而把一般劳作视为女性的专利。美国革命以前,劳动仍然普遍与劳苦、麻烦和痛楚联系在一起,正如西方文化长久以来所形成的印象(这也是为什么在所有的欧洲语言里都把女性生孩子称作劳动)。当然,勤奋和工作在殖民地是普遍受欢迎的,也得到了清教伦理的广泛宣扬——但是仅限于在普通民众中,而非绅士贵族间,而且停留在道德层面,而不是为了个人的成功或社会的繁荣。辛勤工作对普通民众有好处,它帮助他们远离懒惰和愚昧,免受烦恼的侵扰。这是说人们是出于必要和贫困而劳动,但正是这种必要和贫困使他们背负了几个世纪的屈辱。但是变革一直在悄然进行,18世纪启蒙了的贵族们开始屈尊赞美劳动的价值,正如他们欢迎人人平等一样。革命在使人们争相表达平等的新的重要性的同时,也赋予了劳动新的道德价值。

这种劳动价值的转变是我所说的美国革命激进主义的主要部分。忽然之间,为生活而工作的人们再也不愿忍受一直以来的屈辱和受压迫的处境了。革命成为了民众向有闲贵族们宣泄愤怒、建立自己的道德优越感的重要表达。那些不需要工作也没有职业的人,那些收入全部来自坐享其成的所有资产的人——拥有地产的贵族、靠收租生活的人以及今天我们称之为专家的人,如今成了民众嘲笑的对象。许多刚刚赞美过平等和劳动的有闲贵族,无法回击来自民众的斗争,在北部,他们更是被彻底击败了。

农民威廉·曼宁和富裕的制造商马修·里昂在谈到"通过劳动养活自己的人与不劳而获者"之间,或"社会上勤劳的人"与"懒惰又挥霍无度"的人之间根本的社会冲突之时,他们所指的便是这种斗争。曼宁和里昂并没有谈到后来发生在19世纪的现代无产阶级和商人之间的那种阶级冲突。尽管我们很难接受,但在18世纪,像里昂这样拥有许多工人的富商以及像康涅狄格的威廉·布鲁斯特(William Brewster)一样努力奋斗的个体鞋匠,都被视为相似的劳动者阶层,他们对上流社会的贵族怀有共同的怨恨,因为他们都是在一开始不得不选择工作而受尽了贵族们的冷嘲热讽。当然,最终这个统一的劳动者阶层会分化为雇主和雇工、体力劳动者和非体力劳动者、蓝领和白领,换句话说,分化成像史密斯这样的新左派历史学家们所习惯的现代类别和阶级。现代的成见使他们看不到我在书里所写的全是社会和阶级冲突,只不过不是他们所期待和习惯的那种而已。

他们看不到我所描述的社会冲突和革命的激进主义,是因为芬德利们、里昂们、曼宁们以及其他对我的叙事意义非凡的普通白人男性们并不反对资本主义的发展,而现在每一个人都知道,要做到真正的激进,就必须反对资本主义。认为18世纪资本主义的支持者和实践者从来都不是激进的这种观点严重脱离了时代。然而,的确有那么一个时期资本主义的发展被视为相当激进。把作为

"一个好东西"——如史密斯所说的——的革命与作为"一个坏东西"的资本主义联系在一起难免会走向极端,导致"我们既要赞同革命与19世纪的资本主义之间的联系,承认杰克逊时代的流动性、竞争性和个人主义特征的革命色彩,又要给予'革命派'人士应有的赞美和敬意"。史密斯需要意识到1800年的美国人对于政治和经济的看法与处在20世纪晚期的我们是不同的。我们很有可能认为革命与反对资本主义是联系在一起的,但是19世纪早期的人相信两者都是好东西,哪里像我们现在所认为的,今天的资本主义需要政府的控制呢?这就是我们治史需要做的——恢复陌生的、失落的世界,并向大家展示它是如何发展成现在的面貌的。

我试图描绘的19世纪早期的民主世界并不是一个纯粹追求物质和过度消费的世界。在书中我一直关注着使人与人联系起来的不同方式。依我所见,到19世纪早期,伴随着对血统、家世、庇护关系这些君主制遗留的普遍谴责,以及注重依靠德性和交际能力笼络民众的共和主义的式微,许多人逐渐把利益作为与人打交道的最主要和最稳妥的标准。当然这不是说他们只关心钱或消费品。

19世纪早期的这种新型自由社会在很大程度上是通过利益结合在一起的,利益是一种很好的黏合剂,却不是唯一的。君主制和共和国的传统纽带并没有在19世纪消失,其影响甚至延续到今天;另外,福音派宗教热情的革命性增长以一种新的方式将人们联系在一起,同时缓和并控制着私人利益的疯狂滋长——这是我在书中花了些时间阐述的一个观点,虽然史密斯女士并不赞同。大多数福音派信徒并不讨厌金钱,也不反对资本主义。恰好相反,有充分的证据表明宗教助长了人们对于物质的追求,因为它反对无节制的自由,规劝人们在工作中避免贪得无厌,同时使他们相信:即便是自私自利的个人也会遵从基本的善恶标准,因而市场交换和合约关系也是值得信赖的。

1760—1790这三十年,美国的宗教局面发生了转变。主导殖民地社会一个半世纪的旧国教体系——圣公会、公理会,以及长老会——被新的甚至闻所未闻的宗教教派所包围或取代。到1790年,浸礼宗已成为美国最大的宗教派别。1760年,卫理公会在殖民地还没有信徒,但是它发展很快,不久也把其他教派远远抛在后面。

宗教上的转变显示出美国民众在社会关系和文化意识上的激进变化。因为宗教(不同于来自蒙蒂塞洛高地[1]的培根、洛克和牛顿的理解)仍然是大多

---

[1] 蒙蒂塞洛(Monticello)是托马斯·杰斐逊的故乡,这里用它指代杰斐逊的宗教思想。——译者注

数民众认识这个世界最主要的方式,宗教上这些令人震惊的变化就是革命在社会和阶级分化上的激进特征最好的证明。还有更多的问题有待我们去探讨,特别是宗教方面的。我毫不怀疑,我们对革命的社会和文化的历史挖掘越多,就越能体会革命是一次多么激进的变革。并且这场革命还没有结束。

【本文选自 Gordon S. Wood,"Equality and Social Conflict in the American Revolution",Roundtable on Gordon Wood, *The Radicalism of the American Revolution*, *William and Mary Quarterly*, 3rd Series, Vol. 51, 1994, pp. 703-716。】

罗斯玛丽·扎格里[*]
李慧洋 译／贺新 校

美国革命推进了男性和女性权利的发展

1804年7月4日,一群年轻男性在宾夕法尼亚州首府哈里斯堡接连祝酒以庆祝美国独立。在祝酒词中,他们不忘为一个珍爱的理想干杯:"为了男性的权利和女性的权利——祝愿前者永远不被侵犯,后者不被缩减。"这个看似简单的声明为探究美国建国初期政治和性别的复杂关系提供了一个撩人的线索。在某种意义上,它点出了女性地位的一个重要改变。男性承认,甚至赞美,一个革新的、有争议的理念:女性同男性一样应被视为权利的承受者。美国革命之后,特别是玛丽·沃斯通克拉夫特(Mary Wollstonecraft)的《女权辩护》(A Vindication of the Rights of Woman)出版后,女性取得了一直被拒绝给予她们的尊严和尊重——即使她们权利的性质,如我们将要看到的,是一个仍待确定的问题。

但是这些狂欢者做的还不止这些。他们明确指出了男性和女性权利的区别——一个建立在性别之上的区别。男性权利面临的危险来自于对他们自由的侵犯,特别是他们的政治自由,然而对女性权利的威胁则来自于对她们本质上非政治性的基本权利的缩减。简单地讲,男性的权利包含允许他们选择的自由,而女性的权利由附加义务的利益构成。权利变成了一个性别化的变量,而非一个抽象的、普遍的命题。

权利基于性别的区分展现了共和国早期在自然权利思想进化方面一个关键的、之前被忽略的分歧。在美国人争论"男性的权利"的同时,他们进行了一

---

[*] 罗斯玛丽·扎格里(Rosemarie Zagarri),美国历史学家,耶鲁大学博士,现为乔治梅森大学历史系教授,主要研究领域为美国早期史、早期美国妇女研究,著有 A Woman's Dilemma: Mercy Otis Warren and the American Revolution(1995),Revolutionary Backlash: Women and Politics in the Early American Republic (2007)等。

个与之平行的关于"女性的权利"的讨论。然而后一讨论并不发生于正式的政治机构中,也不主要关注政治权利。为了重构这次讨论,我们必须扩展我们对政治的理解并利用传统政治史撰写中不常考虑的材料。妇女杂志、文学期刊和通俗女性文学使我们得以一瞥一个在正式的政治领域尚未浮现的思想世界。

此外,历史学之外的学科能够帮助塑造我们的阐释框架。特别是政治理论家的著作,提供了对自然权利理论、各种各样自然权利传统的存在和美国历史上"权利话语"力量背后的假设的深刻见解。女权主义理论家提供了另一个讨论的出发点。这些学者主张现代自由国家的产生必然意味着女性对于男性的从属地位。他们说,在理论和实践中,民主国家从约翰·洛克的时代历经法国革命直到现在,都依靠排斥女性完全参与政治的"结构性性别歧视"而存在。

美国1792—1825年关于女性权利话语的史料使我们能检验这些主张。在后革命时代,美国人试图协调两个相互冲突的原则:性别平等和女性对男性的从属。在这一过程中,他们开始界定与男性权利形成鲜明对比的女性权利。然而他们并不仅仅根据突发奇想或偏见而武断地把不同权利归因于不同性别。相反,他们利用了两个独立的、先前存在的自然权利传统,一个承袭自洛克,另一个来自苏格兰启蒙运动。对于男性,作者们运用了一个强调平等、个人自治和个人自由的扩张的洛克式权利观念。通过突出个人自由的重要性,洛克式的话语赋予没有公民权的白人男性一种道德权威,对其被排斥在政治程序外的现状发起挑战。对于女性,作者们运用一个把权利看作利益、由上帝授予并通过对社会履行责任来表达的苏格兰理论。对责任和义务而非自由和选择的强调,赋予女性权利区别于男性的一个本质上不同的特征。女性权利被局限于女性的传统角色——妻子和母亲,本质上是非政治性的。

虽然这些发展看来似乎印证了女性主义的解释,对资料的细读却显示出相反的情形。约束妇女权利内涵的努力并没有成功。一旦女性获得了权利承受者的地位,没有任何正式的理论——无论是来源于苏格兰启蒙运动或洛克——能够控制权利话语的激进力量。在第一次女权运动出现很早以前、美国革命后不久,人权讨论本身就扩展了女性能够并将会要求的权利的范围。

在《女权辩护》(1792)出版前,女性权利的观念在英美实际上还难以想象。在美国革命期间,一些人开始探索平等和自然权利思想是否和男性一样适用于女性。在私人信件和通信中,阿比盖尔·亚当斯(Abigail Adams)、汉娜·李·科尔宾(Hannah Lee Corbin)、蕾切尔·维尔斯(Rachel Wells)、玛丽·威林·伯德(Mary Willing Byrd)等人讨论女性公民权的意义,反对妇女被排除在政治权力外,然而她们从不让自己的思想公之于众或在印刷品中表达她们对这一问题的关心。之后,在1790年,朱迪斯·萨金特·默里署名"康斯坦莎"(Constantia)发表了题为《论两性平等》("On the Equality of the Sexes")的文章,揭露男性和女性社会政治不平等待遇的不公正性。但是这些孤立的声明并未引发更广泛的对于女性权利的公共讨论。

实际上,历史学家已经令人信服地阐明了美国革命几乎没有给美国女性的政治地位带来什么实际的变化。革命中既没有争取女性权利的有组织的运动,也没有改变女性政治条件的系统努力。甚至在女性曾经短暂地享有选举权的新泽西州,当立法者们在1807年取消她们的投票权时,女性似乎也没有表示过公开抗议。即便如此,法律和政治上改变的贫乏并不必然意味着美国人忽略了美国革命对女性的影响。恰恰相反,一个关键的、持续的关于女性权利内涵的讨论在后革命时代浮现。如果说美国革命仅仅含蓄地将女性权利问题提出,《女权辩护》则以人们无法回避的方式直截了当地摆出了这一问题。

沃斯通克拉夫特的小册子代表了直到他那个时代关于女性权利最坚定、最具反响的声明。1792年在英国出版后,它的美国版本也在之后不久出现。其标题效仿了托马斯·潘恩发行于1791年和1792年的关于法国革命的轰动性著作《人权论》。

《女权辩护》揭露了"男性的权利"这一术语背后的性别假设。和潘恩一样,沃斯通克拉夫特坚持普遍人权的存在;与潘恩不同,她明确地将这一观念应用于女性。"假若男性的抽象权利被讨论和阐释,以此类推,女性的这些权利不应在相同的测验前退缩。"不过,在男性群体中只有少数人被拒绝赋予权利,而一切女性的权利仅仅基于其性别就被剥夺。"人的权利",沃斯通克拉夫特声称,"一直以来……从亚当至今被局限在父系",导致一半的人口不能意识到其所具备的人类全部潜力。"男性的暴政"和一种"男性贵族制"长期存在,在女性生活的所有方面压迫她们,延迟她们理性的发展,妨碍她们美德的增长,阻止其对社会做出全面贡献。

沃斯通克拉夫特和潘恩一样,也号召一场革命——但是她的革命是将给女性提供更多教育和工作机会的"妇女行为标准革命"。"为女性的权利斗争,"她写道,"我的主要论据是……如果女性没有通过教育做好准备就成为男性的伴侣,她将会停止知识和美德的进步。"沃斯通克拉夫特仅仅在她小册子的一处,试探性地提及女性政治权利的话题。

但是沃斯通克拉夫特的读者理解《女权辩护》除了对性别现状的确认外,还暗示了其他。尽管沃斯通克拉夫特在要求女性具体权利方面态度暧昧，她以一种全新的方式描述女性。她建构了一个作为独立的权利承担者的女性形象，"有发言权……参与人类的自然权利"。通过劝说她的读者们将同样的法则和标准像对待男性一样应用于女性，她实际上挑战了在教育、职业和政治等方面的广阔机会对女性的排斥。倘使男性拒绝承认女性拥有权利，她写道，那么"依据相同的法则，他们的义务将消失，因为权利和义务是不可分割的"。

《女权辩护》很快在美国赢得了广大的读者。该文的摘录最早出现在1792年费城发行的《妇女杂志》(Ladies Magazine)和波士顿的《麻州杂志》(Massachusetts)上。到1795年，有三种美国版本已被印行。一项现代研究发现，这本专著在当时相比潘恩的《常识》被更多的美国私人图书馆收藏。和在英国一样，第一批书评大多充斥着赞美之词。诚然，到1790年代结束时，沃斯通克拉夫特对传统性行为规范和婚姻圣洁性的明显蔑视使她成为刻薄的人身攻击的对象，但尽管如此，她在思想上的影响力长期不减。

沃斯通克拉夫特和她的作品成为早期共和国的女性权利思想经久不衰的标志和首要代名词。美国的杂志使女性权利的术语开始被广泛使用。众多的稿件——诗歌、小说、笑话和说明性的文章——都以"女性的权利"（或"女性"）为题，或者包含对女性权利的暗示。其所持的态度从高度肯定到否定或敌视，褒贬不一。

虽然当时的文学惯例使我们难以准确找到各篇作品的作者，但男性和女性作者都参加了对女性权利的讨论。此外，转载自美国和英国的文章显示出跨大西洋对话在女性权利方面的存在。这类文章的经常性出版表明从18世纪90年代起读者们对女性权利的高度兴趣。在后革命时代成熟起来的那一代改革者因而在一个调动他们情绪的有组织的运动兴起之前很久，就遭遇了关于女性权利的讨论。

在共和国早期高度紧张的政治气氛中，当男性权利被吵得沸沸扬扬时，沃斯通克拉夫特向权利仅被视为男性特权的假设发起挑战。知名的作家们通过扩展讨论的范围对此做出回应。埃利亚斯·布迪诺特(Elias Boudinot)在1793年宣称，"女性的权利对美国人来说再也不是奇怪的声音"，"它们目前在美国的各个角落听起来像是熟悉的术语"。沃斯通克拉夫特的小册子还意味着更多。报纸和杂志学会使用她的术语并普及了一种新的语言——权利的语言——美国人据此能够理解、指代和分析女性。这种语言有根本性影响。1800年《国家杂志》(National Magazine)宣告，"让那些男性专制统治的卫道士对沃斯通克拉夫特小姐提出的女性的权利做出回应吧（如果他们能的话）"。如同男性的权利随着时间变迁而具有新的含义——美国革命者并未预料到的含义——女性的权利也是如此。

当美国人试图弄清楚革命的意识形态对白人男性意味着什么时，对女性权利的全新理解也同时出现了。美国人的思想不像通常所认为的那样利用了自然权利的整体概念，而是吸收了至少两个现有的理论传统。其中更为人熟知的传统是约翰·洛克建立在自然权利和自然状态下平等观念基础上的社会契约论。另一个传统由苏格兰启蒙运动的思想家传播，具有非常不同的假设和含义。

美国革命者更多地吸收了洛克的自然权利哲学。

洛克的自然权利理论为他广义地理解个人、社会和政体间的关系提供了基础。根据洛克的理论，自然状态下平等的人，自发地集合起来形成社会契约。在这一契约下，他们让渡部分个人自由以换取政府对生命、自由和财产的保护。假如统治当局违背了这一契约，个人可以退出这一契约或重新协商它的条款。理论上讲，同意该契约即意味着履行相应的义务。但当美国人将洛克的理论付诸实践时，他们倾向于将义务的重要性最小化并放大个人自治和个人选择的重要性。政治自由而非义务的相互履行成为洛克派哲学学说在美国的标志。

"保守的"或苏格兰启蒙运动的思想家为理解自然权利提供了一个不同的框架。弗兰西斯·哈奇森（Francis Hutcheson）、托马斯·里德（Thomas Reid）和卡姆斯勋爵（Lord Kames）明确地拒绝接受社会契约论并对清教徒的自然法传统大加利用。他们的著作强调责任高于自由、习俗高于契约。道德义务和社会和谐的保持优先于个人自治。苏格兰的道德哲学家假定了一个由一系列不平等构成的等级社会的存在。在它的顶端，上帝是给予个人好处——即权利——的终极"义务人"。这些好处以比洛克的建构直接得多的方式被施加了相应的义务。权利是施加在自身及其财产之上的一种道德权力；它们"不单是被赋予的权力，而且是为了一个目的而被赋予的权力；它们有一正当的功能，即致力于一个全面的道德秩序"。苏格兰自然权利理论因此同与其相对应的洛克派哲学相比有不同的含义。通过依照义务来规定权利，苏格兰人限制了创造新的权利的可能性，并肯定了现有的社会、政治秩序——实际上缩减了自然权利话语的激进的潜能。

到19世纪早期，苏格兰道德哲学已经成为整个美国高等教育机构的标准课程。人们学习哈奇森、里德和卡姆斯的思想。图书馆从不缺乏苏格兰启蒙运动作家们的作品。女性杂志、文学期刊和流行的行为手册也充当了传播渠道。因此很大一部分大众读者接触了苏格兰的自然权利理论。

从美国革命到1790年代，美国人见证了自然权利理念改变政治版图的巨大力量。正如许多历史学家已展现的，杰斐逊主义者们通过在其竞选中唤起男性权利来扩展公民权、废除担任公职的财产资格、向更大比例的白人男性人口开放社会和经济机会。无财产者、工匠和技工成为政治团体的正式成员。杰斐逊的支持者忽视苏格兰的自然权利理论，支持洛克派哲学家的观念。他们清楚地表述政府的社会契约理论，强调在追求公共或私人目标时个体平等和个人自治的中心性。权利话语本身倾向于扩展被称为"权利"的基本权利，创造了一个能被越来越大比例的人口所利用的推动力。

与他们的政敌不同，联邦者力图遏制而非利用自然权利观念的激进力量。他们倾向于保持低级成员屈从社会和政治上占优者的社会等级秩序。为达此目的，联邦者公开抨击洛克派哲学家的社会契约论的可信性，质疑自然状态的存在并对"自然"权利的整个概念表示怀疑。"好的秩序是所有美好事物的基础……民众不可能在他们心灵之外的土壤中找到自然从属关系的原则，他们必须尊重这一固有属性。"

由于如此害怕自然权利的"颠覆性的可能性"，一些联邦者完全避开权利语言，其他人则将权利语言限定为苏格兰的权利理论。苏格兰人对责任、道德义务和社会结构性不平等的强调恰恰契合了联邦者对这些主题的保守看法。正如联邦主义的国会议员费舍尔·埃姆斯（Fisher Ames）所言，"我们行使全部个人权利的同时应尊重他人的权利；权利被规则紧紧约束，并在特定的、合理的限制内施行"。

美国早期的政治争论——关于人权和法国革命的辩论、对公民权的讨论和对顺从的攻讦——突显了联邦者和共和主义者在自然权利观上的分歧。杰斐逊主义者利用洛克派哲学家的社会契约论和自然权利语言的颠覆性潜能来扩展白人男性政治和经济上的特权。联邦者则抵制自然权利观念的激进含义。他们完全回避权利讨论抑或倾向于源自苏格兰人的与义务捆绑的权利的定义。可当自然权利问题从男性转移到女性时，联邦者和共和主义者观点的差距缩小了。两派成员皆同意：女性的权利与男性权利相比有本质上的不同。

在后革命时代，流行作家在写到女性时面临一个困境：他们愿意承认女性与男性的平等地位，但同时也希望保持两性生来不同的概念。他们希望使一个新的概念——女性权利，同一个非常老的概念——女性服从男性，达成和解。

但是将自然权利语言应用于女性意味着一个危险的革新。权利话语可能失控，并呈现无意和超出想象的可能性。正像权利的辞藻使白人男性去挑战社会、政治制度一样，女性权利可能逐渐摧毁一个更基本的结构——性别现状。

在美国建立初期，绝大多数美国人——无论是女性还是男性——无法容忍两性角色发生根本变化的前景。女性权利问题唤起了国内不满和叛乱的幽灵。"权利平等"的讨论，"一位女士"担忧，可能"激发女性世界的一场暴动"。话语本身就开启了新的可能性。如果女性将自然权利解释为要求超出她们现有地位的基本权利的依据，她们可能抛弃其家庭角色，或要求和男性完全一样的待遇。伊格诺图斯（Ignotus）在 1801 年宣称，"一旦男性将他的妻子抬高到与其平等的位置，一切就都完蛋了，他注定一生都要屈从于最专制的统治"。因此，论者开始意识到倘若他们将权利语言应用于女性，他们必须小心翼翼。女性的权利必须被如此限定以阻止女性利用权利话语的"颠覆性的可能性"。

一种策略是集中于精神领域的平等。自古以来，女性因人类的堕落而受责备。然而到 18 世纪晚期，批评者不再把焦点集中在女性的罪恶上。他们声称，基督的死已经为夏娃的罪过赎罪，并"使女性回复到合适的地位"；男性和女性在上帝面前是平等的。正如一位男性所认为的，女性同男性一样，"享有同样的权利，追求同样的享乐与声誉"。即便如此，精神平等不带有世俗权利平等的预期。

在特定领域的权利平等也并不意味着在所有领域权利的平等。例如，人们声称女性和男性一样拥有社交的权利，有交友和结伴的自由。早前的社会曾使女性和男性分隔开来，但是美国社会鼓励异性间的融和和互动。《美国旁观者》（*American Spectator*）宣称，"同男性权利一样，女性权利得到承认，并且……女性作为其伴侣首要的、最亲密的朋友被拥抱"。这种平等绝不强迫要求法律和政治上的平等权利。

男性和女性也没有必要接受同等教育。原则上女性和男性一样有接受教育的"平等权利"。但是"当女性抱持和异性平等的观念，甚至坚持两性的教育和追求不应该有区别时，"塞缪尔·米勒（Samuel Miller）在 1803 年警告说，"她们曲解了她们的性格、尊严和幸福。"女性受教育的目的和男性有本质上的不同。"女性教育的恰当目标，"《墨丘利和新英格兰守护神》（*The Mercury and New-England Palladium*）断言，"是使女性成为理智的伴侣、好妻子和好母亲。"

其他著作者在女性的权利问题上采用了一个显著不同的战略。他们坚持两性拥有单独的、特有的权利而非主张男性和女性拥有平等权利。苏格兰的权利理论变得适合于女性,洛克式的理解成为男性的领域。权利的观念同道德的观念一样,越来越成为一个性别化的命题。

于是著作者们基于女性的性别而否定了她们的某些权利。他们谴责真实的女性——例如玛丽·沃斯通克拉夫特——及使用和男性相同权利语言的虚构的漫画化的女性,批评她们对新的法律或政治力量的诉求。因为政治权利被视为是男性的,投票的女性,或者那些渴望担任政治职务的女性,像她们曾在新泽西州短暂做过的那样,会变得像男性一样。

女性和男性通常都赞同基于性别的权利差异。"尽管女性的思维能力可能足以承担这项任务,"汉娜·马瑟·克罗克(Hannah Mather Crocker)评论道,"女性要求政治家的职务或是登上讲台赢得男性的响亮掌声,对于女性的秉性在道德上不恰当、身体上不正确。"政治权利预示着违背女性的本质特征,颠覆上帝赋予的社会角色。女性因此不能也不应该渴望与男性同样的地位。

然而这些观察者并不绝对排斥女性拥有权力的主张。相反,他们寻求女性该拥有何种特定权利。美国人接受自然权利对男性和女性的普遍性,但是在应用这一观念时根据权利承担者的不同而有所区分。

小册子和期刊的作者们依据责任和义务而非政治自由和个人自治限定女性的权利。1801 年,一篇似曾相识的文章——《为妇女权利的再辩护》(A Second Vindication of the Rights of Women)宣称,在许多基本的层面上女性权利与男性的权利是不同的。美国女性应视传统女性责任的履行为其权利的真正辩护,而非追随沃斯通克拉夫特的错误引导。"女性的一位真正朋友"(A real friend to the fair sex)精心设计了这一概念。他列出了属于女性的十二项权利,包括女性"选择丈夫的无可置疑的权利""与丈夫一样教导子女的权利""促进俭省、勤劳和节约的权利"以及"保持个人和家庭整洁、体面的权利"。其中明显没有提及女性法律上或政治上的权利。

出于对责任首要地位的强调,苏格兰权利概念允许作者从非贬义的、甚至是积极的角度来描述妇女的权利。权利被看得如此接近于责任,以至于两个术语几乎等同。通过履行天赋的角色,女性要求拥有适当的权利;适当的权利成为女性责任的同义词。从这个意义上说,女性的权利可以被歌颂,甚至得到那些不赞同女性要求洛克式权利的作者的认同。

这一方式有助于维护现有的性别等级制度。洛克的权利概念允许白人男性扩展他们的政治权利,挑战社会特权。苏格兰的观点倾向于合法化现有的社会安排,为现存的权利差异辩护。通过合并权利和责任,后者神圣化了女性的家庭角色,并杜绝了女性直接参与政治的可能性。这使美国人在将权利话语应用于女性的同时阻止了女性权利向公共领域的扩张。苏格兰自然权利理论由此可以服务于保守的目标。

苏格兰观念的主旨是保守的,即使如此,它也在无意中为女性带来了有益的结果。当作者们思考女性权利的意义时,他们开始重新审视女性在社会中的地位、女性政治权力的限制和两性间的关系。权利讨论推动妇女履行她们的职责——不仅在家里而且在家庭领域之外。权利对话导致人们进一步思考男性和女性权利的相互依赖。如果女性拥有关于男性的权利和责任,男性也有对于女性的权利和责任。在《妇女权利一辩》(Rights of Women Vindicated)中,马里兰州的约翰·汉宁(John Hanning)牧师坚持认为,男性应向女性表达"总体上出于性别的尊重"。他特别抨击那些因为嗜酒、赌博或通奸而未履行对妻子责任的丈夫。女性的权利应得到保护,免于被侵犯或夺取。

更重要的是,一些作者坚决认为妇女的权利与男性的一样应该被视为是与生俱来、不可剥夺的。一份1802年的《女性解放计划》(Plan for the Emancipation of the Fair Sex)讨论了"在权利和自然平等"中"重建"女性的行动。此处的关键词是"重建"。如果女性的权利是真正自然的(也就是曾在自然状态下存在),女性不是在获取新的权利;她们只是恢复她们失去的权利。尽管一些分析家争论政治权利是否应被包括在自然权利中,她们仍然认可女性对特定的基本权利坚定不移的要求。威廉·劳顿·史密斯(William Loughton Smith)在1796年告诉一位女性听众,"尽管你被禁止参与我们的政治机构,但自然也授予你男性无法控制的宝贵的、有益的权利。让人类欢乐、教化、改善人类……这些才是女性珍贵的权利!"自然权利思想意味着对不受人类授权或操纵的权利的占有。

捆绑义务的权利的定义因而不是,也不必是一次简单的转向。美国人本也可将女性,像对待奴隶一样,裁定为是低于人类的或是不配成为权利拥有者的第二等人。但他们并没有这么做。他们授予女性权利,虽然该权利因取自苏格兰人而非洛克的自然权利传统而同男性的有所不同。可这样一来,作者们让出了要地:他们承认女性和男性分享同样的尊严和道德地位——正如基督教一直以来所教导的,"你们都在上帝眼中";也因为人类的权利基于自然、由自然的上帝授予。女性已经获得了权利承担者的地位,她们也取得了更多东西:要求具体或特殊权利的道德权威。潘多拉的盒子被打开了。

一旦女性被认为拥有权力,无论是洛克式的或苏格兰的,限制这些权利的范围和含义就变得很困难。哪怕是权利语言的有限运用于女性也引发了令人困扰的问题。

很快出现的真正的抗议之一是女性政治权利的缺失。权利话语导致人们思考妇女投票、担任公职或在立法机构获得代表的可能性。早在1790年,纽约《每日广告报》(Daily Advertiser)刊登的一篇匿名的专栏文章宣称,"将被认为和男性平等的人类的另一半完全排除于政府外无疑是不公正的,她们不得不服从于自己无权参与制定的法律"。哈佛学院(Harvard College)的主席约翰·桑顿·科克兰德(John Thornton Kirkland)在1798年承认,"假如女性权利的新理论在我们宪法的形成时期已经启蒙世人,相信对此确信不疑的宪法制定者们有可能已经把排斥女性的旧体系弃置一边,一直以来它们在世上横行无阻,直到这改革的时代才被认为是狭隘的、专横的"。"女性的权利"这一词汇让人联想到女性政治参与的前景。

甚至在19世纪30年代的女权主义运动兴起之前,一些作者已设想女性出任公职的可能性。1816年,"一位妇女"批评她所认为的政府的一个重要缺点。"这是令人好奇的事实,"她评论道,"公开宣称把权利平等作为其第一原则的一个共和国,心胸狭窄地坚持将女性排除在行政部门之外。"当一位名为伊丽莎白·巴特利特(Elizabeth Bartlett)的妇女在1822年被委任为马萨诸塞州米德尔塞克斯县的注册员时,这一问题变得更为紧急。"如果一位女士有资格做注册员,她不也可以担任州长、参议员、众议员、济贫助理或其他公职么?……我有些好奇地想知道我们在哪里停止。"早在女性公开地被鼓动争取她们的权利前,民众就理解了——尽管他们可能不喜欢——女性自然权利观念的含义。

当各州争论白人男性公民权的扩大时,男性和女性政治权利的最严重差异引起了人们的注意。随着男性财产资格的废止,性别明显成为女性投票最主要的障碍。早在1821年,女性的一位"朋友"向纽约州制宪会议发表了一份关于这一主题的诙谐的请愿书:"人人都应有投票权/不穿裙子的那些人/已被普遍承认。"许多州允许各种各样的男性投票,甚至"出于尊重和常识",给予那些"因犯罪丧失所有权利"的人"与生俱来的投票权";可"纯洁如亚当的女人","绝不享有投票权"。这很清楚,女性仅仅因为她们是女人而被排斥——并不是因为她们缺乏足够的财产、教育或美德。作者接着要求纽约人将公民权扩大到超出白人男性的范围。"但为什么女性被否决/她们的舌头打结了/因为聚会烧烤准备就绪。"男性选举权的扩大导致权利由基于财产转为基于性别,这一转变凸显了女性被系统排斥在政治程序外的不公正性。

在后革命时代,许多美国人预见到自然权利讨论的激进结果并拒绝它对女性的暗示。特别是否认女性的政治权利开始成为早期美国自然权利哲学的边界,这条线甚至连杰斐逊主义者在他们鼓吹人类的普世权利时都不会逾越。无论意图如何,公民们都无法长期容忍权力话语中的激进主义。关于女性权利的讨论已经开始揭露主张人人平等的政体否定女性真正平等的权利的基本矛盾。

关于女性的权利的话语为美国革命时代和19世纪三四十年代的第一次女权运动提供了一个关键的思想纽带。比"共和母性"(Republican Motherhood)更明确,自然权利思想界定了女性同政治社团的关系并迫使美国人精确地提出这一关系应有的内容。革命期间,一些美国人已开始思索——主要是在私下里——女性平等和自然权利的含义。玛丽·沃斯通克拉夫特的《女权辩护》借用了自然权利的概念,并将其明确应用于女性。美国的杂志将女性权利的语言普及,并准确地提出了女性应该拥有哪种权利的问题。这一话题带来了多年的争辩。早在18世纪90年代,这个问题就被摆在桌面上讨论。女性被排除在政治之外这一现象现在必须被合理化和正当化,它不再是不容置疑、理所当然的事实。

对女性的排斥从表面上看似乎印证了女性主义对自由国家的批判。理论家如卡罗尔·佩特曼(Carole Pateman)、南希·赫斯曼(Nancy Hirschmann)、琼·兰德斯(Joan Landes),历史学家如苏珊·贾斯特(Susan Juster)已论证民主国家的特性从一开始就被"男权主义"化,并依靠对女性的政治排斥或将女性社会边缘化来维持其存在。他们认为,自由政体最初的特性——同意、义务和选择——被理解为特指男性,这种界定阻止女性参与公共领域。贾斯特通过审视福音教派中性别角色的变化,得出了一个关于美国革命的相似结论。"民主革命,"她说,"不应仅仅为回避女性而设计。"

此处举出的史料表明女性受排挤是偶然发生的而不是必然的。美国革命后,至少一些美国人意识到平等和自然权利的理想能像之于男性那样被应用于女性。事实上,他们意识到除非他们能想出排斥女性的、有说服力的原理,自然权利哲学的普世主义假设会迫使社会接纳女性。但是对权利的承诺与性别等级制度相悖。结果,美国人试图回避自然权利中的激进主义。通过有选择地采纳苏格兰人和洛克的自然权利传统,他们有区别地界定了男性和女性的权利。尽管女性拥有权利,但由于她们本质上的天性,她们将被阻止要求和男性一样的权利。结果导致了基于性别的权利差异和男女有别的意识形态的精密化。

可是权利话语无法被固定在任何特定的用途或理论上。通过承认女性权利的存在,作者们创造了女性能够利用权利话语的可能性。到1848年,《塞尼卡福尔斯宣言》(the Seneca Falls Declaration)要求所有人类的普世权利而非女性单独的权利。女性要求平等权利的能力诚然并不能保证对她们所主张的那些权利的公共认可；斗争将超过一个世纪。然而对女性权利的历史理解揭露了自由的、以权利为基础的国家的讽刺性而非排外性。尽管自然被提出来为女性的从属地位辩护，自然权利哲学却推翻了这项主张。自然权利代表了一个转折点，一个打开女性社会、政治平等地位的推论的钥匙。

【本文选自 Rosemarie Zagarri，"The Revolution Advanced Men's and Women's Rights", in *The William and Mary Quarterly*, 3rd Series, Volume LV, No. 2, April 1998。】

爱德华·康特里曼[*]

张扬 译／肖莹 校

改变美国北部人文形态的革命

1965至1985年间，一股新的学术思潮改变了人们对美国革命的看法。在此之前，历史学家们普遍认为，革命最主要的结果是人民结成了松散的联邦、国家获得独立。后来，我们才了解到，成为合众国的公民与成为国王的臣民有着巨大的差异。我们了解到政治社会和意识形态都发生了迅猛的转变，我们为革命的流行和颠覆性以及各种各样的人参与到建立美国新秩序的过程中而感到激动不已。同时，我们也能领会革命如何使性别从一个毫无疑问的"本质差别"（引自托马斯·潘恩《常识》，著于1776年1月）转变成美国文化议程的中心元素。革命打破了美国奴隶制和黑人之间固有的联系，并使奴隶制从一个一般事实变成一个有道德和政治争议的局部特殊问题。直到1985年，我们才对乔治三世统治的晚期殖民地和乔治·华盛顿总统统治的早期共和国之间的根本差别有更加敏锐的认识。

在这20年中，另一个讨论是考察资本主义社会是如何在这个年轻的共和国形成的。资本和新的社会阶层的形成，性别对社会经验的重要性和性别作为一种意识形态建构的意义，都市化，远距离市场网络的拓展，自由黑人的难题，修改法律以适应新社会的要求：所有这些问题都被证明值得研究，并取得了重大学术成果。20世纪90年代中期，这些关于美国革命的激进性以及后革命时期资本主义的发展的零散主题似乎正在向一点集中：通过对美国社会的不同时期和问题的叙述，展示美国人如何在不破坏其多元性的情况下形成了共同经验和

---

[*] 爱德华·康特里曼（Edward Countryman），美国历史学家，康奈尔大学博士，现为南卫理公会大学教授，主要研究领域为美国革命史，著有 *A People in Revolution: the American Revolution and Political Society in New York, 1760-1790* (1981), *The American Revolution* (2003), *Enjoy the Same Liberty: Black Americans and the Revolutionary Era* (2012) 等。

根本认同。

不过,有些研究仍存在不足。当戈登·伍德坚持以他所熟悉的白人群体的社会经验,而不是其他群体的社会经验,来解释所有美国人的革命经验时,问题就出现了。因为他忽视了美国社会的特殊性。他所采用的君主制、共和制和民主制的三重模式无法解释非自由人、非白人和东北地区绝大多数人的历史经验。随着奴隶制的巩固和发展,白人获得的巨大利益正是印第安人所失去的,这一事实或许令人遗憾,但这仅仅是一些枝节问题。除非我们考虑到每个人,否则我们无法真正理解革命的重要性及其代价。

我尝试一种新的模式:向西走进印第安人的世界,向东走进旧世界,然后把美国独立后的发展与18世纪旧政权下的美洲进行比较。我在寻找一个可以把在殖民地晚期按种族划分的三大族群和美利坚合众国前期社会状况结合在一起的新解释。我将从制度、法律、权力和约束人们的期望等方面进行研究和解释,同时我也不会忽视革命中旧有秩序的逐渐崩溃以及新秩序的开始。我认为合众国的失败之处正是这个年轻共和国成功的代价,并试图抓住所有这些与扩张的奴隶制之间的联系,后者的扩张与共和国自由的确立是同时进行的。

让我们先从一个简单的方面说起。从1763年到购买路易斯安那这和平的40年间,仅有一条新的具有持久重要性的地缘政治线画在北美的地图上。1783年,这条线把美国东部从加拿大分离了出来。换句话说,在革命期间,13个殖民地/合众国占据了一整块巨大的四边形地区,这一地区由大西洋海岸线、佛罗里达州边界线、墨西哥湾沿岸、密西西比河流域、五大湖-圣劳伦斯盆地环绕。真正改变地缘政治的是与这些边界外地区的关系。在对早期"西部"的新的学术研究中,这一事实为重新理解北美殖民地时期和美国初期奠定了基础。

幸亏有这方面的学术研究,我们才知道18世纪的北美内陆并非是一片荒野。殖民列强在地图上划定界限,标记其势力范围。法国人在魁北克和新奥尔良之间划定了一条由防御工事、传教团和定居点组成的大弧线;西班牙人则从佛罗里达州、德克萨斯州到亚利桑那州标记了一条弧线。这两条弧线都很薄弱。英国人在大西洋沿岸建立了许多定居点,形成了一条坚实的弧线,但这些弧线无论在地图上还是在现实中都是固定的。

我们把这些弧线看作是敌对各国的前哨。不过我们也可以把它们当作欧洲人入侵的局部结果。佛罗里达、密西西比-圣劳伦斯河流域和东海岸的弧线集合在一起,把这个年轻的合众国围得严严实实。每个身在其中的人:说各种语言的白人、来自各个部落的印第安人、属于不同奴隶主的奴隶,他们都是殖民地社会和早期国家社会的参与者。

　　有一种观点认为，每个在密西西比河以东的人都参与进了"殖民地"的社会关系中，这实际上否认了近代的一些观念——认为印第安人处于愚昧无知的状态。恰恰相反，易洛魁人和阿巴拉契亚山脉的居民们完全明白自己的处境。他们派遣密使去外面的世界，这些人观察、思考，然后带回他们所知道的一切。

　　这种适应还体现在各种制度中。在疾病、贸易、战争的压力之下，所有的部落都以自卫的姿态出现。在白人入侵前，易洛魁人就按照自身需求结成了和平大联盟，后又将该联盟扩大为易洛魁联盟，这使他们能以更灵活的联合方式应对欧洲人。他们通过缔结盟约的方式来界定与东西两边的关系。在五大湖西边的"村落世界"里，印第安人、混血、欧洲人曾长期共同居住于此。

　　17世纪印第安人在海岸线的失败使印第安人学到了教训，于是各部落间开始通过复杂的外交、战争、通婚和混居等方式加强彼此的联系。但是印第安人知道自己不可能将欧洲人赶出他们已经占据的地盘，至少，不能把欧洲人赶到遥远的地方。他们渐渐了解到，与战争相比，建立并运用自己的制度更有可能生存和自保。

　　印第安人在人数上的变化证明他们已适应了新的环境。有一种观点认为北美大部分地区在欧洲人和非洲人到来之前都是无人居住的，这一结论早已被历史学家和人类学家摒弃。最近，我们开始了解到，造成大量印第安人死亡的原因不仅仅是生物学上的。在疾病面前，有的印第安人被传染后具备了免疫力，也有印第安人通过社会组织应对传染病。尽管阿巴拉契亚山脉以东的印第安人几近灭绝，但在佛罗里达，印第安人人数保持稳定。切诺基人，克里克人以及契卡索人/乔克托人从低谷中走出并实现了复兴。到1790年，这几个族群的人口个个都远超1万人。五大湖区的印第安人也是如此。

　　当印第安人与居住在沿海平原和山前谷地的白人与黑人的发展相比时，这些人数就显得微不足道了。印第安人的数量依旧少得可怜。不过这些数字表明印第安人的处境并非毫无希望。它们也从侧面说明了印第安人所采取的制度和程序的重要性，这些制度使印第安人可以在一个能够抵抗但无法逃避的世界里保护自己。

　　殖民时期晚期，欧洲/非洲社会逐渐西移。到了共和国初期，西进人口激增。历史学家们经常把这种变化归结于独立之后白人日益增长的人口压力。1775年殖民者人数只有220万，1790年人口普查则显示黑人和白人人数总计为3,929,214万人，这确实显示了人口的极大增长。不过，1790—1800年之间，黑人和白人的人口密度只是从每平方英里 4.5 人增加到 6.1 人。1800—1810 年间，虽然获得了路易斯安那州，但它尚未成为一个移民点，因此人口密度仅降至每平方英里 4.3 人。1776 年之前，白人殖民者只能艰难地生活在东部，这不仅是因为他们人少，还因为在西部的印第安人有抵制的方法。抵制并不是纯粹的野蛮式的活动，而是有组织的、经济的、政治的和军事的行动。印第安人或多或少用自己的方式参与到了更大的殖民地的社会形成过程之中。一个多世纪里，这种方式能很好地为他们服务。

这一视角使我们对于殖民地的社会秩序以及使之发生转变的美国革命有了新的认识。从广义上讲，为了理解这一社会秩序，两种截然不同的观点已经被反复讨论过了。一种观点把英国殖民地描绘成"现代的"，认为美国革命只是保存、巩固并扩大了"美国人"已经享有的良好秩序。另一种观点则严格依照欧洲的标准定义旧制度。认为在北美殖民地仍存在着白人士绅、商人、二流贵族和古老的社交活动，所有这些正是马克思眼中被法国大革命清除的"中世纪垃圾"的翻版。两种观点都有充分的论据，但都不能令对方完全信服。戈登·伍德最近试图综合两个方面进行讨论：一是君主制无处不在和组织严密权力的隐喻；另一方面是美国人在社会生活中攻击君主制的不可抗拒的能量。

上述两种观点都以这样一个潜在假设为基础：殖民地和革命的"美国"是"一个远离欧洲"的"新欧洲"，在这个"新欧洲"内的大部分人都是欧洲人的后裔，有着巨大的粮食和工业品生产力。对于马萨诸塞州、康涅狄格州和罗德岛来说，这一假设是成立的。到 1760 年，这几个州的社会生态就完全欧洲化了，绝大部分（并非全部）土著居民消失得无影无踪。黑人人口从未超过总人口的 3%，低于 18 世纪初期和末期的数量。

不过，在新英格兰以外，这种假设就站不住脚了。18 世纪的弗吉尼亚不仅包括已开发的英联邦地区，还包括现在的西弗吉尼亚州和肯塔基州。弗吉尼亚宣称自己实际上拥有更多的土地，其中还包括了中西部的大部分地区。种植园主、自耕农和政客们也非常明白这一点，并以此作为战略中心。扩张是弗吉尼亚白人生活的一部分，因为他们种植的烟草过于消耗土壤肥力，也因为随着他们的子孙长大成人，需要更多的新土地传给后代。即使在白人的意识里，这也并不意味着弗吉尼亚社会的扩张仅仅止步于阿巴拉契亚山脉。

虽然大种植园主们努力把自己装扮成英国绅士的样子，但他们的真实生活状况却是另一种模样。黑奴们并不生产在英国庄园内可以见到的粮食和家畜，更多的时候，他们生产的是与英国传统完全不相关的殖民地作物。如果我们承认印第安人和奴隶都是组成殖民地的重要部分，那么关于殖民地"生来就是现代的"和"留着古老欧洲血液"的表述对他们来说都是不公正的。为了得到答案，我们要往西看。

伯纳德·贝林和杰克·P.格林近期的研究揭示了殖民地秩序是如何渗透到阿巴拉契亚山脉以西的。就像戈登·伍德对真实的美国社会状况进行的研究一样，贝林和格林的研究也做得不够深入。贝林在关于"北美开发"的研究中明确否定了"殖民地"仅限于西部边界以东的说法，相反，他认为"内陆"超出了政治划分的界限。但是，贝林并没有指出西半球早已有人居住，也没有说明许多大西洋的移民都来自非洲，更忽视了"渡海西行的人"中来自英国的征服者和难民是一样多的。

格林用另一种方式来探究这一问题：即利用爱德华·希尔斯（Edward Shils）提出的中心与边缘问题的研究模式。

受希尔斯的启发，格林建立了"扩展政体"说。这一理论很有用，但格林却不能用它来解释白人移民受到限制的情况。如果我们利用这一理论去理解独立前后的每一个人，将会取得更大的成果。

众所周知，美国独立对印第安人来说是个大灾难。这个观点现在依旧是正确的，但事实上，印第安人抵抗了大半个世纪，他们的灾难其实也持续了这么久。在这半个多世纪里，印第安人的抵抗和灾难与革命后白人的解放几乎是平行的。

真正值得注意的是这两件事是如何交织在一起的，以及美国奴隶制的扩张与白人的解放是如何同时进行的。这个问题有两个不同的维度，这本身就说明了问题。一个是，印第安人在与革命后形成的克己、自治、有主权意识的美国人的关系处理中到底处于何种境况？另一个是，在旧制度下由印第安人自己控制的西部土地，是如何像北部和南部一样变成自有资本主义的巨大宝藏，并为年轻合众国的商业化农业扩张奠定基础的？

因为这两个问题的讨论不可分割，所以我先讨论宪法上的问题。殖民地白人拥有自由、特权，殖民者从英国引入这些权利，并在母国"善意的忽视"下将之发扬光大。北美白人认为，公民在形式上是平等的，人人共享主权且不受限制，并且要有权力机构来实现共同意志。革命带来了如下这些巨大的变化：社会变迁（一个独立的民族），思想意识大变动（一个拥有主权的民族），制度大变革（一个由自己控制权力机构的民族）。

革命所带来的结果与旧制度（传统欧洲君主制）下的绝对专制相去甚远，

"朕即国家"让位给"我们是国家",两者之间简直是天壤之别。不过,布莱克斯通(Blackstone)关于"一个至高的、不可抵抗的、绝对的、不受限制的政府"的概念并没有被摧毁,反而被提升到一个新的高度。美国以主权国家自居,并宣称自己拥有排除他者或者将他者视为自己附属的权力,就像它曾经臣服于英国国王一样。总的来说,即便是在白人聚居地不断扩张的边界地区,这个问题也依然存在。在新秩序下,永久附属和臣服的他者应该是印第安人、奴隶和自由的有色人种,从他们的角度来看,革命根本没有摧毁专制。

美国人自我主权的官方语言具有普遍性和广泛性,如:"人人生而平等","一个民族解除与另一个民族之间存在的所有政治联系","我们注定要开创和确立这一宪法"以"巩固我们得来不易的自由"。但是,现实是另一种样子。1776年,威廉·亨利·德雷顿(William Henry Drayton)下令"毁掉每一块印第安人的玉米地,焚烧每一座印第安城镇,被抓获的印第安人都将成为奴隶,且是抓获者的私人财产……这个民族必须被消灭,他们的土地是公共财产"。为了向外界宣扬革命的正义性,《独立宣言》把印第安人描述成"残忍的野蛮人","它们臭名昭著的战争原则就是,不论年龄、性别或任何状况,一律格杀勿论"。联邦宪法也把印第安人排除在国家之外,因为"印第安人不纳税"。总之,这个新政体在自我界定时是将印第安人排除在外的。

我们不应该将革命所表现出来的观念的巨变与当时的实际情况相混淆。

印第安人认为自己对新生合众国的附属地位与独立战争没有什么关系。许多印第安人甚至不把英国和殖民地的战争当回事,相反,他们认为这是"在1776年以前就开始的连续不断的战争中不重要的间隔,并且在约克郡大捷以后战争还会继续"。独立后,殖民者纷纷涌入俄亥俄地区,特拉华人还是像以前那样慷慨待客,帮助有需要的白人殖民者。美国总统制以具有主权的美利坚民族的名义承担了象征性的父亲身份,而父权正是英法君主制的根源所在。

在美国人看来,革命者们并没有不良的动机。早期的官方政策认为:作为个人,印第安人可以被同化。由于印第安女性与白人男性的通婚以及性别角色的改变,印第安男性也要耕种了;拥有绝对产权的农场可以保证单一家庭的生活,所有这些组成了"杰弗逊式慈善"。这与当时的主流观念是一致的:合众国是一个基于商业化农业繁荣并兼具德性的共和国。

土地及其使用是根本问题。1779年,纽约州没收了效忠派的财产,它宣称"本州人民的主权对所有的财产一视同仁"。乍一看,这句话似乎是为了说明效忠派失去了纽约城和哈德逊-莫霍克流域的地产。不过,这句话暗藏着一个更有可能实现的长远目标,也是最终的长期结果,即将纽约州的权力扩张到易洛魁。尽管邦联政府明确规定只有它才有权协调印第安事务,但纽约州还是一直与易洛魁人商定条约,每个条约都要求获得土地。到1791年,白人通过各种手段获得了1100万英亩的土地,这些土地或被交易,或被快速开发。

革命摧毁了易洛魁人的政治凝聚力和军事声望,这使他们在坚持了很久以后还是迅速崩溃了。1779年,他们在奥内达加的盟会圣火熄灭了,同年,约翰·沙利文(John Sullivan)的远征摧毁了他们的物质资源,其他的印第安大部落却没有如此快速地被毁灭。切诺基人把自己打造成一个自治的共和国,与合众国联合而不附属于它,这一极富创造性的策略只是为了适应新的现实。这为印第安人参与一个混合的美利坚政体提供了可能,这一政体是共和制而非君主制的。从微观上看,南卡罗来纳的卡托巴人变成了共和党人,并在迁移的浪潮中存活下来,甚至都没有失去他们唯一保有的土地。

从易洛魁人的毁灭到佐治亚州给切诺基人提出"非散即走"的刻板政策,其间跨越了半个世纪。在这五十年里,由内需拉动的美国国民经济生产需要向领土扩张一样迅速转变。在全国,生产力的发展源于以市场为导向的资本主义农业的出现,实现农业市场化和资本化是乡村生活得以存续的唯一有效策略。这一策略不仅为有公共土地以供分配的各州采用,也被合众国所采用。这个举措在1784年、1785年、1787年《西北法令》里都有体现,并且在随后的立法中不断发展完善,以刺激公共土地的发展。

目标能否实现,实在成败难料。树立社会公德、奖励革命期间的战士、组建不同的社区,所有这些都是美国土地制度的设计者们希望实现的部分目标,他们尤其希望这些目标能在全国范围内实现。如此一来,只有让印第安人为美国的发展买单。所有这些都伴随着大量的土地投机,从亨利·诺克斯(Henry Knox)在缅因州的50万亩土地,到亚历山大·马克姆(Alexander Macomb)在纽约州北部的350万亩土地,再到亚祖土地案与佐治亚州的200万亩土地。这些投机并不是为了创造出租的封建领主地产。土地投机、《西北法令》、《公共土地法令》都将土地私有化,并刺激了占有性个人主义的形成。人们将土地变成了贸易中的商品和自身的资本。想要在北俄亥俄种小麦的人和想要在急速扩张的深南部种棉花的人根据土地价格的涨跌占据公共土地,就这样把一张静止的蓝图变成了生机勃勃的乡村资本主义。

从某种意义上说,"美国"根本没有扩张。真正发生巨大转变的,是由大西洋海岸、佛罗里达州海岸线、密西西比河以及五大湖—圣劳伦斯盆地所划定的地域范围内部的社会关系。1803年,密西西比河以东的印第安人部落控制着自认为属于自己的土地,签订适合自己利益的条约。一直到1820年,仍有一些部落继续这样的做法。但是,他们在密西西比河以东的做法注定会失败,至少占领无人想要的狭小残地的做法不管怎样都绝不会成功。在大迁移时代,他们自己的无关紧要使得易洛魁幸存者和卡托巴人尚能保留他们各自在纽约和南卡罗来纳的聚居地。

自殖民地时期开始,与印第安人相关的法律形式就没有变过。每前进一步就要安置和迁走一个印第安人族群,与其中一个印第安人签订契约,直到这种条约制度在1871年被废除。1830年颁布的《印第安人迁移法》,其实是在缔约双方的正式外交框架内运行的。但是对美国来说,只有一个目的:获得土地的永久转让权,包括经济上的占有权和政治上的最终使用权和转让权。

从这个层面来讲,美洲版的旧制度确实停止了。从印第安人的角度来看,这是一种极端的不公平,因此在现今引发了大量的诉讼和抗议,以期得到补偿。从新建立的共和制的美洲秩序的角度看,这种改变绝对是有益无害的。成功的新政权,变成了一个明显的社会现实,且这一社会现实几乎不允许任何例外和不同。到1830年,东密西西比河地区的进程已经完成,并且超前了许多。同时,并非偶然的是,革命完成了社会进程,合众国作为自由资本主义社会完成了自我转型。

在这条路上,年轻的合众国本可以成为一个复合制的国家(与单一制国家相反),就像旧制度下的君主制一样。在制宪会议上,构建双重主权的计划被制定出来,其目的是以一种新方式集中必要的权力,进而协调自治的诸邦,但这种方式在革命期间应对不列颠帝国的主权声明时并不管用。与旧秩序不同,新宪法只允许一个能自我界定的民族通过唯一一条途径参与到主权国家中来,即寻求国家地位,大多数州都是这样加入邦联的。获得国家地位意味着通过1787年《西北法令》规定的地域范围遵循制度上的进程,但是也有一些特例(在佛蒙特州、肯塔基州、田纳西州、马里兰州、德克萨斯州、西弗吉尼亚州、加利福尼亚州)。实际上,这一路径只适用于那些怀着对公共生活的期望与信念,并从别处寻求国家地位的经验中继承的经济观念的白人。更重要的是,当一个新的州出现的时候,它可以像纽约州反对易洛魁人、佐治亚州反对切诺基人一样,要求在自己的辖区内自治。

在州的宪政和法律层面上,一直有一个例外——法国法律和传统在路易斯安那的持续性。虽然路易斯安那的克里奥尔人和法国人后裔可以算作白人,他们也确实从购买路易斯安那州的条例中获得保护。但印第安人不是白人，他们就无法享受到额外的保护，既没有条约所规定的道德保护，也没有盟友的军事保护。由于共和国是靠自己稳固下来的，所以它没有任何潜在的盟国。

最后一个遗留的问题是：一旦革命把黑奴的束缚从社会生活的一般事实变成南方才有的"独特制度"，在这种巨变下奴隶制将何去何从。对印第安人来说，生活在南方和北方没有什么差异，虽然南方的印第安人比北方的同胞们更晚被征服，但印第安族群的瓦解为奴隶制的扩张提供了可能。19 世纪的前 25 年，切诺基人、克里克人以及契卡索人和乔克托人失去的土地变成了合众国新的深南部，这里开始需要更多的奴隶。从独立期间到 1808 年，超过 9 万名黑奴被带到美国。在整个奴隶贸易时期，有超过四分之一的非洲人被合法地带到美洲大陆的殖民地和美国。他们的奴役经历不是贸易史的余波，而是其中一个重要组成部分，即使这些奴役者知道他们的时代就快结束了。1820 年前，又有 9.8 万人被迫从人满为患、过度开发的切萨皮克州迁移到深南部。在黑奴贸易被法律禁止后，还有超过 5 万人被秘密贩卖。

在不断扩张的南方变成资本主义的棉花生产基地的过程中，这些奴隶起了至关重要的作用。奴隶们种植的棉花，最终变成东北地区向工业转型的主要物质基础。俄亥俄州南部，印第安人失去了在那里的土地，所以奴隶们可以迅速地被安置下来。在组成美国社会的不同种族和不同经济地位的群体中，他们之间的所有必要联系都没有改变，改变的是联系的方式。

这里所概括的社会进程和结构变化本可以在没有司法独立的情况下发生。我们可以把这些理解成从不列颠主导下的"外向殖民"到美利坚合众国的"内向殖民"的转变。迈克尔·赫克托(Michael Hechter)就用这种术语形容过历史上的英格兰宗主和所谓凯尔特边缘人的关系。尤金·韦伯(Eugen Weber)也用同样的理论来论述广泛分散的法国农民是如何凝聚成法国人的。E. P. 汤普森在他的一篇文章中以英格兰人相互冲突的"习俗、法律以及普通权利"开头，然后谈到了苏格兰高地，在那里"从远古时代开始，法律就不为被部落赶出公有土地的人提供保护"，最后，他采用全球视角分析了新英格兰、新西兰和印度。积极参与印度事务的重要人物之一正是在约克郡向华盛顿投降的康沃利斯勋爵。这些地区中，只有美国发生了政治革命并形成了自治的共和国。但它们几乎都采用了同一个政治方案，变革的方向也大致相同。

原则上讲，即使没有美国革命，变革也会发生，承认这一点并不是要反驳变革是美国革命的一部分的观点。美国独立给印第安人带来了灾难，他们在殖民地社会的西半边,处于一种极为偶然的历史条件下,既非注定失败,又无法保证自己想要的未来。相反,后期帝国给印第安人提供了一种途径、背景以及一个不稳定的平衡点去坚持和保护自己的权利。年轻的共和国否认印第安人所坚持的一切权利,尽管他们的某些权力曾经有被承认的可能。具有主权的美国人民的自我建构和对"人民"的不同定义密切相关,在需要宣扬主权时,"人民"一词就会被重新定义。为建构主权而创造的社会秩序逐渐被另一种社会秩序所取代,而后一种社会秩序更适合民主资本主义的发展,这也就是我们现在所见到的美国革命的成果。

【本文选自 Edward Countryman, "Indians, the Colonial Order, and the Social Significance of the American Revolution", *William and Mary Quarterly*, 3rd Series, Volume LIII, No. 2, April 1996。】

阿尔弗雷德·扬[*]

陈遥 译/廖平 校

美国革命的激进与保守

J. 富兰克林·詹姆森在1926年谈到,"革命的浪潮一旦开始,它就不可能仅仅局限于狭窄的河岸,而必然会蔓延到岸上"。1967年,伯纳德·贝林看到美国革命中"有一种思想运动,它发展迅速,不可逆转,势不可挡","急速穿过几乎无人穿越的边疆,到达人迹罕至的地区"。在"自由思想蔓延"的过程中,一颗火花从辉格派[1]的政治思想中迸发出来,点燃了民众反对奴隶制、提倡宗教自由和拒绝顺从的情绪。历史学家都爱打比方,詹姆森和贝林的类比容易让人联想到自然界的事物,这样的类比常常没给人的能动性留下多少余地。

如果说詹姆森在指出变革动力的源头时含糊不清的话,那么贝林,正如戴维·B. 戴维斯(David B. Davis)所写,则"倾向于夸大思想的自发力量"对变革的影响。到底是谁掘开了河流的堤岸?又是谁传递了自由的火种?

最近学术界提出的一系列论点,可能会让我们重新看待这一过程中人的能动性,并促使我们更加综合地看待激进主义的起源,而不是提出一套单一的模式。这些论点是:

---

[*] 阿尔弗雷德·扬(Alfred Fabian Young,1925—2012),美国历史学家,"新左派"史学代表人物。主要研究领域为美国早期史,其中又尤为关注革命史、妇女史、阶级史,他的研究和写作曾引起美国早期史研究的转型。代表作有 The Shoemaker and the Tea Party: Memory and the American Revolution(1999), Liberty Tree: Ordinary People and the American Revolution: Ordinary People and the American Revolution (2006)等,主编 The American Revolution: Explorations in the History of American Radicalism (1976), Beyond the American Revolution: Explorations in the History of American Radicalism (1993)等。

[1] 历史党派名称,有英国辉格党和美国辉格党。英国辉格党产生于17世纪末,19世纪中叶演变为英国自由党。美国辉格党始创于19世纪30年代,到19世纪50年代瓦解,存在约26年。此处的辉格派主要指主张限制君权、扩大议会权力的一整套政治信仰体系。——译者注

第一,早在美国革命爆发前,激进主义就已扎根于普通民众的思想、价值观和传统习俗之中。

第二,由于民间团体在美国革命时期发挥了积极作用,并逐步意识到自身的利益,他们除借用辉格派话语外,还诉诸自身的传统。

第三,非同寻常的长期革命经历促进了激进主义的滋长。这不仅表现在如今广为人知的 1775 年之前十年的反抗中,而且表现在 1775 至 1781 年间持久的战争中,甚至在 1780 年代中期以后愈演愈烈。尤其是到 1790 年代,法国革命的冲击和圣多明戈(St. Domingue)黑人革命的成功,更是重新点燃了美国的激进主义烈火。

第四,随着斗争的升级,许多普通民众团体增强了对自身及其独特利益的认识,这也促使它们能成为北美生活中的一股重要力量。

激进主义的起源:"我们每个人都可以坐在自己的无花果树下享受自己的劳动果实"

第一个论点,即激进主义扎根于普通民众的思想、价值观以及传统习俗之中,并被民众带入美国革命时期。这一点已被历史学家用道义经济学、心态、阶级意识形态、政治文化或"共同风俗"等各种框架分析过。拿自耕农来说,早期美国农民普遍认为,他们有权享受"他们的劳动果实",那是"他们辛勤汗水"的结晶。据说,人们尤其是新英格兰的自耕农长期恐慌,害怕沦为"老爷"的"奴仆"。这使得自耕农对任何威胁到保障他们享有土地权利的行为,尤其是对迫使他们沦为债务人的税收——这会使他们失去土地——极为敏感。约翰·亚当斯和塞缪尔·亚当斯等政治领导人之所以能够成功,是因为他们敏锐地捕捉到了这种恐惧。这是农民响应辉格派政治和宪法话语的社会原因。

历史学家现在可以顺着这根主线,厘清农民错综复杂的集体反应:从 17 世纪晚期到美国革命前的"监管运动"(Regulator movements),到 18 世纪 70 年代与英国的政治冲突,再到 80 年代的谢斯叛乱,直至 18 世纪 90 年代及 19 世纪早期的农民暴动和农民政治运动。这是拥有财产或渴望财产的农民的激进主义,他们坚信自己有权拥有土地、工具和其他生产资料。但他们不一定身处社会边缘,即使其中许多人地权不明确、租约不稳定或到穷乡僻壤圈占土地,他们也不一定一贫如洗。通常的情形是,他们要么有家有业,但担心家道中落,沦为破落户；要么就是担心得不到土地，难以光耀门楣。他们的目标是通过确保土地所有权而获得个人独立。这个目标和一些地区渴望国家独立的政治目标一致，从而使自耕农成为爱国者；而在其他地区则不然，它使得为数众多的农民在战争中成为托利派，中立者或"叛离者"。

工匠们持相似的价值观。作为有产者或渴望财产者，这些男人（也有些是女人）中有些是从事生产的自立师傅，有些是渴望成为师傅的雇工。他们不仅继承了古老的行业传统，而且坚持他们先辈（17和18世纪英国工匠的一部分）长期宣传的财产权利信念。港口城市的工匠比乡村居民更加担心生活失去独立，沦为贫民或领救济金的穷人。雇工担心他们可能只能一辈子领工资，无法跻身独立阶层。出逃的学徒对自己有朝一日能成为工匠，几乎没有任何信心。

没有财产的底层自由雇工有何价值观？例如，商业海员，北美早期数量最多的雇佣劳动者有何价值观？1745年，商业海员曾激烈反抗英国皇家海军强征水手，海军上将彼得·沃伦（Peter Warren）事后证实，海员"在英国人中权利和自由观念最强，的确几乎都是平等派"。海员珍视他们的自由。

在整个殖民地时期，所有被奴役的人，不管是北美的非裔奴隶，还是来自英国的契约奴移民，还是本土出生的学徒，均表现出波士顿牧师科顿·马瑟（Cotton Mather）于1721年所称的"钟爱自由"精神。五十年后，一位非洲出生的波士顿奴隶菲利斯·惠特莉（Phillis Wheatley）写道："上帝在每个人心中灌输了一条法则，我们称其为'自由之爱'。这就是对压迫的无法容忍，对获得解放的渴望；通过逃出我们当代的埃及，我可以断言，上面这条法则将在我们心中永存。"

18世纪后半叶，奴隶获得了被视为非洲裔美国人的保证。

奴隶被解放后追求什么？作为工人的生活经历不断显示，他们每天的劳动成果被偷走，正如他们或他们的祖先被从非洲偷来一样。美国革命时期的证据表明，在第一次解放期间，这些奴隶与英裔北美白人自耕农、工匠一样，也在寻求确保自身独立的方式。马萨诸塞奴隶起草的1773年请愿书提出了一个前提，即"他们和其他人一样，有生而自由的权利，有权不受妨碍地享有财产，那是他们通过劳动积累起来的"，进而请求他们应该"可以获得解放，成为自由人"，最后他们又请求能够获得"某些未耕种的土地，成为该省居民，能够安居。这样，我们每个人都可以坐在自己的无花果树下，享受自己的劳动果实"。战争中有几万名奴隶逃跑；其中许多人于1783年被英国人运到新斯科舍省，在那里获得土地，经营失败后又回到非洲的英属殖民地塞拉利昂寻求土地。18世纪90年代，罗伯特·卡特（Robert Carter）通过个人解放法令开始解放他在弗吉尼亚种植园上的五百名奴隶,奴隶认为自己有权向他索要土地或在某一行业就业的机会。

自由农民、工匠和奴隶的这套信念,正如其语言本身所表明的,常常植根于宗教尤其是福音派的非主流信仰中。他们是浸礼会、新光派公理会、极端福音派唯信主义等教派的信徒,试图越过职业牧师,追求与神进行直接的属灵交流。

宗教觉醒回响在整个美国革命时期。当历史学家持续探索宗教大觉醒(1739—1745)和美国革命之间的联系时,更加关注战时,尤其是战后各种狂热的宗教浪潮。但现在可以看出,千禧年主义还是呈现出各种不同的形式,例如像赫尔曼·哈斯布德(Herman Husband)那样在殖民地之间的穷乡僻壤进行激进抗议的造反者,把他的"西方的新耶路撒冷"理想视作自耕农的乌托邦。到19世纪初,福音派浸礼会和循道宗,逐渐成为美国人数最多的教派,他们不仅促进了"美国基督教的民主化",而且促进了美国政治生活的民主化。

自由的播撒:"谁能比我们这些为土地而战的人更有权利获得土地?"

如果以上对激进主义价值观起源的探究成立,就不难推导出第二个论点,即美国革命期间,普通民众组成的团体发挥了积极作用,并逐步意识到自身的利益,他们除了借用律师、牧师、种植园主和商人的辉格派话语,还诉诸自身的传统。学者直到现在才开始对激进思想中的传统脉络,以及革命经验产生的新思潮进行综合分析。

语言最能揭示这一融合特征。民间团体依据激进的基督教传统,如"上帝将大地赐给他的儿女"和道义经济学的观念,如"荒地应该和空气一样免费",想当然地认为他们有权拥有土地。他们在战争中出人出力,强化了这一主张。"谁能比我们这些为土地而战的人更有权获得土地?"加之悬而未决的土地是从英国手中没收的,使得土地成为更为普通的财产。"这些土地曾经属于乔治国王。他在美国革命中失去了土地,土地变成为之奋战并赢得胜利的人们的财产。"

其他语言则显示,辉格派话语被精心挪用了。生活在爱国运动中心的不自由的民众极为敏锐,很快抓住了辉格派思想,尤其是爱国者把自由的含义从传统的英国宪法赋予的权利解读为天赋权利,这是美国人对这个关键词含义的第一次转变。因此,1773年1月在马萨诸塞诞生的奴隶的第一份自由请愿书是令人悲怆的基督教人道主义请求:"我们没有财产!我们没有妻子!没有孩子!我们没有城市!没有祖国!但是我们有一位在天上的父。"在7月份的第二份请愿书中,他们提及"自然权利赋予自由",但详细叙述的是个人有权拥有自己的劳动成果。即便是1774年的请愿书,虽然他们在其中提到自己是"生而自由的人,这种福气从来没有被任何契约或协议剥夺",但仍继续把辉格派的主题和基督教价值观融为一体。直到1777年的请愿书,他们才真正学会使用自身的"天赋、不可剥夺的自由权利"以获取自由,这还要归功于他们耐心地提交"一封接一封的请愿书"。这种移花接木明显是投机取巧,让人不免觉得辉格派话语强烈主张的是获得自由的机会,而不是原因。

人在学着使用时兴的思想时通常会把这一思想无限扩展,并远远超出爱国领导人预想的范畴。许多年后,一个曾经跟随私掠船出海的名叫埃比尼泽·福克斯(Ebenezer Fox)的学徒在回忆录中写道:"我想,如果我在应该获得自由的时候仍背负枷锁,那就是对自己极度的不公;现在时机到了,我应该把自己从别人套给我的枷锁中解放出来,自己管理自己;也就是说,做我自己认为是正确的事情。"他的话显示出某种寻求摆脱所有权威的个人独立宣言的意味,这会让亨利·梭罗(Henry Thoreau)赞赏,也会让约翰·亚当斯震惊。

遭受不公待遇的人们必须在思想上有大的飞跃,才能把讨论自身自由变为争取平等权利的诉求;经验比任何思想中固有的逻辑更能解释这种飞跃。乔治·罗伯特·特威斯·赫维思(George Robert Twelves Hewes)是波士顿的一名鞋匠,有两本口述自传传世。对他来说,经历"波士顿惨案""波士顿茶会"和其他诸多抵抗事件让他能够摆脱对权威的顺从。他生动地回忆起,他早年作为一名鞋匠学徒拜会波士顿最有钱的商人之一约翰·汉考克时感到的屈卑;而十年以后,他与汉考克在"波士顿茶会"中肩并肩战斗把茶叶抛入水中,清晰地体会到了平等。不过,汉考克不太可能冒着被逮捕的危险参加如此非法的事件,可能是赫维思把另一名绅士错认成汉考克了。但赫维思在他的余生里,会一直牢记美国革命中的平等时刻。他感到自己能和那些曾经的"优越者"平起平坐了,无论他们是汉考克、赫维思反抗的海关官员,还是他拒绝脱帽致敬的船上官员。

我们已经足够了解阿比盖尔·亚当斯,我们能够通过她深入剖析一名女性如何完成思想上的飞跃,从而推测其他妇女的情况。1776年3月,她写了一封题为"记得女人"的信给约翰·亚当斯,她似乎是首次提出结束丈夫对妻子的残暴统治。十几年间,她一直阅读或聆听丈夫谈论"暴政""奴役""主子和奴才"

等词汇，但是，无论她、约翰·亚当斯、还是马萨诸塞的其他任何人都好像没有公开地把美国革命的原则运用到妇女身上。

她经历了什么呢？在革命酝酿的十几年间，她一直积极参加波士顿及其周边乡村的妇女活动，并自称"政治人物"。她极有可能从黑人请愿者和1773—1774年所谓的同谋者那里汲取了灵感，她觉得他们"像我们一样，拥有充分的权利获得自由"。1776年，仅在她写信给约翰·亚当斯前一个月，她读了《常识》，这本书的内容开辟了一片新天地。但是最具决定意义的可能是，因为丈夫不时离家去费城，有差不多两年时间，她承担了传统"女性事务"以外的新责任。她管理家庭农场，并夸口说自己已经变成"地道的女农场主"；此外她还是三个年幼孩子的"女教师"。因此，她逐渐认识到自己的能力和不足，因为她所受的教育不足以应对这些任务。正是有了这些经历和背景，她才向约翰·亚当斯大声疾呼要"记得女人"。相似的战时经历也会促使其他女性完成思想上的飞跃，产生全新的思想意识。

激进主义的源头：未能兑现的诺言

第三个论点，即漫长的革命时期跨越了18世纪八九十年代甚至更远的漫长时期，其间的经历对激进主义的滋长具有重要影响。这一论点在研究革命时期生活史的历史学家中变得越来越普遍。

美国革命没有在1776年、1783年、1787年甚至1801年结束。历史学家在研究美国革命中的伟大领袖——华盛顿、亚当斯、汉密尔顿、杰弗逊、麦迪逊等人时，毫不费力地探究他们完整的政治生涯，经常延续半个多世纪，甚至更长时间。类似地，何不对普通民众的生活给予同样的考察呢？对很多人来说，他们的激进主义是整个革命时期经历积累的产物。

这是美国历史上耗时最长的一场战争，其间的经历孕育了各种激进的念头。军队中大概有20万人，其中约一半是民兵，一半是正规军。费城民兵中的工匠、熟练工人、劳工是革命运动的基础，正是费城民兵把宾夕法尼亚推向独立，通过了各州中最激进的宪法，"把他们的平等主义带到战场"，又在1779—1780年价格控制运动时期将其带回费城的街上。其他地区的民兵，作为他们社区的象征，在他们军官的眼里也是太过民主了。

1776年以后的正规军士兵，学术界现在认为是从"革命时期社会中最贫困和最受压迫的人"中招募的,他们仍然热忱爱国,这源于他们渴望获得承诺的土地,从而过上好日子。官兵关系紧张随处可见。冯·斯图本男爵(Baron Von Steuben)敏锐地认识到,北美士兵极具个性,必须让军官适应他们的"天赋",并赢得他们的"敬爱与尊重"。"大陆军士兵"在战争初期,为表达对军队中不公待遇的不满,经常酗酒、开小差、拿奖金闪人。随着纪律和团结的加强,他们开始集体表达抗议,这在1781年新泽西和宾夕法尼亚战线的兵变中达到高潮。

海上私掠风靡一时,大约有6万人(相比之下,海军只有区区几千人)有机会"发财并服务祖国",征兵官就是这样引诱他们的。这也让他们尝到了合法进行秘密活动的滋味,船长像海盗首领一样,期望得到船员的认可。而几千名被俘的船员,如果能在恐怖的英国监狱中活下来,也都有了集体自治的经历。

在乡村地区,美国革命有点像内战,数万普通美国人参与其中,尤其是在南部偏远地区,"呈现出社会动乱的迹象"。不管在哪里,只要殖民地精英与普通民众先前有过紧张冲突,尤其是在南、北卡罗来纳,爱国精英都遭到了强烈反对。尽管在马里兰革命的凝聚力更强,但仍有贫困农民和佃农等"叛离者"积极反抗大种植园主。纽约的情况也相仿,佃农反抗爱国地主。即使在相对平静的弗吉尼亚,反抗也时有发生。只有当原有的精英支持帕特里克·亨利时,反抗才稍有缓解。南部的革命队伍是不同社会阶层拼凑起来的,革命对许多南方人来说就是对抗和挫败比他们地位高的人,如东部沿海或低洼地区的精英。

对奴隶来说,"战乱严重动摇了奴隶制"。英军对南北部奴隶均有吸引力。1775年邓莫尔勋爵在弗吉尼亚发布公告,许诺爱国者的奴隶若逃亡到英军处,将获得自由,1780年克林顿将军在南卡罗来纳重申了这一公告。不过英国从来没有冒险呼吁全面废除奴隶制,以免惊动亲英的奴隶主。北部兵源吃紧,爱国者不得不废除对奴隶参军的禁令,但拿起武器的奴隶最终很可能为英国而战而不是抵抗英国,更多的奴隶则干脆逃跑。菲利普·摩根指出,在南部低洼地区,"战乱导致乡村权力真空,奴隶从而扩大了他们的自由"或是在体制内的自主权。

对妇女来说,战争使她们走出了"家务圈子"。多达两万名妇女在军队里作厨师、洗衣工和护士,通常是跟着自己的家人。每当男人参军打仗,女人就应召为其准备衣物(这是传统的角色),但她们还承担起男性的角色,比如管理农场或牛意,就像1775—1776年间的阿比盖尔·业当斯。虽然"丈夫助手"的角色一向受人尊重,但从来没有如此多的女性将其视为爱国的义务。

战后社会的变化引发了失望的激进主义。不公平的复员政策在陆军退伍军人心中埋下了长期的愤恨。军官能领到退休金;受伤的士兵能领到补偿金。普通士兵入伍时曾被许诺得到土地,但现在却很少被落实。政府直到 1818 年才为应征入伍人员通过了退休金法案,但只给那些"生活状况下降"的人员,有 4 万人提出了申请,这成了美国贫困状况的"末日审判书"。直到 1832 年,这种财产资格审查才被取消,并通过一项一视同仁的退休金法案,惠及那些能够提供服役情况"详细记录"的退伍军人。有 2 万人申请了这种退休金。历史学家才刚刚开始审视这些美国革命幸存者在申请养老金时所感受到的痛苦、自尊和愤怒。

邦联时期的艰难岁月产生了绝望的激进主义:农民因债务坐牢,失去土地和财产;技工在英国进口商品的涌入下陷入困境,或在美国造船业崩溃后破产,到偏远地区的移民获得土地则更加困难。人们纷纷向州议会请愿,要求"获得土地、解除债务,并对沉重与倒退的税收负担给予补偿"。谢斯叛乱并不局限于某一个州。精英中弥漫着更大的恐惧,他们担心"门外人"的激进主义会"进门",控制州议会。

因此到 1787 年,我们有充分的理由相信,非精英阶层已经理解了詹姆斯·麦迪逊在《联邦者文集》第 10 篇中所分析的"利益"。麦迪逊从根本上记述了两种不同的"党派"来源。一种来源是众多有产者的利益:土地占有者集团、制造业集团、商人集团、金融业集团。但"造成党争最普遍而持久的原因"是"财产分配的不同和不平等。有产者和无产者在社会上总会形成不同的利益集团。债权人和债务人也有同样的区别",这些体现了 18 世纪 80 年代思想精英心目中最重要的矛盾冲突。《联邦宪法》的起草前所未有地动员了大量商业利益集团。《联邦宪法》批准过程中的矛盾冲突动员了更多的反对派利益集团,激起了大规模平民化的反联邦主义,学术界现在才开始认识这一点。

新宪法,加上 1790 年代汉密尔顿的经济政策,强化了民众对于国家统治阶级的普遍看法,即牺牲多数人以实现少数人的统治。在此背景下,"美国人对法国革命令人惊讶的热情"是可以理解的。一旦法国革命作为外交问题卷入美国国内政治——革命共和的法国与君主制的英国开战、潘恩试图在英国引发革命、1795 年联邦者与英国和解并与法国进入准战争状态——平均主义和千禧年主义被推向了新的高度。托马斯·潘恩的《人权论》和 1776 年的《常识》提出了同样的问题。激进主义的情绪高歌猛进。

大众意识:"阶级""平民"还是"民主"?

　　第四个关于激进主义来源的论点,即随着美国革命时期对抗的升级,许多民间团体增强了对自身的认识,这也促使它们成为美国生活的一股力量。最困难之处不在于如何证明,而是如何确切地阐述这一论点。历史学家似乎同意,在美国革命时期形成了一种新的大众意识,即"我们"和"他们"的观念。而对如何使其概念化,历史学家并未达成一致。

　　美国革命之后,非精英阶层之间的日常用语常常表达出两个主要社会派别的对立。在批准《联邦宪法》的辩论中,一名没上过几天学的马萨诸塞农民阿莫斯·辛格塔利(Amos Singletary)担心,"律师、有学问的人、有钱人"会"吞掉我们小老百姓"。在纽约,反联邦者的主要发言人、白手起家的商人梅兰克顿·史密斯(Melancton Smith)认为,决议形成的新政府将会落到"少数人和大人物"手里,把"生活中等的阶级"排除在外。在18世纪90年代的辩论中,激进派的言语表明他们在生产型和非生产型的阶级之间划了一条分界线:"那些靠劳动生活的人和那些不靠劳动生活的人"或"大多数人"对"少数人"(威廉·曼宁语);"劳动人民"对"有学问的人和狡诈的人"或"闲散的富人"(赫尔曼·胡斯布德语);"人民"对"贵族"(托马斯·潘恩在《人权论》中所言)。

　　显而易见,一些非精英群体"认识了自己",胜于其他群体,形成了一种明确的利益(即使不是阶级)意识。18世纪70年代某些时候,保守的精英质疑非精英在公共事务中的发言权,"技工"开始为这个称呼感到自豪。在纽约市和费城,出现了"技工党"和技工委员会。到18世纪80年代中期,纽约技工组成"技工和手艺人总协会"(General Society of Mechanics and Tradesmen),名称结合了新旧两种用法。在波士顿,各行业人士代表组成的"手艺人和制造商协会"(The Association of Tradesmen and Manufacturers),发出书面呼吁,号召其他城市的"技工弟兄们",加入保卫美国制造业的运动中。纽约技工的标志是一只健壮的胳膊举着锤子,这个标志也被其他城市的技工协会所采用。标志上附有"所有行业通过锤和手联合起来"的口号,大胆地宣告了技工行业的重要性。技工毫无疑问成为政治生活中一股有影响的力量;他们知道这一点,政治领袖也明白。

　　如果这类群体"发现自己"陷入冲突,并不一定说明他们一直与对手对抗。相反,因为美国革命也是一场民族解放战争,新生阶层和其他阶层同仇敌忾,共御外侮。的确,那个时期阵营不断重组,特别是在这一时期的紧要关头,外来威胁一直存在。

再者,新生阶层内部分歧严重。随着市场经济向乡村扩张,融入市场的商业农民和非市场导向的自耕农之间差异显著,这有助于解释农民内部的政治分歧,例如在批准商业导向的1787年《联邦宪法》时的分歧。在城市,技工行业也因市场导向发生分化。到18世纪晚期,自由劳工在北部城市司空见惯:外来契约奴隶逐渐消失,奴隶制正在瓦解,学徒变为廉价劳工。随着市场体系向手工业产品渗透,师傅和学徒、师傅和雇工之间的冲突,使技工间的团结徒有其表。

尽管一种平民意识无疑在城乡"劳动阶级"中兴起,城市技工不支持农民起义,无论是1766年纽约的佃户起义,还是1786年的谢斯叛乱。"劳动阶级"在城乡中有男也有女,但是拥护潘恩《人权论》的激进分子,并不对玛丽·沃斯通克拉夫特的《女权辩护》同样感兴趣。劳动阶级中黑人的比例超过其他任何时候,但是农民和技工激进分子都不欢迎1800年加布里埃尔的废奴暴动,也不欢迎北部城市自由黑人建设自己的社区。波士顿的自由黑人自愿镇压谢斯叛乱。因此,美国革命时期形形色色的激进主义仍然四分五裂。

总的来说,以上四个论点提出的观点,体现出对美国革命时期激进主义的来源有了新的思考方式。这一观点假定激进主义不止一种,而是很多,并不认为激进主义来源于一种包罗万象的思想或意识形态。它假设一系列先前已有的激进主义价值体系在当时发挥了作用。美国革命本身就是激进主义不可估量的诱因。

美国革命的结果:一种分析框架

最近的学术界已经带我们"欣赏"了美国革命的许多激进运动,也留下了一个有待解决的问题:激进主义有多成功?

美国革命后,社会发展存在许多核心问题:奴隶制被保留并扩大,对女性的男权统治依旧,市场经济严重侵蚀城市劳动阶级,更不要说国家扩张对印第安人的毁灭性打击。美国革命也导致政治民主化、经济机会扩大和平等观念出现,主要使自耕农和技工,尔后还有妇女从中获益。学者将这两类革命后果进行比较,往往得出美国革命"矛盾"或"吊诡"的结论,问题仍然悬而未决。其他历史学家如戈登·伍德则宣称:"尽管美国革命没能废除奴隶制或根本改变广大女性的命运,它还是使19世纪的废奴和女权运动,其实还有我们现有的平等观念成为可能。"这其实是回避了对美国革命进行历史分析的责任。

除了夺取权力之外,有几个指标可以衡量大众激进运动的成败:表达独立思想的能力,持续开展运动的能力,尤其是影响掌权者进而影响重大事件的能力。

首先,为了应对如火如荼的激进主义,各路精英试图团结成全国性的统治阶级,但在应对激进主义威胁的方法上发生了分歧。政治上,他们有的主张传统英国统治阶级的方式,即强制、服从和感化;有的主张进行谈判,最终实现妥协。

其次,与中产阶级——自耕农和技工——的谈判大多是成功的。中产阶级已经跻身体制之内,成为一股持续的政治力量,如果精英希望成功治理国家,就不能忽视中产阶级的力量。

再次,社会上到处都在谈判,试图向体制外的群体——妇女和奴隶——妥协;同时保留隶属关系,因为社会经济制度运作有赖于此。印第安人是真正的局外人,但某些情况可以迫使英裔美国人在一定程度上做出妥协,延缓扩张的步伐。

最后,妥协使政治制度更加民主,也分化了大众激进运动。这些运动在变革的方式上发生了分歧,有的想充当历史悠久、影响巨大、无法无天的传统反对派,有的则希望在新的政治体制内运作。

以各领域冲突、谈判与妥协的过程作为美国革命后果的分析框架,有可能解决美国革命后果的所谓矛盾性。一系列重大变迁使美国进入资本主义社会,这些变迁既刺激了激进主义,又将其挫败。此外,对于这些变迁是如何通过复杂方式进行整合的,这一框架也留下了可供分析的余地。

精英的分化:公共领域的妥协

学术界认定,有望成为统治者的阶层,在如何应对革命时期的大众动乱上发生了分化,各州都是如此。在殖民地时期,精英阶层的凝聚力不尽相同。在许多殖民地,精英家族相互攻击,常常为了选票煽动、迎合技工或农民,而只在维护对下层阶级的统治时才比较团结。商人阶层通常四分五裂;哈得逊河谷的大奴隶主或地主也是如此。但精英总体上压制了偶尔来自下层的威胁。从

1770年代开始,出现了一种新现象:一股持续的大众民主力量开始在政坛中兴起。对它的处理手段的不同,可能使显赫的贵族家族内部(例如马里兰的卡罗尔家族),或是与亲邻分裂(像在纽约),甚至使自大的统治集团出现分裂(像在弗吉尼亚)。

美国革命危及了旧精英的自信,他们怀疑自己能否对付民主派(他们称之为"乌合之众"或"暴民");他们也不得不与参与普选的新秀(他们称之为"暴发户"和"蛊惑民众的政客")角力,怀疑自己能否再执牛耳。是否有信心这一点在革命时期的精英内部划下了楚河汉界:区分了独立时期的辉格派与亲英派、建州制宪时期辉格派内部意见相左的两派、18世纪90年代的民主共和党与联邦者、1800年败选后的新旧联邦者。

精英用比喻来形容来自下层的威胁,这些比喻表明了他们不同的观点。惊慌失措的保守人士把民众比作需要驱赶的野兽或会咬人的毒蛇。相反,纽约地主权贵、典型的冒险保守人士罗伯特·利文斯通(Robert R. Livingston),于1777年以潮流为比喻:"这条潮流是堵不住的",统治者不得不"学会在潮流中游泳";"如果他们希望引领潮流",就应该"顺应潮流"。三十年后,诺亚·韦伯斯特斥责失势的联邦者朋友,因为他们"试图抗拒舆论,而不是以引导的态度融入其中"。

美国革命使早先局部存在的激进主义威胁蔓延全国,这是一种新现象。无论谢斯暴动还是威士忌骚乱都不再局限于某一个州。国家政府的建立为冲突搭建了全国性的舞台。报纸数量增加,出版更频繁,使散布观点更迅速。领头的技工在城市间串联。大约五十个民主社团成立,它们不仅分布在东部城市,还遍及偏远乡村。小规模的信息革命,后果之一是国际事件可以迅速造成国内影响。法国革命的成功在全国产生了普遍反响;加勒比海黑人革命的成功,鼓舞了非裔美国人的反抗。从北到南,从提倡废奴人士到担惊受怕的奴隶主,影响无远弗届。

全国性的激进主义洪流要求领导者具有非凡的治国才能。战后危机在1787年制宪会议时达到高潮,詹姆斯·麦迪逊等人在精英领导人中最具栋梁之材,他认识到这是"政治体制"的危机,直抵事情的本质。麦迪逊能够调和两方面的立场:一方是有产者,他们雄厚的财富"利益"互有矛盾,在制宪会议中有许多代表;另一方是主导激进民主运动的无产者或小产者,他们虽然没有亲自出席,但在制宪会议中也有"一席之地"。制宪代表或多或少同意麦迪逊的观点,即如果宪法想要持续"几百年",就不得不符合"人民的智慧",也就是精神或核心价值观。波士顿商人纳撒尼尔·戈勒姆(Nathaniel Gorham)对技工选民颇为敏感,他总结道:"如果我们期望人们同意我们的提议,我们就必须顾及他们根深蒂固的成见。"

大胆、精明的保守人士从美国革命中吸取教训,他们必须提前适应民主思想盛行的选民。1787—1788年,联邦者做出了两次重大让步,这在当代公民课程中常常没有提及:首先,联邦者在建构宪法本身的民主规则上做出让步;其次,强大的民众反对派要求减少集权,增进民主,为了将其分化,联邦者向他们承诺制定宪法修正案,后来精简为《权利法案》,以保持宪法的基本框架不受影响。结果诞生了一部宪法,像托马斯·潘恩那样有国家主义思想的激进派,以及像威廉·曼宁那样的地方主义平民民主派,都对这部宪法有所不满,但还是能够接受。

以汉密尔顿为代表的联邦者精英在18世纪90年代上台执政,但好景不长。他们以英格兰为榜样,试图以"服从、感化和强制"英国体制为基础,巩固18世纪90年代的政府。但是民众越来越不服从,任何强制服从的措施都被指为"贵族政治"。他们试图通过金融体系和银行感化民众,结果导致民众对腐败的强烈不满。强制——无论是动用军队镇压无法无天的反对派,还是用1798年《惩治煽动叛乱法》等法案进行政治迫害,把合法的反对派投入监狱——误判了"人民的智慧",导致联邦者黯然下台。

以麦迪逊和杰弗逊为首的精英最能审时度势,他们联合组建了民主共和党。弗吉尼亚的领袖与各非主流教派合作,经过十年斗争,废除了圣公会的国教地位,从而主导了该州的政治进程。他们学会了如何在全国范围内顺应潮流:他们联合南方蓄奴种植园主、自耕农、北部商人(他们开拓市场以摆脱对英国的依赖)、技工和日后的制造商。自然,他们主要的北方盟友是纽约和费城政治家,例如罗伯特·利文斯通,他再次准备顺应潮流。这样一个利益共同体能够同心协力地为美国农产品扩大海外市场,向西部扩张并发展美国的制造业。

民主共和党的转向迎合了左翼的激进农民。1794年,麦迪逊和杰弗逊更为关注的是减轻农民的怨情,而不是镇压农民造反。由于掌握大量公有土地,他们准备满足急切的定居者对土地的要求。两人均反对严酷的《惩治煽动叛乱法》。两人还都认识到技工的重要性——杰弗逊说他们是"城里的自耕农"。不过,他们没有迎合黑人奴隶和印第安人,对妇女新的呼吁也不予理睬。

私人领域的谈判:非裔美国人

以上所有谈判都发生在公共领域。历史学家对各社会史领域的研究表明,谈判还在私人领域进行(公私领域的界线往往模糊不清)。在18世纪90年代的许多劳动阶层中尤甚。师傅和学徒签订合同,有义务互帮互助,一起生活工作。随着学徒越来越不顺从,师傅必须改弦更张。同时,很多行业的雇工自发组织起来对付自己的师傅,这就是美国最早的雇工罢工和师傅歇业事件。

在农村地区,定居者和大业主之间的武装对抗常以谈判告终。在缅因州,一旦业主被迫允许他人圈占土地,原来的冲突就会变成土地价格纠纷。边远地区的领袖常常出面调解。这样,政府官员调解社会冲突后来成为美国新的政治传统。

战争增加了奴隶和主人谈判的筹码。新近关于革命时期奴隶制的论著,论述了奴隶怎样在受压迫的制度内为自己赢得"空间"。1775—1776年间,南方种植园主显然没有准备应对层出不穷的解放要求。但在战争中,他们通常别无选择;奴隶在体制内扩大了自主权,或成功逃离制度的束缚。例如,战后低洼地区的黑人并不准备放弃他们的战时利益,而且"许多人继续炫耀他们扩大的自主权"。在上南部,马里兰和弗吉尼亚通过了相关法律,使个体奴隶主通过释放令解放奴隶更为方便,切萨皮克市出现了首个大规模的自由黑人群体。

在北方,革命前夕有5万名奴隶,在州一级的奴隶解放拖延了数年。黑人坚决要求自由的压力和白人反对奴隶制的善意,促成了第一次奴隶解放。战时及战后,北方奴隶通过为英国或爱国者而战,逃跑或出钱为自己和家人赎身等方式,获得了自由。北方奴隶人口最多的五个州立法规定,奴隶的子女只有在20岁以后才能逐步获得解放,这解释了为什么与革命前夕相比,1810年北部地区仍有2.7万奴隶。北部各州的黑人获得自由后,还得与种族主义做长期斗争,如争取就学、选举及其他民权。这是一种令人失望的解放。

到1820年,全国自由黑人达到25万,而奴隶的数量也增加到150万。因此,正如贝林所总结的:"如果美国革命标志着自由的新生,那么它也导致了大规模的奴隶制扩张。"

这是怎么一回事?这个问题对理解美国革命至关重要。戴维·B.戴维斯于1975年指出,"奴隶制对南方和全国经济,乃至'美国制度'的可行性都至关重要"。另外,"自由社会与不独立的劳动阶层完全不相容"。南方农民长期以来渴望获得独立,可供买卖的奴隶提供了独立的资本。北方对南方奴隶制默许的原因何在?经济利益,国家团结至高无上的理念,尊重私有财产的辉格派思想,种族主义的发展等因素,是在自由国家中维持奴隶制必不可少的正当理由——所有这些因素促成了革命时期的妥协,这一妥协或许对国家命运至关重要。

"家庭领域"的妥协:妇女

在一个隶属系统的妥协模式中,妇女的情形则不同。琳达·科博写道,"我们准备去探求,经过美国革命的严酷考验,社会上的两性关系是否应该及应该如何重新谈判。"鉴于妇女参与了战前抵抗运动和独立战争,"对美国公民权的范围有多大充满争议。"

按照这种想法,1776年亚当斯夫妇有几封被引用的通信,这些通信可视为经典谈判的开场白。约翰·亚当斯听不进去任何权利平等的话,但阿比盖尔不断提出为女性提供教育机会的要求,这一点约翰·亚当斯接受了。除了这些通信之外——我们可以假设,无数中产阶级家庭反复出现类似的情况,只是没有被文字记录——科博所谓的"共和国母亲"也导致了这种妥协。妇女肩负爱国责任,生儿育女,并将后代养育成新生共和国有美德的公民,因此妇女需要接受更好的教育。琳达·科博最近意识到,"'共和国母亲'是保守稳定的角色,这偏离了美国革命的激进主义倾向";同时,为女性扩大受教育的机会,是1790年以后几十年内的重要成就。

这样,年轻女性能识字、看小说,她们是首次谈判的受益者。在女性争取平等权利的漫长斗争中,这个成果可能并不很具颠覆性,但只要"女大当嫁",妇女就有"机会在她想象的安稳环境中,弄懂她希望从男人和婚姻中得到什么"。这反过来很可能助长"婚姻共和主义",这是两性之间谈判的另一产物。至于这些变化传播多广,多大程度上扩大到受过教育的中产阶级妇女之外,还不清楚。学者才刚刚开始挖掘反映女性意识变化的材料;他们发现相比之下研究法律和制度的变迁要容易得多。

一些妇女明确表达追求独立,这并不奇怪。因为当时个人独立是每个普通人追求的崇高目标。受过教育的美国妇女很喜欢读玛丽·沃斯通克拉夫特的

《女权辩护》。费城的贵格派女信徒伊丽莎白·德林克（Elizabeth Drinker）在日记中透露，"在玛丽的字里行间，就像我们的一些朋友说的，说出了我们的想法。在其他方面，我并不总是赞同她的观点。我还不是那么独立"。约翰·亚当斯认为阿比盖尔是"沃斯通克拉夫特的完美追随者"。整个18世纪90年代，朱迪斯·萨金特·默里是美国最敢言的女权理论家，她坚决主张争取"共和国母亲"之外的独立。她认为："婚姻不应该被视为尽善尽美，它不是自然而然的，甚至不是必要的；妇女们应该学习重视单身生活，甚至视之为最合适的生活，除非心中有一份温暖、相互、明智的恋情。"

在那个时代，大多数白人男性能够获得独立，大多数妇女则不然；正如约翰·亚当斯所言，大多数男人没有准备好放弃"我们的男权制度"。为什么他们不放弃呢？正如依附的奴隶造就了独立的奴隶主，依附的学徒和雇工造就了独立的工匠，同样，依附的妻儿造就了各行各业独立的白人男性。

妥协：印第安人、精英和边疆居民

美国革命时期，领土前所未有地扩张。扩张加剧了印第安人、东部国家精英和西部定居者之间的冲突，这些冲突导致了国家妥协与冲突的政策变化，也加深了印第安人社会的分化。

民族优越感限制了与印第安人的妥协，大部分英裔美国民众不能和传统的印第安人和平共处。在战时和战后，大部分印第安人站在英国一边，因为英国保护他们的传统。白人对印第安人的主流态度体现在祝酒词和口号中："北美野人要么文明，要么灭亡"。但英裔美国领袖没有考虑到印第安人的独立意愿以及他们捍卫独立的能力。

战争前后的几十年，印第安部落经历了灵性复兴运动，加强了它们的政治和军事反抗。美国革命战争激发了"跨阿巴拉契亚一致反美斗争"，增强了泛印第安主义。美国革命领袖采用焦土政策摧毁易洛魁人的村庄——易洛魁人称乔治·华盛顿为"城镇毁灭者"——使印第安人无意与获胜的美国和解。

在与英国的和约中，以主权为借口占据印第安人土地，这对新生国家来说是"合法的谎言"。但是北方易洛魁联盟的发言人说，他们是"自由的民族，不会臣服于世上任何强权"，南方的部落则坚持从没有"被迫放弃我们的独立和天赋权利"。面对印第安人的力量，国家领导人迅速改变政策。他们承认印第安人声称的主权,即缔结条约的权利,1787年《西北法令》承诺"对印第安人永远持最善良的诚意;未经他们的同意,他们的土地和财产永远不应该被侵占"。

这一和解的必然结果是把"文明的祝福"带给印第安人。这意味着"印第安男人要选择从事农业,印第安女人要为家庭放弃田地,所有印第安人都要放弃他们基督信仰中的异教做法"。在美国总统授予联盟酋长的银质和平奖章上刻有这样的象征性图案:一名印第安男子在戎装佩剑的华盛顿总统面前,把一支断箭扔到地上;背景是一个男子,也许是同一个印第安人,手扶两头耕牛拉的犁,正在耕地。

西部农民的压力也迫使国家改变政策。农民通过劳动赋予了土地价值,因而他们有权独占土地。在农民眼中,印第安人没有做任何事情改造"荒凉的原野"。类似的阶级冲突显示了乡下人对于城居地主和反对侵略印第安人的东部人的态度。1794年田纳西准州立法机构提醒国会,"遥远边疆的贫困公民,和东部大都市里奢华、安逸、富足的人一样,他们的人身、家庭和少量财产应该得到保障"。18世纪90年代,东部精英迫于以上压力,放弃了原有的扩张计划,批准了对印第安人的大规模战争。

另一方面,英裔美国人的压力也迫使印第安人开始内部妥协。印第安人部落分化成以下几种类型:有的愿意谈判放弃土地并迁移;有的愿意采纳白人的生活方式,包括信仰基督教、耕种土地;有的反对白人的生活方式或试图加以选择性采用。面对帝国主义扩张,印第安人部落内部的分化与同时英裔美国社会内部的分化有几分相似。

民主共和党人甫一上台,就对印第安人恩威并施,这为以后从东部驱逐印第安人铺平了道路。1783年,有15万印第安人居住在密西西比河以东,到1844年,就只剩下不到四分之一了。

激进主义的分化

政治制度的妥协过程促使激进大众运动分化,也最能实现变革的目的。殖民地时代传下来的老办法就是无法无天,比如城市的暴动和农村的"监管运动"。

在普通民众看来,美国革命的胜利使违法行为合法化,战争鼓励了暴力行为,为其戴上了爱国主义的光环。如果有哪一次行动可以代表整个美国革命,那就是"波士顿茶会"。

政治文化的民主化、精英的妥协，加上信息传播的变革，无疑将反抗引向更为开放的政治制度。民众向国会请愿的次数极可能超过了殖民地时期，并且不再使用恳求的语气。但是他们几乎没有放弃超越法律的方式；这些行为似乎和合法行为并行发展。18世纪90年代，在宾夕法尼亚西部，农民组成民主团体，通过决议，向联邦政府请愿。与此同时，他们给税收人员泼沥青粘羽毛，树立自由柱，在匹兹堡举行数千人大游行以恐吓当地精英。他们本准备进行军事对抗，但面对动员起来的联邦大军时，这些反叛分子就战略问题争论不休，只好撤退了事。

动用武力使大众运动怀疑是否能在体制内达到目的，这也反映出精英内部对利用民主维护统治信心不足。显然，一种宪政民主的激进主义正在形成。威廉·曼宁是一个平民民主派，曾反对谢斯叛乱，他设想的全国劳动协会的成员要宣誓支持政府镇压叛乱。协会的宗旨是教育"多数人"用选票赶走"少数人"。

受人尊敬的技工和手艺人创造了积极的非暴力新仪式：他们在世俗节日期间游行，参加7月4日典礼，举办宴会庆祝法国革命的胜利。他们还参与政治，越来越多的选民（在人口中占了相当比重）参加选举投票。投票箱不再是平民意识的棺材。汉密尔顿痛苦地写到，1796年纽约市的议会选举"在普通民众看来是富人和穷人的对决"。

如果说到18世纪末，南部黑人奴隶获得自由的合法渠道变少了，那么有可能他们已经更多地诉诸了非法渠道。战争和自由黑人群体的兴起，使逃跑比以往更有可能，更能成功。但在圣多明戈的成功起义、新的福音派宗教浪潮、奴隶中工匠阶级的出现，以及首个行之有效的自由黑人群体这些成功范例的激励下，集体暴动在当时已成为可能。这不免让人觉得世纪交替后又要出现新一轮的造反。

1800年夏，加布里埃尔·普罗瑟（Gabriel Prosser）在弗吉尼亚里士满密谋失败，这场密谋由城市工匠领导，州长詹姆斯·门罗认为这"毫无疑问是我们目前所知最严重、最可怕的阴谋"。圣·乔治·塔克是一名反对奴隶制的弗吉尼亚人，他见证了1775年以后25年间黑人的变化。为了响应邓莫尔勋爵的请求，奴隶单独逃跑；到1800年他们能够"一致行动"，其程度令塔克"震惊"。1775年，他们"为自由而战，只是因为那样做有好处；现在他们宣称自由是他们的权利"。一名造反者在受审时说："假如乔治·华盛顿被英军俘获并接受审讯的话，我供出的东西不会比他更多。我冒着生命危险争取我同胞的自由，甘愿为此做出牺牲。"

相反，很难发觉主张女权的人手段上有什么不同。能言善辩的妇女间显然存在差异。但妇女在报纸、杂志、小说中，或在私人信件、日记和谈话中发表她们的不同观点，只是表明妇女活动的范围不同。到1800年，不太可能有妇女运动，更不用说女权运动了。

1776：二十五年后

始于1775—1776年、盛于18世纪八九十年代的各种激进主义到底有多成功？我坚信在漫长的美国革命时期，一个最好的衡量标准就是看他们对精英的影响力大小。1801年，两名倾向妥协的国家精英领导民主共和党取得政权。他们在美国不同生活领域的妥协能走多远呢？

在某些方面，精英与激进派所见略同。1800年的大选中，托马斯·杰弗逊击败了约翰·亚当斯。杰弗逊称这场选举是"1800年革命"，是一场"关于政府原则的真革命，正如1776年革命是关于政府形式的革命一样"。

执政后的杰弗逊派精英仅与部分的大众运动妥协。希望成为自耕农的农民渴望获得土地，能够寄希望于修改联邦土地法，把公有土地划分成更小的块，以更低的价格卖给他们。当扩张领土的总统获得路易斯安那时，他宣布就职演说中的承诺可以兑现了：让人们能够获得土地，"直到千代"。1801年，技工能够信心满满地向国会提交请愿书，要求保护美国的制造业，这与他们1789年提交的请愿书措辞相同。

其他人则不能那么乐观。1799年，一百名费城的鞋匠雇工开始长期罢工，此后十多年间，在许多城市又发生了五六起类似罢工。罢工的鞋匠雇工被以阴谋罪审判并定罪。他们从当地的民主共和党人那里得到的更多是反对而非支持。

在全国范围内，杰弗逊派想遏制南方奴隶对自由的强烈渴望，而不是与之妥协。杰弗逊自18世纪80年代发表《弗吉尼亚纪事》(*Notes on Virginia*)后，再没有公开发表过一个字抨击奴隶制度。他的种族偏见削弱了反奴隶制情绪，圣多明戈的黑人叛乱将这一情绪彻底浇灭，这甚至早于他家乡的加布里埃尔阴谋。作为总统，面对拿破仑镇压法属西印度殖民地的奴隶革命，杰弗逊坚决"要求彻底摧毁并剿灭黑人雅各宾派"。

杰弗逊对妇女的支持比亚当斯更少。杰弗逊高兴地说，"我们善良的女士们非常聪明,不会对政治瞎费脑筋。政治斗争搞得她们的丈夫心烦意乱,她们很乐意平抚他们的心情"。只在某些场合,几个特立独行的共和党人会公开支持妇女,如本杰明·纳什、詹姆斯·沙利文、查尔斯·布罗克登·布朗。

印第安人很快就弄清了杰弗逊不愿多做妥协。这位哲学家和科学家总统对某访问团表达了他的愿望,"我们应该看到,你们开始习惯种地,饲养家畜,纺纱织线,有衣有食"。杰弗逊对俄亥俄准州州长说的话暴露了他的根本想法:"我们的定居点会逐渐划定界线,逼近印第安人,到时候他们要么归化为美国公民,要么迁徙到密西西比河之外"。他在天鹅绒的手套内握紧铁拳。1803年,他谈论道:"我们想,敌弱我强,现在已经显而易见。他们必须看到,我们只需轻轻一握即可消灭他们"。只有白人男性自耕农及其家庭才见容于杰弗逊设想的"自由帝国"。

美国革命有多激进?或者不如问,美国革命带来了多大改变?我提出的核心概念,即对立集团、"阶级"和个人间的谈判,作为分析工具或尝试研究的原则具有许多优势。它不同于旧的进步主义和冲突理论,后者主要关注政治,不是你死,就是我亡。它也与旧的舆论理论不同,后者将后果作为冲突的产物进行分析。它也避免了思想文化理智或意识形态理论的缺陷,后者假定所有变化均源自一种思潮。它承认制度或结构塑造了人们的行为,但主要关注人的能动性,努力实现变革,甚至在失败面前继续斗争。

这一核心概念囊括了美国革命的诸多方面:美国革命是一场殖民地脱离英帝国统治获得解放的斗争,新生"阶级"在其中合纵连横;美国革命又是一系列内部冲突,各自为战却又常常重叠。它让我们在分析这些冲突的结果时,不是静止在一个点上,而是将其当作一个持续的过程,谈判常常重启,又时而消失。进一步说,它让我们能够考察公私生活领域的不同结果。而且它让我们认识到,美国革命的确激进。但美国革命有多激进?这个问题并没有唯一的答案。

【本文选自 Alfred F. Young, ed., *Beyond the American Revolution: Explorations in the History of American Radicalism*, 1993, Northern Illinois University Press, pp. 317-364。】

附 录

美国革命大事年表

盛嘉　廖平　编译

1760.10.25	英王乔治二世驾崩,乔治三世继位。
1761.2	波士顿给予援助令状案。
1763.2.10	《巴黎和约》签订,七年战争结束,英属北美领土大规模扩张。
1763.10.7	英国划定"公告线",旨在阻止殖民者向阿巴拉契亚山脉以西移民。
1763.12.13	边境民团"帕克斯顿青年"杀害了兰卡斯特的康内斯托加印第安人,向费城进军,并在两周后撤回。
1764.4.5	英国议会通过《糖税法》,旨在降低进口糖蜜关税以打击走私。
1764.4.19	英国议会批准《货币法》,限制北美殖民地的纸币流通。
1764.6.13	马萨诸塞议会设立北美首个"通讯委员会",以组织对英国政府举措的抗议行动。
1764.8	在抗议《糖税法》活动中,波士顿的商人组织了最早的抵制英货行动。
1765.3.22	英国议会通过《印花税法》,预定11月1日生效。
1765春	《印花税法》的消息引起了殖民者的抗议;詹姆斯·奥蒂斯、约翰·亚当斯和帕特里克·亨利分别公开声明反对《印花税法》;殖民者组建"自由之子社"。
1765.8.14	波士顿"自由之子社"成员"绞死"了印花代销商安德鲁·奥利弗的塑像;后者于次日辞职。
1765.8.26	"自由之子社"成员捣毁并焚烧了马萨诸塞殖民地副总督托马斯·哈钦森的住宅。
1766.3.18	英国议会撤销《印花税法》,并通过《公告令》。

1767.6.29	英国议会批准《汤森税法》,并在波士顿设立"北美关税专员委员会",英国海关官员将于11月抵达波士顿。
1767.11	约翰·迪金森的《一个宾夕法尼亚农场主的信札》付梓。
1768.1.20	希尔斯伯勒勋爵出任主管北美殖民地的国务大臣,这是英国首次试图在一个机构中整合北美事务。
1768.3	英国议会在哈利法克斯、波士顿、费城和查尔斯顿分别设立四个海事法庭。
1768.6.10	英国官员扣押约翰·汉考克的"自由"号商船。波士顿随即爆发抗议骚乱,促使英军奉命前往该市;英军于10月1日抵达。
1769.8.1	托马斯·哈钦森出任马萨诸塞殖民地总督。
1769.12	以诺思勋爵为首相的英国政府决定撤销除茶叶税以外的《汤森税法》。
1770.3.5	"波士顿惨案"致5人身亡;保罗·里维尔为此事所作的木刻版画是迄今最有力的抗英宣传品。12月初,波士顿一家法庭宣布6名英军士兵无罪,另外2人则被判过失杀人罪。
1771.9	波士顿市镇选民大会设立通讯委员会,以响应塞缪尔·亚当斯的请求。
1772.6.10	英国缉私船"加斯比"号在普罗维登斯搁浅;当地居民将船员押往海滩,并焚毁该船。
1773.3.2	弗吉尼亚设立通讯委员会,以响应罗得岛的"加斯比"号事件。
1773.5.10	英国议会批准《茶叶法》,旨在增加东印度公司的利润;法案规定代销商可以得到茶叶合同作为奖励,这些代销商中至少有部分深得当局宠幸。
1773.12.16	波士顿的"自由之子社"成员化装成印第安人,将价值9万英镑的茶叶投入波士顿港海中,即所谓"波士顿倾茶"事件。
1774.1—6	英国议会通过"强制法令"或称"不可容忍法令",以对波士顿及马萨诸塞居民的"波士顿茶会"进行惩罚:《波士顿港口条例》(3月31日)宣布封闭波士顿港;《马萨诸塞政府条例》(5月20日)宣布改组该殖民地政府;《司法管理条例》(5月20日)规定对马萨诸塞殖民地居民的审判须在该殖民地以外进行;《驻军条例》(6月2日)允许英军士兵征用马萨诸塞的闲置建筑;《魁北克法》(6月22日)规定魁北克政府控制十三个殖民地以西的土

	地,该政府承认天主教信仰自由,进而对新英格兰的新教徒造成威胁。
1774.6.17	在"不可容忍法令"的消息传到马萨诸塞之前,波士顿居民就公开呼吁召开大陆会议以应对危机。
1774.9.5	第一届大陆会议在费城召开,并于10月成立"抵制英货协会"。
1774.10.7	约翰·汉考克出任殖民地安全委员会主席。
1775.4.18	保罗·里维尔和威廉·道威斯骑行下乡,通知各地英军正向莱克星顿进军。
1775.4.19	莱克星顿和康科德发生枪战,独立战争爆发。
1775.5.10	第二届大陆会议在费城召开;同日,伊桑·艾伦和本尼迪克·阿诺德夺取提康德罗加要塞。
1775.6.17	邦克山战役。
1775.7.6	《关于拿起武器的原因和必要的公告》。
1775.1	托马斯·潘恩发表《常识》,随即引起轰动。
1776.3.17	英军撤出波士顿,并向纽约进发;7月2日,1万名英军夺取史泰登岛。
1776.5.10	大陆会议批准各殖民地组建新政府,制定各州宪法。
1776.7.4	大陆会议代表签署《独立宣言》。
1776.8.27	英军于长岛击败大陆军;随后,威廉·豪率英军夺取纽约和新泽西,并于10月28日再败大陆军于白原。
1776.9.21	纽约市约四分之一的建筑失火被毁。
1776.12.26	华盛顿强渡特拉华河,于特伦顿俘虏英军1000人。
1777.1.3	华盛顿突袭普林斯顿,迫使英军退守纽约。
1777.7—10	豪率英军从切萨皮克湾进攻费城,先后于布兰迪万河(9月11日)和日耳曼敦(10月4日)击败大陆军,夺取费城。
1777.10.17	柏高英于萨拉托加向盖茨投降,英军在北部的行动结束。
1777.12	华盛顿率军在福吉谷过冬。
1778.2.6	法国签订《友好通商条约》,支援北美抗英;西班牙随后作为法国盟友参战。英军重新部署,主攻南部。
1780.3—6	至少188个马萨诸塞市镇响应了批准州宪法的要求;宪法于10月底生效。随后各州的宪法以该宪法的批准过程为模板。
1781.2.27	马里兰最后一个通过《邦联条例》,邦联政府正式成立。

1781.10.18	康华利突破约克敦之围失败,被迫投降,结束了英军在北美的行动,但军队滞留至 1783 年。
1782.4.12	停战谈判在巴黎开始。
1783.9.3	《巴黎条约》结束了独立战争。
1783.11.25	最后一支英军撤离纽约。
1783.12.23	华盛顿前往安纳波利斯的大陆会议,辞去军职。
1786.1.16	弗吉尼亚最终通过了杰斐逊起草的《宗教自由法》。
1786.8	马萨诸塞西部爆发谢斯叛乱。
1786.9	聚集在安纳波利斯修改《邦联条例》的各州代表决定次年在费城继续开会。
1787.5.25	谢斯叛乱仍在继续,叛军袭击了斯普林菲尔德的邦联兵工厂。
1787.5.25	制宪会议在费城召开;9 月 17 日会议结束,将宪法提交各州批准。
1787.6.13	大陆会议颁布《西北法令》。
1787.12	特拉华(12 月 7 日)、宾夕法尼亚(12 月 12 日)和新泽西(12 月 18 日)批准宪法。
1788.1—7	佐治亚(1 月 9 日)、马萨诸塞(2 月 6 日)、马里兰(4 月 28 日)、南卡罗来纳(5 月 23 日)、新罕布什尔(6 月 21 日)、弗吉尼亚(6 月 25 日)和纽约(6 月 26 日)批准宪法。
1789.4	选举人团分别选举乔治·华盛顿和约翰·亚当斯为总统、副总统。
1789.9	国会通过《司法条例》,确立联邦司法制度。
1790.5.29	罗得岛州最后批准宪法。
1791.12.5	四分之三的州批准了十条宪法修正案,即《权利法案》。
1793	最高法院判决"奇赫姆诉佐治亚州案"。
1797.3.4	约翰·亚当斯就任美国第二任总统并发表就职演说。
1798	亚当斯政府施行《客籍法》和《惩治煽动叛乱法》引起杰斐逊和麦迪逊的反对。
1801.3.4	托马斯·杰斐逊发表就职演说,试图促使共和派和联邦者和解,美国两党制确立。

延伸阅读

1. 美国革命历史叙事的建构

Axelrod, Alan. *The Real History of the American Revolution, A New Look at the Past* (New York: Sterling, 2007)

Bailyn, Bernard. *The Ideological Origins of the American Revolution* (Cambridge, Massachusetts: Harvard University Press, 1992)

Bernstein, R. B. *The Founding Fathers Reconsidered* (New York: Oxford University Press, 2009)

Billias, George A. ed., *The American Revolution: How Revolutionary Was It?* (1965)

Countryman, Edward. *The American Revolution* (2003)

Cummins, Joseph. *Ten Tea Parties, Patriotic Protests that History Forgot* (Philadelphia: Quirk Books, 2012)

Draper, Theodore. *A Struggle for Power, the American Revolution* (New York: Vintage Books, 1997)

Ellis, Joseph J. *Founding Brothers: the Revolutionary Generation* (2002)

Ferling, John. *A Leap in the Dark, the Struggle to Create the American Republic* (New York: Oxford University Press, 2003)

Higginbotham, Don. *George Washington Reconsidered* (2001)

——. *Reconsiderations on the Revolutionary War* (1978)

Knollenberg, Bernhard ed., *Growth of the American Revolution 1766-1775* (Indianapolis, Liberty Fund, 1975)

Middlekauff, Robert. *The Glorious Cause: The American Revolution, 1763-1789*

(1982)

Morgan, Edmund S. *The Birth of the Republic 1763-1789*, 3rd edition (Chicago Press, The University of Chicago Press, 1992)

Nash, Gary B. *The Unknown American Revolution, the Unruly Birth of Democracy and the Struggle to Create America* (Penguin Books, 2005)

Rakove, Jack N. *Revolutionaries: A New History of the Invention of America* (2010)

Simon, James F. *What Kind of Nation: Thomas Jefferson, John Marshall, and the Epic Struggle to Create a United States* (2002)

Wood, Gordon S. *Empire of Liberty: A History of the Early Republic, 1789-1815* (2010)

——. *Revolutionary Characters: What Made the Founders Different* (2006)

——. *The American Revolution, A History* (New York: The Modern Library, 2002)

——. *The Creation of the American Republic* (1969)

——. *The Idea of America, Reflections on the Birth of the United States* (New York: Penguin Books, 2011)

——. *The Radicalism of the American Revolution* (1992)

2. 革命的起源与反抗

(1) 作为帝国的英国

Anderson, Fred. *A People's Army: Massachusetts Soldiers and Society in the Seven Years' War* (1984)

——. *The Crucible of War: The Seven Years' War and the Fate of Empire in North America, 1754-1766* (2000)

Bailyn, Bernard. *Atlantic History: Concept and Contours* (2005)

——. *The Barbarous Years: The Peopling of British North America: The Conflict of Civilizations, 1600-1675* (2012)

——. *Voyagers to the West: A Passage in the Peopling of America on the Eve of the Revolution* (1986)

Beer, George Louis. *British Colonial Policy, 1754-1765* (1907)

Brewer, John. *Party Ideology and Popular Politics at the Accession of George III* (1976)

——. *The Sinews of Power: War, Money and the English State, 1688-1783* (1989)

Brooke, John. *King George III* (1972)

Bushman, Richard L. *From Puritan to Yankee: Character and the Social Order in Connecticut, 1690-1765* (1967)

Christie, Ian R. *Crisis of Empire: Great Britain and the American Colonies, 1754-1783* (1967)

Gipson, Lawrence H. "The American Revolution as an Aftermath of the Great War for the Empire, 1754-1763", *Political Science Quarterly* 65 (1950), 86-104.

——. *The Great War for the Empire: The Culmination, 1760-1763* (1953)

——. *The Great War for the Empire: The Victorious Years, 1758-1760* (1949)

——. *The Great War for the Empire: The Years of Defeat, 1754-1757* (1946)

Grant, Alexander, and Keith J. Stringer, eds., *Uniting the Kingdom? The Making of British History* (1995)

Greene, Jack P. *Peripheries and Center: Constitutional Development in the Extended Politics of the British Empire and the United States, 1607-1788* (1986)

Hamilton, Edward P. *The French and Indian Wars: The Story of Battles and Forts in the wilderness* (1962)

Kammen, Michael. *Empire and Interest : The American Colonies and the Politics of Mercantilism* (1970)

Knollenberg, Bernhard. *Origin of the American Revolution 1759-1766* (1961)

Koehn, Nancy F. *The Power of Commerce: Economy and Governance in the First British Empire* (1994)

Kopperman, Paul E. *Braddock at the Monongahela* (1977)

Labaree, Leonard W. "Benjamin Franklin and the Defense of Pennsylvania, 1754-1757", *Pennsylvania History* 29 (1962), 7-23.

——. *Royal Government in America: A Study of the British Colonial System Before 1783* (1930)

Leach, Douglas Edward. *Roots of Conflict: British Armed Forces and Colonial Americans, 1677-1763* (1986)

Marietta, Jack D. "Conscience, the Quaker Community, and the French and Indian War", *Pennsylvania Magazine of History and Biography* 95 (1971), 3-27.

Murrin, John M. "The French and Indian War, the American Revolution, and the Counter-factual Hypotheses: Reflections on Lawrence Henry Gipson and John Shy", *Reviews in American History* 1 (1973), 307-318.

Nettels, Curtis P. "British Mercantilism and the Economic Development of the Thirteen Colonies", *Journal of Economic History* 12 (1952), 105-114.

Olson, Alison Gilbert. *Making the Empire Work: London and American Interest Groups, 1690-1790* (1992)

Parkman, Francis. *Montcalm and Wolfe* (1884)

Pearfon, Michael. *Those Damned Rebels: The American Revolution as Seen Through British Eyes* (Da Capo Press, 1972)

Pencak, William. *War and Politics and Revolution in Provincial Massachusetts* (1981)

Rawlyk, G. A. *Yankees at Louisbourg* (1967)

Rogers, Alan. *Empire and Liberty: American Resistance to British Authority, 1775-1763* (1794)

Sherrard, O. A. *Lord Chatham: Pitt and the Seven Years' War* (1955)

Shy, John. *Toward Lexington: The Role of the British Army in the Coming of the American Revolution* (1965)

Sosin, Jack M. *Whitehall and the Wilderness: The Middle West in British Colonial Policy, 1760-1775* (1761)

Stacey, C. P. *Quebec, 1759: The siege and the Battle* (1959)

Zuckerman, Michael W. *Almost Chosen People: Oblique Biographies in the American Grain* (1993)

Zuckerman, Michael W. *Peaceable Kingdoms: New England Towns in the Eighteenth Century* (1970)

(2) 英国议会对北美控制的强化

Brooke, John. *The Chatham Administration, 1766-1768* (1956)

Bullion, John L. *The Great and Necessary Measure, George Grenville and the Genesis of the Stamp Act* (1982)

Chaffin, Robert J. "The Townshend Acts of 1767", *William and Mary Quarterly*, 3rd ser., 27 (1970), 90-121.

Dickerson, Oliver M. *The Navigation Acts and the American Revolution* (1951)

Ernst, Joseph A. "The Currency Act Repeal Movement: A Study of Imperial Politics and Revolutionary Crisis, 1764-1767", *William and Mary Quarterly*, 3rd ser., 25 (1968), 177-211.

Gipson, Lawrence H. "The Great Debate in the Committee of the Whole House of Commons on the Stamp Act, 1766, as Reported by Nathaniel Ryder", *Pennsylvania Magazine of History* 86 (1962), 10-41.

———. *The Triumphant Empire: The Rumbling of the Coming Storm, 1766-1770* (1965)

———. *The Triumphant Empire: Thunder-Clouds Gather in the West, 1763-1766* (1961)

Kammen, Michael. *A Rope of Sand: The Colonial Agents, British Politics, and the American Revolution* (1968)

Knollenberg, Bernard. *Origin of the American Revolution, 1759-1766* (1960)

Lemisch, Jesse. "Radical Plot in Boston (1770): A Study in the Use of Evidence", *Harvard Law Review* (1970), 485-504.

Maier, Pauline. *From Resistance to Revolution: Colonial Radicals and the Development of American Opposition to Britain, 1765-1776* (1972)

Marshall, Peter James. *East Indian Fortunes: The British in Bengal in the Eighteenth Century* (1976)

———. *The Making and Unmaking of Empires: Britain, India and America c. 1750-1783* (2005)

Morgan, Edmund S. and Helen M. Morgan, *The Stamp Act Crisis: Prologue to Revolution* (1953)

———. "Colonial Ideas of Parliamentary Power, 1764-1766", *William and Mary Quarterly*, 3rd ser., 5 (1948), 311-341.

———. ed., *Prologue to Revolution: Sources and Documents on the Stamp Act Crisis, 1764-1766* (1959)

Schlesinger, Arthur M. *The Colonial Merchants and the American Revolution, 1763-1776* (1918)

Smith, Glenn C. "An Era of Non-Importation Associations, 1768-1773", *William and Mary Quarterly,* 2nd ser., 5 (1940), 84-98.

Stout, Neil R. *The Royal Navy in America: A Study of Enforcement of Colonial Policy in the Era of the American Revolution* (1973)

Thomas, Peter D. G. *British Politics and the Stamp Act Crisis: The First Phrase of the American Revolution, 1763-1767* (1975)

——. *The Townshend Duties Crisis: The Second Phrase of the American Revolution, 1767-1773* (1987)

Ubbelohde, Carl. *The Vice-Admiralty Courts and the American Revolution* (1960)

Waters, John J. and John A. Schultz, "Pattern of Colonial Politics: The Writs of Assistance and the Rivalry Between the Otis and Hutchinson Families", *William and Mary Quarterly*, 3rd ser., 24 (1967), 543-567.

Watson, Derek. "The Rockingham Whigs and the Townshend Duties", *English Historical Review* 84 (1969), 561-565.

Weir, Robert M. "North Carolina: Reaction to the Currency Act of 1764", *North Carolina Historical Review* 40 (1963), 183-199.

Zobel, Hiller B. *The Boston Massacre* (1970)

(3) 革命的先决条件和民众政治的形成

Bailyn, Bernard. *Education in the Forming of American Society* (1960)

Beeman, Richard R. *The Evolution of the Southern Backcountry: A Case Study of Lunenburg County, Virginia, 1746-1832* (1984)

Bonomi, Patricia U. *A Factious People: Politics and Society in Colonial New York* (1971)

——. *Under the Cope of Heaven: Religious, Society and Politics in Colonial America* (1986)

Breen, T. H. *American Insurgents American Patriots, the Revolution of the People* (New York: Hill and Wang, 2010)

——. *Tobacco Culture: The Mentality of the Great Tidewater Planters on the Eve of the Revolution* (1985)

Bridenbangh, Carl. *The Spirit of '76: the Growth of American Patriotism Before Independence 1607-1776* (1975)

Bushman, Richard L. *King and People in Provincial Massachusetts* (1985)

——. *The Refinement of America: Persons, Houses, Cities* (1992)

Chidsey, Donald Barr. *The Great Separation: the Story of the Boston Tea Party and Beginning of the American Revolution* (1965)

Conroy, David W. *In Public Houses: Drink and the Revolution of Authority in Colonial Massachusetts* (1995)

Cummins, Joseph. *Ten Tea Parties, Patriotic Protests that History Forgot* (Philadelphia: Quirk Books, 2012)

Daniels, Bruce C. ed., *Power and Status: Office holding in Colonial America* (1986)

Demos, John. *Circles and Lines, the Shape of Life in Early America* (Cambridge, Mass.: Harvard University Press, 2004

Ditz, Toby L. *Property and Kinship: Inheritance in Early Connecticut, 1750-1820* (1986)

Doerflinger, Thomas M. *A Vigorous Spirit of Enterprise: Merchants and Economic Development in Revolutionary Philadelphia* (1986)

Forbes, Esther. *Paul Revere and the World He Lived In* (1969)

Galenson, David. *White Servitude in Colonial America: An Economic Analysis* (1981)

Goodman, Paul, and Frank Otto Gatell, *The American Colonial Experience: An Essay in National Origins* (1970)

Greene, Jack P. ed., *Exclusionary Empire: The Transmission of the English Liberty Overseas 1600 to 1900* (2009)

——. *The Constitutional Origins of the American Revolution* (2010)

——. *Pursuits of Happiness: The Social Development of the Early Modern British Colonies and the Formation of American Culture* (1988)

Gross, Robert A. *The Minutemen and Their World* (1976)

Hoffman, Ronald. et al., eds., *The Economy of Early America: The Revolutionary Period, 1763-1790* (1988)

Isaac, Rhys. *The Transformation of Virginia, 1740-1790* (1982)

Jedry, Christopher. *The World of John Cleveland: Family and Community in Eighteenth-Century New England* (1979)

Kulikoff, Allan. *Tobacco and Slaves: the Development of Southern Cultures in the Chesapeake, 1680-1800* (1986)

Lemon, James T. *The Best Poor Man's Country: A Geographical Study of Early Southeastern Pennsylvania* (1972)

Levy, Leonard W. *Freedom of Speech and Press in Early American History: Legacy of Suppression* (1963)

Morgan, Edmund Sears. *The Puritan Dilemma: The Story of John Winthrop* (1958)

Nash, Gary B. *The Urban Crucible: Social Change, Political Consciousness, and the Origins of the American Revolution* (1979)

Nobles, Gregory H. *Divisions throughout the Whole: Politics and Society in Hampshire County, Massachusets, 1740-1775* (1983)

Papenfuse, Edward C. *In Pursuit of Profit: The Annapolis Merchants in the Era of the American Revolution, 1763-1805* (1975)

Salinger, Sharon V. *"To Serve Well and Faithfully": Labor and Indentured Servants in Pennsylvania, 1692-1800* (1987)

Smith, Daniel Blake. *Inside the Great House: Planter Life in Eighteenth-Century Chesapeake Society* (1980)

Sydnor, Charles S. *American Revolutionaries in the Making: Political Practices in Washington's Virginia* (1952)

Tyler, John W. *Smugglers and Patriots: Boston Merchants and the Advent of the American Revolution* (1986)

Wood, Gordon S. *The Radicalism of the American Revolution* (1992)

Zuckerman, Michael. *Peaceable Kingdoms: New England Towns in the Eighteenth Century* (1970)

(4)商人革命者的复杂动机、宣布独立

Ammerman, David. *In the Common Cause: American Response to the Coercive Acts of 1774* (1974)

Bailyn, Bernard. *The Ideological Origins of the American Revolution* (1967)

Beeman, Richard R. *Our Lives, Our Fortunes, Our Sacred Honor: Americans Choose Independence* (2013)

Brown, Richard D. *Revolutionary Politics in Massachusetts: The Boston Committee of Correspondence and the Towns, 1772-1774* (1970)

Champagne, Roger. "New York and the Intolerable Acts, 1774", *New-York Historical Society Quarterly* 45 (1961), 195-207.

Currey, Cecil B. *Road to Revolution: Benjamin Franklin in England, 1765-1775* (1968)

Doerflinger, Thomas Main. *A Vigorous Spirit of Enterprise: Merchants and Economic Development in Revolutionary Philadelphia* (1986)

——. *Enterprise on the Delaware* (1980)

Fischer, David Hackett. *Paul Revere's Ride* (1994)

Foner, Eric. *Tom Paine and Revolutionary America* (1976)

Gruber, Ira D. "The American Revolution as a Conspiracy", *William and Mary Quarterly*, 3rd ser., 26 (1969), 360-372.

Ketchum, Richard M. *Decisive Day: The Battle for Bunker Hill* (1974)

Labaree, Benjamin W. *The Boston Tea Party* (1964)

Leslie, William R. "The Gaspee Affair: A Study for Its Constitutional Significance", *Mississippi Valley Historical Review* 39 (1952-1953), 233-256.

Maie, Pauline Alice. *American Sculpture: Making the American Declaration of Independence* (1997)

Maier, Pauline. *From Resistance to Revolution: Colonial Radicals and the Development of American Opposition to Britain* (1972)

Marston, Jerrilyn Greene. *King and Congress: The Transfer of Political Legitimacy, 1774-1776* (1987)

Metzger, Charles H. *The Quebec Act: A primary Cause of the American Revolution* (1936)

Neunschwander, John A. *The Middle Colonies and the Coming of the Revolution* (1973)

Reid, John Phillip. *In A Rebellious Spirit: The Argument of Facts, the Liberty Riot, and the Coming of the American Revolution* (1979)

——. *In Defiance of the law: The Standing-Army Controversy, the Two Constitutions, and the Coming of the American Revolution (1981)

Ryerson, Richard Alan. *The Revolution Is Now Begun: The radical Committees of Philadelphia, 1785-1776* (1978)

Shaw, Peter. *American Patriots and the Rituals of Revolution* (1981)

Thomas, Peter D. G. *Tea Party to Independence: the Third Phase of the American Revolution, 1773-1776* (1978)

Toohey, Robert E. *Liberty and Empire: British Radical Solutions to the American Problem, 1774-1776* (1978)

Tourtellot, Arthur Bernon. *William Diamond's Drum* (1959)

Tucker, Robert W. and David C. Hendrickson, *The Fall of the first British Empire: Origins of the War of American Independence* (1982)

Tyler, John W. *Smuggler and Patriots: Boston Merchants and the Advent of the American Revolution* (1986)

Weir, Robert M. *"A Most Important Epocha": The Coming of the Revolution in South Carolina* (1970)

Wills, Garry. *Inventing America: Jefferson's Declaration of Independence* (1978)

(5) 联合抵制促进了美国革命的激进

Bailyn, Bernard. *Faces of Revolution: Personalities and Themes in the Struggle for American Independence* (1990)

——. *The Ideological Origins of the American Revolution* (1967)

Barrow, Thomas C. "The American Revolution Considered as a Colonial War for Independence," *William and Mary Quarterly,* 3rd ser., 25 (1968), 452-464

Breen, Timothy Hall. *Marketplace of Revolution: How Consumer Politics Shaped American Independence* (2004)

——. *Tobacco Culture: the Mentality of the Great Tidewater Planters of the Eve of Revolution* (1985)

Buel, Richard Jr. "Democracy and the American Revolution: A Frame of Reference", *William and Mary Quarterly,* 3rd ser., 21 (1964), 165-190.

Burrows, Edwin G. and Michael Wallace, "The American Revolution: The Ideology and Practice of National Liberation", *Perspectives in American History* 6

(1972), 167-306.

Countryman, Edward. *The American Revolution* (1985)

Fliegelman, Jay. *Prodigals and Pilgrims: The American Revolution Against Patriarchal Authority* (1982)

Fowler, William M. Jr., and Wallace Coyle, eds., *The American Revolution: Changing Perspectives* (1979)

Franklin, Jameson J. *The American Revolution Considered as a Social Movement* (1926)

Greene, Jack P. ed., *The American Revolution: Its Character and Limits* (1987)

Hoffman, Ronald, and Peter J. Albert, *The Transforming Hand of Revolution: Reconsidering the American Revolution as a Social Movement* (1995)

Jensen, Merrill. "Historians and the Nature of the American Revolution", in *the Reinterpretation of Early American History*, R. A. Billington, ed. (1966)

———. "The American People and The American Revolution", *Journal of American History* 57 (1970), 5-35.

Kurtz, Stephen G., and James H. Hutson, eds., *Essays on the American Revolution* (1973)

Lemisch, Jesse. "The American Revolution Seen from the Bottom Up", in Barton Bernstein, ed., *Towards a New Past* (1968)

Lockridge, Kenneth A. "Social Change and the Meaning of the American Revolution", *Journal of Social History* 4 (1973), 403-439.

Maier, Pauline Alice. *From Resistance to Revolution: Colonial Radicals and the Development of American Opposition to Britain, 1765-1776* (1992)

McGiffert, Michael. ed., "Forum: Rethinking the American Revolution", *William and Mary Quarterly*, 3rd ser., 53 (1996), 341-386.

Morgan, Edmund S. *The Challenge of the American Revolution* (1976)

Morris, Richard B. *The American Revolution Reconsidered* (1967)

Nash, Gary B. *The Urban Crucible: Social Change, Political Consciousness, and the Origins of the American Revolution* (1979)

Palmer, Robert R. "The Revolution", in C. Vann Woodward, ed., *The Comparative Approach to American History* (1968)

Rakove, Jack N. *The Beginnings of National Politics: An Interpretive History of the Continental Congress* (1979)

Tolles, Frederick B. "The American Revolution Considered as a Social Movement: A Re-evaluation", *American Historical Review* 60 (1954-1955) 1-12.

Wood, Gordon S. "Rhetoric and Reality in the American Revolution", *William and Mary Quarterly*, 3rd ser., 23 (1966), 3-32.

——. *The Radicalism of the American Revolution* (1992)

Young, Alfred F. *Beyond the American Revolution: Explorations in the History of American Radicalism* (1993)

——ed., *The American Revolution: Explorations in the History of American Radicalism* (1976)

(6) 军事冲突与革命外交

Bemis, Samuel Falgg. *The Diplomacy of the American Revolution* (1935)

Billias, George Athan. ed., *George Washington's Opponents: British Generals and Admirals in the American Revolution* (1969)

Bowler, R. Arthur. *Logistics and the Failure of the British Army in America, 1775-1783* (1975)

Buel, Richard. Jr., *Dear Liberty: Connecticut's Mobilization for War* (1980)

Carp, E. Wayne. *To Starve the Army at Pleasure: Continental Army Administration and American Political Culture, 1775-1783* (1984)

Conway, Stephan. *The Way of American Independence, 1775-1783* (1995)

Crow, Jeffrey. and Tise, Larry. eds., *The Southern Experience in American Revolution* (1978)

Dull, Jonathan R. *A Diplomatic History of the American Revolution* (1985)

——. *The French Navy and American Independence: A Study of Arms and Diplomacy* (1975)

Fowler, William M. Jr., *Rebels Under Sail: The American Navy During the Revolution* (1976)

Grant, Alfred. *Our American Brethren: A History of Letters in the British Press During the American Revolution 1775-1781* (1995)

Gross, Robert A. *The Minutemen and Their World* (1976)

Gruber, Ira D. *The Howe Brothers and the American Revolution* (1972)

Higginbotham, Don. *The War of American Independence: Military Attitudes, Policies, and Practice, 1763-1789* (1971)

———. *War and Society in Revolutionary America: The Wider Dimensions of the Conflict* (1988)

Hoffman, Ronald. and Peter J. Albert, eds., *Arms and Independence: The Military Character of the American Revolution* (1984)

———. *Diplomacy and Revolution: The Franco-American Alliance of 1778* (1981)

Hoffman, Ronald., Thad W. Tate, and Peter J. Albert, eds., *An Uncivil War: The Southern Backcountry During the American Revolution* (1985)

Hutson, James H. *John Adams and the Diplomacy of the American Revolution* (1980)

Kohn, Richard H. *Eagle and Sword: The Beginnings of the Military Establishment in America* (1975)

Mackesy, Piers. *The War for America, 1775-1783* (1964)

Martin, James Kirby. and Mark E. Lender, *A Respectable Army: The Military Origins of the Republic* (1982)

Morris, Richard B. *The Peacemakers: The Great Powers and American Independence* (1965)

Nordholt, Jan Willem Schulte. *The Dutch Republic and American Independence* (1982)

Patterson, Stephen E. *Political Parties in Revolutionary Massachusetts* (1973)

Peckham, Howard H. ed., *The Toll of Independence: Engagements and Battle Casualties of the American Revolution* (1974)

Rankin, Hugh F. *The North Carolina Continentals* (1971)

Raphael, Ray. *The First American Revolution, Before Lexington and Concord* (New York: The New Press, 2002)

Robson, Eric. *The American Revolution in Its Political and Military Aspects* (1955)

Rosswurm, Steven. *Arms, Country, and Class: The Philadelphia Militia and the "Lower Sort" During the American Revolution* (1987)

Royster, Charles. *A Revolutionary People at War: The Continental Army and American Character* (1979)

Selby, John E. *The Revolution in Virginia, 1775-1783* (1988)

Shy, John. *A People Numerous and Armed: Reflections on the Military Struggle for American Independence* (1976)

Smelser, Marshall. *The Winning of Independence* (1972)

Sosin, Jack M. *The Revolutionary Frontier, 1763-1783* (1967)

Stinchcombe, William C. *The American Revolution and the French Alliance* (1969)

Stourzh, Gerald. *Benjamin Franklin and American Foreign Policy*, 2nd ed. (1969)

Tourtellot, Arthur B. *Lexington and Concord: the Beginning of the American Revolution* (1959)

Wallace, Willard M. *Appeal to Arms: A Military History of the Revolution* (1951)

3. 革命中的民众

Breen, Timothy Hall. *American Insurgents-American Patriots: The Revolution of the People* (2010)

Countryman, Edward. *A people in revolution: the American Revolution and political society in New York, 1760-1790* (1981)

Morgan, Edmund S. *American Heroes, Profiles of Men and Women who Shaped Early America* (New York: W. W. Norton & Co., 2009)

Raphael, Ray. *A People's History of the American Revolution, How Common People Shaped the Fight for Independence* (New York: Perennial, 2001)

Young, Alfred F. *Liberty Tree: Ordinary People and the American Revolution* (New York: New York University Press, 2006)

(1) 革命中的妇女

Benson, Mary Sumner. *Women in Eighteenth-Century America: A Study of Opinion and Social Usage* (1935)

Bloch, Ruth H. "The Gendered Meanings of Virtue in Revolutionary America",

Signs, 13(Autumn 1987), 37-58.

Buel, Joy Day, and Richard Buel Jr., *The Way of Duty: A Woman and Her Family in Revolutionary America* (1984)

Cott, Nancy F. "Divorce and the Changing Status of Women in Eighteenth-Century Massachusetts", *William and Mary Quarterly*, 3rd Ser., 33 (1976), 586-614.

——. *The Bonds of Womanhood: "Women's Sphere" in New England, 1780-1835* (1997)

Dayton, Cornelia Hughes. *Women Before the Bar: Gender, Law and Society in Connecticut, 1639-1789* (1995)

Fliegelman, Jay. *Prodigals and Pilgrims: The American Revolution Against Patriarchal Authority* (1982)

Gundersen, Joan R. *To Be Useful in the World: Women in Revolutionary America, 1740-1790* (1996)

Hoffman, Ronald, and Peter J. Albert, eds., *Women in the Age of the American Revolution* (1989)

James, Janet Wilson. *Changing Ideas About Women in the United States, 1776-1825* (1981)

Jensen, Joan M. *Loosening the Bonds: Mid-Atlantic Farm Women, 1750-1850* (1986)

Juster, Susan. *Disorderly Women: Sexual Politics and Evangelicalism in Revolutionary New England* (1994)

Kerber, Linda K. *No Constitutional Right to Be Ladies: Women and the Obligations of Citizenship* (1998)

——. *Women of the Republic: Intellect and Ideology in Revolutionary America* (1980)

Norton, Mary Beth. *Founding Mothers and Fathers: Gendered Power and the Forming of American Society* (1996)

——. *Liberty's Daughters: The Revolutionary Experience of American Women, 1750-1800* (1980)

Roberts, Cokie. *Founding Mothers: the Women who Raised Our Nation* (2004)

Salmon, Marylynn. *Women and the Law of Property in Early America* (1986)

Spruill, Julia Cherry. *Women's Life and Work in the Southern Colonies* (1938)

Zagarri, Rosemarie. *A Woman's Dilemma: Mercy Otis Warren and the American Revolution* (1995)

———. *Revolutionary Backlash: Women and Politics in the Early American Republic* (2007)

(2) 奴隶制、黑人与美国革命

Berlin, Ira. and Ronald Hoffman, eds., *Slavery and Freedom in the Age of the American Revolution* (1983)

———. *Many Thousands Gone: The First two Centuries of Slavery in North America* (1998)

———. *Slaves Without Masters: The Free Negro in the Antebellum South* (1974)

Countryman, Edward. *Enjoy the Same Liberty: Black Americans and the Revolutionary Era* (2012)

Curtin, Philip D. *The Atlantic Slave Trade: A Census* (1969)

Davis, David Brion. *The Problem of Slavery in the Age of Revolution, 1770-1823* (1975)

Essig, James. *Bonds of Wickedness: American Evangelicals Against Slavery, 1770-1808* (1982)

Finkelman, Paul. *Slavery and the Founders: Race and Liberty in the Age of Jefferson* (1996)

Greene, Lorenzo J. *The Negro in Colonial New England, 1620-1776* (1942)

Higginbotham, A. Leon. Jr., *In the Matter of Color: Race and the American Legal Process, the Colonial Period* (1978)

Horton, James Oliver. and Lois E. Horton, *In Hope of Liberty: Culture, Community, and Protest Among Northern Free Blacks, 1700-1860* (1997)

Johnston, James Hugo. *Race Relations in Virginia end Miscegenation in the South, 1776-1860* (1970)

Jordan, Winthrop D. *White over Black: American Attitudes Toward the Negro, 1550-1812* (1968)

Kaplan, Sidney. and Emma Nogrady Kaplan, *The Black Presence in the Era of the American Revolution*, rev. ed. (1989)

Kulikoff, Allan. *Tobacco and Slaves: The Development of Southern Cultures in* the Chesapeake, 1680-1800 (1986)

Lynd, Staughton. *Class Conflict, Slavery, and the United States Constitution* (1967)

MacLeod, Duncan J. *Slavery, Race, and the American Revolution* (1974)

McColley, Robert. *Slavery and Jeffersonian Virginia* (1964)

Melish, Joanne Pope. *Disowning Slavery: Gradual Emancipation and "Race" in New England, 1780-1860* (1998)

Morgan, Edmund S. *American Slavery, American Freedom: The Ordeal of Colonial Virginia* (1975)

Nieman, Donald G. "With Liberty for Some: The Old Constitution and the Rights of Blacks, 1776-1846", in Nieman, *Promises to Keep: African-Americans and the Constitutional Order, 1776 to the Present* (1991), 3-29.

Quarles, Benjamin. *The Negro in the American Revolution* (1961)

Rawley, James A. *The Transatlantic Slave Trade: A History* (1981)

Robinson, Donald L. *Slavery in the Structure of American Politics, 1765-1820* (1971)

Sobel, Mechal. *The World They Made Together: Black and White Values in Eighteenth-Century Virginia* (1957)

Soderlund, Jean R. *Quakers and Slavery: A Divided Spirit* (1985)

Waldstreicher, David. *Slavery's Constitution, From Revolution to Ratification* (New York: Hill and Wang, 2010)

Walker, James W. St. G. *The Black Loyalists: The Search for a Promised Land in Nova Scotia and Sierra Leone, 1783-1870* (1976)

Wiecek, William M. *The Sources of Antislavery Constitutionalism in America, 1760-1848* (1977)

Wills, Garry. *Lincoln at Gettysburg: The Words that Remade America* (1992)

Wilson, Ellen Gibson. *The Loyal Blacks* (1976)

Zilversmit, Arthur. *The First Emancipation: The Abolition of Slavery in the North* (1967)

(3) 美国革命中的效忠派

Allen, Robert S. ed., *The Loyalist Americans: The Military Role of Loyalist Pro-*

vincial Corps and Their Settlement in British American, 1775-1784 (1983)

Bailyn, Bernard. *The Ordeal of Thomas Hutchinson* (1974)

Berkin, Carol. *Jonathan Sewall: Odyssey of an American Loyalist* (1974)

Brown, Wallace. *The Good Americans: The Loyalists in the American Revolution* (1969)

——. *The King's Friends: The Composition and Motives of the American Loyalist Claimants* (1965)

Calhoon, Robert M. *Dominion and Liberty: Ideology in the Anglo-American World, 1660-1801* (1994)

——. *The Loyalist Perception and Other Essays* (1989)

——. *The Loyalists in Revolutionary America, 1760-1781* (1973)

Hatley, M. Thomas. *The Dividing Paths: Cherokees and South Carolinians through the Revolutionary Era* (1993)

McCaughey, Elizabeth P. *From Loyalist to Founding Father: The Political Odyssey of William Samuel Johnson* (1980)

Morton, and Borden, Penn. ed., *The American Tory* (1972)

Nelson, William H. *The American Tory* (1961)

Norton, Mary Beth. *The British-Americans: The Loyalist Exiles in England, 1774-1789* (1972)

Pencak, William. *America's Burke: The Mind of Thomas Hutchinson* (1982)

Potter, Janice. *The Liberty We Seek: Loyalist Ideology in Colonial New York and Massachusetts* (1983)

Ranlet, Philip. *The New York Loyalists* (1986)

Smith, Paul H. *Loyalists and Redcoats: A Study in British Revolutionary Policy* (1964)

Walker, James W. St. G. *The Black Royalists: The Search for a Promised Land in Nova Scotia and Sierra Leone, 1783-1870* (1976)

Wilson, Ellen Gibson. *The Loyal Blacks* (1976)

Wright, Esther Clark. *The Loyalists of New Brunswick* (1955)

Zimmer, Anne Y. *Jonathan Boucher: Loyalist in Exile* (1978)

(4) 印第安人与美国革命

Calloway, Colin G. *The American Revolution in Indian Country: Crisis and Diversity in Native American Communities* (1995)

Corkran, David H. *The Creek Frontier, 1540-1783* (1967)

Dowd, Gregory Evans. *A Spirited Resistance: The North American Indian Struggle for Unity, 1745-1815* (1992)

——. *War under Heaven: Pontiac, The Indian Nations, and the British Empire* (2002)

Graymont, Barbara. *The Iroquois in the American Revolution* (1972)

Hinderaker, Eric. *Elusive Empires: Constructing Colonialism in the Ohio Valley, 1763-1800* (1997)

Horsman, Reginald. *Expansion and American Indian Policy* (1967)

Jennings, Francis. *Empire of Fortune: Crowns, Colonies, and Tribes in the Seven Years' War* (1988)

Kelsay, Isabel Thompson. *Joseph Brant, 1743-1807: Man of Two Worlds* (1984)

McLoughlin, William G. *Cherokee Renascence in the New Republic* (1986)

O'Donnell III, James H. *Southern Indians in the American Revolution* (1973)

Prucha, Francis Paul. *American Indian Policy in the Formative Years: The Indian Trade and Intercourse Acts, 1780-1834* (1962)

Richter, Daniel K. and James H. Merrell, eds., *Beyond the Covenant Chain: The Iroquois and Their Neighbors in Indian North America* (1987)

4. 宗教与美国革命

Ahlstrom, Sidney E. *A Religious History of the American People* (1972)

Berens, John F. *Providence and Patriotism in Early America, 1640-1815* (1978)

Bloch, Ruth H. *Visionary Republic: Millennial Themes in American Thought, 1756-1800* (1985)

Bonomi, Patricia U. *Under the Cope of Heaven: Religion, Society, and Politics in*

Colonial America (1986)

Bridenbaugh, Carl. *Mitre and Sceptre: Transatlantic Faiths, Ideas, Personalities, and Politics, 1689-1775* (1962)

Buckley, Thomas E. *Church and State in Revolutionary Virginia, 1776-1787* (1977)

Butler, Jon. *Awash in a Sea of Faith: Christianizing the American People* (1990)

———. *Power, Authority, and the Origins of American Denominational Order* (1978)

Church, Forrest. *So Help Me God: the Founding Fathers and the First Great Battle Over Church and State* (2007)

Cowing, Cedric B. *The Great Awakening and the American Revolution: Colonial Thought in the 18th Century* (1971)

Curry, Thomas J. *The First Freedoms: Church and State in America to the Passage of the First Amendment* (1986)

Field, Peter S. *The Crisis of the Standing Order: Clerical Intellectuals and Cultural Authority in Massachusetts, 1780-1833* (1998)

Hatch, Nathan O. *The Democratization of American Christianity* (1989)

———. *The Sacred Cause of Liberty: Republican Thought and the Millennium in Revolutionary New England* (1988)

Heimert, Alan. *Religion and the American Mind from the Great Awakening to the Revolution* (1966)

Hoffman, Ronald, and Peter Albert, eds., *Religion in a Revolutionary Age* (1994)

Isaac, Rhys. *The Transformation of Virginia, 1740-1790* (1982)

Juster, Susan. *Disorderly Women: Sexual Politics and Evangelicalism in Revolutionary New England* (1994)

Kidd, Thomas S. *God of Liberty, A Religious History of the American Revolution* (New York: Basic Books, 2010)

Lovejoy, David S. *Religious Enthusiasm in the New World: Heresy to Revolution* (1985)

Marini, Stephen A. *Radical Sects of Revolutionary New England* (1982)

McLoughlin, William G. *New England Dissent, 1630-1833: The Baptists and the*

Separation of Church and State (1971)

———. *Soul Liberty: The Baptists' Struggle in New England, 1630-1833* (1991)

Mead, Sidney E. *The Old Religion in the Brave New World: Reflections on the Relation Between Christendom and the Republic* (1977)

Miller, William Lee. *The First Liberty: Religion and the American Republic* (1986)

Pointer, Richard W. *Protestant Pluralism and the New York Experience: A Study of Eighteenth-Century Religious Diversity* (1988)

Rutland, Robert A. *The Birth of the Bill of Rights, 1776-1791* (1955)

Sanford, Charles B. *The Religious Life of Thomas Jefferson* (1984)

Schwartz, Bernard. *The Great Rights of Mankind: A History of the American Bill of Rights* (1987)

Schwartz, Sally. *A Mixed Multitude: The Struggle for Toleration in Colonial Pennsylvania* (1987)

Stout, Harry S. *The New England Soul: Preaching and Religious Culture in Colonial New England* (1986)

Weber, Donald. *Rhetoric and History in Revolutionary New England* (1988)

5. 革命的意识形态与启蒙

Bailyn, Bernard. *The Ideological Origins of the American Revolution* (Cambridge, Massachusetts: Harvard University Press, 1992)

Banning, Lance G. *The Jeffersonian Persuasion: Evolution of a Party Ideology* (1980)

Brands, H. W. *The First American, the Life and Times of Benjamin Franklin* (2002)

Franklin, Benjamin. *The Autobiography of Benjamin Franklin* (1996)

Greene, Jack Philip. *The Intellectual Construction of America: Exceptionalism and Identity from 1492 to 1800* (1993)

Himmelfarb, Gertrude. *The Roads to Modernity-the British, French, and American Enlightenments* (2004)

Howe, John R. Jr. ed., *The Role of Ideology in the American Revolution* (New York: Robert E. Krieger Publishing Co., 1970)

Kerber, Linda K. *Women of the Republic: Intellect and Ideology in Revolutionary America* (1980)

Koch, Adrienne. *Power, Morals, and the Founding Fathers: Essays in the Interpretation of the American Enlightenment* (1961)

Kramnick, Isaac. *Age of Ideology: Political Thought, 1750 to the Present* (1979)

——. *Republicanism and Bourgeois Radicalism: Political Ideology in Late Eighteenth-Century England and America* (1990)

May, Henry F. *The Enlightenment in America* (New York: Oxford University Press, 1976)

Robinson, Daniel N., and Richard N. Williams, ed., *The American Founding, Its Intellectual and Moral Framework* (New York: Continuum, 2012)

6. 宪政革命

(1) 推动宪法制定的观念和利益、制宪会议上发生了什么

Ball, Terence, and J. G. A. Pocock, eds., *Conceptual Change and the Constitution* (1998)

Banning, Lance. *The Sacred Fire of Liberty: James Madison and the Founding of the Federal Republic* (1995)

Beeman, Richard., Stephen Botein, and Edward C. Carter II, eds., *Beyond Confederation: Origins of the Constitution and American National Identity* (1987)

Beeman, Richard R. *Plain, Honest Men: The Making of the American Constitution* (2009)

Belz, Herman., Ronald Hoffman, and J. Peter, eds., *To Form a More Perfect Union: The Critical Ideas of the Constitution* (1991)

Bernstein, Richard B. and Kym S. Rice, *Are We to Be a Nation? The Making of the Constitution* (1987)

Billias, George Athan. *Elbridge Gerry: Founding Father and Republican Statesman* (1976)

Bowen, Catherine Drinker. *Miracle at Philadelphia: The Story of the Constitutional Convention, May to September, 1787* (1966)

Collier, Christopher. and James Lincoln Collier, *Decision in Philadelphia: The Constitutional Convention of 1787* (1986)

Cooke, Jacob Ernest. *Alexander Hamilton* (1982)

Farrand, Max. ed., *The Records of the Federal Convention of 1787* (1937)

——. *The Framing of the Constitution of the United States* (1913)

Greene, Jack Philip. *The Constitutional Origins of the American Revolution* (2010)

Holton, Woody. *Unruly Americans and the Origins of the Constitution* (2007)

Huston, James H. ed., *Supplement to Max Farrand's "The Records of the Federal Convention of 1787"* (1987)

Kammen, Michael. *The Origins of the American Constitution, a Documentary History* (1986)

Ketcham, Ralph. *James Madison: A Biography* (1971)

Levy, Leonard W. and Mahoney, Dennis J. eds., *The Framing and Ratification of the Constitution* (1987)

McCaughey, Elizabeth P. *Government by Choice: Inventing the United States Constitution* (1987)

McDonald, Forrest. *E Pluribus Unum: The Foundation of the American Republic, 1776-1790* (1965)

McLaughlin, Andrew C. *The Confederation and the Constitution, 1783-1789* (1905)

——. *The Foundation of Amerian Constitutionalism* (1932)

Miller, William Lee. *The Business of May Next: James Madison and the Founding* (1992)

Morris, Richard B. *Witnesses at the Creation: Hamilton, Madison, Jay, and the Constitution* (1985)

Narrett, David E. and Joyce S. Goldberg, eds., *Essays on Liberty and Federalism: The Shaping of the U.S. Constitution* (1988)

Onuf, Peter S. "Reflections on the Founding: Constitutional Historiography in Bicentennial Perspective", *William and Mary Quarterl*, 3rd Ser., 46 (1989), 341-375.

Rakove, Jack N. *Original Meanings: Politics and Ideas in the Making of the Constitution* (1996)

Smith, Charles Page. James Wilson, *Founding Father, 1742-1798* (1956)

Wood, Gordon S. *The Creation of the American Republic, 1776-1787* (1969)

York, Neil L. ed., *Toward a More Perfect Union: Six Essays on the Constitution* (1988)

Zagarri, Rosemarie. *The Politics of Size: Representation in the United States, 1776-1850* (1987)

(2)宪法辩论的主题、权利法案的政治

Bailyn, Bernard. ed., *The Debate on the Constitution: Federalist and Antifederalist Speeches, Articals, and Letters During the Struggle Over Ratification* (1993)

Beeman, Richard. Botein, Stephen. and Carter II, Edward C. eds., *Beyond Confederation: Origins of the Constitution and American National Identity* (1987)

Beeman, Richard R. *The Penguin Guide to the United States Constitution: A Fully Annotated Declaration of Independence, U. S. Constitution and Amendments, and Selections from the Federalist Papers* (2010)

Boyd, Stephen R. *The Politics of Opposition: Antifederalists and the Acceptance of the Constitution* (1979)

Brown, Robert E. *Charles Beard and the Constitution: A Critical Analysis of "An Economic Interpretation of the Constitution"* (1956)

Conley, Patrick T. and Kaminski, John P. eds., *The Constitution and the States: The Role of the Original Thirteen in the Framing and Adoption of the Federal Constitution* (1988)

Cornell, Saul. "Aristocracy Assailed: The Ideology of Backcounty Antifederalism", *Journal of American History*, 76 (March 1990), 1148-1172.

Epstein, David F. *The Political Theory of "The Federalist"* (1984)

Hamilton, Alexander., John Jay, and James Madison, *The Federalist Papers* (1788)

Jensen, Merrill. et al., eds., *The Documentary History of the Constitution* (1976)

——. *The New Nation: A History of the United States During the Confederation* (1950)

Kaminski, John P., and Richard Kaminski, *Federalists and Antifederalists: The Debate Over the Constitution*, 2nd ed. (1998)

Kammen, Michael. *A Machine That Would Go by itself: The Constitution in American Culture* (1986)

Kenyon, Cecelia M. ed., *The Antifederalists* (1966)

Kesler, Charles R. ed., *Saving the Revolution: "The Federalist Papers" and the American Founding* (1987)

Kramnick, Isaac. *Godless Constitution: A Moral Defense of the Secular State* (2005)

Levy, Leonard W., and Dennis J. Mahoney, eds., *The Framing and Ratification of the Constitution* (1987)

——. *Legacy of Suppression: Freedom of Speech and Press in Early American History* (1960)

——. *Origins of the Bill of Rights* (1999)

——. *Origins of the Fifth Amendment* (1968)

Maier, Pauline Alice. *Ratification: The People Debate the Constitution, 1787-1788* (2011)

Main, Jackson Turner. *The Antifederalists: Critics of the Constitution, 1781-1788* (1961)

McDonald, Forrest. *We the People: The Economic Origins of the Constitution* (1958)

Morgan, Edmund S. *Inventing the People: The Rise of Popular Sovereignty in England and America* (1988)

Narrett, David E. and Joyce S. Goldberg, eds., *Essays on Liberty and Federalism: The Shaping of the U.S. Constitution* (1988)

Onuf, Peter S. "Reflections on the Founding: Constitutional Historiography in Bicentennial Perspective", *William and Mary Quarterly*, 3rd Series, 46 (1989), 342-375.

Pauw, Linda Grant De. *The Eleventh Pillar: New York State and the Federal Constitution* (1966)

Rakove, Jack N. *Original Meaning, Politics and Ideas in the Making of the Constitution* (New York: Vintage Books, 1997)

Rutland, Robert A. *The Birth of the Bill of Rights, 1776-1791* (1955)

——. *The Ordeal of the Constitution: The Antifederalists and the Ratification Struggle of 1787-1788* (1966)

Schechter, Stephen L. ed., *The Reluctant Pillar: New York and the Adoption of the Federal Constitution* (1985)

Schwartz, Bernard. *The Great Rights of Mankind: A History of the American Bill of Rights* (1992)

Storing, Herbert J. ed., *The Complete Antifederalist* (1981)

——. *What the Antifederalists Were For* (1981)

7. 美国革命的激进与保守

Bailyn, Bernard. *Faces of Revolution: Personalities and Themes in the Struggle for American Independence* (1990)

——. *The Ideological Origins of the American Revolution* (1967)

Barrow, Thomas C. "The American Revolution Considered as a Colonial War for Independence," *William and Mary Quarterly*, 3rd ser., 25 (1968), 452-464

Brown, Marian R. and Ralph A. Brown, ed., *Europeans Observe the American Revolution* (1976)

Buel, Richard. Jr., "Democracy and the American Revolution: A Frame of Reference", *William and Mary Quarterly*, 3d ser., 21 (1964), 165-190.

Burrows, Edwin G. and Michael Burrows, "The American Revolution: The Ideology and Practice of National Liberation", *Perspectives in American History* 6 (1972), 167-306.

Countryman, Edward. *The American Revolution* (1985)

Douglass, Elisha P. *Rebels and Democrats: the Struggle for Equal political Rights and Majority Rule During the American Revolution* (1955)

Ellis, Joseph J. *After the Revolution, Profiles of Early American Culture* (New York: W. W. Norton & Company, 1979)

Fliegelman, Jay. *Prodigals and Pilgrims: The American Revolution Against Patriarchal Authority* (1982)

Fowler, William M. Jr., and Wallace Coyle, eds., *The American Revolution: Changing Perspectives* (1979)

Franklin, Jameson J. *The American Revolution Considered as a Social Movement* (1926)

Greene, Jack P. ed., *The American Revolution: Its Character and Limits* (1987)

Hoffman, Ronald. and Peter J. Albert, *The Transforming Hand of Revolution: Reconsidering the American Revolution as a Social Movement* (1995)

Jensen, Merrill. "Historians and the Nature of the American Revolution", in R. A. Billington, ed., *the Reinterpretation of Early American History* (1966)

——. "The American People and The American Revolution", *Journal of American History* 57 (1970), 5-35.

Kurtz, Stephen G. and James H. Hutson, eds., *Essays on the American Revolution* (1973)

Lemisch, Jesse. "The American Revolution Seen from the Bottom Up", in Barton Bernstein, ed., *Towards a New Past* (1968)

Lockridge, Kenneth A. "Social Change and the Meaning of the American Revolution", *Journal of Social History* 4 (1973), 403-439.

McGiffert, Michael. ed., "Forum: Rethinking the American Revolution", *William and Mary Quarterly*, 3rd ser., 53 (1996), 341-386.

Morgan, Edmund S. *The Challenge of the American Revolution* (1976)

Morris, Richard B. *The American Revolution Reconsidered* (1967)

Nash, Gary B. *The Urban Crucible: Social Change, Political Consciousness, and the Origins of the American Revolution* (1979)

Palmer, Robert R. "The Revolution", in C. Vann Woodward, ed., *The Comparative Approach to American History* (1968)

Smith, Barbara Clark. *After the Revolution: The Smithsonian History of Everyday Life in the 18th Century* (1985)

——. *The Freedoms We Lost: Consent and Resistance in Revolutionary America*

(2010)

Tolles, Frederick B. "The American Revolution Considered as a Social Movement: A Re-evaluation", *American Historical Review* 60 (1954-1955), 1-12.

Wood, Gordon S. "Rhetoric and Reality in the American Revolution", *William and Mary Quarterly*, 3rd ser., 23 (1966), 3-32.

——. *The Radicalism of the American Revolution* (1992)

Young, Alfred F. *Beyond the American Revolution: Explorations in the History of American Radicalism* (1993)

——ed., *The American Revolution: Explorations in the History of American Radicalism* (1976)

后 记

这部《美国革命读本》得以出版,首先要感谢北京大学出版社的支持,特别要感谢岳秀坤、张晗和李学宜几位编辑的辛勤工作。

同时,还要感谢热情支持和参与本书编译工作的学者和老师。他(她)们是:复旦大学的李剑鸣教授、美国宾夕法尼亚大学的迈克尔·朱克曼(Michael Zuckerman)教授、厦门大学公共事务管理学院的张光教授、厦门大学外文学院的李丽婵副教授、厦门大学人文学院的许二斌教授和陈遥助理教授。

更要感谢在中国、美国和英国等地那些参与本书翻译和校对的学者和同学。他(她)们是:贺新、肖莹、师嘉林、汤金旭、廖平、李熹莹、彭戈、范长福、高奕欢、严宇、李慧洋、刘娇杨、赵怡、张扬、陈曼荻。

译稿难免会有一些错误和不妥之处,希望读者能够不吝指教。

盛 嘉
2013 年 7 月 12 日